判例総合解説

交通事故 I
責任論

藤村和夫 著

信山社
SHINZANSHA

はしがき

　今から 20 年ほど前のことになるが，学生時代からの旧知である裁判官が東京地裁 27 部に配属されてきた。彼曰く，今更，交通部なんて，基準もできているし，理論的にもほとんど解決されているので面白くないなあと思っていたんですが，いざやってみると，この分野にもまだまだいろいろな問題があることが分かったし，結構奥が深いんだなあと思うようになりましたとのことであった。

　私は，このような言葉を昨日，今日聞いたとしても，素直に受けとめることができる。

　研究者であれ，法曹実務家・保険実務家であれ，この交通事故損害賠償の分野に些かでも関わりを持つことになった人々の多くが同様の思いを抱く，あるいは現に抱いているのではないかと思われる。

　たしかに，自動車損害賠償保障法が制定されてからでも半世紀を超えており，その間の判例，学説における議論の展開は目覚ましいものがあって，具体的な損害の算定についても過失相殺についても，実務上のおよその基準ともいうべきものが用意されるに至っている。本書の対象である責任論についても，判例のおよその姿勢は固まってきているとみる向きもあろう。しかしながら，事態は日々推移しており，日々新たな問題が出現してきているといっても強ち過言ではない。

　議論は，これまでの議論を前提とし，その議論の上に積み上げられる。議論が実りあるものであるためには，議論に加わる者が，これまでの議論を承知し，理解し，その議論の焦点が奈辺にあるかを認識していることが求められる。

　議論の変遷を辿るには専ら文献に頼ることになろうが，判例（裁判例）を対象として同様の目的を達成しようと思えば，判決文を丹念に読むことをおいて外にない。

　責任論においても，判例のおよその姿勢はほぼ固まっていると見る向きもあると述べたが，他方で，本当にそう思ってよいのだろうかとの疑念も払拭し得ない。

　一例を挙げてみよう。

　自動車損害賠償保障法 3 条本文にいわゆる「自己のために自動車を運行の用に供する者」＝運行供用者にあたるのは誰かを判断するに際して，判例は，「運行支配」と「運行利益」という二つの指標を提示してきた。そして，その「運行支配」と「運行利益」の中身が如何なるものであるかを巡って数多の議論が交わされてきたことはよく知られているところである。しかし，その議論を経た結果，仮に議論が尽くされたとするならば，議論に加わった私たちの誰もが，「運行支配」とは，「運行利益」とは「～である」と，聞く者をしていずれも肯わせることのできる言葉を用意できようか。しばらく黙考した後，否といわざるを得ないであろう。

はしがき

　何時逢着するやも知れぬ解を求めて，私たちの思惟は続く，否，続けなければならない。その思惟する姿勢を保持するため，これまでの議論に目を向けるべきは必然であろう。本書が，これまでの議論とこれからの議論を紡ぐ一つの縁となるのであれば望外の幸せである。

◇

　「判例総合解説」と銘打ってはいるが，本書では，下級審裁判例も多く取り上げている。言わずもがなのことではあろうが，この分野においては，そもそも訴訟提起されたものの内，およそ7割強が和解によって解決を見，その余が判決に至るのであるが，判決に至るものの内の大部分が第一審で終結し，しかも，その第一審判決の中に注目すべき判断が示されているものが少なくない。控訴されたものの，上告に至らなかったものについても同様である。
　それゆえ，或る問題（論点）につき裁判所がどのように考えてきて，現在どのような姿勢を保持しているのかを分析し，いわゆる判例の動向を大摑みにするためにはもちろんのこと，学説上の議論が，具体的な訴訟事案においてどのように咀嚼され，理解され，受け入れられ，あるいは受け入れられず，判例理論を形成するに至っているのかを把握するためにも下級審裁判例を除外することは考慮の外である。
　もちろん，戦前からの膨大な裁判例を網羅することなどおよそ叶わないのであり，裁判例の取捨選択は，この分野における各問題（論点）に対する私の意識に拠っている。
　なお，個々の引用判決における叙述は，判決理由をそのまま引用したものであるが，条文，年月日等の漢数字で算用数字に改めるべきものは改め，固有名詞はA，B，C…，甲，乙，丙…，a，b，c…，α，β，γ…に置き換えた。以上のような修正を加えたにとどまるものについては，引用を示すかぎかっこ（「　」）を付したが，その余の修正を施したもの（たとえば，「粁」→「キロメートル」，「米」→「メートル」）についてはかぎかっこを付さないこととした。また，判決の原文を参照する際の便宜のため，判決の出典を複数挙げることとした。
　本書が成るについては，信山社の袖山貴，稲葉文子，伊達勇人の各氏に大変お世話になった。記して感謝する次第である。

2012年10月

藤　村　和　夫

CONTENTS

判例総合解説シリーズ

交通事故 I 責任論

はしがき (iii)

序

第1章　自賠法上の責任

I　運行供用者責任─────3
1　運行供用者 …………………………………………………………………… 4
（1）　自己のための運行について【1】【2】 ……………………………… 6
（2）　自賠法の適用について【3】 ………………………………………… 8
（3）　運行支配の捉え方【4】〜【16】 …………………………………… 8
（4）　法的地位説の登場──主張・立証責任との関係【17】 …………… 17
（5）　運行利益の捉え方 …………………………………………………… 19
（6）　二元説，一元説をめぐる判例の揺籃【18】〜【27】 ……………… 20
（7）　学説の対応，展開 …………………………………………………… 26
（8）　現在の裁判例の姿勢【28】〜【31】 ………………………………… 28
2　学説，判例の検討・評価 …………………………………………………… 31
（1）　運行供用者性のメルクマール ……………………………………… 31
（2）　従来の学説について ………………………………………………… 32
3　これからの考え方──本来のあるべき姿 ………………………………… 33
4　運行供用者の範囲 …………………………………………………………… 36
（1）　無断運転された保有者 ……………………………………………… 37
（2）　泥棒運転された保有者【32】〜【40】 ……………………………… 37
（3）　名義貸与者【33】 …………………………………………………… 39

- （4）賃貸借の場合の貸主——リースの場合【41】 …………………………… 43
- （5）賃貸借の場合——レンタカーの場合【42】〜【48】 …………………… 45
- （6）使用貸借の場合の貸主【49】〜【54】 ………………………………… 55
- （7）修理業者と依頼者【55】 ………………………………………………… 66
- （8）運送業者と依頼者【56】〜【61′】 ……………………………………… 67
- （9）担保で預けている者，預かっている者 ………………………………… 72
- （10）下請の起こした事故と元請【62】〜【64】 …………………………… 72
- （11）割賦販売における所有権留保売主【65】 ……………………………… 75
- （12）マイカー社員と会社【66】〜【68】 …………………………………… 76
- （13）子の起こした事故と親【69】〜【71′】 ………………………………… 79
- （14）ファミリーカーの場合【72】【73】 …………………………………… 83
- （15）代行運転【74】 …………………………………………………………… 85

Ⅱ 他人性 ——————————————————————— 87

- （1）他人性一般【75】〜【77】 ……………………………………………… 87
- （2）好意・無償同乗者の他人性 ……………………………………………… 88
- （3）好意・無償同乗を理由とする減額 ……………………………………… 89
- （4）妻の他人性【78】〜【81】 ……………………………………………… 91
- （5）共同運行供用者の他人性【82】〜【95′】 ……………………………… 95
- （6）運転補助者の他人性【96】〜【108】 …………………………………… 112
- （7）供用支配説による解釈 …………………………………………………… 122
- （8）新責任肯定説【109】 ……………………………………………………… 124
- （9）残された問題【110】 ……………………………………………………… 126

Ⅲ 運行起因性 ——————————————————————— 127

- （1）運行の意義 ………………………………………………………………… 127
- （2）「当該装置」の意味【111】〜【113】 …………………………………… 127
- （3）運行「によって」の意義【114】〜【117】 …………………………… 131
- （4）運行起因性の肯否【118】〜【128】 …………………………………… 135
- （5）運転者の特定【129】〜【130】 ………………………………………… 150

Ⅳ 3条免責【131】〜【132′】 ——————————————————— 152

第 2 章　民法上の責任

- **I**　709 条——一般的不法行為責任 ……………………………………………………… 159
- **II**　714 条——法定監督義務者の責任【133】〜【146】 ……………………………… 159
- **III**　715 条 ……………………………………………………………………………………… 174
  - 1　成 立 要 件 …………………………………………………………………………… 175
    - （1）　事業および使用の意義【147】 ……………………………………………… 175
    - （2）　被用者が事業の執行について加害行為をしたこと【148】〜【153】 …… 175
    - （3）　第三者に損害を与えたこと【154】 ………………………………………… 180
    - （4）　被用者の行為が一般的不法行為の要件を満たしていること …………… 181
    - （5）　被用者の選任・事業の監督に過失がなかったこと，または，相当の注意を してもなお損害が生じたことを証明しないこと【155】 …………………… 181
    - （6）　被用者の故意 …………………………………………………………………… 183
  - 2　効　果 ………………………………………………………………………………… 183
    - （1）　対被害者の関係——賠償義務者【156】 …………………………………… 183
    - （2）　内部関係——求償【157】 …………………………………………………… 184
- **IV**　717 条（国賠法 2 条 1 項） ……………………………………………………………… 186
  - 1　設置，保存（管理）の瑕疵【158】 ………………………………………………… 186
  - 2　具体的事例 …………………………………………………………………………… 187
    - （1）　道路の物理的状況に関わらないもの【159】 ……………………………… 187
    - （2）　道路の物理的状況に関わるもの【160】〜【179】 ………………………… 188
    - （3）　動物の飛び出しに関わるもの【180】 ……………………………………… 217
- **V**　718 条——動物の占有者等の責任【181】〜【184】 …………………………………… 219
- **VI**　719 条 ……………………………………………………………………………………… 222
  - 1　719 条 1 項の意義【185】【186】 …………………………………………………… 222
    - （1）　1 項前段【187】〜【203】 …………………………………………………… 224
    - （2）　1 項後段 ………………………………………………………………………… 247

（3）　719条2項【204】〜【216】 …………………………………………… 249
　2　求　　償【217】〜【218】 …………………………………………………… 265
　3　1人についての免除【219】 ………………………………………………… 268
　4　1人についての混同 …………………………………………………………… 270
　5　共同不法行為と過失相殺 ……………………………………………………… 270
　　（1）　相対的過失相殺 …………………………………………………………… 270
　　（2）　絶対的過失相殺（加算的過失相殺）【220】〜【226】 ………………… 271

Ⅶ　民事上の責任（過失）と刑事上の責任（過失）【227】〜【228】 ─────── 277

Ⅷ　信頼の原則【229】〜【230】 ─────────────────────── 278

第3章　国賠法上の責任

Ⅰ　1条【231】 ──────────────────────────────── 283

Ⅱ　2条 ─────────────────────────────────── 284

判例索引　(285)

◇　判例集等略語　◇

大　判	大審院民事部判決	交通下民集　交通事故による不法行為
最　判	最高裁判所判決	に関する下級裁判所民
高　判	高等裁判所判決	事裁判例集
地　判	地方裁判所判決	裁　時　　裁判所時報
支　判	支部判決	裁判集民事　最高裁判所裁判集民事編
民　録	大審院民事判決録	自保ジャ　自動車保険ジャーナル
民　集	大審院民事判例集	訟　月　　訟務月報
	最高裁判所民事判例集	判　時　　判例時報
高民集	高等裁判所民事判例集	判　タ　　判例タイムズ
下民集	下級裁判所民事判例集	法　時　　法律時報
交通民集	交通事故民事裁判例集	労経速　　労働経済判例速報

交通事故 I
責任論

判例総合解説

序

　交通事故が発生した場合，当該事故を惹起した者は何らかの責任を負わなければならないことになるが，その責任は，一般に，民事上の責任，刑事上の責任，行政上の責任に大別される。そのうち，対被害者との関係で最も問題となるのは，いうまでもなく民事上の責任，すなわち損害賠償をめぐるものである。その民事上の責任についても，何が根拠になるかによって一様に捉えることができるものではない。私法の一般法たる民法が根拠となるのは当然であるが，その特別法としての意義を有する自動車損害賠償保障法（自賠法）と国家賠償法（国賠法）も視野に収めなければならない。そして，それら三者は，いずれも重要な根拠法であることは論を俟たないが，用いられる頻度には若干の格差があるといえよう。
　本書では，その格差をも考慮しつつ，自賠法，民法，国賠法の順にみていくこととする。

第1章　自賠法上の責任

　自賠法は1955（昭和30）年に成立し（同年7月29日法97号，自賠法施行令は同年10月18日政令286号），1956（昭和31）年2月中に全部施行されることとなっていたが，50条（政府の再保険事業に関する経費の繰入），82条2項（政府の保険事業に関する費用の繰入等），この事業の資金と経費に関する準備的事項の規定は1955（昭和30）年8月5日から，また総則規定やこの事業の運営のための審議会に関する規定等は同年10月20日から施行され，民法709条と715条を修正して無過失責任に近い責任を課する規定は同年12月1日から効力を生じており，強制保険制度が，1956（昭和31）年2月1日の自家用自動車をはじめとして同年2月中に全部適用されることになった。

　このような経緯で成立し，施行された自賠法は，自賠責保険金額（死亡30万円，傷害は重傷が10万円，軽傷が3万円）が低すぎる嫌いはあるものの，その他の点においては，諸外国の立法の水準に並ぶものということができる。

　自賠法には，①運行供用者責任，②自賠責保険（共済），③政府保障事業という3本の柱ともいうべき制度が認められるが，その中でも最も重要なものが運行供用者責任であることは，おそらく異論のないところであろう。

Ⅰ　運行供用者責任

　自賠法3条は，「自己のために自動車を運行の用に供する者は，その運行によって他人の生命又は身体を害したときは，これによって生じた損害を賠償する責に任ずる。ただし，自己及び運転者が自動車の運行に関し注意を怠らなかったこと，被害者又は運転者以外の第三者に故意又は過失があったこと並びに自動車に構造上の欠陥又は機能の障害がなかったことを証明したときは，この限りでない。」と定める。これが運行供用者責任に他ならない。

　運行供用者責任は，いうまでもなく運行供用者が負うべきものであるから，まず第1に，その「運行供用者」（自己のために自動車を運行の用に供する者）とは誰か（如何なる者か）が明らかにされなければならない。

　次いで，運行供用者が責任を負うのは，他人の生命または身体を害したときに限られるのであるが，その「他人」とは誰かも明らかにされる必要がある。

　さらに，他人の生命または身体を害することが自動車の「運行によって」行われる必要があるところ，その「運行によって」という事態が如何なる状況を意味するものであるのか，これも明らかにされるべきである。

第1章　自賠法上の責任

　ところで，自賠法については，「この法律の内容およびその採用している保険制度は，今日まで世界の各地で行われた制度のうちの最も進んだ点をほとんどすべて取り入れている。その意味では，世界で最も進歩した法律だといってよい」（我妻栄「自動車損害賠償保障法について」『民法研究Ⅵ　復刻版』〔有斐閣，1985（昭和60）年〕313頁〔329頁〕）とも評価されているところであるが，立法に際して最も盛んに議論がなされたのは，責任保険の担い手を誰にするかをめぐってであり，これは，かなりの争いの後，最終的には保険会社を保険者とすることとなった。

　しかし，その反面において，責任主体を判断する上で重要な要素となる保有者，運行供用者，自己あるいは保護されるべき他人等の概念についてはほとんど議論されなかった。運行については，「自動車」，「保有者」，「運転者」とともに定義規定が置かれたものの（2条2項），その内容が明確であるとまでは言い難いものであった。

　そこで，運行供用者責任を認定するための重要な各要素は，ことごとく学説と判例の展開，蓄積によって固められていくこととならざるを得なかった。

1　運行供用者

　運行供用者概念については，立法当初，それ程多くの議論が存したわけではない。

　我妻博士は，運行供用者責任を負うのは「自動車運行の利益の帰属する者」であるが，そのうちには，自動車の所有者や賃借人のように，正当な権限に基づいて使用する者の他，自動車泥棒等のように無権限でこれを使用する者も含むと解していた（我妻・前掲『民法研究Ⅵ』317頁）。また，保有者が3条の責任を負う場合には，その保有者は，運転者の故意または過失を立証して，これに求償することができるとしていた（715条3項参照）。すなわち，運行供用者責任の法的性格として民法の使用者責任の考え方が想定されていたものと思われる。これに対して加藤一郎博士は，運行供用者責任を「危険責任を主とし，それに報償責任を加味した特殊の責任である」とし，保有者については，これを自動車の所有者や賃借人のように自動車の使用権を持ち，かつ利益の帰属する者であるとしていた（加藤「立法批評　自動車損害賠償保障法案」ジュリ86号57頁）。

　これらに対し，立法関与者は，運行供用者とは誰を指すのかについて，ドイツ道路交通法7条*の解釈の影響のもとに，自動車の運行についての支配とそれによる利益とが帰属するものをいうと考えていたようであり（黒住忠行「自動車事故のひかれ損を防止──立案中の自動車損害賠償保障制度──」時の法令163号1頁（1955〔昭和30〕年3月3日），同「自動車損害賠償制度について」法律のひろば8巻7号20頁（同年7月15日），それに加えて，ドイツ道路交通法のHalterに関するBGH判決（BGHZ 13, 351……山田晟「ドイツにおける自動車責任」比較法研究13号26頁──Halterの概念はBGB833条の動物保有者の概念から派生したものであることを前提として，Halter〔保有者〕とは，自動車を自己の計算において使用し，このような使用を前提とする自動車についての処分権限を有する者

I　運行供用者責任

をいうとした）を参酌して解されるようになっていった。

> ＊　ドイツ道路交通法7条
> 「自動車または自動車に牽引されるトレーラーの運行に際して、人の生命、身体もしくは健康が害され、または物が毀損された場合には、自動車の保有者は、侵害を受けた者に対して、それにより生じた損害を賠償する義務を負う。
> ②　事故が不可抗力によって惹起された場合は、賠償義務は免除される。
> ③　保有者に無断で自動車を使用した者は、保有者に代わって損害賠償義務を負う；同時に、自動車の使用が保有者の過失によって可能となった場合には、保有者も損害賠償義務を負う。使用者が、自動車運行のために保有者に雇用されていた場合または自動車が保有者に譲渡されていた場合は第1文は適用されない。第1文および第2文は、トレーラーの使用に準用される。」

　ドイツでは、1909年5月3日に「自動車交通法」が制定され、ここで危険責任が導入されたが、同法は、1952年に改正、改称されて「道路交通法」となり、1953年1月23日より施行された。

　こうして、自賠法3条にいわゆる「自己のために」とは、自動車の使用についての支配権と、その使用により享受する利益とが自己に帰属することを意味する、したがって他人のために運転に従事する運転者は、これに該当しないとし、この（保有者の）責任の本質を「運行支配」と「運行利益」、つまり危険責任と報償責任とを根拠とするものであり、運行供用者責任は、運転者の責任を代位するものではなく、直接責任である旨を明らかにしている。

　以上のような議論が存してはいたものの、率直にみるところ、立法者は、運行供用者＝保有者と単純に考えていたのではないかと思われる。なぜならば、立法当時は、「自己」を自動車の所有者（＝加害者）、「他人」を被害者と考えたとしても、その対立が判然としており、それほど問題になることはなかったと思われるからである。すなわち、正当な権限をもって自動車を使用する者がすべてであり、権限のない（自動車）使用者はほとんどいなかったところから、専ら保有者という言葉が使われ、運行供用者という言葉はほとんど使われることがなかった。運行供用者という言葉が使われるようになったのは、自賠法制定後相当の時日を経てからのことであった。

　同時に、自賠責保険契約が効力を生じ、自賠責保険金が支払われるためには、3条による保有者の損害賠償責任が発生しなければならないとした（11条）のであるが、これは、自動車が貴重品でその数も少なく、保有者以外の者が自動車を運行の用に供するとは考えていなかったからではないかと思われるところである。

　こうした立法当時の状況を起点として、裁判例の推移に目を向けてみよう。

第1章　自賠法上の責任

（1）　自己のための運行について

　自賠法が立法されたにも拘らず，同法制定当初は裁判例において直ちに同法が適用されたわけではないようであり，比較的早く自賠法3条の責任を認めたものとして，【1】東京地判昭和34年9月30日（下民集34巻9号30頁）がある。これは，被用者たる運転者が私用で自動車を運転している間に事故を起こした場合につき，その自動車の所有者である使用者に自賠法3条の責任を認めたものである。同判決は，自賠法3条は，危険責任と報償責任の観点から民法709条の要件を著しく緩和して運行供用者責任を認めたものであるとしており，その認定手法は使用者責任の場合ときわめて近接したものであった。

　そして，最高裁判所が自賠法3条の「自己のために自動車を運行の用に供する者」のうちの「自己のための運行」の解釈について，従来の使用者責任の外形理論を利用しつつ自賠法3条の責任を初めて認めたのは，【2】最判昭和39年2月11日（民集18巻2号315頁）であった。本判決は，農業協同組合の職員が私用のため組合所有の自動車を無断で運転しているときに発生させた事故につき，自動車の所有者と運転者との間に雇用関係等の密接な関係が存在し，かつ日常の自動車の運転および管理状況等からして，客観的・外形的には自動車所有者のためにする運行と認められるときは，自動車所有者は，「自己のために自動車を運行の用に供する者」というべく，自賠法3条の責任を免れ得ないものと解すべきであるとした。ただ，本判決は，民法715条についての判例の推移も併せて考えている一方で，運行利益については特に言及するところはない。従来，本判決を以って具体説の代表的判例の如く評価するものがあったが，この判決理由からは，なぜ，これが具体説であるのか理解が容易でないところもある。

　このように，当初は，自己（保有者）の範囲はきわめて狭く解釈されていたのであり，今日からみると驚くほどの状況であったといって差支えないであろう。

　その後，自賠法3条を適用して運行供用者責任を認めるようになった契機ともいえるものは，所有者以外の者が運転していて事故を起こした場合に，どのような理屈で所有者に責任を負わせることができるかというアプローチではなかったかと思われる。そして，そこで民法715条が強く意識されたのは，このあたりの時代までは，所有者以外の者で実際に自動車を動かすのは，何らかの仕事（事業）のために運転する被用者であることが殆どであったのであり，だからこそ民法715条を使うという方向性が打ち出されたのではなかろうか。そのように推測できることは，自賠法の適用について述べる次の判決（後掲【3】）が現われた時期をみると，その思いを強くするものである。

【1】　東京地判昭34・9・30下民集10・9・2057，判時204・27

「右一応の認定事実によれば，債務者は，一般的には，昭和33年10月7日頃より本件事故当時まで引続き運転手Aをして本件乗用車を運転させ，自己のために運行の用

に供していたということができる。しかしながら、本件事故は、債務者が傭つた運転手Ａが、私用のため権限外の運転（ある事業のため傭われている運転手が、深夜11時近く、私用のため自動車を運行することは、特段の事情の認むべきものがない限り権限外の運転というべきであろう。）をした際に起つたものであり、かかる場合においても、債務者は、本件加害行為となつた運転行為との関係において、「自己のために本件乗用車を運行の用に供する者」というべきであろうか。

自動車損害賠償保障法第３条は、いわゆる危険責任及び報償責任の思想に基いて、民法の不法為責任の要件を著しく緩和し、自動車事故による被害者の保護を図つたものである（同法第１条）から、その解釈にあつては、右法律の思想的根底ないし目的に照らし合理的に解釈されるべく、かかる見地から本件をみるに、債務者は、自己のために、運転手Ａをして本件乗用車を運行させていたものであるから、たまたま、運転手のＡが本件乗用車で権限外の運行をして本件加害行為に及んだとしても、いやしくも、同人を信頼して本件乗用車の運転を任せていた以上その運行によつて生じた事故による損害賠償責任は、法定の免責要件がみたされない限り、債務者がこれを負担しなければならない。けだし、このことは、同法第３条但し書が、免責の一要件として「自己及び運転者が自動車の運行に関し注意を怠らなかつたこと、」と規定する（この規定部分は、自動車をみずから使用しうる権利者で、自己のために自動車を運行の用に供するものが、雇運転手をして運転させた場合には、前者は、後者の選任監督についても所要の注意を怠らなかつたことを立証しなければならないとの法意を含むと解せられている。）ことからも容易に推論されうる。」

【2】　最判昭 39・2・11 民集 18・2・315，判時 363・22

「一審判決を引用する原判決の確定したところによれば、上告組合は、本件事故当時自動車４台を所有し、係運転手に対しては終業時に自動車を車庫に格納した上自動車の鍵を当直員に返還させる建前をとり、終業時間外に上司に無断で自動車を使用することを禁じていたけれども、右自動車及び鍵の管理は従来から必らずしも厳格ではなく、係運転手において就業時間外に上司に無断で自動車を運転した例も稀でなく、また、かゝる無断使用を封ずるため上告組合において管理上特段の措置を講じなかつたこと、上告組合の運転手であるＡは、本件事故前日の昭和35年８月13日正午過頃本件自動車を一旦車庫に納め自動車の鍵を当直員に返納したが、たまたま同日相撲大会に参加するため汽車で甲に赴くことになつていたところ、乗車時間に遅れそうになつたので本件自動車を利用して乗車駅の乙駅まで行こうと考え、同日午後１時半頃組合事務室の机上にあつた本件自動車の鍵を当直員や上司に無断で持ち出した上、右自動車を運転して乙に赴き自動車修理工場を営むＢ方に預け、翌14日夜甲からの帰途同工場に立寄り本件自動車を運転して帰る途中、原判示の事故を起したというのである。そして、原

審は，自動車損害賠償保障法の立法趣旨並びに民法715条に関する判例法の推移を併せ考えるならば，たとえ事故を生じた当該運行行為が具体的には第三者の無断運転による場合であつても，自動車の所有者と第三者との間に雇傭関係等密接な関係が存し，かつ日常の自動車の運転及び管理状況等からして，客観的外形的には前記自動車所有者等のためにする運行と認められるときは，右自動車の所有者は「自己のために自動車を運行の用に供する者」というべく自動車損害賠償保障法3条による損害賠償責任を免れないものと解すべきであるとし，前記認定の上告組合とAとの雇傭関係，日常の自動車の使用ないし管理状況等によれば，本件事故発生当時の本件自動車の運行は，Aの無断運転によるものにせよ，客観的外形的には上告組合のためにする運行と認めるのが相当であるから，上告組合は同法3条により前記運行によつて生じた本件事故の損害を賠償すべき義務があると判断しているのであり，原審の右判断は正当である。」

（2） 自賠法の適用について

【3】東京地判昭和36年9月4日（交通下民集36年度394頁）は，原告側が民法715条に基づいて責任を追及したのに対して，自賠法3条が民法の特別法であって，これを優先適用すべきである旨をはじめて判示した。

【3】 東京地判昭36・9・4交通下民集昭36年度394頁

「次に，被告会社の責任について判断するに，原告は被告会社に対しては，民法第715条により被告の使用者としての責任を問うているのであるが，この点に関し，自動車損害賠償保障法は，自動車の運行によつて人の生命又は身体が害された場合における被害者保護の観点より，同法第3条に民法に対する特別規定を設けているのであるから，特別法として同法を優先適用すべく，しかして被告会社が本件事故発生に際し自己のため被告自動車を運行の用に供するものなることその主張自体より明らかであり，すでに認定したとおり，本件事故は被告の過失により惹起されたものである以上，被告会社は原告が右事故により蒙つた損害を賠償すべき義務がある。しかして，被告らの右損害賠償債務は不真正連帯債務の関係に立つものといわねばならない。」

（3） 運行支配の捉え方

さて，前掲【2】最判昭和39年2月11日は，特に運行支配という表現を用いているわけではなく，運行利益にも言及していないが，徐々に，「運行支配」が運行供用者責任の肯否を判断する際の要件としての形態を整え，前面に現れてくることになる。そこでは，運行支配は，如何なる観念として捉えられていたのかということを，可能なかぎり，運行利益にも目を向けながら概観してみよう。

I　運行供用者責任

(i)　運行支配を直接支配とした判例

【4】最判昭和39年12月4日（民集18巻10号2043頁）は、レンタカー業者としては、借主の運転使用について、何ら支配力を及ぼし得ないのであるから、借主のみが運行供用者であり、レンタカー業者は運行供用者ではないとした。すなわち、レンタカー業者は直接の運行支配を有しないということを理由として、その運行供用者性を否定したのである。

次いで、【5】最判昭和43年9月24日（判時539号40頁）は、子が父に自動車を貸し、父が同自動車を営業車として常用していた場合につき、子は、自動車の運行自体について直接の支配力を及ぼし得ない関係にあったところ、自賠法3条にいう「自己のために自動車を運行の用に供する者」とは、自動車の使用についての支配権を有し、かつ、その使用により享受する利益が自己に帰属する者を意味するから、子は、その運行供用者に当たらないとした。ここでは、運行支配を直接支配と捉えたことと同時に、子供が、その所有する自動車を父に貸していたという事案において、「運行支配」と「運行利益」という二要件を採用したことが注目されよう。本判決の後、同種の判例が続き、いわゆる二元論（二元説）が確立されていくことになる。【6】最判昭和44年1月31日（判時553号45頁）も、人的従属関係がある場合につき、二元論を採用している。

【4】　最判昭39・12・4民集18・10・2043、判時394・57、判タ169・219

「しかし、原審の認定によれば右のようないわゆるドライブクラブ方式による自動車賃貸業者から自動車を借り受けた者がこれを運転使用している場合には、自動車賃貸業者としては、借受人の運転使用についてなんら支配力を及ぼし得ないというのであり、このような場合には、右借受人のみが自己のため自動車を運行の用に供する者にあたるものというべく、従って、右借受人が該自動車を運転使用中にひき起した事故については、自動車賃貸業者を以て前記法条にいわゆる自己のため自動車を運行の用に供した者にあたるとして、これに対し前記法条の定める損害賠償責任を負わせることはできないと解するのを相当とする。」

【5】　最判昭43・9・24判時539・40、判タ228・112

「被上告人Y_1は同Y_2の父親で、同Y_2から前記自動車を借り受けて自己の営業に常時使用していたもので、同Y_2は右自動車の運行自体について直接の支配力を及ぼしえない関係にあったものである旨の原審の認定は、原判決挙示の証拠関係に照らして首肯できる。

ところで、自賠法3条にいう「自己のために自動車を運行の用に供する者」とは、自動車の使用についての支配権を有し、かつ、その使用により享受する利益が自己に帰属する者を意味するから、被上告人Y_2は右に

いう『自己のために自動車を運行の用に供する者』にあたらないものといわなければならず、この点に関する原審の判断は相当である。」

【6】 最判昭44・1・31判時553・45，裁判集民事94・155

「原判決が適法に確定したところによると、上告人は、A商会の商号で、屑鉄回収販売を業とするものであって、右A商会が使用する店舗、自動車、電話等の登記或は登録名義等は、いずれも、上告人の妻B名義になっていること、Cは、独立して砂利の運搬業を営む目的で、昭和37年10月30日自分の妻の叔父にあたる上告人から、当時右A商会で使用中の右B所有名義の本件自動車を原判示の約定で買受けてその引渡を受けたが、まだ運搬業の仕事がなかったため、1，2回他から依頼を受けて運送した外は、毎日専属的に右A商会の屑鉄運送の業務に従事してその運賃の一部につき前記売買残代金の一部と相殺しており、本件事故当時本件自動車の登録名義および自動車損害賠償責任保険の加入名義は、右A商会において使用中の他の自動車と同様いずれも右B名義で、その車体には「A商会」の名称が表示されていたというものであり、右によると、Cは、本件事故当時右A商会の運送部門を担当し、同商会の経営者である上告人に対し従属的関係にあるというべきで、したがって、上告人は、Cの運転する本件自動車の運行について支配力を及ぼし、かつ、その運行によって利益を享受しており、自動車損害賠償保障法3条にいう「自己のために自動車を運行の用に供する者」に該当するというべく、これと同旨の原判決の結論は、正当である。」

(ii) 支配の可能性

しかし、その後、被害者をより厚く保護すべき要請に迫られて運行供用者性を従来よりも緩やかに認めようとする姿勢が現れる。すなわち、運行支配についても、自動車の運行に対する直接の支配でなければならないという姿勢が緩和されていくこととなった。

【7】最判昭和43年10月18日（判時540号36頁）は、貸金の担保として自動車を預かった債権者の従業員が当該自動車を無断使用した事案につき、その債権者は、少なくとも事実上運行支配を管理し得る地位にあったから、その支配管理下における自動車の運行については、自賠法にいう保有者として責任を負わなければならない、あるいは客観的に運行支配可能な範囲にあれば責任を免れないとし、【8】最判昭和44年9月18日（民集23巻9号1699頁）は、運送業の免許を受けていない甲（自動車所有者）が、車体に乙の商号を表示し、自動車の使用名義も乙として、専属的に乙のための貨物運送に当たっていた場合において、乙の責任をも認めた。ここにおいて、事実上の支配力と運行利益という二本の柱に拠る二元説の登場をみることになる。

I　運行供用者責任

> **【7】** 最判昭 43・10・18 判時 540・36，判タ 228・115

「上告人は貸金の担保として本件自動車を預ったものであり，少なくとも事実上本件自動車の運行を支配管理し得る地位にあったものであるから，この支配管理下における自動車の運行については，自動車損害賠償保障法にいう保有者として，その責を負わなければならないものである旨および，上告人の従業員である訴外Aによる本件加害車の無断使用は，上告人の管理上の過失によって可能になったものであるから，同訴外人による本件加害車の運行は，その主観においては私用のための無断運転ではあるが，客観的には上告人による運転支配可能な範囲に属し，上告人は右運行により起った事故につき保有者としての賠償責任を免れない旨の原審の認定判断は，原判決挙示の証拠関係に照らして首肯できる。」

> **【8】** 最判昭 44・9・18 民集 23・9・1699，判時 572・29

「しかし，右Aは，もと上告会社に自動車運転手として勤務していたもので，昭和26年1月頃上告会社を退職したのちも，自動車運送事業を経営するために必要な運輸大臣の免許は受けないまま，退職時に上告会社から代金は月賦払の約定で譲り受けた自動車やその後に買い換えた自動車を使用して，専属的に上告会社の製材原木や製品の運送に従事していたこと，本件加害自動車も，右の用に供するために買い換えてAにより使用保管されていたもので，購入先に対しては割賦代金の支払のために上告会社振出の約束手形が差入れられ，上告会社は，各期日に右手形金を支払つたほか，運行に要するガソリン代や自動車修理代等も支払い，これらに相当する金額を上告会社からAに支払う運賃から差し引いていたこと，本件事故時においては，残債務があつて加害自動車の所有権はなお訴外株式会社αモータースに留保されていたが，自動車登録原簿には使用の本拠の位置として上告会社の所在地が，また自動車検査証には使用者として上告会社が記載され，車体にも「Y製材」と上告会社の商号が表示されていたこと，そして，本件事故は，Aの被用者である前記Bが右自動車を運転して上告会社のパルプ材を運搬したのち上告会社へ帰る途中で起こしたものであること等，原審の適法に確定した事実関係のもとにおいては，上告会社をもつて，本件加害自動車の運行について事実上の支配力を有し，かつ，その運行による利益を享受していたものと認めて，自動車損害賠償保障法3条にいう「自己のために自動車を運行の用に供する者」にあたると解し，本件事故による損害につき，同条による上告会社の賠償責任を肯定した原審の判断は，正当として是認することができる。」

(iii)　客観的支配

運行供用者性の範囲の広狭については，(ii)との違いを容易に判別しがたいものといえるが，

第1章　自賠法上の責任

【9】 最判昭和44年9月12日（民集23巻9号1654頁）は，自動車修理業者が修理のために預かった自動車を，その被用者が私用で無断運転中に事故を起こした場合につき，特段の事情の認められない限り，修理業者の運行供用者性は肯定されるとし，運行支配は客観的支配で足りるとした（本判決は運行支配のみを挙げて運行供用者性を判断しており，一元説に立つものといえる）。

> **【9】　最判昭44・9・12民集23・9・1654，判時572・27**

「本件事故は，自動車修理業を営む上告人が訴外A企業組合から修理のため預かり保管中の加害自動車を，上告人の被用者である訴外Bが運転中に引き起こしたものであるというのであるところ，一般に，自動車修理業者が修理のため自動車を預かつた場合には，少なくとも修理や試運転に必要な範囲での運転行為を委ねられ，営業上自己の支配下に置いているものと解すべきであり，かつ，その被用者によって右保管中の車が運転された場合には，その運行は，特段の事情の認められないかぎり（被用者の私用のための無断運転行為であることは，原審認定のような事情のもとでは，ここにいう特段の事情にあたらない。），客観的には，使用者たる修理業者の右支配関係に基づき，その者のためにされたものと認めるのが相当であるから，上告人は，本件事故につき，自動車損害賠償保障法3条にいう自己のために自動車を運行の用に供する者としての損害賠償責任を免れないものというべく，この点に関する原審の判断は正当であつて，原判決に所論の違法はない。」

(ⅳ)　自動車の運行について指示，制御をなし得べき地位

その後，自動車に対する支配という観念がさらに希薄化したとも捉えられる状況が現れる。**【10】** 最判昭和45年7月16日（判時600号89頁）は，自動車所有者（兄）の家族が共同でガソリンスタンドを経営しており，そのガソリンスタンドの仕事のためにも加害車を使用していた場合において，未成年の妹が事故を起こした場合につき，自動車所有者の兄はもとより，一家の責任者として営業を統括していた者と目すべき父も，その自動車の運行について指示，制御をなし得べき地位にあり，かつ，その運行による利益を享受していたものということができるから，ともに運行供用者であるというべきであるとした。ここでは，二元論に拠りつつ，自動車の運行について指示，制御をなし得べき地位にあったことでよいという姿勢を明確に示したのである。

この後も，同様に「運行について指示，制御をなし得る地位」にあるかどうかを判断基準としたものもある（**【11】** 最判昭和47・10・5民集26巻8号1367頁は，事故当時，当該自動車の運行を指示，制御をなし得る地位になかったとして当該自動車所有者の運行支配を否定し，同じく **【12】** 最判昭和48・12・20民集27巻11号1611頁も指示，制御をなし得る地位にないとして運行供用者性を否定した）が，他方で，とくに明確な表現をとることなく判断を下したものもある。**【13】** 最判昭和46

I　運行供用者責任

年1月26日（民集25巻1号102頁）は，2日後に返してもらう約束で無償で貨物自動車を貸与した者（会社）は，運行支配，運行利益ともに失っていないとして運行供用者性を肯定した。本判決は，二元説と返還予定説とを融合させて判断したものといえようか。

また，【14】最判昭和46年7月1日（民集25巻5号727頁）は，信用組合の常務理事が，その所有する自動車を修理工場に修理に出し（実際に修理に出したのは，その自動車の管理を一任されていたA），そのAが，組合の従業員Bに修理工場から同自動車を受け取ることを指示し，さらにBの意を受けたCが修理工場に赴いてその自動車の引渡を受けた帰途，そのCの私用無断運転中に事故が発生したという場合につき，本件自動車がCに引渡されたことは，常務理事の了解の範囲内のことであったとし，また，その自動車の運行が常務理事のためになされていたものと認めることができるとして，常務理事に運行供用者責任を認めた。本判決を運行支配のみに拠った一元説と捉える向きもあるが，ことさら運行利益についても説明しているところから，やはり二元説に立っているものといえよう。

また，【15】最判昭和46年11月9日（民集25巻8号1160頁）は，利用時間，走行区域，走行距離等につき約定していた場合において，運行支配および運行利益を有していたとして，ドライブクラブ経営者の運行供用者責任を認め，実質的に（前掲【4】最判昭和39・12・4の）判例を変更したものと捉えることができる。同様に，【16】最判昭和50年5月29日（判時783号107頁）も，賃料前払い，使用時間，車両整備は業者が行う等の約定があるときは，運行支配，運行利益はレンタカー業者にあるとして，レンタカー業者の責任を認めた。これも二元説の立場に立つものである。

【10】　最判昭45・7・16　判時600・89，交通民集3・4・1003，裁判集民事100・197

「上告人Y_1は上告人Y_2，同Y_3兄妹の父であるが，本件事故当時，上告人らはY_1のもとに同居し，家族が共同して雑貨店ならびにガソリンスタンドの営業に従事し，主として右営業による収入で生活していたもので，上告人Y_1は，右営業を含む社会生活全般につき，一家の責任者として行動していたこと，本件加害自動車の所有者は上告人Y_2であったが，同上告人も家族の一員として前記家業に従事し，右自動車はその営業のためにも使用されていたこと，上告人Y_3は普通自動車の運転免許を持ち，本件事故以前に数回にわたり本件自動車を運転したことがあったが，上告人Y_1・同Y_2はこれを止めさせることなく放任していたこと，を確定している趣旨と解することができ，右事実の認定は，証拠関係に照らし，首肯するに足りる。

右の事実関係によるときは，右自動車の所有者たる上告人Y_2はもとより，一家の責任者として営業を総括していたものと目すべき上告人Y_1も，右自動車の運行について指示・制禦をなしうべき地位にあり，かつ，その運行による利益を享受していたものということができるから，ともに，右自動車を自己のために運行の用に供していたものというべく，たまたま本件事故は上告人Y_3が近所の怪我人を病院に運ぶため独断で右

第1章　自賠法上の責任

自動車を運転中に引き起こしたものであることは原審の認定するところであるけれども、そのことは、本件事故発生時の運行が、客観的には、上告人 Y_1 および同 Y_2 の自動車に対する運行支配権に基づき、右上告人両名のためにされたものと認める妨げとなるものではないというべきである。

したがって右上告人両名が自動車損害賠償保障法3条にいう「自己のために自動車を運行の用に供する者」にあたるとして、本件事故による損害につき、同条による上告人両名の賠償責任を肯定した原審の判断は正当であって、原判決に所論の違法は認められない。論旨は、原審の認定にそわない事実と独自の見解を前提として原判決を非難するものにすぎず、採用することができない。」

【11】　最判昭47・10・5民集26・8・1367、判時686・31

「訴外A車体工業株式会社（以下、A車体という。）は、被上告人からの注文による車体の架装を完了した本件自動車を被上告人の東京支店まで陸送することを目的として、訴外B陸送株式会社（以下、B陸送という。）との間に運送契約を締結し、同会社の被用者Cにおいて右目的のため本件自動車を運転中、本件事故を惹起したものであること、大型貨物自動車および大型乗合自動車の販売を業とする被上告人は、通常、販売店の注文に応じて、訴外D株式会社α工場に注文して製作させた半製品自動車（シャーシー）につき、販売店指定の車体架装業者に車体の架装を請け負わせるのであるが、A車体は、被上告人のほか訴外E自動車株式会社等からも架装を請け負っていたもので、経済的実質的に被上告人に従属する関係にはなく、本件事故当時においても、架装を完了した本件自動車を被上告人に引き渡すべき義務の履行として、みずから費用を負担し、かねて専属的に運送契約を結んでいたB陸送をして、これを陸送させていたものであること、被上告人は、右D株式会社α工場から車体架装工場への自動車の陸送を資本経営上同人系列に属する専属の運送業者である訴外F陸送株式会社に行なわせるのを通常とし、本件自動車をA車体に搬入することも同様にF陸送株式会社に行なわせたのであつて、他方、B陸送に対しては当時は直接の請負関係に立つことはまつたくなかつたものであり、これを直接に使用し支配しているのは前示のような実質的独立性を有する企業主体であるA車体であつて、被上告人がB陸送およびその被用者に対し直接または間接に指揮監督を及ぼす関係にもなかつたものであること、以上の事実が認められるというのである。右事実の認定判断は、原判決（その引用する第一審判決を含む。）挙示の証拠に照らして、肯認することができないものではない。

右事実関係のもとにおいては、当時の本件自動車の運行はB陸送ないしA車体がこれを支配していたものであり、被上告人はなんらその運行を指示・制禦すべき立場になかつたものと認めるべきであつて、本件自動車が被上告人の所有に属し、被上告人がその営業として自動車の製作、販売を行なう一過程において本件事故が生じたものであるなど所論の事情を考慮しても、なお、被上告人の運行支配を肯認するに足りない

I　運行供用者責任

ものというべきである。したがつて，被上告人が本件自動車の運行を支配していたものとは認められないとして，本件事故につき被上告人の運行供用者責任を否定した原審の判断は，正当として是認することができる。」

【12】　最判昭48・12・20民集27・11・1611，裁時634・1

「被上告人は，肩書住所地において，44台の営業車と90余名の従業員を使用してタクシー業を営む会社であり，本件自動車も被上告人の所有に属していたものであるが，昭和42年8月22日本件自動車は，その当番乗務員が無断欠勤したのに，朝からドアに鍵をかけず，エンジンキーを差し込んだまま，原判示のような状況にある被上告人の車庫の第一審判決別紙見取図表示の地点に駐車されていたところ，訴外Aは，被上告人とは雇傭関係等の人的関係をなんら有しないにもかかわらず，被上告人の車を窃取してタクシー営業をし，そのうえで乗り捨てようと企て，同日午後11時頃扉が開いていた車庫の裏門から侵入したうえ本件自動車に乗り込んで盗み出し，甲市内においてタクシー営業を営むうち，翌23日午前1時5分頃甲市乙区丙町1丁目45番地附近を進行中，市電安全地帯に本件自動車を接触させ，その衝撃によつて客として同乗していた上告人に傷害を負わせた，というのである。

右事実関係のもとにおいては，本件事故の原因となつた本件自動車の運行は，訴外Aが支配していたものであり，被上告人はなんらその運行を指示制御すべき立場になく，また，その運行利益も被上告人に帰属していたといえないことが明らかであるから，本件事故につき被上告人が自動車損害賠償保障法3条所定の運行供用者責任を負うものでないとした原審の判断は，正当として是認することができる。」

【13】　最判昭46・1・26民集25・1・102，交通民集4・1・1，裁時621・32

「上告人は，本件貨物自動車を日常の業務に使用していたところ，退職直後の被用者Aの求めに応じ，同人にその身廻品を甲市の実家に運搬して上告人の寮を明け渡させる目的をもつて，無償で，かつ，2日後に返還を受ける約束のもとに，運行に関する指示をし，所要の量の約半分のガソリンを与え，上告人の負担で整備を完了したうえ，本件自動車をAに貸与したものであり，同人は，右目的に本件自動車を使用したのち，上告人にこれを返還するため甲市より乙市方面へ運行中本件事故を惹起したものであるなど，原判示の事実関係のもとにおいては，本件事故当時，上告人は，本件自動車に対する運行支配および運行利益を失わないものであつて，自動車損害賠償保障法3条所定の自己のために自動車を運行の用に供する者としての責任を免れないとした原判決の判断は，正当であり，また，上告人が被上告人らに対し原判示の損害額を賠償すべきものとした判断も，是認することができる。」

第1章　自賠法上の責任

【14】　最判昭 46・7・1 民集 25・5・727，判時 641・61，交通民集 4・4・989

「一般に，自動車が修理のために自動車修理業者に預けられている間は，修理業者がその運行を支配すると解されるのであるが，修理を終えた自動車が修理業者から注文者に返還されたときには，特段の事情のないかぎり，その引渡の時以後の運行は注文者の支配下にあるものと解すべきところ，右の確定事実関係によれば，上告人から本件自動車を修理に出すことを依頼されてその前後の管理を一任されていたAが，修理工場から本件自動車を引き取ることをBに指示し，Bの意を受けたCが修理工場に赴き修理業者から本件自動車の引渡を受けたというのであり，本件自動車がCに引き渡されたことは，原判示のように上告人の了解の範囲内のことであつたと解するのが相当であるから，C，Bらの内心の意図いかんにかかわらず，客観的には，右引渡により上告人が本件自動車の運行に対する支配を取得したものと認めることができる。そして，その後，Cが本件自動車を組合事務所のAの許に届ける予定のもとに，Aに無断で私用のため本件自動車を運転して甲市から乙市まで赴いただけでは，いまだ上告人の運行支配が排除されたものとはいえないとした原判決の判断も，正当として是認することができる。

さらに，論旨は，原判決が運行利益の帰属の有無について判断をしていないことを違法と主張する。しかし，右の確定事実関係によれば，上告人，AおよびCないしBとの間には前示のような関係があり，Cは，上告人のためにするものとして修理業者から本件自動車の引渡を受け，その運行を開始したのであり，前示の事情のもとで私用のため運転したことも，Aひいては上告人に本件自動車を届ける過程における一齣の出来事とみられるのであつて，当時のCの運行を全体として客観的に観察するとき，本件自動車の運行が上告人のためになされていたものと認めることができるのである。原判決も，このような趣旨において，前示事実関係を判示することにより，とくに上告人への運行利益の帰属につき説示することがないとしても，おのずから，これを肯定したものと解することができる。」

【15】　最判昭 46・11・9 民集 25・8・1160，裁時 582・1

上告会社は，自家用車の有料貸渡を業とするものであるが，その所有自動車についての利用申込を受けた場合，免許証により，申込者が小型四輪自動車以上の運転免許を有し，原則として免許取得後6カ月経過した者であることを確認し，さらに一時停止の励行，変速装置，方向指示器の操作その他交通法規全般について同乗審査をなし，かかる利用資格を有する申込者と自動車貸渡契約を締結したうえで自動車の利用を許すものであること，利用者は，借受けに際し届け出た予定利用時間，予定走行区域の遵守および走行中生じた不測の事故については大小を問わず上告会社に連絡するよう義務づけられていること，料金は，走行キロメートル，使用時間，借受自動車の種類によつて定められ，本件自動車と同種のα62年式の場合，使用時間24時間・制限走行キ

I　運行供用者責任

ロメートル300キロメートルで6000円に上ること，燃料代，修理代等は利用者負担とされていること，使用時間は概ね短期で，料金表上は48時間が限度とされていること，訴外（第一審被告）Aは，上告会社から以上の約旨のほか，同人が前記利用資格に達していなかつたため，特に，制限走行キロメートル300キロメートル，山道，坂道を走行しないことを条件に上告会社所有の本件自動車を借り受けたものであること，本件事故は訴外Aが本件自動車を運転中惹起したものであること等の事実関係のもとにおいては，本件事故当時，上告会社は，本件自動車に対する運行支配および運行利益を有していたということができ，自動車損害賠償保障法（以下，自賠法という。）3条所定の自己のために自動車を運行の用に供する者（以下，運行供用者という。）としての責任を免れない旨の原判決（その引用する第一審判決を含む。以下同じ。）の判断は，正当として是認することができる。

【16】　最判昭50・5・29判時783・107，交通民集8・3・595

上告人はレンタカーを賃貸するに当り，借主につき免許証の有無を確認し，使用時間，行先を指定させて走行キロメートル，使用時間に応じて預り金の名目で賃料を前払をさせ，借主の使用中使用時間，行先を変更する場合には，上告人の指示を受けるため返還予定時刻の3時間前に上告人にその旨連絡させ，これを怠った場合には倍額の追加賃料を徴収するものとし，車両の整備は常に上告人の手で責任をもって行われ，賃貸中の故障の修理も原則として上告人の負担であったというのであり，右事実関係のもとにおいては，上告人は本件事故当時本件自動車に対する運行支配及び運行利益を有していたものということができ自動車損害賠償保障法3条にいう自己のために自動車を運行の用に供する者としての責任を免れない旨の原判決の判断は，正当として是認することができる。

（4）　法的地位説の登場——主張・立証責任との関係

こうして，運行支配の内容については徐々に緩やかに解する方向に向かいつつ，運行利益についても，これを要件として挙げるものが圧倒的に多いといえる判例の流れと時間的には並行するかのような形をとって，いわゆる法的地位説が現れ，またこれと同時に，具体説に拠るとすると，被害者側において加害者側の事情を説明しなければならないという難点があったことから，抽象説の萌芽がみられることとなった。

法的地位説を積極的に推進した吉岡進判事は，運行利益を運行支配の一徴表とみる一元説の下で，抽象説（抽象的運行説）（↔具体的運行説），法的地位説（↔事実説），抗弁説（↔請求原因説），責任主体説（↔責任行為説）を採り，自賠法の趣旨および文言に沿い，民法715条的な外形理論を離れ，運行供用者の要件としては抽象的な運行支配のみで足るとし，自動車の所有権，賃借権等の権利の内容として，特に運行支配が排除されるような制限がない限り当然に運行

第1章　自賠法上の責任

支配権原を含む地位を取得する者を一般的抽象的に運行供用者たる地位を取得するものと認め，運行支配を排除するような制限があるとき，または運行支配を消滅させるような事由（自動車の盗難，他に譲渡もしくは賃貸したことによる自動車の引渡等）が発生したときは運行供用者たる地位の取得は阻却され，または運行供用者たる地位を失うとする。具体的には，運行支配は，所有権，賃借権等の使用権の取得によるほか，会社が従業員の所有車を自己の営業組織に組み込む，元請人が下請人に対する専属的指揮監督関係に基づき下請人の所有車を営業の一環とする等によって取得されるのであり，ただ，泥棒運転によって運行供用者たる地位が失われることは争いがないものの，キーを付け放しにして放置しておいた自動車を使用窃盗された場合には，乗り出しからある距離・ある時間の範囲内で，所有者の運行支配の残存が認められるとする（吉岡進「交通事故訴訟の課題」『実務民事訴訟講座3巻』22～23頁）。

すなわち，ここでは具体的な運行が始まる前に，既に運行供用者が定まっているとみるのである。

この法的地位説の始まりといえるのは，【17】東京地判昭和40年12月20日（判時438号41頁）である。これは，Y_1（自動車の所有者）から同車の運転を許されていたA（Y_1の息子）が，Y_2とともに酒場に飲みに行き，飲み過ぎのため気持ちが悪くなって吐いていたところ，車中にいたY_2（無免許，酩酊状態）が同車をバックさせたときに舗道上にいたXに衝突し負傷させた事故につき，Y_2は，自動車の所有者たるY_1の運行支配または運行利益を排除しようとしたものではないとして，Y_1が自賠法3条の責任を負うとしたものである（Y_2は民法709条の責任を負うとされた）。

これを前掲【2】最判昭和39年2月11日と比較してみると，法的地位説の意図するところが理解しやすいであろう。前掲【2】最判昭和39年2月11日は，民法715条の外形理論を利用しつつ，所有者以外の者が運転していて事故を起こした場合において，自動車の所有者と運転者との間の（雇用関係等の）密接な関係，日常の自動車の運転・管理状況等からして，その運行が客観的・外形的に所有者のための運行と認められるときに，所有者を運行供用者とみるとしている。ここでは，自動車所有者が運行供用者責任を負うかどうかは，自動車の所有者であることの他に，運転者との間の関係，当該自動車の日常の運転・管理状況が考慮されている（考慮せざるを得ない）のに対し，【17】東京地判昭和40年12月20日は，自動車の所有者は当然に運行供用者であることを起点として，Y_1につき運行支配または運行利益を排除する事由があったか否かのみを問い，Y_2による運行は，Y_1の運行支配または運行利益を排除するものではないとして結論を導いている。その差は，歴然としていよう。「自己のために」という語は責任の帰属を示すものであって，文字的意味をそのままに理解すべきではないであろうという見方（吉岡・前掲『実務民事訴訟講座3巻』27頁注〔8〕）も影響したかのようである。

しかし，次のような叙述に接するとき，法的地位説の考え方は，【17】東京地判昭和40

Ⅰ　運行供用者責任

年12月20日をもって初めて出てきたとみるべきものではなく，既に，自賠法の立案段階においてその萌芽をみてとることができることにも留意しておいてよいであろう。

すなわち，「自動車の保有者（自動車を使用する権利または正当な権原に基づく自動車の占有権を有する者——すなわち所有者，使用者，受寄者等）は，原則として自動車の運行による人身事故の場合の被害者側の損害を賠償しなければならない」（黒住・前掲時の法令163号1頁〔3頁〕），「……責任の主体を従来の直接の加害者たる運転者から自動車の所有者，使用者等に移した……」（同・前掲法律のひろば8巻7号20頁〔21頁〕）としているところである。

【17】　東京地判昭40・12・20判時438・41，判タ185・168

「被告 Y_1 が加害車の所有者であることは当事者間に争いがない。

そして〔証拠略〕によると，訴外Aは被告 Y_1 の子で，19才の学生であるが，加害車を運転することを許され，頻繁に乗車していたものであるところ事故当日は，助手席に友人である被告 Y_2 を乗せて加害車を運転し，銀座に来て共に飲酒したのち一旦加害車に乗車したが，酔余気分が悪くなり車の外に出て6,7メートル離れたところで吐いていたこと，被告 Y_2 は車の中で待ち，2回ほどAの様子を見に行っていたが，車の前方に工事場があり，車と工事場との間を他の車が通り，加害車の前の角のところが通過する車と接触すると思い，たまたま車のキーがさしてあったままになっていたので自分の判断で，自ら車を運転しこれを若干後退させようと試みたところ，運転を誤り本件事故を発生させるに至ったこと，が認められる。

そうとすれば，被告 Y_1 は本来加害車を自己のために運行の用に供するものであり，その子のAにその車を運転させることによって，右運行供用者たる地位を失わぬことはもとより被告 Y_2 が車の運転をするに至った後においても，もともと被告 Y_2 としては車の同乗者であり車を傷つかせないようにするため加害車を若干後退させようとしたに過ぎず車の所有者の運行支配または利益を排除しようとしたものではないのであるから，被告 Y_1 が主張するように被告 Y_2 とは面識がなく従って運転を任せたことがないからといって被告 Y_1 が加害車の運行供用者ではなくなるとは到底認められない。

従って，被告 Y_1 は自動車損害賠償保障法第3条により，原告の蒙った人的損害を賠償すべき義務がある。」

（5）　運行利益の捉え方

運行利益概念については，そもそも運行供用者責任を負うのは「自動車運行の利益の帰属する者」とするものがあり（我妻・前掲『民法研究Ⅵ』317頁），これは報償責任の思想に基づくものであって，民法715条的な発想に連なるものであるが，運行供用者は使用者に限られるものではなく，本来的には，報償責任とは理念の異なるものと考えるべきである。その後，自賠法3条と民法715条との非連続性を説き，自賠法3条は，むしろ民法717条，718条的

第1章　自賠法上の責任

規定だとするものもある（川井健『現代不法行為法研究』〔日本評論社，1978(昭和53)年〕18頁〔初出は，判タ212号・1967(昭和42)年〕）。しかし，運行利益についても，運行自体から発生する利益に限らず，その客観的・外形的考察を許すものが現れることとなった。前掲【14】最判昭和46年7月1日をその典型例の1つとして挙げ得よう。

（6）　二元説，一元説をめぐる判例の揺籃

下級審裁判例においてこうした動きが出てきた後も二元説に従う判決が続いた。

【18】最判昭和48年1月30日（判時695号64頁）は，休日のドライブ目的で友人に自動車を貸したところ，その友人の被用者の過失により事故が発生し，友人夫婦とその娘とが死亡した（もう1人の娘が受傷した）事案において，自動車を貸した所有者の運行支配は失われておらず運行利益も享受していたとして，その運行供用者責任を認め〔なお，自動車を借りた友人夫婦も運行供用者であると解している〕，【19】最判昭和49年11月12日（交通民集7巻6号1541頁）は，Y会社の従業員Aが，同会社を退職した翌日にY会社所有の車をひそかに乗り出して運転中に事故を惹起した事案において，客観的には，事故当時において，Yは，Aの運転する自動車の運行につき運行支配および運行利益を有していたものと認められないわけではないとして原審を是認した。

さらにその後，運行利益は，運行支配の一徴表であるとする一元論が台頭した。【20】最判昭和49年7月16日（民集28巻5号732頁，原審は，【20'】高松高判昭和48・4・10民集28巻5号739頁）は，父親が，専門学校在学中の息子（17歳）のために，車の保険料その他の経費を負担して原付自転車を買い与え，その子は卒業し就職してからも同車を通勤用に使用していたという事案において，就職はしたものの未だ給料をもらっていない段階（事故は5月1日）で，息子は独立して生活する能力を有しておらず生活全面にわたって父親に依拠していたことから，運行支配ないし運行利益に特に言及することなく，父親の運行供用者責任を認めた原審をそのまま是認し，【21】最判昭和50年11月28日（民集29巻10号1818頁）は，父と同居し，農業に従事する傍ら，建設会社等で働いて得た収入で車を購入した20歳の子が，信用の関係で父を登録名義人とし父の家で車を保管していたが，車の管理費用等はすべて子が負担し，子が専ら自分のために使用していた事案につき，運行支配・運行利益という概念を用いることなく，その父親につき，「自動車の運行を事実上支配，管理することができ，社会通念上その運行が社会に害悪をもたらさないよう監視，監督すべき地位にあった」として運行供用者責任を認めているが，いずれも事実上の一元説と捉えておいて差し支えないであろう。

しかし，その後においても，二元説に立つものと受け取れる判決も現れている。

【22】最判昭和52年12月22日（判時878号60頁）は，会社の従業員が，自己所有の自動車で起こした事故につき，従業員の大半が自家用車（単車）を所有し，これを通勤用に使用するほか，上司の指示があるときは自宅から工事現場への往復にも利用し，会社はこのこと

I　運行供用者責任

を承認し，走行距離に応じガソリン手当および損料の趣旨で単車手当てを支給していたところ，上司に自宅から直接工事現場へ出勤するよう指示された従業員が，仕事を終えて自宅に帰る途中に起こした事故につき，会社は，事故当時における事故車の運行について運行支配と運行利益とを有しているとして運行供用者責任を認めた。本判決は明確に二元説を採ったものといえるが，具体的事案に照らせば，一元説に立った場合でも結論に違いはないであろう。

ただ，二元説に立つと保有者の責任を否定せざるを得ないという場合が意識される。泥棒運転の場合である。

泥棒運転に関する最初の最高裁判決である前掲【12】最判昭和48年12月20日は，タクシー会社の有蓋車庫にキーをつけたまま駐車させてあったタクシーを，タクシー営業をした後乗り捨てる意図で盗み出した者が事故を起こした事案につき，保有者（タクシー会社）は，運行を指示，制御すべき立場になく，また運行利益も保有者に帰属していたとはいえないとして，その運行供用者性を否定した。ここでは，運行支配（運行の指示，制御），運行利益の双方がないとされているのであるから，二元説ではもちろん，一元説に立ったとしても保有者の運行供用者性が否定されることになろう。

しかしながら，この後，泥棒運転に関して保有者の責任を認める下級審裁判例が続く。【23】札幌地判昭和55年2月5日（交通民集13巻1号186頁），【24】京都地判昭和56年9月7日（交通民集14巻5号1051頁），【25】大阪地判昭和61年3月27日（交通民集19巻2号426頁）である。そして，最高裁においてもこれを肯定するものが現れた。

【26】最判昭和57年4月2日（判時1042号93頁）は，C会社建物前の公道上に半ドア状態でエンジンキーを差し込んだまま駐車させてあった普通乗用車にA・B両名が乗り込み（A運転，B助手席同乗），Aは自宅に乗って帰るべく，これを窃取しようと決意して150mほど進行させた時点でコンクリート柱に激突するという事故を惹起し，Bが死亡したという事案である。

一審は，事故前日の午後7時40分頃出張先から同車で帰社したD（C会社の従業員）が，間もなく社長のEがいつものように同車で帰宅するものと思い，キーを差し込んだままドアロックをしておかなかったところ，Eが他の車で帰宅したため，前記の状態で駐車されていたという事実関係のもとでは，同車につき運行支配，運行利益ともにC会社に帰属しているとしてCを運行供用者と認めた上で，Bには運行利益を享有する意思や運転行為に加担する意思があったとは認められないとして，Cに対するBの他人性を認めた（過失相殺80％）。

これに対し，原審は，Cが直接的，具体的に運行を指示，制御すべき立場になく，その運行利益も直接的，具体的にCに帰属していなかったとしても，Cは運行供用者であると認めたが，Bは，Aと意を通じて，同車を窃取して運転を開始することを容認していたものと

第1章　自賠法上の責任

推認してA・B両名とも運行供用者であると認め，その上で，BのCに対する他人性を否定した。

　本判決も，同車に対する運行支配の直接性，顕在性，具体性により，A・BはCに対し他人性を主張することはできないとしたが，これは，A，B，C三者が共同運行供用者であることを前提としているといえるのであり，したがって，本判決を，泥棒運転の場合に，被窃取者（保有者）の運行供用者性を認めた最初の最高裁判決と捉えて差し支えないであろう。

　その後もなお重要な判決は続く（たとえば，【27】最判平成9・11・27判時1626号65頁は，2時間で返すとの約束のもとに無償で貸した車が，約1カ月後に事故〔飲酒運転で対向車線に入って対向車両と衝突し，被害車両の助手席に同乗中の子供2名が死亡した〕を起こした事案において，所有者は運行を指示，制御することはできなかった，すなわち運行支配を失っていたとして，所有者の運行供用者責任を否定したところ，本判決は，運行利益もなかったとわざわざいっており，二元説とみられる）が，運行供用者の認定については，二元説の下，客観説・抽象説・法的地位説・抗弁説と連なるものが通説的見解（↔主観説・具体説・事実説・請求原因説）といえる（ただし，最高裁は，抗弁説を採用すると明確にいっているわけではない）。そして，運行支配と運行利益をめぐる裁判例の流れを概観すると，その判断姿勢を明確に類型化することは容易でないものの，およその方向性として，運行支配については，現実支配説→支配可能性説→客観的支配説→自動車の運行について指示，制御をなし得べき地位説→事実上の支配説と，運行利益については，運行それ自体から生ずる利益説→間接利益説→無形利益説へと移ってきているように思われる。

【18】　最判昭48・1・30判時695・64，交通民集6・1・1，裁判集民事108・119

「原判決（その引用する第一審判決を含む。以下同じ。）の確定したところによれば，訴外Aと亡B₁，亡B₂夫妻（以下，B夫婦という。）とは，かねてから親交があって，相互に自動車の貸し借り，融通をしていた関係にあったこと，本件事故当日，Aはその所有の本件事故車をB夫妻に貸与したが，その目的は休日のドライブという一時的なもので，Aの都合次第でいつでも返還を求めうる状況にあったこと，そして，B夫妻は，その子亡C（当時6才）および被上告人X（旧姓B，当時4才）を同乗させ，被用者の訴外Eに運転させて家族全員でドライブに出かけたところ，Eの過失により本件事故が発生したものであること，以上の事実が認められるというのである。右事実関係によれば，Aは，本件事故車をB夫妻に貸し渡していても，なお，その運行に対する支配を失わず，かつ，その運行により利益を享受していたものと認めるべきであって，Aが，本件事故により他人の被った損害につき，自動車損害賠償保障法3条所定の自己のために自動車を運行の用に供する者（以下，運行供用者という。）として，その責任を負うべき旨ならびに事故車の同乗者にすぎないCおよびXがAに対する関係において同条にいう他人にあたる旨の原判決の判断は，正当として是認することができる。事故車の借主であるB夫妻も運行供用者にあたるものと解されること，CおよびXがB夫婦の

I 運行供用者責任

親権に服する子であることなど所論の事情は，右の判断を左右するに足りないものというべきである。」

【19】 最判昭 49・11・12 交通民集 7・6・1541，裁判集民事 113・169

「客観的には，本件事故当時において，上告人は，訴外Ａの運転する本件自動車の運行につき運行支配及び運行利益を有していたものと認められないわけではない。原判決は上告人の運行利益の点につき明示するところがないが，その判示は，これを肯定しているものと解することができる。原判決に所論の違法はなく，論旨は採用することができない。」

【20】 最判昭 49・7・16 民集 28・5・732，判時 754・50，交通民集 7・4・953

「原審の適法に確定した事実関係のもとにおいて上告人Ｙが本件事故について自動車損害賠償保障法 3 条所定の自己のために自動車を運行の用に供する者としての責任を負うものとした原審の判断は，正当として是認することができる。」

【20′】 高松高判昭 48・4・10 民集 28・5・739，判時 711・100，交通民集 7・4・958

「そこで控訴人 Y₂ の自賠法 3 条に基づく責任について検討するに，成立に争いのない甲第 6 号証の 2，原審証人Ａの証言，原審における控訴人 Y₁，当審における控訴人 Y₂ 各本人尋問の結果に弁論の全趣旨を総合すると，控訴人 Y₂ は，控訴人 Y₁ の父であるが，昭和 43 年 2 月頃当時商業専門学校（2 年制）在学中で 17 才（昭和 25 年 12 月 16 日生）の控訴人 Y₁ のために本件加害車（第二種原動機付自転車）を買い与えたものであること，控訴人 Y₁ は同年 3 月 10 日前記学校を卒業し，同年 4 月 4 日から甲市内の乙自動車に自動車修理工として就職し控訴人 Y₂ 方から通勤していたものであること，控訴人 Y₁ の給与は 1 ケ月 1 万 5000 円の約束であつたが本件事故時までには一度も給与を得ていなかつたこと，したがつて，本件事故当時までに要した本件加害車の保険料その他の経費は控訴人 Y₂ が負担したものであり，また，本件事故当時控訴人 Y₁ は，その生活を全面的に父である控訴人 Y₂ に依拠して営んでいたもので，いまだ独立して生活する能力を有していなかつたことなどの事実を認めることができ，右事実によれば，控訴人 Y₂ は，本件事故について自賠法 3 条にいう運行供用者としての責任を負うものと解するのが相当である。」

【21】 最判昭 50・11・28 民集 29・10・1818，判時 800・50，交通民集 8・6・1595

「自動車の所有者から依頼されて自動車の所有者登録名義人となつた者が，登録名義人となつた経緯，所有者との身分関係，自動車の保管場所その他諸般の事情に照らし，

第1章　自賠法上の責任

自動車の運行を事実上支配，管理することができ，社会通念上自動車の運行が社会に害悪をもたらさないよう監視，監督すべき立場にある場合には，右登録名義人は，自動車損害賠償保障法3条所定の自己のために自動車を運行の用に供する者にあたると解すべきである。

原審の適法に確定した事実によると，被上告人Y₂は，昭和44年3月ころ，本件自動車の所有者である被上告人Y₁から，その所有者登録名義人となつていることを知らされ，これを了承するに至つたのであるが，被上告人Y₁は，被上告人Y₂の子であり，当時満20歳で，同被上告人方に同居し農業に従事しており，右自動車は同被上告人居宅の庭に保管されていたというのであり，右事実関係のもとにおいては，同被上告人は本件自動車の運行を事実上支配，管理することができ，社会通念上その運行が社会に害悪をもたらさないよう監視，監督すべき立場にあつたというべきであつて，右自動車の運行供用者にあたると解するのを相当とする。」

【22】　最判昭52・12・22判時878・60，裁判集民事122・565

「上告人会社甲営業所に属する内線工の大半は，単車等の自家用車を有し，これを通勤のため使用するほか，しばしば営業所から，また，上司の指示があるときは自宅から工事現場への往復にも利用し，そのさいには自家用車を持たない同僚を同乗させることも多く，上告人会社は右利用を承認して走行距離に応じたガソリン手当及び損料の趣旨で単車手当を支給し，内線工のひとりである訴外Aも同様に自己所有の単車を通勤及び業務のため利用していたところ，同訴外人は事故前日及び当日，上司に自宅から直接工事現場へ出勤するよう指示され，指示どおり出勤し業務に従事し，事故当日午後10時ごろその日の仕事を終り右単車で帰宅することになつたが，そのさい営業所近くの上告人会社の寮に帰る同僚を右単車に同乗させ，営業所で同僚を降ろし，そこから自宅へ帰る途中で本件事故を起こしたものであるなど，原審の適法に確定した事実関係のもとにおいては，上告人会社は事故当時における右訴外人の単車の運行について運行支配と運行利益を有し，被上告人に対し自賠法3条に基づく損害賠償責任を負う旨の原審の判断は，正当として是認することができ，その過程に所論の違法はない。」

【23】　札幌地判昭55・2・5判タ419・144，交通民集13・1・186

「右事実によると被告Yは実妹宅の敷地内とはいえ，市街地にある市道に面した空地部分に自車を駐車させたのであるから，自動車所有者たる被告Yとしてはこれが第三者に無断で運行の用に供されることのないようエンジンキーをはずすことはもとよりドアに施錠する等の管理義務があるというべきである。しかるに被告Yはこれを全く怠り，無施錠，エンジンキーをつけたまま放置しておいたのであるから同被告はY車の第三者による運転を許容していたものといわざるを得ない。そして本件車両を窃取

Ⅰ　運行供用者責任

した訴外Aは窃取後1時間余を経た昭和53年6月14日9時40分ころ所有者の追跡から逃走すべく走行中に本件事故を惹起したものであることに照すと，被告は未だY車の運行支配を失つてはおらず，右車両の運行により生じた本件事故に対し運行供用者として自賠法3条の責任を免れないというべきである。」

【24】　京都地判昭56・9・7交通民集14・5・1051

「前記事実によると，被告は加害車両の所有者であり，A及びBはいずれも被告の従業員であること，A及びBが加害車両を駐車しておいた場所は甲寺境内であつて二つの門によつて仕切られているとはいえ一方の門は工事のために常に開放されている状態にあり常に人の出入りがあつて一般通路と同視しうるところで定められた駐車場ではなく，A及びBが仕事をしている間は十分に監視することもできない状態にあつたこと，かような状態にあるにもかかわらず，Aは加害車両のドアロックをせずエンジンキーも差し込んだまま午前8時15分ころから午後4時30分ころまでの長時間にわたつて駐車し放置していたこと，Cは偶々右境内を通行していて駐車中の加害車両を容易に盗取しその後15分足らずで事故を起こしたこと，が認められ，直接にはCが本件事故を惹起したものとは言え被告が第三者による無断運転を容認したと同様にみられ，このような状況の下においてCが加害車両を運転し事故を起こしたのであつて，被告はCによる加害車両の盗取によつて運行供用者たる地位を離脱したものとはいえず運行供用者としての責任を負うと解するのが相当である。

従つて，被告は原告らに対し自賠法3条により身体の傷害に伴う損害を賠償すべき責任がある。」

【25】　大阪地判昭61・3・27交通民集19・2・426

「仮りに，事故時の加害車運転手が加害車を窃取した犯人であるとしても，加害車が駐車されていたとされる本件駐車場は，前記認定のとおり，旧国道170号線に東側を面した間口が30メートルあり，四囲を囲む施設，設備などの工作物が建造されたこともなく，その南側3分の1は被告会社以外の第三者が駐車場として使用し，被告会社使用部分も，下請及び被告会社従業員並びに顧客などが自由に駐車できる駐車場であつて，客観的に第三者の自由に立入ることのできる駐車場であつたことが認められ，かつ，本件駐車場と本件事故現場とが場所的に，約2キロメートル弱の距離にあつて近接し，警備員Aが加害車の発進音を聞いた時刻と事故発生時刻とが近接しているうえ，飲酒した状態で加害車を蛇行運転し，長距離運転する状況になかつたことを考え合せると加害車の発進と事故発生とが時間的にきわめて近接していることが認められる本件では，被告会社の加害車に対する運行支配が，本件事故発生時において，既にその支配から離脱していたものとはいえない。

右によれば，加害車に対する被告会社の

第1章　自賠法上の責任

運行支配は，なお継続しており，運行支配を離脱したことを認めるに足る事実は認められないから，被告会社は自賠法3条により，原告Xに生じた本件事故による損害を賠償する責任がある。」

【26】　最判昭57・4・2判時1042・93，判タ470・118，交通民集15・2・295

「本件事故当時の訴外C自動車株式会社による本件普通乗用自動車の運行支配が間接的，潜在的，抽象的であるのに対して，訴外亡B及び訴外Aは共同運行供用者であり，しかも右両名による運行支配は，はるかに直接的，顕在的，具体的であるから，訴外Bは自動車損害賠償保障法3条にいう「他人」であることを主張しえないとしたうえ，同人が右「他人」である旨の主張を前提とする同法16条の規定に基づく本訴請求を棄却した原審の判断は，正当として是認することができる。」

【27】　最判平9・11・27判時1626・65，交通民集30・6・1559，裁時1208・2

「原審の確定した事実関係によれば，(1)本件自動車の所有者である被上告人は，平成3年12月10日，友人であるAに対して，2時間後に返還するとの約束の下に本件自動車を無償で貸し渡したところ，Aは，右約束に反して本件自動車を返還せず，約1箇月間にわたってその使用を継続し，平成4年1月11日，本件自動車を運転中に本件事故を起こした，(2)Aは，本件自動車を長期間乗り回す意図の下に，2時間後に確実に返還するかのように装って被上告人を欺き，本件自動車を借り受けたものであり，返還期限を経過した後は，度々被上告人に電話をして，返還の意思もないのにその場しのぎの約束をして返還を引き延ばしていた，(3)被上告人は，Aから電話連絡を受けた都度，本件自動車を直ちに返還するよう求めており，同人による使用の継続を許諾したものではなかったが，自ら直接本件自動車を取り戻す方法はなく，同人による任意の返還に期待せざるを得なかった，というのであり，以上の点に関する原審の事実認定は，原判決挙示の証拠関係に照らして首肯することができる。そして，右事実関係の下においては，本件事故当時の本件自動車の運行は専らAが支配しており，被上告人は何らその運行を指示，制御し得る立場になく，その運行利益も被上告人に帰属していたとはいえないことが明らかであるから，被上告人は，自動車損害賠償保障法3条にいう運行供用者に当たらないと解するのが相当である。」

（7）　学説の対応，展開

このように，判例は，運行支配と運行利益の双方をほぼ等しく運行供用者性判断のメルクマールとして据えるか，あるいは運行支配にその基軸を置くかの相違をみせつつも，いずれについても規範的な概念を持ち込むことにより，その両概念の外延を何処までも拡げていく可能性をもたらした。しかし，それでは運行支配・運行利益本来の意味は極めて希薄化され，

I　運行供用者責任

それらには基準としての意味がなくなったとして，これらに代わる新たな判断基準によって運行供用者概念を捉えようとする動きが現れることとなった。

　(ア)　危険性関連説（石田穣）

　自動車は，他人の生命，身体を毀損する危険性を有するものであるところ，運行供用者とは，自動車事故によって生じた損害との関係で自動車の有するその危険の実現に（直接的であれ，間接的であれ）加担したと評価される者（危険性関連を有する者）であると考える。

　(イ)　人的物的管理責任説（前田達明）

　運行供用者とは，当該自動車の運行が，その者のためであると法的に認められているがゆえに自動車についての人的物的管理責任を負う者であるとする。自賠法3条ただし書の免責事由に「自己及び運転者が自動車の運行に関し注意を怠らなかったこと」が含まれていることは，運行供用者責任が人的管理責任を基礎としていることを意味し，また「自動車に構造上の欠陥又は機能の障害がなかったこと」という事由から，自動車そのものの物的管理責任をも基礎としているとみる。

　(ウ)　保有者管理地位説（伊藤高義）

　運行供用者性が運行支配と運行利益とをメルクマールとして判断され，運行支配が自動車に対する使用権限（管理すべき法的地位），運行利益が運行計画や運行費用等を意味するものであることから，誰が運行供用者責任を負うかは，誰が保有者であるかを判断すればよいとして，保有者の概念を中心に構成すべきであるとする。

　(エ)　事故防止決定可能性説（高崎尚志）

　自動車事故においては，その事故の防止が最も重要であるところ，運行供用者とは，社会通念上完全な自動車事故の防止（運行禁止，使用禁止，貸与中止等）を決定し得る可能性のある者をいうとする。

　(オ)　制御可能性説（伊藤文夫）

　運行供用者とは，自動車の運行による危険の具体化を制御することができる立場にある者で，かつ，危険の具体化を制御すべき可能性があると評価し得る者をいうとする。ここにおいて，危険の具体化を制御するとは，自動車を社会的危険を作出する立場へ出すことを完全に阻止することとする。

　(カ)　供用支配説

　以上の諸見解に対し，裁判例の綿密な分析に基づき，運行支配・運行利益をメルクマールとする姿勢を排し，新たな判断基準を提示しようとするものである。すなわち，運行供用者とは，まさに「自動車を運行の用に供する者」という原点に立ち返り，運行に重きを置くのではなく，むしろ「供用」の方に着目し，供用支配概念一元で判断していくのが理に適うと解する考え方である。

　この考え方を基礎として，運行供用者＝自己のために自動車を運行の用に供する者とは，

第1章　自賠法上の責任

基本的には，供用支配を有する者をいい，事実問題として，（ア）自動車を供用して現に運行の状態に置いている者（自ら運転する場合），（イ）自動車を運行し得るように供用する者（他人が運転する場合），（ウ）自動車を運行せしめたという意味で供用支配があると認められる者（子所有車の場合の親，従業員所有車の場合の会社等）を指し，運行の用に供する権原を有するか否かは問わないと解する。

（8）　現在の裁判例の姿勢

こうした中，下級審裁判例には二元説（たとえば，【28】東京地判平成15・2・5交通民集36巻1号199頁），一元説（たとえば，【29】東京地判平成16・10・18交通民集37巻5号1384頁）いずれの立場に立つものもみられたところであるが，近時，二元説に立つことを明言したかに受け取れる裁判例が現れた。

【30】東京地判平成19年7月5日（交通民集40巻4号849頁），【31】仙台地判平成20年5月13日（自保ジャ1768号16頁）は，いずれもレンタカーでの自殺を意図してレンタカーを借り受けていた事案であるが，運行供用者の運行支配は，必ずしも当該自動車の運行に対する直接的，具体的な支配の存在を要件とすることを意味するものではなく，客観的・外形的にみて，自動車の運行に対し支配を及ぼすことのできる立場にあり，運行を支配，制御すべき責務があると評価される場合には，その運行支配が肯定されるべきものと解すべきであり，また運行利益の帰属についても，客観的・外形的に観察して，法律上または事実上，何らかの形でその者のために運行がなされていると認められると評価される場合には，その運行利益が肯定されるべきものと解すべきであるとし，レンタカー契約の際，借主が，仮に自殺に用いる目的を有していたとしても，それは単なる主観的な意思にすぎず，事故当時，客観的・外形的にみて借主に返還意思のないことが明らかであったとはいい難いとして，レンタカー会社の運行支配・運行利益を認めた。

【28】　東京地判平15・2・5交通民集36・1・199

「被告は，加害車両を貸与したのではなく運行供用者ではない旨主張するので検討するに，証拠（甲3，18，被告本人の一部）及び弁論の全趣旨によれば，被告は，本件事故当時，パチンコ店に勤務し，加害車両を通勤のために使用していたこと，本件事故の前日，勤め帰りに加害車両を運転して飲食店に寄り，同僚のA（平成13年に死亡），Bらと飲酒したこと，被告は，泥酔状態のBを自宅に送っていこうとしたところ，Aが，自分が運転すると言うので，加害車両の鍵を渡し，Bが助手席に，Aが運転席に乗り込んだこと，被告は，飲食店にBの鞄を取りに戻った後，加害車両の後部座席に乗り込んだこと，その後本件事故が発生したことが認められる。

被告は，その本人尋問において，Aが，被告の手から加害車両の鍵を強引に奪い取り，

I　運行供用者責任

Bを助手席に乗せて加害車両を発進させたので，走り出していた加害車両の助手席の方から回り込んでドアを開け，Bの座席を前に倒して後部座席に飛び乗った，運転席の後ろから窓側の方に手を入れて鍵を回し運転を阻止しようとしたなどと供述し，乙1にも同旨の記載がある。しかしながら，被告自身も酒に酔っていて明白な記憶はないとも供述していること，被告が，Bの鞄を取りに戻る時間的余裕があったことからすれば，Aが鍵を奪い取った直後に加害車両を発進させたものとは考えられないこと，走り出した車両に飛び乗って運転を阻止しようとしたというのは不自然であることなどから，被告の同供述等は採用することができない。

被告がAに加害車両の鍵を渡した経緯や，加害車両に同乗していたことからすれば，Aによる無断運転とはいえず，被告は，加害車両について運行支配及び運行利益を有していたものとみるべきであって，自賠法3条の責任を免れないといわざるを得ない。」

【29】　東京地判平16・10・18 交通民集37・5・1384

「被告Y₂は，被告車両の所有者ではなく，A株式会社からリース契約に基づき被告車両の使用許諾を受けた者にすぎないとして，被告Y₂の運行供用者性を争うが，リース契約において定められた一定期間内は，専らユーザーである被告Y₂が被告車両を使用収益することができるものであり，ユーザーである被告Y₂が被告車両の運行を支配していたものというべきである。したがって，被告Y₂の上記主張は，採用することができない。

被告Y₂は，被告Y₁が被告Y₂に無断で被告車両を運転したのであるから，被告Y₂には，運行供用者としての具体的な運行支配が認められないと主張する。しかし，証拠（甲11，乙6ないし8，被告Y₂本人，被告Y₁本人）及び弁論の全趣旨によれば，被告Y₂は，被告Y₁が自動車教習所に通っていたことを知っていたこと，被告Y₁が運転免許を取得した後，何度か被告車両を運転したことを知っていたこと，被告車両のスペアキーは被告Y₁が自由に取り出せたこと，被告Y₁は，練習のため被告車両を運転し，短時間の運転の後帰宅するつもりであったことの各事実が認められる。これらの事実からすれば，被告Y₂は，被告車両の運行支配を失っていないものと認められ，被告Y₂は，運行供用者としての責任を負うものというべきである。」

【30】　東京地判平19・7・5 判時1999・83，交通民集40・4・849

「（1）　自賠法3条において，自己のために自動車を運行の用に供する者（運行供用者）は，その運行によって他人の生命又は身体を害したときは，これによって生じた損害を賠償する責に任ずるものとされているところ，同条にいう自己のために自動車を運行の用に供する者とは，自動車の使用について支配権（運行支配）を有し，かつ，その使用により享受する利益（運行利益）が自己に帰属する者を意味するものというべきである。

そして，自動車事故により人的損害を受

けた被害者の保護を図るという自賠法の目的（同法1条参照）に照らせば，運行供用者の運行支配は，必ずしも，当該自動車の運行に対する直接的，具体的な支配の存在を要件とすることを意味するものではなく，諸般の事実関係を総合した結果，社会通念上，すなわち，客観的・外形的に見て，自動車の運行に対し支配を及ぼすことのできる立場にあり，運行を支配，制御すべき責務があると評価される場合には，その運行支配が肯定されるべきものと解すべきである。また，運行利益の帰属についても，必ずしも，現実的，具体的な利益の享受を意味するものではなく，諸般の事実関係を総合し，これを客観的・外形的に観察して，法律上又は事実上，何らかの形でその者のために運行がなされていると認められると評価される場合には，その運行利益が肯定されるべきものと解すべきである。

（2）　いわゆるレンタカーの借主が，レンタカーを運転中に交通事故を起こし，他人の生命又は身体を害したときに，レンタカーの貸主が自賠法3条の運行供用者責任を負うべきかどうかの判断は，前記（1）の観点からすれば，客観的・外形的に見て，貸主の支配が借主の運行に及び，また，貸主に運行利益が帰属する関係があると評価できるかどうかによって決められることになる。そして，その具体的な判断は，貸主と借主との人的関係，貸与目的，対価の有無，運行費用の負担関係，運行に対する貸主の指示権限，貸与の期間ないし距離等の諸般の事情を総合的に考察することによってなされるべきである。」

【31】　仙台地判平20・5・13自保ジャ1768・16，裁判所ウェブサイト

「当裁判所は，被告会社は，自賠法3条の運行供用者に当たり，同条に基づき，原告らの被った後記人身損害を賠償すべき責任を負うと判断する。その理由は，以下のとおりである。
ア　本件事故は，前記第2の2（2）（3）記載のとおり，Eが被告会社から有償で借り受けた本件車両を運転中，その貸渡期間内に亡Dに衝突して亡Dを死亡させた交通事故であるため，本件車両の保有者である被告会社が，本件事故につき自賠法3条の運行供用者責任を負うかが問題となる。

自賠法3条において，自己のために自動車を運行の用に供する者（運行供用者）は，その運行によって他人の生命又は身体を害したときは，これによって生じた損害を賠償する責に任ずるとされているところ，同条にいう運行供用者とは，自動車について支配権（運行支配）を有し，かつ，その使用により享受する利益（運行利益）が自己に帰属する者を意味するものと解される。

そして，運行支配とは，必ずしも自動車の運行に対する直接的・具体的な支配の存在を要件とすることを意味するものではなく，諸般の事実関係を総合し，これを客観的・外形的に観察して，社会通念上，自動車の運行に対し支配を及ぼすことのできる立場にあり，自動車の運行を支配，制御すべき責務があると評価される場合には，その運行支配が肯定されるものと解すべきである。また，運行利益の帰属についても，必ずしも現実的・具体的な利益の享受を意味するものではなく，事実関係を客観的・外形的に観察して，法律上又は事実上，その者の

Ⅰ　運行供用者責任

ために運行がなされていると認められる場合には，その運行利益が肯定されるものと解すべきである。
イ　上記アの観点からすれば，いわゆるレンタカーの借主が，レンタカーを運転中に交通事故を起こし，他人の生命身体を害したときに，レンタカーの貸主が自賠法3条の運行供用者責任を負うかどうかについての判断は，客観的・外形的にみて，貸主の支配が借主の運行に及び，また，貸主に運行利益が帰属する関係があると評価できるかどうかによって決められるべきであり，その際の具体的な判断は，貸主と借主の人的関係，貸与の目的，対価の有無，運行費用の負担関係，運行に対する貸主の指示の権限，貸与の期間・距離等の諸事情を総合的に考察することによりなされるべきである。」

2　学説，判例の検討・評価

（1）　運行供用者性のメルクマール

このようにみてくると，近時の裁判例の状況にも拘らず，運行支配，運行利益両概念が運行供用者を認定するためのメルクマールになり得ていないことは承認せざるを得ない。

判例は，運行支配といいつつも，その「運行」につき自賠法2条2項の「運行」の意義を拡張している節があり，だからこそ，自動車を当該装置の用い方に従い用いるわけではない者，すなわち自ら運転しない者をも運行供用者たり得るとするために，運行支配は間接的でよいとか，支配の可能性でよいとか，さらには運行支配に触れることなく運行供用者性を認めるに至っているが，そこには運行供用者の範囲を拡張していくために，そうせざるを得なかったという事情が存するのではないだろうか。

また，運行利益概念を拡張し，そこにおける「運行利益」概念の内実を曖昧にしているのに対し，運行起因性における「運行」判断においては2条2項をどのように解するかにつき腐心するという姿勢をみせているのであるが，これはいかにも奇異なことと映るのではないだろうか。

さて，ここで立法者の考え方も振り返っておこう。

立法関与者は，ドイツ道路交通法7条の解釈の影響の下に，運行供用者とは，自動車の運行についての支配とそれによる利益とが帰属するものをいうと考えていた。

ドイツ道路交通法7条のHalterに関するBGH判決は，「自動車を自己の計算において使用し，かつ，このような使用を前提とする自動車についての処分権限を有する者」（BGHZ 13, 351 等）とするが，これを参酌して解するようになったのである。

まず，自動車を自己の計算で使用する者とは，運行利益を得，かつ，運行費用（ここには，燃料費，ガレージ代，運転者の経費，修理費，保険料，税金のみならず，減価償却費および自動車購入費用の利子も含まれる）を支出する者をいうとされるが，運行利益は，まず第一に，自動車の運行につき自己の経済的利益を有する者が得ることとなる。この利益は，単に理念的なもので

もよいし，便利ということにつきるものであってもよい。

　しかし，ここにいわゆる「自己の計算」ということの意味は，具体的には，車の購入代金あるいは修繕費，責任保険・火災保険の保険料，税金の支払い等のことであって，いわば管理上の経費である。すなわち，利益というよりは費用負担という面から捉えるべきものであり，ドイツ法では，Halter が責任主体であるところから，このような解釈が妥当するものと思われるところ，日本法の責任主体は運行供用者であって，保有者と同一に解することはできないというべきである。

　他方，処分権とは，使用に関しての自由な処分をいい，自動車を処分し，自己の計算で使用する事実上の権利を取得した者は保有者となる。そして，使用を前提とする処分とは，自動車の運行全般について指図（運行）することができるというぐらいの意味で捉えておいて差し支えないであろう。この「自動車を自己の計算において使用する者」，「そのような使用を前提とする自動車についての処分権限を有する者」という2つの意義を完全に備えた者がいないときは，この要件に比較的適う者を保有者とすべきこととなろうか。

　そして，自動車のような公衆に危険を与えるものによって利益を得ている者は，その危険によって公衆に生じた損害を故意・過失の有無に関わらず賠償すべきであるという考えから，道路交通法は，一定の場合に自動車保有者の無過失責任（危険責任）を認めた。

　以上のことから，自動車を所有し，運行の許可を受け，かつ，責任保険に加入している者は反証のない限り保有者とみられることになる。

　しかしながら，このようなドイツにおける考え方をそのまま日本に移入し，採用してよいものか，今一度検討の俎上に載せてみてよいであろう。

　前掲のドイツの判決は，動物が惹起した損害に関するBGB 833条の動物保有者 Tierhalter（これも危険責任を負う者である）の解釈を基礎として，「自動車を自己の計算において使用し，かつ，このような使用を前提とする自動車についての処分権限を有する者」を Halter としたものである。ドイツの判例は，一貫してこの定義を採る（ドイツでは，鉄道企業者，発送電設備所有者，航空機保有者，動物保有者等についても危険責任が認められており，自動車保有者の責任はこのような危険責任制度の一部である）ところ，ここでは，保有者たる地位は，権利関係よりも，むしろ事実的および経済的関係に基づいて判断され，自動車の所有権を有しているか否かは，保有者たる地位についての推測を何ら与えるものでない場合には，決定的な意義を有するものではない。

（2）　従来の学説について

　法的地位説については次のようにいえよう。すなわち，そもそも，運行供用者概念は，「所有者」とか「賃借人」とかいった法律上の支配権の概念を排除し，事実上の支配を問題としているものであるから，法的地位云々を前面に持ち出すべきではない。この説によれば，具

体的な運行が始まる前に既に運行供用者が定まっているとされる。しかし，泥棒運転の場合を典型として，この説を妥当させることができない場合があろう。

　法的地位説の果たしてきた役割，その意義については，これを認めなければならないところであり，今日においても，下級審の多くがこの考え方に依拠していることもよく知られているところである。しかしながら，判例の動向も踏まえた上で，運行供用者とは如何なる者をいうのかということを包括的に捉えていこうとするに際しては，もはや，この説を採り得ないのではないかとの思いを払拭できない。

　また，抗弁説なるものは，どの程度の証明で足りるといえるかという証明度の問題であると思われるが，この説が，所有者や賃借人に運行供用者性を認めようとするのは，これらの者は，通常，運行支配，運行利益を保持しているであろうという事実上の推定に基づくものと思われるところ，このような事実上の推定は，訴訟上のいわゆる証明という局面において，多くの場面で行われているところである。

　さらに，判例の姿勢に疑問を抱いた各学説に目を移すと，これらは，交通事故による損害賠償責任を誰が負うべきかということを決定するための一般論としては，それぞれに妥当な面をもっているといえる。しかし，それらの主張は，自賠法3条の規定，文言からはずいぶん離れた内容のものになっているといわざるを得ない。なぜならば，これら学説の多くは，当該交通事故において責任を負うべき者は誰かというところから発想して，この者が責任を負うべきである，したがって，この者が運行供用者であると帰結するよう思われる。しかし，論理的には，この者が責任を負うべきである，それゆえ，この者が運行供用者であると考えるべきではなく，この者が運行供用者である，したがって，この者が責任を負わなければならないという筋道を辿るべきである。

　このようにみてくると，これらの学説は，いずれも魅力的なものではあるものの，この一事をもってしても採り得ないといわざるをえない。

3　これからの考え方——本来のあるべき姿

　判例は，今日においても運行支配，運行利益という2本の柱を指標として運行供用者性を判断するという姿勢を示しているようであるが，現実の個々の裁判例に目を向けると，そのような姿勢に基づいて判断したものとは捉えられないものが少なからず存する。

　そこで，判例の姿勢を基礎づける説得力を伴った判断指標を提示することが求められる。それは，従来の諸学説に対する批判を克服することにもつながるであろう。

　運行支配，運行利益を判断基準とすべきでないという点については，上記の諸学説に同調する。ただ，運行供用者の判断基準としての「運行」概念の有用性を肯定すると，自賠法3条はあまりにも当然のことをいっているに過ぎないことになり，この規定を設けた意義もきわめて希薄なものとならざるをえない。そこで，この「運行」に拘らない新たな判断指標が

提示されるべきである。

　これまでみてきたように，判例の採る運行支配，運行利益という概念が判断基準として機能し得ない，法的地位説および諸学説も判例の立場に取って代わり得ない今日の状況において，運行供用者性判断の指標に据えるべきは，供用支配──運行供用者でいうところの「供用」である──という概念である。

　運行供用者とは，まさに自動車を運行の用に供する者であるという原点に返って，「運行」ではなく，「供用」に着目し，運行支配・運行利益概念ではなく供用支配・供用利益概念に依拠すべきものと解する。そして，その際，供用利益の内実を明らかにすることは容易でなく，そのおよその中味を把握したとしても，それは供用支配に吸収されるものと解するところから，判断指標としては供用支配一元によることとする。供用利益を判断指標に含めるべきか否かという問題は，従来の運行利益概念をめぐってなされてきた議論と相通ずるところがある。

　すなわち，運行供用者性判断に際し，運行利益にとらわれるようになったのは，次の２つの理由による。１つは，当初，民法715条に引きつけて運行供用者責任を理解しようとした裁判所の姿勢であり，今１つは，自賠法３条の「自己のために」という文言の存在である。

　前者については，前述のように，自賠法３条は民法717条，718条に親和的であるとの捉え方が妥当すると思われるところから，運行供用者責任を715条と結びつけて理解する必然性は失われたとみてよいであろうし，後者については，自動車の数が少なく，保有者＝運行供用者と当然のごとく考えられていて，自動車を運行する者は当然に自分のためにするのであって，その利益が如何なるものであるのかを今日のように意識することさえなかった時代的背景に基づくものであるが故，この「自己のために」というのは，責任が帰属する者を指し示すというほどの意味を持つにすぎないと解する。こうして，今日の状況に対処していくためには供用支配一元でいくのが理に適ったものと考える。

　このように，供用支配を運行供用者の判断基準に据えると，車両の外にいる者を運行供用者と認定するに際しても強引な理論構築をする必要がなく，裁判例が，「運行支配」を基準としながらも，運行供用者の範囲を広げるために，その運行支配の内容を極めて曖昧なものにせざるを得なかった難点を克服することもできよう。そしてまた，このことは共同運行供用者についても妥当する。

　この考え方を基礎において，運行供用者＝自己のために自動車を運行の用に供する者とは，基本的には，供用支配を有する者をいい，事実問題として，自動車を供用して現に運行の状態に置いている者（自ら運転する場合），運行し得るように供用する者（他人が運転する場合），あるいは運行せしめたという意味で供用支配があると認められる者（子所有車の場合の親，従業員所有車の場合の会社等）を指し，運行の用に供する権原を有するか否かは問わないことと

I　運行供用者責任

する。

　ここにいわゆる供用には，積極的な供用と消極的な供用とが含まれ，車にキーをつけたままにしておいた場合等，泥棒運転あるいは無断運転の場合においても，キーを付けておいたままにしておいた者に供用支配はあるということになる。

　従来は，運行供用者の「運行」の方に重点が置かれていたが，本来，「供用」の方に重点が置かれて然るべきものであった。

　そして，この運行供用者責任の法的性格については，既にみてきたように，危険責任に基礎を置くとするもの，報償責任に基礎を置くとするもの，あるいは両者がミックスしたものとする議論が存在していたところ，こうした議論は，この責任の内実を確定する過程においては重要な意義を有していたものの，供用支配を運行供用者性判断の中心に据えて責任主体を明確化することにより，それほどの重要性をもたないものとなる。すなわち，自賠法3条は，運行供用者責任という，独自の，きわめて個性的な責任を定めたものと捉えることができるのである。しかし，敢えていえば，供用したかどうか，供用を支配しているかどうかという事実概念が問題になるものであり，また，自動車が危険物たる要素を備えていることは否定できない事実であるから，危険責任をベースに置くものということができよう。

　このように「供用支配」を運行供用者性の判断指標とすることはそれほど奇異なことではない。我妻博士は，運行供用者のことを「供用者」と略称していた（前掲『民法研究IV』316頁）し，木宮高彦弁護士は，「昭和40年12月はじめて『註釈自動車損害賠償保障法』（有斐閣）を上梓したとき，研究不十分なため，『運行支配』『運行利益』の用語を使用したが，今から思えば『供用支配』『供用利益』とすべきであったと悔やんでいる。」と述べている（「運行供用者責任の基本理念」加藤一郎＝木宮高彦『自動車事故の損害賠償と保険』（有斐閣，1991年）254頁（274頁注13））。

　ところで，誰が自動車を供用し得るかということを素朴に考えると，基本的には自動車の使用権原と密接に関わるから，供用支配概念は保有者を起点として考えてよい。しかしながら，前述のように，この供用支配概念は，保有者という法的地位とストレートに結びつくものではなく，供用したかどうかという事実の問題である。

　たとえば，泥棒が盗んだ車を他人に運転させたという場合，泥棒は，供用者となるし，同時に，盗まれた者も供用支配があるということになる。法的地位説は，具体的な運行開始前に運行供用者は定まっているとする（吉岡・前掲「交通事故訴訟の課題」『実務民事訴訟講座3巻』21頁以下）が，盗んだ車を他人に運転させた泥棒，子が所有する車についての親，従業員の所有車についての会社等の責任を問う場合には法的地位説では説明できない。しかし，泥棒が盗んだ車を他人に運転させたという場合における盗まれた者については，消極的供用の段階で運行供用者性が認められると考えれば問題はないことになる。

　また，親所有の車を子が運転して事故を起こした場合，親は供用者となるが，子所有の車

第1章　自賠法上の責任

を子が運転して事故を起こした場合には，親は，直ちに供用者となるわけではなく，子に車を運転（運行）せしめたという意味での供用支配があると認められるような特別の事情がある場合に運行供用者たり得ることになる。レンタカーでの事故の場合，レンタカー会社は供用者となり，会社所有車が無断で私用運転された場合，会社は供用者となるが，これは車という危険物の供用という側面から捉えることもできよう。これに対し，従業員所有の車を従業員自身が運転して事故を起こした場合には，その車を業務に用いるべきことを命じたとみられるような特別の事情がある場合に限って，会社は，やはり供用を支配する者として運行供用者たり得ることになる。

　ただ，この考え方に立った場合でも，一旦，供用支配を有したものの，その後，その支配が断絶した，ないしは支配を喪失したと解し得るときは，運行供用者性が否定されることになる。前掲【27】最判平成9年11月27日は，2時間で返すとの約束の下に無償で貸した車が，約1カ月後に事故（飲酒して，対向車線に入り，対向車と衝突して，被害車両の助手席に同乗中の子供2名が即死した）を起こした事案で，運行を指示，制御することはできなかったから運行支配を失っていたとして所有者の運行供用者責任を否定しているところ，本判決と同様の結論を維持するとしても，この場合，所有者に供用支配はあるが，その支配が断絶している，もしくは供用支配を喪失していると解すべきことになろう。ただ，供用支配の喪失または断絶もしくは遮断は，被害者保護の要請から厳格に考えなければならず，現在の運行支配の喪失と同様に考えるべきであろう。したがって，供用者の積極的な行為を必要とすると解すべきである。

4　運行供用者の範囲

　運行供用者性判断のための一般的，基礎的理論については，これまでにみてきたような議論の推移を経てきているが，個々の交通事故事案における運行供用者責任の所在については，その一般的，基礎的理論をベースにして，文字通り，個別的に明らかにされるべきものである。もちろん，個々の事案におけるその判断の難易が一様であるわけではないが，自動車の所有者（保有者）と運転者との関係，事故発生の経緯，事故態様等から，具体的に運行供用者に当たるかどうかが問題となる場合として，以下を挙げることができる。

　(1)無断運転された保有者，(2)泥棒運転された保有者，(3)名義貸与者・名義残りになっている者，(4)賃貸借の場合の貸主，(5)使用貸借の場合の貸主，(6)修理業者と依頼者，(7)運送業者と依頼者，(8)担保で預けている者・預かっている者，(9)下請の起こした事故と元請，(10)割賦販売における所有権留保売主，(11)マイカー社員の起こした事故と会社，(12)子の起こした事故と親，(13)ファミリーカーの場合，(14)代行運転の場合。

　以上のいずれの場面においても，運行供用者性の判断に際しては運行支配・運行利益概念が用いられることになるが，既にみてきたように，裁判例においては大幅に規範的概念が持

I　運行供用者責任

ち込まれるに至っている。それぞれの類型についてみていくことにしよう。

（1）　無断運転された保有者

まず，無断運転と泥棒運転との相違を明らかにしておこう。

無断運転とは，自動車の保有者との間に雇用関係ないし身分関係等を認められる者が，保有者に無断で自動車を使用した場合を指し，泥棒運転とは，そうした関係の全く認められない者が無断で運転した場合と捉えておくことができよう。

さて，無断運転をした運転者自身は運行供用者といえるが，その自動車の所有者等も運行供用者といえるか，現実的には，所有者等（保有者）が加入している責任保険を利用することができるか否かに関わる。

この場合には，所有者等と無断運転した者との（当該自動車の利用・管理を含めた）人的関係に基づき，その内容や強弱によって運行支配の有無，運行利益の帰属関係についての判断も異なってくることになろうが，基本的に保有者の運行供用者責任は肯定される方向にある。前掲【2】最判昭和39年2月11日は，農業協同組合の運転手が，私用に使うことを禁ずる組合の内規に違反して同組合所有の自動車を上司に無断で持ち出し，運転して帰宅する途中に事故を起こした場合につき，所有者と運転者との間に雇用関係等密接な関係が存し，かつ，日常の自動車の運転・管理状況等からすれば，客観的外形的にみて，同組合が「自己のために自動車を運行の用に供する者」に当たるとして，その運行供用者責任を認めた。

（2）　泥棒運転された保有者

泥棒運転の場合には，当初，保有者の運行供用者性は否定されていた。泥棒運転は，保有者が運行支配を喪失する典型的な場合であり，保有者は，自動車を管理するうえで過失があったと認められる場合に，これと相当因果関係に立つ事故（損害）について，せいぜい民法709条の責任を負うことがあるにすぎないとされていたのである。

泥棒運転に関する最初の最高裁判決である前掲【12】最判昭和48年12月20日も，タクシー会社の有蓋車庫にキーを付けたまま駐車させてあったタクシー車を，第三者が，タクシー営業をした後乗り捨てる意図で盗み出して運転中，約2時間後に事故を起こしたという場合につき，保有者（タクシー会社）は，運行を指示・制御すべき立場になく，また運行利益もタクシー会社に帰属していたとはいえないとして，その運行供用者性を否定していた。

しかしながら，その後，泥棒運転がいかにして出現するのかという，その経緯に着目することによって，保有者にも運行供用者性を認め，自賠法3条を適用すべきであるとする見解が登場することとなった。客観的容認説（第三者に自動車の（乗出）運転を容認していたとみられてもやむを得ない客観的な事情が存在していたときは，保有者は運行供用者責任を負うとする）と管理責任説（運行支配概念には，危険物たる自動車を管理すべき責任も包摂されていると捉え，自動車の管理に

第1章　自賠法上の責任

ついて過失のある保有者は，その過失と相当因果関係がある事故〔損害〕につき運行供用者責任を負うとする）である。

　前掲【12】最判昭和48年12月20日以降の裁判例をみると肯定例・否定例が相半ばしていたが，その後，保有者の運行供用者責任を肯定したとみることができる最高裁判決が現れた。前掲【26】最判昭和57年4月2日は，公道上（当該自動車を所有する会社の建物の道路向かい側）にエンジンキーを付けたまま半ドアー状態で駐車してあった普通乗用車を，通りがかりの者が自宅へ乗って帰るべく窃取しようとして乗り出し，約150ｍ進行させた地点で事故を起こしたという場合につき，保有者は，本件自動車が放置されていることを知りながら何らの措置もとっておらず，本件事故が窃取後わずか百数十メートルを走行したところで惹起されたものであることから，たとえ保有者が，事故当時，本件自動車の運行を直接的・具体的に指示・制御すべき立場になく，またその運行利益も直接的・具体的に保有者に帰属していなかったとしても，なお運行供用者であるとした原審判決を維持した。前掲【12】最判昭和48年12月20日と比較すると，運行支配・運行利益のいずれについても，必ずしも直接性・具体性を要求するわけではないという姿勢をみせているということができ，保有者の運行供用者性を肯定する方向へ強く踏み出したものと捉えることができよう（その後，泥棒運転で保有者の責任を認めたものとして，前掲【24】札幌地判昭和55・2・5，前掲【25】京都地判昭和56・9・7，前掲【26】大阪地判昭和61・3・27，【32】大阪地判平成13・1・19交通民集34巻1号31頁――誰でも容易に出入りできる民宿の駐車場に駐車中の自動車が窃取され，約2時間半後に121km走行した後生じた事故につき，窃取から近接した時間と場所で発生したと認定して保有者の運行供用者責任を認め，政府保障事業の保障金請求を棄却した等がある）。

　なお，自動車泥棒のように，自動車を使用する正当な権限を有しない者についても運行供用者性が認められていることについては異論がない。

> **【32】　大阪地判平13・1・19交通民集34・1・31**
>
> 「本件車両を停めていた駐車場は，民宿の駐車場として利用され，国道に面し，周囲を囲むフェンスや壁もなかったことから，だれもが，駐車場内の車両を容易に発見でき，自由に出入りすることができた。それにもかかわらず，使用者は，夜間，数時間以上，キーを付けたまま，ドアのロックもしないで，本件車両を停めていた。したがって，使用者及び所有者は，本件車両の管理を怠った過失があるというべきである。
>
> 　また，本件車両が窃取されてから，約2時間半後に，約121kmを走行後，本件事故が発生しており，窃取後間もなく事故が発生したとはいえないまでも，窃取から近接した時間と場所で本件事故が発生したということができる。
>
> 　これらの事実によれば，本件車両の保有者は，本件車両の管理を怠った過失があり，窃取後近接した時間と場所において本件事故が発生しているから，本件事故について運行供用者責任を負うと認めることが相当である。」

Ⅰ　運行供用者責任

（3）　名義貸与者

　名義貸与や名義残りの理由には様々なものがあろう（〔便宜上〕家族名義とする，ローンのために他人の名義を借りる，借金を逃れるために名義を変更する等）が，ここでは，名義を貸与することとなった経緯，名義貸与者と名義借用者との人的関係，当該自動車の保管場所・保管状況，その費用・経費の負担者等を考慮して，運行支配・運行利益の帰属を考えていくことになろう。

　前掲【8】最判昭和44年9月18日は，Aが購入した自動車（A車）を，その被用者が運転中に事故を起こしたという場合において，Aが，A車の使用名義をBとし，自動車運送事業の免許を受けることなく，車体にBの商号を表示して専属的にBのための貨物運送にあたっていたという事情があり，また，A車の割賦代金やガソリン代等もBが負担し，Aに対する運賃から差し引いていた等の事実関係があるときは，Bは，A車の運行につき事実上の支配力を有し，かつ，その運行による利益を享受していたのであるから，Bが運行供用者としての責任を負うとし，前掲【21】最判昭和50年11月28日は，家業に従事している20歳の子が所有し，同居する父親の居宅の庭に保管されている自動車につき，所有登録名義人となった父親は，その自動車の運行について運行供用者に当たるとした。さらに，【33】京都地判平成6年3月29日（交通民集27巻2号457頁）は，事故後に入籍した内縁の妻が名義人であるが，その購入資金は夫が負担した自動車を，夫から貸与された者が惹起した事故につき，妻は，同車の所有名義人であるとともに自賠責保険契約の契約者であって同車の共同所有者であったと認められ，運行管理の可能性があったとして妻に運行供用者としての責任を認めた。

　他方，自動車購入ローンを利用するため，あるいは車庫証明のために名義を貸与したという場合には，単に名義を貸しただけであるとして運行供用者責任を問われないことが多い（【34】東京地判昭和62・5・22交通民集20巻3号679頁，【35】山口地裁宇部支判平成4・12・10交通民集25巻6号1440頁）。また，【36】神戸地判平成11年4月21日（交通民集32巻2号659頁）は，自動車購入者が，すでに働いてはいたが，未成年（19歳）であることから父を所有名義人としていたところ，その父は外国に単身赴任中で，任意保険も子名義で加入していた場合につき，父は同車の運行に関して指示を与えることができる状況にはなく，運行の利益を得ることもなかったとして運行供用者に当たらないとした。

　名義残りの場合においても，単に名義書換手続きが未了であっただけという場合（【37】岡山地裁倉敷支判昭和61・8・25交通民集19巻4号1139頁）や，廃車手続きを依頼したにもかかわらず放置されていたという場合（【38】大阪地裁堺支判平成3・5・8交通民集24巻6号1628頁），あるいは，A（元の所有者）が下取車として売却した自動車をB（現在の所有者）が購入したところ，A・Bは親戚関係にあり，Aの税金対策上，名義はAのままにしておいたが，車検費用，自賠責保険料等一切をBが負担し，Aは，同車の売却後同車に関わっていないという場合

第1章　自賠法上の責任

(【39】東京地判平成7・9・19交通民集28巻5号1365頁)には，名義人の運行供用者責任が否定されることが多い。また，【40】東京地判平成20年1月30日（交通民集40巻1号132頁）は，名義残り（登録事項等証明書上）の所有者が，加害車売却後に，付保していた自動車保険を解約したこと，同車の名義変更に必要な書類作成に協力し，速やかに名義変更するよう督促したこと，同車は買主に引き渡され，鍵も含めて買主が同車を管理していたことから，客観的にみれば，事故時において，名義残りの所有者が加害車の運行支配・運行利益を有していたと評価することはできないとしている。

【33】　京都地判平6・3・29交通民集27・2・457

「被告Y_3は，被告車の所有名義人であるとともに自賠責保険契約の契約当事者である上，被告車の購入資金を搬出した被告Y_2とは入籍はしていなかつたものの事実上夫婦関係にあり，その後入籍し現在は法律上も夫婦であることを考え併せると，被告車の共同所有者であつたと認められる。そして，被告車の共同所有者であり，かつ，事実上の夫婦関係にあつた被告Y_2から，同人の知人である被告Y_1に被告車を貸与中に本件事故が発生したものであつて，被告Y_3においても運行管理の可能性があつたというべきであり，同被告にも自賠法3条の運行供用者責任があると認められる。」

【34】　東京地判昭62・5・22交通民集20・3・679

「甲車は，被告Y_1が代金を支払つて購入したもので，専ら同被告が営む産業廃棄物処理業の事業執行に使用され，ガソリン代等その維持，管理費用は同被告が負担し，平素の保管場所・方法は同被告の管理下にある産業廃棄物処理場とされ，同所に置いておくというものであつたこと，被告Y_2が甲車の登録名義人となつたのは，被告Y_1が甲車購入に当たり，車庫証明を取る必要から，義兄であり使用主である立場を利用して被告Y_2に対し登録名義の貸与方を懇請したため，同被告がやむなくこれを承諾したという経緯に基づくものであり，また，同被告は被告Y_1の右事業経営に何らの関与ないし権限を有せず，個人的にも甲車を利用することはほとんどなかつた（被告Y_2の住居所は，勤務先のα商事まで車で15ないし20分程度離れており，同被告の平素の通勤手段はその所有に係る50ccのバイクであり，雨天の折などたまに被告Y_1の同意を得て甲車を利用することがあつた程度である。）ことの各事実が認められ，右認定を覆すに足りる証拠はない。

右事実によれば，被告Y_2は，甲車の運行につき何ら支配権を有せず，単なる形式上の登録名義人の地位にとどまるにすぎない者というべきであり，また，右運行につき利益を有する者とも認め難く，他に甲車の運行の危険につき責任を負うべき特段の事情もないから，甲車につき，自賠法3条にいう運行供用者の地位にはなかつたものといわざるを得ない。」

I　運行供用者責任

【35】　山口地裁宇部支判平4・12・10 交通民集25・6・1440

「自動車の真の所有者から依頼を受けて自動車の所有者登録名義人となつた者が自賠法3条の『自己のために自動車を運行の用に供する者』にあたるかどうかは、その者が登録名義人となつた経緯、所有者との身分関係、自動車の保管場所その他諸般の事情に照らし、自動車の運行を事実上支配、管理することができ、社会通念上自動車の運行が社会に害悪をもたらさないよう監視、監督すべき立場にあるかどうかによって判断すべきものと解される（最高裁判所昭和50年11月28日判決・民集29巻10号1818頁参照）。

そして、前記認定の事実によれば、被告Y_1は、所有者であるAとは、単なる元の取引先の従業員としての関係しかなく、Aは1回も被告Y_1に支払うべき金員を支払つていないこと、また、1回も面会することすらできないこと、専らAのみが使用し、被告Y_1が加害車両をみたこともなかつたこと等の事情からすると、被告Y_1において加害車両の運行を事実上支配、管理することができる立場になかつたことが明らかであるから、自賠法3条の『運行の用に供する者』には該当しないというべきである。」

【36】　神戸地判平11・4・21 交通民集32・2・659

「加害車両は本件事故の約1か月前に被告Y_1が、代金全額を3年間の分割払いとして、購入したものであること、その際、被告Y_1は既に働いていたが当時19歳であったため、販売店が成人名義で購入するよう求めたことから、被告Y_1は父である被告Y_2を所有名義人とし、自らを使用者として、購入し登録したこと、もっとも、被告Y_2は、その数年前からオランダに単身赴任しており、年に1、2度、1週間ほど帰国するだけであったこと、留守宅にある印鑑等を利用して住民票や印鑑証明書を入手して用い、事後に被告Y_2の了解を得たこと、いわゆる任意保険は被告Y_1が自らの名義で加入していたことが認められる。

右事実からすると、被告Y_2は、被告Y_1が、自分の留守宅に妻と同居している我が子であるとはいえ、加害車両の運行に関して、何らかの指示を与えることができる状況にはなく、もとより運行の利益を得ることもなかったというべきであるから、自動車損害賠償保障法3条にいう、自己のために自動車を運行の用に供する者とは言えない。

また、右の生活状況に照らせば、被告Y_2が親権者として被告Y_1に対する注意監督を怠ったとも認められない。」

【37】　岡山地裁倉敷支判昭61・8・25 交通民集19・4・1139

「〔1〕被告Y_4は甲車を所有していたが、昭和56年2月15日ごろ、友人を介して自動車販売業者たる被告Y_3モータースに代金114万円で売却して、同社の従業員であるAに甲車を引き渡し、同時に名義書替に必要な書類一式も引き渡したこと、そしてそれ

以降は被告Y₄が甲車を使用することはなかつたこと、〔2〕次いで被告Y₃モータースは同年3月1日ごろ、被告Y₂に代金128万円（その他名義書替費用等の諸経費12万円）、同月17日に支払うとの約束で売却し、同月1日、被告Y₃モータースの営業所で、被告Y₂に引渡したこと、それ以降は被告Y₂が専ら自己のために利用支配していたこと、しかしながら登録名義は変更されないまま被告Y₄名義で放置されていたこと、〔3〕そして、被告Y₂は、被告Y₁とかねてから親交があつて、本件甲車を貸借する間柄にあつたものであるが、本件事故当日の午後5時ころ、一時的に使用する目的で貸与を申し込まれたので、自己の勤務先近くの空地に鍵を付けて置いていた甲車を被告Y₁に貸与したところ、被告Y₁が運転開始後間もなく本件事故を惹起したものであること、以上の各事実が認められ右認定に反する証拠はない。

右認定した事実からすれば、被告Y₄の甲車の所有名義は形式的なものであつて、被告Y₄、被告Y₃モータースはいずれも本件事故当時甲車を所有していたものではなく、甲車の運行利益、運行支配は既に被告Y₂に移つていたのであるから甲車の運行供用者とは認められない。」

【38】 大阪地裁堺支判平3・5・8交通民集24・6・1628

「被告Yは、昭和59年10月ころ、当時所有していた加害車両の廃車手続を購入先である株式会社αの従業員であつたAに当該自動車とその鍵、車検証、保険証を渡して依頼したところ、Aはその手続を更にβモーターに依頼したが、βモーターがこれが廃車手続を取らずに他に売却したため、加害車両の名義が被告Yのまま変更されずに経過してしまつた。被告Yは、昭和60年ころ、加害車両に対する課税通知を受けたことがあり、右廃車手続に疑問を感じたことがあつたものの、その後は右課税通知を受けることもなく経過したため、本件訴状を受け取るまで右廃車手続が取られていなかつたことは全く知らなかつた。

右認定の事実によれば、被告Yは、加害車両に対しもはや運行支配も運行利益も有していないというべきであるから、自賠法3条にいう自己のために自動車（加害車両）を運行の用に供する者とはいえず、したがつて原告に対し、本件事故によつて生じた損害を賠償する責任を負わないというべきである。」

【39】 東京地判平7・9・19交通民集28・5・1365

「被告Y₂は、Y₁車を所有していたところ、平成2年12月14日、α自動車に下取車として売却し、これを平成3年3月18日に被告Y₁が購入したこと、同被告らは親戚の関係にあり、被告Y₂の税金対策上、名義は同被告のままとしたが、車検の費用、自賠責保険の費用等一切は、被告Y₁が負担し、被告Y₂は、下取後にY₁車に係わつていないことが認められる。

右事実によれば、被告Y₂は、Y₁車をα

I　運行供用者責任

自動車に下取車として売却したときから同車を自己のための運行の用に供していないことが明らかであり，原告らの同被告に対する請求は，その余を判断するまでもなく理由がない。」

【40】　東京地判平20・1・30交通民集41・1・132

「被告車の所有者である被告会社Y_2の代表者である被告Y_1が，訴外Aから被告車の売却を依頼された訴外Bから被告車の名義変更に必要な書類の作成を依頼され，これに応じた平成16年9月初旬に，訴外Aによる被告車の第三者への売却を追認したものと認められること，被告会社Y_2は，被告車の第三者への売却を前提に被告車に付保されていた自動車保険を解約していること，被告Y_1は名義変更に必要な書類の作成に協力し，さらに，名義変更の督促もしており，売主としての義務を果たしていること，遅くとも同年9月下旬には訴外Cに被告車が引き渡され，鍵も含めて訴外Cが被告車を管理していたことが認められ，本件事故発生の時点においては，客観的，外形的に見れば，被告会社Y_2は，既に被告車の運行支配及び運行利益を有していたものと評価することはできないというべきである。」

（4）　賃貸借の場合の貸主——リースの場合

賃貸借という場合には，大きく分けて，カーリースとレンタカーとが考えられる。

リース会社が，サプライヤー（販売会社）から買受けた自動車をユーザー（借主）に貸渡すというファイナンスリースの場合，当該自動車の所有者はリース会社であり，ユーザーは賃借人ということになる。この場合，ユーザーは自動車の使用価値をすべて手に入れることができ，他方，リース会社は，その自動車の使用には何ら関心を持つことなく，担保的に所有権を留保したうえで信用を供与するという経済的価値があるにとどまることになる。こうした経済的実質からするならば，リース会社の有する所有権は，リース料の担保としての意味合いが強く，自動車の使用収益をまったく予定しているものではないから，それに伴う管理を行う可能性もほとんどない。現に，自動車をリースするに際しても，レンタカーの場合と異なり，ユーザーが運転免許を有しているか否か等の確認すらせず，リース期間内の賃貸条件もリース料金の支払いに関するもの以外にはないというのが通常のようである。したがって，自動車の有する危険性を管理し得る地位にない，つまり，リース会社には管理可能性がないということができよう。また，リース料についてみても，賃料というよりは，割賦販売における割賦金に近い実質を有するもの（＝金融利益）といえることから，運行による利益ともいいがたい。それゆえ，リース会社の運行供用者性は否定される方向に向かう。【41】神戸地判平成3年9月4日（判タ791号209頁）は，リース会社が，福利厚生を目的として，会社の従業員に会社所有の自動車をリースしたところ，その従業員が，その自動車の使用を禁

第1章　自賠法上の責任

じられていた通勤の際に交通事故を起こした場合について、リース会社の責任を否定した。

【41】神戸地判平3・9・4判タ791・209, 交通民集24・5・1021

「被告会社Y₂が一般営業として営む自動車リースの相手方は、本来法人を対象としていたが、昭和63年に通産省の認可により、個人を対象とするリースが可能となったことから、これに伴い、被告会社の従業員の福利厚生を目的として、いわゆる社員リースを行うようになった。

かかる社員リースは、リース契約の種類としては、一般営業リースと内容上何ら異なる点はないが、後者と比較して利率が安く、長期の分割とボーナス払が可能であり、頭金が不要であるという特典が認められており、被告Y₁も、右社員リースの制度を利用したものである。

被告Y₁は、被告会社Y₂からの帰宅途中加害車を運転していて、本件事故を惹起したものであるが、被告会社Y₂においては、従業員が自由に自家用車を通勤に使用することを認めておらず、従業員にその旨の許可願いを提出させたうえ、被告会社Y₂の決裁を必要とし、許可を受けずに自家用車で通勤した場合には、厳重注意を与えていた。そして、被告会社Y₂は、本件事故当時、被告Y₁に対して、加害車を通勤に使用することを許可していなかったし、被告Y₁自身も、被告会社Y₂に対し、昭和63年2月1日以降電車による通勤をする旨の『通勤状況申請書』を提出しており、被告会社Y₂において、被告Y₁が本件事故当日加害車で出勤したことを知らず、かつ、被告Y₁に自家用車による通勤を認める特段の事情も存在しなかった。

また、被告会社Y₂では、一部従業員の自家用車を借り上げる場合があるが（勿論、その旨の申請書の提出と決裁が必要である。）、それは、借り上げ理由に値する者、すなわち管理職、営業マン、リースセールスマンの場合に限定されており、被告Y₁は、本件事故当時、被告会社甲営業所においてレンタカーの貸渡し業務に従事していたから、仮に、被告Y₁から加害車の借り上げ申請が提出されても、許可される余地はなかった。

以上認定の事実に基づけば、本件リース契約は、要するに、加害車の利用者たる被告Y₁が、加害車の販売業者から直接にこれを購入することなく、これをリース業者たる被告会社Y₂をして購入させたうえ、被告会社Y₂からその使用収益の許諾を受け、その対価として一定期間内に一定額のリース料を支払うものであって、リース業者たる被告会社Y₂は、自ら使用収益するためではなく、もっぱら利用者たる被告Y₁の使用収益に供するために加害車を購入し、右購入代金に金利、手数料等を加えた金額をリース料の形で回収するもので、加害車の所有とその使用収益が完全に分離し、かつ、被告会社Y₂は、被告Y₁に対し、加害車を通勤は勿論、営業に使用することを許可していなかったのであるから、被告会社Y₂は、本件事故当時、加害車に対する運行支配及び運行利益を喪失していたものと認めるのが相当である。」

Ⅰ　運行供用者責任

（5）　賃貸借の場合——レンタカーの場合

　リースの場合とは異なり，レンタカーの場合には，レンタカー業者に運行供用者責任が認められることが多い。業者と利用者との関わり合い方が，リースの場合とレンタカーの場合とでは異なるからである。しかし，近時，レンタカーの使途如何によってレンタカー業者の責任を問い得るか問題となる事例も現れてきている。

　① 　特に使途が問題とされない場合

　かつて，【42】最判昭和39年12月4日（民集18巻10号2043頁）は，ドライブクラブ方式＊による自動車貸渡業者の運行供用者性を否定したが，前掲【15】最判昭和46年11月9日は，自動車の貸渡契約締結に際し，レンタカー業者が，その利用申込者につき運転免許その他一定の利用資格を有しているか否かを審査し，使用時間がおおむね短期で，料金もそれほど低廉ではなく，燃料代・修理代等は借主負担とされ，利用者が予定利用期間・走行区域・制限走行距離の遵守等の義務を負うとされている場合につき，運行支配は利用者を介した間接的なものでも足り，運行利益も運行自体による利便に限らず料金の徴収による収益もこれにあたるとして，レンタカー業者は，当該レンタカーに対する運行支配および運行利益を有していたということができるとした。また，前掲【16】最判昭和50年5月29日も，前掲【15】最判昭和46年11月9日とは若干貸渡条件が異なるものの（事前の車両の整備はつねに，賃貸中の故障の修理は原則としてレンタカー業者の負担であった），ほぼ同様の理由でレンタカー業者の運行供用者責任を認めている。

　　＊　ドライブクラブ
　　　自家用車の賃貸が禁じられていた背景から生じた民法上の組合形式をとる貸自動車業で，昭和20～30年代に流行した。しかし，黒地に白字というナンバープレートが一般消費者には不評であり，タクシー類似行為を行うものも現れる等トラブルや事故が多発した。そこで，道路運送法改正等の規制強化がなされ，賃貸形態の適正化，利用の健全化等を図り，今日のレンタカー制度へと変遷することとなった。

　この前掲【15】最判昭和46年11月9日，同【16】最判昭和50年5月29日によれば，レンタカー業者が，借主に一定の制約を課しているということが運行支配を失わない理由とされているようであるが，必ずしもそうではないような場合にレンタカー業者の責任を認めるものもある（【43】水戸地裁土浦支判昭和50・12・9交通民集8巻6号1735頁）。それゆえ，レンタカー業者がレンタカーの運行を管理支配すべき地位にあるという考え方はかなり強いといえる。【44】大阪地判平成23年3月28日（自保ジャ1858号164頁）は，勤務先会社Y_3の従業員旅行中，同旅行のために貸し出された25台のレンタカーのうちの1台が起こした事故により，同車両助手席に同乗していた従業員Aが死亡したことにつき，レンタカー会社Y_2は，本件旅行に参加した者全員が運転する可能性のあることを，少なくとも容易に認識することが可能であったとして，その運行供用者性を認めた。

第1章　自賠法上の責任

ただし，レンタカー業者の管理支配可能性が失われたとみることができる場合，すなわち，借主側の事情によって当該レンタカーがレンタカー業者の支配から離脱したとみるべき場合には，もはやレンタカー業者が運行供用者であるとはいえないこととなる。たとえば，【45】大阪地判昭和62年5月29日（判タ660号203頁）は，レンタカーを借受けた者から同車の無断転貸を受けた者が返還予定日の25日後に事故を起こしたという事案において，レンタカー業者が，所轄警察に同車の所在調査を依頼していたという場合につき，レンタカー業者の責任を否定した。同様に，【46】名古屋地判平成19年10月16日（交通民集40巻5号1338頁）は，レンタカー会社が所有する車を（自動車共済契約の車両諸費用特約に基づき）代車として提供された者から同車の無断転貸を受けた者（無免許）がその返還期限後に起こした事故につき，レンタカーの貸渡契約が延長継続されていたとは認められないこと，レンタカー会社が無断で転借した者に直接返還を求める方法がなかったこと，警察に相談に行く等レンタカー回収のための努力をしていること等から，レンタカー会社は，もはや本件車両の運行を指示，制御し得る立場を失っていたとみるのが相当であり，その運行利益も帰属していなかったとして，自賠法3条の責任を否定した。

②　使途が問題となり得る場合

使途といっても，レンタカーを通勤に使うか，レジャーに使うか，仕事に使うか等の意味での使途を問題にするのではない。借主が，自殺行為ないし他人を殺傷する行為等に利用することを目的として（したがって，当初より，レンタカーを返還する意思を持たずに）レンタカーを借受け，実際に事故を起こして損害を発生させたような場合，レンタカー業者は運行支配を失っているのか否か，すなわち，レンタカー業者の運行供用者責任を肯定し得るか否かを問題とするのである。近時の二判決が注目される。

【47】東京地判平成19年7月5日（前掲【30】）は，自殺目的でレンタカーを借受けた者が，車両通行禁止規制のある道路で歩行者Aをはねて死亡させた事案につき，レンタカー業者が運行供用者責任を負うべきかどうかの判断は，客観的・外形的にみてレンタカー業者の支配が借主の運行に及び，レンタカー業者に運行利益が帰属する関係があると評価できるかどうかによって決せられるとし，その具体的な判断は，「貸主と借主との人的関係，貸与目的，対価の有無，運行費用の負担関係，運行に対する貸主の指示権限，貸与の期間ないし距離等の諸般の事情を総合的に考慮することによって」なされるとした上で，客観的・外形的にみれば，レンタカー業者は，事故発生時において当該レンタカーの運行支配および運行利益を有していたものとみるのが相当であるとした。そして，自殺目的で借受けた点については，「貸主の運行支配ないし運行利益は，仮に，借主が主観的に返還意思を有していなかったとして，そのことから直ちに否定されるものでは」ないとし，本件では，借主が実際に自殺行為と評価し得る具体的行動に出たのは，Aをはねた事故の後であって，本件事故当時，客観的・外形的にみれば，借主に当該レンタカーの返還意思がないことが明らかであったとは言い難

I　運行供用者責任

く，レンタカー業者の運行支配および運行利益が失われていたとはいえないとした。

また，【48】仙台地判平成20年5月13日（前掲【31】）は，自殺目的でレンタカー（Y₂所有）を借り受けたAが歩行者専用道路（アーケード内）（管理者Y₁）でBをはねて死亡させたという事案において，事故当時においては，契約上，同車両の返還が予定され，貸渡期間内に事故が発生しており，その間に，AがY₂の指示に従う意思がなかったと認めるに足りる証拠はないこと，Aが自殺の意思を有していたとしても，それは単なる主観的意思に過ぎないこと，車両の貸主の運行供用者責任を判断するについて，交通事故が発生する具体的，現実的な予見可能性および結果回避可能性を要件とすることは，自賠法の被害者保護の趣旨から相当とはいえず，レンタカー契約においては，自動車の運転が予定されており，一定の確率で交通事故が発生することもまた当然に予見可能であって，各種自動車損害保険やレンタカー契約における各種の補償制度を設けて危険を回避しているものということができることを考慮すれば，Y₂は，本件車両の運行を事実上，支配・管理することができ，社会通念上その運行が社会に害悪をもたらさないよう監視監督すべき立場にあったとして，Y₂に自賠法3条の責任を認めた（なお，本件では，Y₁の国賠法2条1項の責任も追及されたが，本件歩道の設置または管理に瑕疵はないとして斥けられた）。

上記二判決は，二元説に拠り，運行支配の有無と運行利益の帰属については諸般の事実関係を総合し，これを客観的・外形的に観察して決するという姿勢を明確に示したという点でも注目される。とりわけ，後者の【48】仙台地判平成20年5月13日は，レンタカー契約の目的・内容からみて，レンタカー会社は，社会通念上，そのレンタカーの運行が社会に害悪をもたらさないよう監視監督すべき立場にあったとしており，運行供用者性を規範的に判断するという姿勢がかなり強くにじみ出ていると捉えることができる。

> 【42】　最判昭39・12・4民集18・10・2043，判時394・57
>
> 「原審の認定によれば右のようないわゆるドライブクラブ方式による自動車賃貸業者から自動車を借り受けた者がこれを運転使用している場合には，自動車賃貸業者としては，借受人の運転使用についてなんら支配力を及ぼし得ないというのであり，このような場合には，右借受人のみが自己のため自動車を運行の用に供する者にあたるものというべく，従って，右借受人が該自動車を運転使用中にひき起した事故については，自動車賃貸業者を以て前記法条にいわゆる自己のため自動車を運行の用に供した者にあたるとして，これに対し前記法条の定める損害賠償責任を負わせることはできないと解するのを相当とする。」

第1章　自賠法上の責任

【43】　水戸地判昭50・12・9交通民集8・6・1735

「2　本件事故当時、被告会社の社長はAで、Bは、取締役であつたが、同会社の実際の仕事はBが任されてやつていた。すなわち、Bは、車の買入れ等も自分の計算でやり、被告会社の実際の仕事（車の賃貸等）を管理し、担当していたもので、前記Aは、名前だけ貸していたような存在であつた。被告会社が車の賃貸し等の事務をとる場所は、Bが寝泊まりする住居（被告会社の所在地はここである。）の一室であり、貸し出し用の車の駐車場は、右住居に接して存在していた（右事実のうち、Bが実際の主宰者であつたことは、原告らと被告Y_1との間で争いがない。）。

3　本件事故当時、被告会社に賃貸用の車は6台あり、被告車もそのうちの1台であつた。被告会社の営業時間は、通常、午前8時から午後9時ごろまでで、車を賃貸する際の手続は、車の賃借申込者にまず免許証を呈示してもらつて、写真と対照して本人であるか否かを確認したうえ、自動車借受契約書に、住所、氏名、年令、連帯保証人等の所要事項を記載してもらい、行先を尋ね、所定の契約金を出発前に預かつてから車を貸し出すという手順になつていた。

4　Bは、被告Y_1が子供のころ近所に住んでいたことと、同被告の父親を以前使つていた関係から、同被告の親と親しくなり、同被告自身も小さいころからBに可愛いがられた。本件事故前ころは、被告Y_1がソバ屋の店員をしていた関係で、同被告は、出前の時にBや同人の妻のCと出会つて同被告の嫁の話や世間話をしたり、同被告がBの家（被告会社と同一の場所）へ遊びに行つたりしていたので同被告とBは、月1回位は会つていた（右事実のうち、Bがかねて被告Y_1を知つていたことは当事者間に争いがない。）。

5　被告Y_1は、昭和44年12月31日、大晦日の仕事を終えた後、翌45年1月1日午前0時過ぎごろ、車で元朝参りをしようと思い、被告会社の所在地であるBの家へ行き、戸が締つていたので声を掛けて同人の妻のCに戸を開けてもらつて中へ入り、コタツに入つていたBに対し、『今から甲山へ行くので車を貸してくれ』と言つたところ、Bが「誰と行くのか」と尋ねるので『友達と一緒に行く』と答えたら、Bは、正規の貸し出し手続をとることなく、『いいだろう』と言つて、当時3台あつた車の中から、キーの付いていた被告車を被告Y_1に指示して貸し、同被告に対し、『気をつけて行つてこい』と言つた。なお、コタツに入つていたBの場所と被告車の置いてあつた場所との距離は4メートル位で、Bから見通せる距離であつた（右事実のうち、被告Y_1が車の借入れの申込を口頭でしたことは、原告らと被告会社との間で争いがなく、被告Y_1がBの承諾を得て被告車を借り受けたことは、原告らと被告Y_1との間で争いがない。）。

6　原告Xは、本件事故の直後、被告会社へ電話をかけて、覚えていた被告車のナンバー（334）を手掛かりに『334の車はお宅で貸しましたか』と相手に問うと、相手は、年配の男の声で『乙庵のY_1という人に貸した』と答えた。ところで、原告Xは、本件事故前に、出前を1回位とつた関係で、被告Y_1の顔は知つていたが、その名前は知らな

I　運行供用者責任

かつた。
〔証拠略〕中，右認定に反する部分は，前掲他の証拠に照らし採用できず，他に右認定を左右するに足りる証拠はない。

右認定の被告会社におけるBの地位，同人と被告Y₁との人的関係，同被告が被告車を乗り出す際の状況等を勘案すれば，被告会社は，本件事故当時，被告車に対する運行支配および運行利益を有していたものと認めるのが相当である。

被告会社は，被告Y₁が，正規の貸し出し手続をとらずに無断で被告車を乗り出したものであるから，同会社には運行供用者責任がない旨主張するが，右主張は，前記認定の事実に照らせば採るを得ないものであるといわざるを得ない。

以上によれば，被告会社は，本件事故について，自賠法3条による責任があるというべきである。」

【44】　大阪地判平23・3・28自保ジャ1858・164

「1　前記前提事実と証拠〔略〕によれば，本件に関し，以下の事実を認めることができる。
　（1）　当事者
　ア　故人は，高等学校商業科卒業後，ホストクラブ等に勤務し，本件事故当時は，被告Y₃会社にホストとして勤務していた。
　イ　被告Y₂会社は，レンタカー事業を営む株式会社である。

被告Y₂会社のレンタカーである本件車両の貸渡契約に適用される貸渡約款によれば，レンタカーの貸渡契約は，被告Y₂会社と借受人との間に締結され，借受人が被告Y₂会社に貸渡料金を支払い，被告Y₂会社がレンタカーを借受人に引き渡したときに成立し，被告Y₂会社は貸渡証を作成して借受人に対し借受人が指定する運転者を記載しその運転免許証の提示を求め，借受人または運転者は運転免許証の写しを提出することとされ，借受人または運転者は，貸渡証に記載された運転者以外の者に運転させることや，法令または公序良俗に違反してレンタカーを使用することを禁止している。

　ウ　被告Y₃会社は，法人としては平成15年8月26日に設立されたバー，ナイトクラブ，ライブハウス，パブの経営，タレント，音楽家，モデル等の養成，プロモート及びマネージメント業務，芸能，スポーツに関する興業の企画及び実施，プロモーションビデオ映像の企画，製作，書籍，写真集，雑誌，ビデオソフト，コンピューターソフトの企画製作及び販売等を目的とする株式会社であり，東京都甲区〔地番略〕ほかにB店というホストクラブを経営しており，本件事故当時，登記上の代表取締役はCであるが，Dという人物（以下『D』という。）がB店の代表取締役，社長または代表と名乗っており，他に常務取締役の肩書きを持つE（お客に恰好をつけるための肩書きであり，登記上は取締役ではない），経理担当と被告Y₃会社が経営する大阪のホストクラブ一部の総括をしているF，そして故人ほか本件車両に本件事故当時同乗していた者などは，被告Y₃会社の従業員であった。

　（2）　被告Y₃会社の従業員は，その給料から積立てをし，社長もポケットマネーを

第1章　自賠法上の責任

出し，年に1回，ほぼ全員が参加する乙旅行をしていた。

本件事故は，平成18年6月17日から同月21日までの予定で実施された被告Y₃会社において恒例の従業員による旅行（以下『本件旅行』という。）の宿泊先である乙県のホテルC（以下『本件ホテル』という。）から故人らが本件車両他のレンタカーに乗車して丙市内の飲食街に行った際に発生したものであるが，本件旅行を旅行代理店であるα会社に申し込んだ名義人は『G会社』であり，申込み手続をした者は『D』という人物であり『ご出発の案内』は被告Y₃会社宛となっており，そのツアー名は『Y₃会社様乙ツアー5日間』である。また，本件ホテルと空港または丙市内の飲食街との間は，バスや自動車など車両でないと移動できないところ，被告Y₂会社が本件旅行において貸し出したレンタカー25台のうち添乗員が運転する車両以外の車両（本件車両を含む）の『レンタカー貸渡書』の借受人欄には，全て被告Y₃会社の名が記載されており，本件車両の運転者欄には，Hの名が記載されていたが，本件旅行において，本件車両をHが運転しておらず，他のレンタカーの運転者と実際に各レンタカーを運転している者との同一性を認めるに足りる証拠はない。

社長やEほかB店のメンバーで結成されたバンドであるHが平成18年9月にCDデビューをしたところ，本件旅行においては，食事会において，DがHを紹介し『近々CDデビューをする』旨の挨拶を行い，食事会や本件ホテルのビーチでプロモーションDVDが撮影された。Dは，本件旅行にあたり，飲酒運転はしないようにと注意をしていた。

被告Y₁は，被告Y₃会社は，上下関係や罰則が厳しく，本件旅行も休むと1日罰金10万円らしいということを仲の良い従業員の先輩から聞いていた。

（3）　事故の状況

本件事故は，故人とIが本件車両に乗車し，被告Y₁とJ及びKら他の本件旅行参加者の一部は他の本件旅行に際し被告Y₂会社から借りたレンタカーに乗り，本件ホテルから丙市内の飲食街に行き，同飲食街で酒を呑んだが，故人は，被告Y₁とは一緒に呑むことなく，他の同乗者より先に酔い，本件車両の助手席に寝ていたところ，酔いつぶれたIと同人を連れたJ及び被告Y₁が本件車両に戻り，IとJが本件車両の後部座席に乗り，少なくともIと被告Y₁の合意のもと，被告Y₁の運転で本件ホテルに本件車両に乗車して帰ることとなり，被告Y₁が，酒気を帯び，血液1ミリリットルにつき0.3ミリグラム以上のアルコールを身体に保有する状態で，本件車両を運転し，警察の交通違反取締検問を突破した上，時速約113キロメートルの速度で進行し，ハンドル・ブレーキ等の操作を誤って，本件車両を右方向に逸走させた過失により，本件車両を中央分離帯に乗り上げ進行させた後，道路左方に暴走させて，同所付近歩道上に設置された案内標識柱に激突させて炎上させ，助手席に同乗していた故人を即死させ，同じく同乗していたJ及びIを負傷させたものである。

なお，本件車両に乗車していた者のうち，故人は，即死状態であり，本件車両を運転していた被告Y₁は，本件事故による脳への障害により本件事故に至る記憶がなく，同乗者のIは酔いつぶれて事故時の記憶がなく，Jも酔いと事故の衝撃で事故時の記憶

Ⅰ　運行供用者責任

が曖昧である。
　　(4)　Dは，自己のブログに本件事故の発生を記載した。
　2　争点について
　(1)　責任原因
　ア　被告Y₂会社
　被告Y₂会社は，本件旅行において被告Y₂会社が貸し出したレンタカーの「レンタカー貸渡書」の借受人欄に被告Y₃会社の名が記載されているが，これは予約者名を記載したに過ぎず，形式的な借受人に過ぎないと主張するが，貸渡約款の記載に明らかに反するもので，採用することはできない。
　そして，前記認定事実からは，本件車両は，被告Y₂会社のレンタカーであるところ，本件旅行に必要不可欠な車両として，被告Y₃会社との間のレンタカー契約に基づき，被告Y₃会社の従業員である本件旅行の参加者に引き渡されたものであり，本件事故は，レンタカー契約使用期間内に発生したものである。
　被告Y₂会社は，本件車両は被告Y₁による無断運転であると主張するが，本件旅行における本件車両を含むレンタカーの貸渡の実態に照らし，本件車両を含むレンタカーは，借受人である被告Y₃会社の従業員である本件旅行参加者全員が運転する可能性のあることを被告Y₂会社も少なくとも容易に認識することが可能であったと評価すべきであり，被告Y₂会社はいまだ運行供用者であるというべきである。
　また，前記認定事実のとおり，本件車両は，被告Y₃会社が従業員旅行のために借り受けたレンタカーであること，故人は，被告Y₁とは別に飲酒しており，故人が被告Y₁に積極的に本件車両の運転を依頼したことを認

めるに足りる証拠はないことなどの具体的状況から，故人は，本件事故発生時においては，本件車両に対し具体的に運行を指示するなど支配できる地位にはなかったとして，自動車損害賠償保障法上の『他人』にあたると評価すべきである。
　そうすると，被告Y₂会社は，レンタカー会社であり，本件車両の使用者として，自動車損害賠償保障法3条本文に基づき，本件事故により故人に発生した人身損害を賠償する責任を負う。
　イ　被告Y₁は，前記認定の本件事故の態様に照らし，民法709条に基づき，本件事故により故人に発生した損害を賠償する責任を負う。
　ウ　被告Y₃会社
　(ア)　前記認定事実からは，本件旅行は被告Y₃会社の関与なくしては挙行できず，少なくとも本件旅行の参加者である被告Y₃会社の従業員にとって，ホストB店の業務に密接に関連したものであって，故人及び被告Y₁が参加を断ることは困難であり，むしろ故人及び被告Y₁のようなホストが欠席することはそもそも予定されていなかったと認められ，被告Y₃会社の業務の執行のためであったと認める。
　そして，本件事故が本件旅行の自由時間において発生したものであり，Dが本件旅行において飲酒運転をしないように本件旅行の参加者に注意していた事実は認められるものの，本件ホテルの立地から本件車両を含むレンタカーが本件旅行に不可欠なものであったこと，被告Y₃会社が本件車両を含むレンタカーの借受人であること，故人ら本件事故時に本件車両に乗車していた者以外にも本件旅行の参加者の一部がレンタ

第1章　自賠法上の責任

カーに乗って丙市内の飲食街に行って飲酒していたことなどの事情に照らせば、飲酒運転が交通事故の発生に寄与するところは大であり、その撲滅が叫ばれている以上、被告Y3会社は、本件旅行における監督義務を尽くしていたとはいえないと評価することができる。

よって、被告Y3会社は民法715条に基づき、本件事故により故人に発生した損害を賠償する責任を負う。

（イ）　前記認定事実からは、被告Y3会社は、本件旅行にあたり不可欠なレンタカーを借り受け、従業員にレンタカーを使用させており、本件車両の運行供用者として、自動車損害賠償保障法3条本文に基づき、本件事故により発生した損害を賠償する責任を負う。

そして、前記認定判断のとおり、故人は、本件事故発生時においては、本件車両に対し具体的に運行を指示するなど支配できる地位にはなかったとして、自動車損害賠償保障法上の『他人』にあたると評価すべきである。

よって、被告Y3会社は、自動車損害賠償保障法3条本文に基づき、本件事故により故人に発生した人身損害を賠償する責任を負う。」

【45】　大阪地判昭62・5・29判タ660・203，交通民集20・3・767

「自賠法3条にいう自己のために自動車を運行の用に供する者とは、自動車の使用についての支配権、すなわち、運行支配を有し、かつ、その使用により享受する利益、すなわち、運行利益が自己に帰属する者を意味すると解すべきところ、一般的に、レンタカー業者が、レンタル契約を締結するに際しては、レンタカーの利用申込者につき、運転免許その他一定の利用資格の有無を審査し、その契約上、使用時間は短期で、料金も相当高額であり、借主が予定利用時間、走行区域、制限走行距離の遵守等の義務を負うのが通常であり、そのような場合に、借主が、契約上の使用時間内もしくはこれと接着していて契約関係が未だ客観的にみて存続しているとみられるような時間内に、その運行中事故を惹起させた場合には、レンタカー業者は、運行支配及び運行利益を有するものとして運行供用者責任を負うと解すべきであるが、事故の発生が、右時間外であつて借主がレンタカー業者の承諾を得ずに勝手に運転するなど契約関係がもはや客観的にみて存続していないとみられるような場合には、レンタカー業者は、当該車両についての運行支配及び運行利益を有していないというべく、かかる場合には、レンタカー業者は運行供用者責任は負わないと解するのが相当である。

しかるところ、本件の場合、被告会社は、昭和60年8月5日に訴外Aに加害車を使用時間同日午後2時30分から午後8時までの約定で貸し渡し、その間の料金1万4600円を受領していただけであり、その後、加害車が返還されず行方も不明となつたので、その所在を調査するなどしかるべき努力をしていたところ、貸渡後25日を経過した同月30日、訴外Aから無断で転貸されていた訴外Bが加害車を運転中本件事故を発生させたものであることは前認定したとおりである。すなわち、本件事故の発生は、本件加

I 運行供用者責任

害車について約定された使用時間外であることはもちろんこれに接着する時間内でもなく，また，運転者は被告会社で契約した訴外Aから無断転借していた者であり，貸渡期間経過後本件事故発生に至るまでの間，被告会社は加害車の回収に適切な努力をなしていたことが認められ，かかる事情の認められる本件では，本件事故発生当時，被告会社は，加害車についての運行支配及び運行利益を有していなかつたものと認められ，自賠法3条の運行供用者責任は負わないというべきである。」

【46】 名古屋地判平19・10・16判タ1283・190，交通民集40・5・1338

「本件車両の貸渡契約は，自動車共済契約の車両諸費用保障特約に基づくもので，同特約の約款から貸渡期間は30日間と定められており，貸渡期間の延長は想定されない契約であって，本件事故が，本件車両の返還期限から24日経過後であったことから，本件事故当時，本件車両の貸渡契約が明示にも黙示にも延長継続されていたとは認められない。また，Aが本件車両の使用を被告Y_1に許可した際，明確な取り決めはないものの2，3日で返還することが前提となっていたが，被告Y_1はAにも被告Y_2にも無断で本件車両の使用を継続し，連絡も一切取らず，その後は本件車両の返還意思を放棄していたことが認められ，被告Y_3は，被告Y_2及びAに対し，本件車両の返還を請求する他に直接被告Y_1と連絡をとり返還を求める方法がなかったこと，被告Y_3は，返還期日後，警察に相談に行き被告Y_2及びAの自宅周辺の捜索をするなど本件車両の回収のための努力をなしていること，そして，本件車両が返還されないことにより契約上被告Y_3は被告Y_4から延滞料を請求することが可能であったが，実際には車両諸費用保障特約の上限額の請求しかしなかったことが認められる。これらの事情からすれば，本件事故当時，被告Y_3は，もはや本件車両の運行を指示，制御し得る立場を失っていたとみるのが相当であり，その運行利益も帰属してなかったといえるのであって，被告Y_3に，運行供用者責任を認めることはできない。」

【47】（前掲【30】） 東京地判平19・7・5判時1999・83，交通民集40・4・849

「いわゆるレンタカーの借主が，レンタカーを運転中に交通事故を起こし，他人の生命又は身体を害したときに，レンタカーの貸主が自賠法3条の運行供用者責任を負うべきかどうかの判断は，前記(1)の観点からすれば，客観的・外形的に見て，貸主の支配が借主の運行に及び，また，貸主に運行利益が帰属する関係があると評価できるかどうかによって決められることになる。そして，その具体的な判断は，貸主と借主との人的関係，貸与目的，対価の有無，運行費用の負担関係，運行に対する貸主の指示権限，貸与の期間ないし距離等の諸般の事情を総合的に考察することによってなされるべきである。

これを本件について見ると，前記第2の2の事実及び〔証拠略〕によれば，借主である被告Y_1は，レンタカーである被告車両を，

帰着予定時刻を24時間10分後として、有償（各種補償制度加入料を含み、消費税込みで3万345円）で借り受けたこと、その貸渡期間を延長することなく、その期間内に本件事故が発生していること、本件レンタカー契約において、走行区域についての限定がされているとは認め難いが、出発地及び帰着予定地はいずれも甲市内の乙営業所とされ事実上制約されており、本件事故現場も同じく同市内であること、被告会社は、本件レンタカー契約に際し、借主である被告Y_1の運転免許の確認、すなわち、運転資格の確認をしていること、貸与の目的は引越とされているところ、本件レンタカー契約上、被告Y_1の住所地が丙県内にあることが明らかにされていることを前提にしたとしても、引越という目的自体は、普通貨物自動車（積載量4.2トンのTFフォワード）である被告車両の貸与目的として何ら不自然なものとはいえないこと、被告会社は、借主である被告Y_1に対し、事故の場合の報告義務を課しており、かかる義務に違反した場合には本件レンタカー契約の解除ができるものとされていること、貸渡期間中のガソリン代や通行料金等は、借主の負担とされているが（貸渡約款1条、27条参照）、それはいわば運行に伴う直接的かつ最小限度の費用負担にすぎず、むしろ、車両の定期点検整備といった被告車両の維持にかかる費用は被告会社において負担するものとされており、かかる点検整備の行われた被告車両が被告Y_1に貸与されていること（貸渡約款11条、14条）等の各事実が認められる。

そうすると、本件事故発生の時点において、客観的・外形的に見れば、被告会社は、被告車両の運行支配及び運行利益を有していたものとみるのが相当というべきである。」

【48】（前掲【31】）　仙台地判平20・5・13自保ジャ1768・16、裁判所ウェブサイト

「いわゆるレンタカーの借主が、レンタカーを運転中に交通事故を起こし、他人の生命身体を害したときに、レンタカーの貸主が自賠法3条の運行供用者責任を負うかどうかについての判断は、客観的・外形的にみて、貸主の支配が借主の運行に及び、また、貸主に運行利益が帰属する関係があると評価できるかどうかによって決められるべきであり、その際の具体的判断は、貸主と借主の人的関係、貸与の目的、対価の有無、運行費用の負担関係、運行に対する貸主の指示の権限、貸与の期間・距離等の諸事情を総合的に考察することによりなされるべきである。

本件事故についてこれを判断すると、前記第2の2の事実及び証拠（乙1の1・2、2の1ないし4）によれば、以下の事実が認められる。

（ア）　借主であるAは、平成17年4月1日午前9時50分、被告会社から、本件車両を翌2日10時までの約24時間分の貸渡料3万345円（消費税込み、各種補償制度加入料込み）を支払って借り受けており、本件事故はその貸渡期間内に発生したものである。

（イ）　本件レンタカー契約において、走行区域についての限定が付されているとは認められないものの、出発場所及び帰着予定場所はいずれも甲営業所であり、貸渡期間は約24時間であるから、事実上走行区域

が制約されており，本件事故現場もC市内であった。

（ウ）　被告会社は，本件レンタカー契約に際し，借主であるAが運転資格を有していること，すなわち運転免許証を確認した上，Eの住所及び携帯電話番号についても把握していた（乙2の1・3）。

（エ）　本件レンタカー契約の貸渡約款（乙1の1・2）によれば，被告会社は，Aに対し，交通事故が発生した場合，車両故障が発生した場合等の報告義務を課しており（同約款20条，22条），義務違反の場合には本件レンタカー契約を解除することができるとされている（同約款5条）。

また，借主であるAは，貸渡期間中のガソリン代等を負担し，日常点検整備を行うこととされているが（同約款15条，27条），車両の定期点検整備といった本件車両の維持管理費用は被告会社において負担するものとされ，このような点検整備の行われた本件車両がAに貸し渡された（同約款11条，14条）。

上記ウの事実関係によれば，本件事故発生当時，客観的・外形的にみれば，被告会社は，本件レンタカー契約に基づいて，Aに対して指示することが可能であったといえ，運行支配及び運行利益を有していたというべきである。

被告会社は，Aが本件車両を自殺に用いる目的で，返還意思がないにもかかわらず借り受けたものであり，被告会社の運行支配及び運行利益は失われていた旨主張する。

しかしながら，前述のとおり，運行支配及び運行利益は，客観的・外形的に判断すべきであり，借主が主観的には返還意思を有していなかったとしても，そのことから直ちに貸主の運行支配及び運行利益が否定されるものではない。」

（6）　使用貸借の場合の貸主

自動車の使用貸借の場合も，原則として，貸主の運行供用者責任は肯定される。又貸しについてはどうか。【49】最判昭和53年8月29日（交通民集11巻4号941頁）は，親が，その所有する自動車を遠方に住む子に貸与していたところ，これを子の友人が借受けてドライブ中に無謀運転により同乗者を死亡させた事故につき，親の運行供用者性を肯定した原審の判断を是認した。

貸与の目的や約束した貸与期間（時間）を超えたからといって，そのことだけで貸主の運行供用者責任が否定されるものではなく，当該自動車の運行を排除する措置をとって初めて責任が否定されるとの考え方である。【50】東京地判昭和62年4月17日（交通民集20巻2号497頁）は，自動二輪車の所有者Yの弟Aが翌日返すという約束でこれを友人Bに貸したところ，知人，友人の間を転々として約1カ月後に無免許の者が運転していて事故を起こし，同乗者Xが負傷したという事案で，AがBに返還を求め，Bもその自動二輪車の所在を知らなかったため，一緒に同車を探す等し，届出のため派出所に出向いたりした（しかし，警察官不在のため届出はしていない）ことから，回収についてそれなりの努力をしているとしてYの責任を否定し，【51】東京高判昭和63年11月30日（金判814号27頁）は，Yは，（本当は

第1章　自賠法上の責任

当分の間遊びのために乗り回すつもりであるのに）近くの駅まで行くので20～30分だけ貸してもらいたいといわれてAに自動車を貸与したところ，Aが約50時間後に自損事故を起こし，同乗者Xが負傷したという事案で，この間，Yは仕事を休んで心当たりを探していたものの手掛かりがなくなったので警察に届出ようと思っていたところ事故が起きたというものであって，Yにしてみれば貸借名義で当該自動車を騙し取られたも同然であるとしてYの責任を否定した。

　こうした考え方を受けて，近時，最高裁でも貸主の責任を否定するものが現れた。前掲【27】最判平成9年11月27日は，Yは，Aから急用があるので車を貸して欲しい，2時間で返すといわれ，車を貸与したが，Aは約束どおりには返さず，時々Yに電話してきてはもう少し貸して欲しい等とその場しのぎの約束をしては返還を引き延ばし，これに対しYは，用事が済んだら早く返せ等と言ってはいたものの，自分の方から積極的にAに連絡をとったり警察に届出る等はしなかったところ，貸与から1カ月余後にAが事故を起こしたという場合において，本件事故当時の同車の運行はもっぱらAが支配しており，Yは何らその運行を指示・制御し得る立場になく，その運行利益もYに帰属していたとはいえないから，Yは運行供用者に当たらないとした。

　本判決に対しては，当初の借主であるAが運転を継続していたこと，YとAとはそれなりに連絡も取れていたこと，Yは，Aに早く返せというだけで特段の回収努力をしておらず，警察にも届出ていないこと等からすると，Yの運行供用者性は否定しがたいとして批判的な見解も有力である。

　使用貸借は，無償であるがゆえに，貸主と借主との間に一定の（人的）関係が存するのが一般的であろうし，同時におよその返還時期も定まっているものと思われる。したがって，この二つの観点から，自動車の運転が，借主の手を離れて貸主とほとんど人的関係のない者に委ねられてしまった場合，または約束されていた返還時期を過ぎてしまった場合には，もはや貸主の運行支配は当該自動車に及ぶべくもないとして，その運行供用者性を否定することも考えられる。前掲【27】最判平成9年11月27日の姿勢もこれに近いものといえようか。

　しかしながら，そもそも自動車が使用貸借に付されたのは，貸主の意思に基づいているからにほかならないのであるから，使用貸主が自らの運行供用者性を否定するためには，自動車を使用貸借に付したという，その自己の意思を覆す，それも客観的に認識できる程度に覆すべきことが求められる。そこで，使用貸主が，その運行供用者性を喪失しているといえるためには，単に，当初約束した時間を過ぎている，当初の借主がさらに他の人に（勝手に）転貸しているという事情が存するだけでは足りず，約束の時間を過ぎても返ってこない自動車を取戻そうとする積極的な行為（その明確かつ典型的なものは警察への届出）あるいは当該自動車の運行を排除するための措置を講ずる積極的な行為が必要と解すべきである（【52】東京地判平成14・10・24判時1805号96頁は，修理中の自動車の代車として加害車両を借受けた者が返還義務の

I　運行供用者責任

発生から41日後に起こした事故につき，これと同様の説示をして貸主の運行供用者責任を肯定した）。そして，その行為がどの程度積極的に行なわれたかということを主たる要件として，使用貸借とはいうものの，借主の意図に鑑みて貸主としては騙し取られたも同然といえる事情が存するときは，そのことをどの程度強く考慮するかが関わってくることになる。

この点に関し，使用貸主の積極的な行為を問題とし難い場合もある。たとえば，父親Aが所有する車を運転することを認められていた子供Bが，その車を運転して乗り出したところ，途中で事情が生じ（子供が泥酔して運転できるような状態ではなくなった等），その子供の知人たる（父親とは面識もない）第三者Cが運転しているときに事故が発生したという場合等である。B，C間には特に転貸借のような関係は生じていないのであり，当初の返還時期を徒過しているということも問題にならないが，Aは，車の所有者として運行供用者責任を負うことになるのだろうか。

【53】最判平成20年9月12日（判時2021号38頁）は，最終的にはAの運行供用者責任を肯定した（ただ，差戻審は，A，Cに対する被害者Bの他人性を否定することで処理している）。以下のような事案である。

実家を離れて1人暮らしをしているB女は，仕事が休みのときには実家に戻って父親Aが経営する会社の仕事を手伝うことがあり，その際は，会社の仕事等に利用されていたA所有の普通乗用車（A車）を運転することを認められていた。ある日，Bは，A車で，親しい関係にあったCとともに午前0時頃にそれぞれの自宅から離れたところにあるバーに赴き，A車のキーをバーのカウンターの上に置いてCと共に飲酒を始め，そのうちに泥酔して寝込んでしまった。Cは，午前4時頃，Bを起こして帰宅しようとしたが，Bが目を覚まさないため，A車にBを運び込んで，上記キーを使用して（Cの）自宅に向けてA車を運転し走行中，赤信号で停止していた普通貨物自動車に追突させる事故を起こし，それによりBが顔面挫傷等の傷害を負い，7級12号の障害を後遺することとなった。なお，Cは無免許であり，Aは，Cと面識がないのみならず，Cという人物が存在することも認識していなかった。そこで，Bが，Cに対し損害賠償請求をし，A車を被保険自動車とする自賠責保険契約の保険者であるD保険会社に対し自賠法16条に基づいて損害賠償額の支払を求めた。

一審は，Cが運行供用者に当たるとして，Cに民法709条ならびに自賠法3条の責任を認めたうえで，Bも運行供用者であるところ，Bは本件事故のいかなる時点においてもCにA車の運転を依頼した事実はない，BはCが運転免許を有していないことを知っていたからCに運転を依頼する意思は全くなかった，BはA車に同乗してから本件事故が起きるまで泥酔したまま寝込んでいてCに運転の操作や目的地の指示をしたことは全くなかった，CがA車で目指した目的地はBの実家ではなくC宅であった等の事実から，Cは，Bの運行支配には全く服しておらず，しかもその運転支配（ママ）はBのそれと比較して明らかに直接的・顕在的・具体的であって，後掲【90】最判昭和57年11月26日（民集36巻11号2381頁）でい

う「特段の事情」があるとみるのが相当であるとして，Bは，Cとの関係では自賠法3条の「他人」に該当するとした。ただ，Cは運転免許を有しないにも拘わらず，独断で，しかも使用権者であるBの依頼もなくA車を運転した者であるから自賠法2条3項の「保有者」には該当しないとした。

次いで，Aの運行供用者性と，BがAとの関係で「他人」に当たるかどうかの判断に移り，Cの本件事故当時における運転は必ずしもAの意思に反するとはいえず，Aはその運行について運行支配と運行利益を有していたといえるから，Aには運行供用者としての責任が認められるとし，Bの，A車の具体的運行に対する支配の程度・態様がAのそれと比較して直接的・顕在的・具体的であるとはいえないから，Bは「他人」に当たり，したがって，Dに対し自賠法16条に基づく損害賠償の請求ができるとした。

これに対し原審は，Aは，使用借人であるBを介して，BがCにA車の運転を依頼し，あるいはその運転を許容してはじめて，Cの運転するA車に対する運行支配を及ぼすことができるところ，Bには，Cに対してA車の運転を依頼する意思はなく，泥酔して意識がなかったことから，CがA車を運転するについて指示はおろか，運転していること自体を認識しておらず，Cは自分の家に帰宅するためにA車を運転していたにすぎない等から，BのA車に対する運行支配はなかったのであり，したがってBを介して存在していたAの運行支配も本件事故時には失われていたとして，Aの運行供用者性を否定し，Dに対する損害賠償請求はできないとした。B上告。

本判決は，Aの運行供用者性を肯定し，破棄・差戻した。すなわち，BがCを迎えに行ってバーまでA車を運転したことについてはAの容認するところであったと解することができ，またその後，「飲酒したBが友人等にA車の運転をゆだねることも，その容認の範囲内にあったと見られてもやむを得ないというべきである」とし，電車やバスが運行されていない時間帯にA車のキーをカウンターの上に置いて泥酔したのであるから，「Cが帰宅するために，あるいはBを自宅に送り届けるために上記キーを使用してA車を運転することについて，Bの容認があったというべきであ」り，AがCと面識がなく，その存在すら認識していなかったとしても，Cによる運行は，「Aの容認の範囲内にあったと見られてもやむを得ないというべきであり，Aは，客観的外形的に見て」運行供用者に当たると解するのが相当であるとした。その上で，Bが，Aに対する関係で自賠法3条にいう「他人」に当たるといえるかどうかについてさらに審理を尽くす必要があるとして差戻した。

差戻審（【54】名古屋高判平成21・3・19交通民集41巻5号1097頁）は，Bは，A・Cいずれに対する関係においても「他人」に当たらないとした。すなわち，Bは，本件事故に至るまでの経緯に照らせば，CがA車を運転している間「泥酔して寝込んでいて同人に対してA車の運転を指示したことはなかったとしても」「本件事故当時，A車の運行を自ら支配し，この利益を享受していたといえ，本件運行について運行供用者に当たるというべきであ」り，

I　運行供用者責任

　一方，Cによる運行は，Aの容認の範囲内にあったとみられるからAも運行供用者に当たるといえるが，Bによる運行に対する支配とAによるそれとを比較すると，Bの運行支配の方がより直接的・顕在的・具体的であったとして，Bは，Aに対する関係で「他人」に当たらないとした。
　また，Cは，本件自動車の所有者（A）および正当な使用権者（B）の容認・黙示的許諾に基づいて本件自動車を一時使用していた者ということができるから，自賠法2条3項にいう「保有者」に該当するとした上で，A車の具体的運行に対するBの支配の程度は，運転していたCのそれに勝るとも劣らないというべきであるとして，Bは，Cに対する関係においても「他人」に当たるということはできないとした。
　本判決は興味深い変遷をたどっているが，最終的には，A・B・Cを共同運行供用者とみた上で，BのA・Cに対する他人性を否定することで処理した。
　Aの運行供用者性を肯定するに際しては，Aは，Bの運転を容認しており，BはCの運転を容認している，したがって，CのCの運行はAの容認の範囲にあるという論理を展開した上で，客観的外形的という判断指標に基づいているようであるが，極めて緩やかな判断といえよう。また，Bの運行供用者性を肯定したことについては，後掲【74】最判平成9年10月31日（民集51巻9号3962頁）の代行運転依頼者（顧客）の運行供用者性判断と共通する部分があるように思われるが，ここでは，Bを運行供用者としておいて，Bを救済するか否か（Aに責任を負わせるか否か）をAとの関係での他人性判断に委ねることとしたのではないかとの推測も働く。さらに，Cを保有者と認めたことについても疑問が残ろうが，近い将来，Cに対するBの他人性を肯定する（そして，Bを救済する）という可能性を残したものと受け止めることもできよう。

【49】　最判昭 53・8・29 交通民集 11・4・941

「原審が適法に確定した事実関係のもとにおいて，本件事故当時における訴外Aらの本件自動車の運行につき，上告人が運行供用者である地位を失わないものとし，また，訴外亡Bが共同運行供用者にあたらないとした原審の判断は正当として是認することができる。」

【50】　東京地判昭 62・4・17 交通民集 20・2・497

「自賠法3条にいう運行供用者とは自動車に対する運行支配ないし運行利益を有する者をいうと解されるが，これは要するに当該車両の運行に伴う危険について管理責任を負わせるのを相当とすべき立場にある者をいうと解すべきであり，すると，当該車両の所有者その他これを使用する権利を有する者であつても，自己の責に帰すべからざる理由により車両に対する事実上の支配を失つたような場合には，運行供用者性を

否定されるのが法の趣旨に沿うものと解すべきである。

そこで、前記認定事実を踏まえ、右の見地から本件事故当時の被告Ｙの運行供用者性の有無を検討してみるのに、まず、同被告が被害車をＡへ譲渡したとしてこのことによる運行供用者性の脱落を主張する点については、同被告がＡに被害車を譲つた形跡は一応うかがわれるものの、Ａから対価は支払われていないこと、車検名義は同被告名義のままであつたこと、Ａは遊びに使用する目的で譲り受けていること、右両名は同居の兄弟（Ａが弟）であり、同被告は事実上いつでもこれを使用できる状態にあつたこと、現に同被告は頻繁ではないがその後も被害車を遊びや通勤に使用することがあつたことなどの諸事情に徴すると、Ａに譲り渡したとはいつても、同被告が被害車に対する運行支配、運行利益を完全に失つたとみることにはなお疑問なしとしないのであり、結局、右の段階では、同被告はなおＡと共に共同保有者の地位にとどまつていたものと解するのが相当というべきであり、同被告の右主張は理由がないものといわざるを得ない。

次いで、ＡがＢに被害車を貸与した後について検討を進めると、右貸与のみではＡはなお運行支配、運行利益を有していたというべきであるから、同人と共に運行供用者の地位にある同被告の運行供用者性を否定できないことはいうまでもない。しかし、ＢがＣないしＤに被害車の保管をゆだねた後については事態は全く異なるといわなければならない。すなわち、Ｂは、通院に使用する目的で１日に限りＡから被害車を借り受けたにもかかわらず、前記認定の経緯で同人には無断でこれを同人と面識のないＣないしＤに預け、保管場所、返還の時期・方法等についてあいまいなままにしたため結局本件事故発生まで約１か月前後被害車を所在不明の状態に陥らせ、Ｂを介して有していた被害車に対するＡの管理支配権を事実上喪失させたものである。そして、Ａは、Ｂの右無断保管委託後、同人に対し早期に被害車を返還するよう求め、同人をしてその捜索に当たらせるとともに、自らもこれを捜し求め、盗難届を提出すべく派出所に赴くなど、車両の持主として、最善とはいえないまでもそれなりに回収のための努力をしていることがうかがわれ、この間特にＡを非難すべき事情は見い出し難いのである。また、本件全証拠を精査するも、右のほかＡがＢへの貸与の段階で同人の前記無責任な所為を予見し、ないし予見すべき特段の事情は認められない。すると、本件事故は、Ａが被害車に対する管理支配を事実上失つた後の事故であり、この間同人を非難すべき事情は見い出し難いものというべきであるから、本件事故当時同人は運行供用者の地位を喪失していたものと解するのが相当であり、そうであれば、被害車の管理につき特段非難されるべき事情のない被告Ｙもまた本件事故につき運行供用者性を否定されるべきものといわなければならない。」

【51】 東京高判昭63・11・30 金判814・27

「Ａは、昭和58年９月14日午後10時ころ、Ｂ、Ｃと連れ立って控訴人Ｙの肩書住所の自宅に赴き、真実は当分の間遊びのために乗り回すつもりであって、直ちに返還する意

Ⅰ　運行供用者責任

思はないのに，これを秘し，『甲駅まで行くので2,30分車を貸して貰いたい』と嘘を言って加害車の借用方を申し入れた。これに対し，控訴人Ｙは，ＡやＢとは前記の程度の仲でしかなく，同人らについてはよからぬ噂も聞いていたので，はじめのうちは貸すのをためらっていたが，Ｂからも『信用できないのなら20万円の時計を置いていくから』などと強い調子で頼まれたため，両名がそこまで言うのなら断りきれないと思い，明日通勤に使うので必ず約束どおり30分後に返してくれるよう念を押したうえ，加害車をＡに貸し渡したものであって，同人が翌日以降も加害車を乗り回したり，被控訴人を同乗させたりすることを容認したことはなかった。

Ａは，そのまま加害車を運転して，Ｃを同人宅に送り届け，その後は，家にも帰らず，Ｂを乗せて甲市内等を乗り回し，翌15日にも加害車を返還せず，また控訴人に何ら連絡することがなかった。そして，同月16日夕方，再びＣを誘おうとして加害車を運転し，Ｂとともに右Ｃ方を訪ねた。しかし，同人が留守であったため，居合わせた被控訴人を乗せて再び乗り回したすえに，同日午後9時ころ，α県β郡γ町内のスナックへ行き，酒を飲んだ。その席で雑談するうちに，誰言うことなく鎌倉の大仏を見に行こうということになり，Ａは，いとこのＤを呼び出して，同日午後11時30分ころ，加害車にＢ，被控訴人とＤの3名を乗せて鎌倉に向かったところ，その途中で前記のとおり衝突事故を起こしたものである。

一方，控訴人Ｙは，加害車を貸した当日は夜どおし寝ずに車の返還を持ち，さらに，同月15日午前中も勤務を休んで待っていたが，Ａが加害車を返還しなかったので，同日午後から同人の行方を同人やＢの友人に尋ねて回った。そしてＡの家の所在を知らなかったので，翌16日夕方勤務が終わった後に，その所在を知っているＥ，ＦとともにＡの家に行き，右ＥらからＡの母親に行方を尋ねて貰ったが，当時，Ａは時折りしか家に寄りつかないような状態であったため，母親もその行方を知らなかった。同日，Ａの親類の家にも行って尋ねたが，そこでも判らず，加害車を捜す手掛りがなくなってしまったため，警察に届け出ようと思っていたところ，翌17日午前0時50分ころ，本件事故が発生したものである。

右認定の事実によれば，Ａは，控訴人Ｙが翌朝通勤のため加害車を使用する必要があり，極く短時間の貸与しか承諾していないのを十分承知しながら，そのＹの意思を最初から無視して，当分の間勝手に乗り回わす意図のもとに加害車の貸与を受けたものであって，控訴人ＹにしてみればＡから貸借名義で加害車をだまし取られたも同然であって，同人の本件事故時の加害車の運行は，全く控訴人Ｙの意思に反するものであり，かつ，その当時Ａとの人的関係を通じて加害車の運行を指示，制御し得る状況にもなかったものと認められる。」

【52】　東京地判平14・10・24判時1805・96，交通民集35・5・1393

「被告Ｙ₂会社は，加害車両の所有者であり，また，被告Ｙ₁は，被告会社から無償で加害車両の貸与を受け，加害車両を代車として使用する権限を有する者であって，本来，い

第1章　自賠法上の責任

いずれも保有者として，加害車両につき運行支配と運行利益を有するものである。そして，加害車両はAに代車として貸与されたが，A車両の修理が終わればAから代車が返還されることが予定されていたから，被告らは，加害車両がAに代車として貸与された後においても，特段の事情がない限り，加害車両についての運行支配と運行利益を失うものではないと解される。

　この点に関し，被告らは，本件においては，A車両の修理完了後も再三督促を受けながらAが加害車両を返還しなかったという事情があることにかんがみると，被告らはもはや加害車両につき運行支配と運行利益を有しないと主張するところ，Aが，被告Y_1から何回も修理代金等の支払と加害車両の返還の督促を受けながら，もうすぐ支払う等と言い逃れをして支払を引き延ばすとともに，加害車両の返還を遅らせてきたことは前認定のとおりである。しかし，車両の貸主が運行支配と運行利益を失うべき特段の事情があるというためには，貸主が借主による車両の運行を排除するために必要な措置を採る必要があり，このような措置を採って初めて保有者が運行供用者としての責任を免れることができるというべきである。

　これを本件について見るに，前認定の事実によれば，〔1〕Aは，被告Y_1の請求する修理代金等を支払うことができなかったために，加害車両の返還を引き延ばしていたが，加害車両を返還すること自体を拒んでいたものではないこと，そして，Aとしては，A車両の修理が完了していることを被告Y_1から知らされていた以上，修理代金等の支払とは別に，加害車両の返還又は使用の中止を求められれば，これに応じざるを得ない立場にあることは十分に承知していたと見られること，〔2〕一方，修理代金等が支払われてA車両がAに引き渡されれば，加害車両も被告らに返還されるという関係にはあるが，たといAに支払能力がないため直ちに修理代金等を支払うことができないとしても，被告Y_1としては，加害車両の返還又はその使用の中止を要求することができたと考えられること，〔3〕Aは様々な口実を設けて修理代金等の支払を引き延ばしてきたものであるが，被告Y_1としては，修理代金等の支払をめぐるAと被告Y_1とのやり取りの中で，Aの支払約束がその場しのぎのものであり，Aの支払能力が疑わしいことに気づいたものと考えられること，〔4〕したがって，被告Y_1としては，少なくともAの支払能力に疑問を持った後は，Aに対し，修理代金等の支払の要求とは別に，加害車両の返還又はその使用の中止を要求すべきであったこと，しかし，被告Y_1は，Aに面会するためにA方を訪れるなどしていたものの，主に修理代金等の支払を要求していたものであり，加害車両の返還又はその使用の中止だけを求めたことはないこと，〔5〕また，被告Y_1において，警察への届出や相談をするという，より強硬な措置を採るには至っていないこと，という事情を挙げることができる。

　以上の事情を総合すると，自らAに対して何らの働き掛けをしていない被告Y_2会社はもとより，被告Y_1においても，加害車両の返還期限が経過した後において，Aによる加害車両の運行を排除するために必要な措置を採っていたと判断することはできない。したがって，被告らは，修理完了後40日程度を経過した本件事故当時においても，いまだ，加害車両の具体的運行を指示・制

I　運行供用者責任

御すべき立場にあったと解するのが相当であって，本件事故当時，運行支配と運行利益を喪失していたと認めることはできない。」

【53】　最判平 20・9・12 判時 2021・38，判タ 1280・110，交通民集 41・5・1085，裁時 1467・9

「前記事実関係によれば，本件自動車は上告人Ｂの父親であるＡの所有するものであるが，上告人Ｂは実家に戻っているときにはＡの会社の手伝いなどのために本件自動車を運転することをＡから認められていたこと，上告人Ｂは，親しい関係にあったＣから誘われて，午後10時ころ，実家から本件自動車を運転して同人を迎えに行き，電車やバスの運行が終了する翌日午前０時ころにそれぞれの自宅から離れた甲市内のバーに到着したこと，上告人Ｂは，本件自動車のキーをバーのカウンターの上に置いて，Ｃと共にカウンター席で飲酒を始め，そのうちに泥酔して寝込んでしまったこと，Ｃは，午前４時ころ，上告人Ｂを起こして帰宅しようとしたが，上告人Ｂが目を覚まさないため，本件自動車に上告人Ｂを運び込み，上記キーを使用して自宅に向けて本件自動車を運転したこと（以下，このＣによる本件自動車の運行を「本件運行」という。），以上の事実が明らかである。そして，上告人Ｂによる上記運行がＡの意思に反するものであったというような事情は何らうかがわれない。

これらの事実によれば，上告人Ｂは，Ａから本件自動車を運転することを認められていたところ，深夜，その実家から甲市内のバーまで本件自動車を運転したものであるから，その運行はＡの容認するところであったと解することができ，また，上告人Ｂによる上記運行の後，飲酒した上告人Ｂが友人等に本件自動車の運転をゆだねることも，その容認の範囲内にあったと見られてもやむを得ないというべきである。そして，上告人Ｂは，電車やバスが運行されていない時間帯に，本件自動車のキーをバーのカウンターの上に置いて泥酔したというのであるから，Ｃが帰宅するために，あるいは上告人Ｂを自宅に送り届けるために上記キーを使用して本件自動車を運転することについて，上告人Ｂの容認があったというべきである。そうすると，ＡはＣと面識がなく，Ｃという人物の存在すら認識していなかったとしても，本件運行は，Ａの容認の範囲内にあったと見られてもやむを得ないというべきであり，Ａは，客観的外形的に見て，本件運行について，運行供用者に当たると解するのが相当である。

以上によれば，本件運行についてＡが運行供用者に当たらないとして上告人Ｂの請求を棄却した原審の判断には，判決に影響を及ぼすことが明らかな法令の違反がある。論旨はこの趣旨をいうものとして理由があり，原判決は破棄を免れない。」

【54】　名古屋高判平 21・3・19 交通民集 41・5・1097

「２　被控訴人Ｂは，Ａに対する関係において法３条にいう『他人』に当たるか。

（１）　判断
ア　前記の認定事実によれば，本件自動

第1章　自賠法上の責任

車は被控訴人Bの父親であるAが所有するものであるが，被控訴人B（本件事故当時19歳）は実家に戻っているときにはAの会社の手伝いなどのために本件自動車を運転することをAから認められていたこと，被控訴人Bは，親しい関係にあったC（本件事故当時19歳）から誘われて，午後10時ころ，実家から本件自動車を運転して同人を迎えに行き，電車やバスの運行が終了する翌日午前0時ころにそれぞれの自宅から離れた甲市内のバーに到着したこと，被控訴人Bは，本件自動車のキーをバーのカウンターの上に置いて，Cと共にカウンター席で飲酒を始め，そのうちに泥酔して寝込んでしまったこと，Cは，午前4時ころ，被控訴人Bを起こして帰宅しようとしたが，被控訴人Bが目を覚まさないため，本件自動車に被控訴人Bを運び込み，上記キーを使用して自宅に向けて本件自動車を運転したこと，Aは，Cと面識がなく，Cという人物が存在することすら認識していなかったこと，以上の事実が明らかである。

このように被控訴人Bは，Cが運転免許を有さずかつ飲酒をしていることを知ってはいたが，電車やバスが運行されていない上記のような時間帯に，本件自動車のキーをバーのカウンターの上に置いて，酔いが醒めてから自らが本件自動車を運転してバーから帰るつもりでいることをCに話すことなく，泥酔して寝込んでいたのであるから，Cが帰宅するために，あるいは被控訴人Bを自宅に送り届けるために上記キーを使用して本件自動車を運転する可能性があることは認識し，かつ，これを容認していた，すなわち，Cに本件自動車の運転を黙示的にゆだねたとみるのが相当であり，被控訴人Bが，Cが本件自動車を運転している間，泥酔して寝込んでいて同人に対して本件自動車の運転を指示したことはなかったとしても，被控訴人Bは，本件事故当時，本件自動車の運行を自ら支配し，この利益を享受していたといえ，本件運行について運行供用者に当たるというべきである。

イ　一方，前記の事実によれば，Cによる本件運行は，Aの容認の範囲内にあったと見られるから，Aも，本件運行について運行供用者に当たるとはいえるが，Aによる本件運行（Cによる本件自動車の運転）に対する支配は，あくまで被控訴人BによるCに対する本件自動車の使用の容認・許諾を介するものであって，間接的，潜在的，抽象的であるといわざるを得ない。これに対し，被控訴人Bによるそれは，Cの本件自動車の運転を容認することによって同人に同車の運転をゆだねたと評価できるものであるから，Aによるそれと比較して，より直接的，顕在的，具体的であったといえる。

このような本件自動車の具体的な運行に対する支配の程度・態様に照らせば，被控訴人Bは，運行供用者に該当し，かつ，同じく運行供用者に該当するAよりも，運行支配の程度態様がより直接的，顕在的，具体的であったから，Aに対する関係において法3条にいう『他人』に当たらないと解するのが相当である。

（2）　被控訴人Bの主張に対する判断

ア　被控訴人Bは，本件は，前記認定の事実関係に照らせば，最高裁昭和57年11月26日判決のいう「自動車運転者が事故被害者（同乗の自動車所有者）の運行支配に服さず同人の指示を守らなかった等の特段の事情」があるといえるから，被控訴人Bは，Aに対する関係において，法3条にいう『他人』に当たる旨を主張する。

I　運行供用者責任

しかしながら、上記の最高裁判決の事案は、事故被害者から自動車の使用を委ねられた自動車運転者が事故を惹起した事案について、事故被害者（本件でいえば被控訴人Bに当たる。）が、運転者（本件でいえばCに当たる。）に対する関係において、法3条にいう『他人』に当たるかどうかが判断された事案であり、事故被害者が、同車の所有者（本件でいえばAに当たる。）との関係において法3条にいう『他人』に当たるかどうかが問題となった事案とは異なるから、前提において採用できない（なお、被控訴人Bが、Cに対する関係において『他人』に当たるかは、後記で検討する。）。

イ　また、被控訴人Bは、被控訴人Bが本件運行の全過程を通じて泥酔して寝込んでいたことや、Cが無免許でかなりの量の飲酒もしていることを被控訴人Bは知っており、客観的・常識的に考えれば無免許かつ飲酒の上で自動車を運転する者はまれであるから、Cが本件自動車を運転することに対する被控訴人Bの予測可能性は低かったといわざるをえないこと等の事情に照らせば、被控訴人Bによる運行支配の程度は、間接的、潜在的、抽象的であって、Aのそれよりも劣り、被控訴人Bは、Aに対する関係では『他人』に当たる旨を主張する。

しかしながら、被控訴人BとCは、本件事故当時未成年者でありながら、深夜に自動車でバーに赴き、電車やバスが運行されていない未明まで飲酒をしていた者らであって、同人らが規範意識が高いとはいいがたい行動を取っていたことに照らせば、被控訴人Bにおいて、Cが本件自動車を運転してバーから帰ろうとすることがあり得ないことだと考えていたとは認めがたく、むしろ、被控訴人Bの行動等の客観的・外形的事実からすれば、前記で認定・判示したとおり、被控訴人Bは、Cがバーから帰るために本件自動車を運転することを容認した上（すなわち、黙示的にCに本件自動車の運転をゆだねた上）、相当量の飲酒をして泥酔して寝込んでいたと見るのが相当である。

したがって、被控訴人Bが本件運行中に寝込んでいたという事情やCが無免許でかつ飲酒もしていたという事情があるからといって、被控訴人Bによる運行支配の程度が、間接的、潜在的、抽象的であったとはいえない上、Aによる本件運行に対する支配は、前記のとおり、被控訴人BのCに対する本件運行の容認・黙示的許諾を介してのものであるから、被控訴人Bのそれと比較すれば、より間接的、潜在的、抽象的であることは明らかであって、被控訴人Bの上記主張は、採用できない。

ウ　さらに、被控訴人Bは、自動車の所有者は、自動車を一時的に借り出しただけの者よりも、常に重い『事故抑止責任』が課されているかのような主張もするが、独自の見解であって採用できない。

エ　以上より、前記(1)の認定・判示に反する被控訴人Bの主張は採用できない。

3　被控訴人Bは、Cに対する関係において法3条にいう『他人』に当たるか。

（1）　Cは、法2条3項所定の『保有者』に当たるか。

前記の認定事実によれば、被控訴人Bは、本件運行時、Cが本件自動車を運転することを容認し、Cに本件自動車の使用をゆだねていたということができる上、被控訴人Bが友人等に本件自動車の運転をゆだねることは、同車の所有者であるAの容認の範囲内にあったと見ることができる。

第1章　自賠法上の責任

　そうすると、Cは、本件自動車について所有者及び正当な使用権者の容認・黙示的許諾に基づいて、本件自動車を一時使用していた者ということができ、いわゆる無断使用ではなく、正当な使用権に基づいて本件運行を行っていたということができるから、法2条3項所定の『保有者』（自動車の所有者その他自動車を使用する権利を有する者で、自己のために自動車を運行の用に供するもの）に該当する。

　なお、控訴人は、自動車の所有者及び正当な使用権者から一時的に自動車の使用を認められただけにすぎない者は、『保有者』には該当しない旨を主張するが、独自の見解であって、採用できない。

　（2）　被控訴人Bは、Cに対する関係において法3条にいう『他人』に当たるか。

　前記で認定・判示したとおり、被控訴人Bは、Cを同乗させてバーに赴き、Cが運転免許を有さず飲酒をしていることを知りながら、バーから帰るためにCが本件自動車を運転することを容認した上で、電車やバスが運行されていない時間帯に飲酒して泥酔して寝込んでいたのであり、このような事情に照らせば、被控訴人Bの本件自動車の具体的運行に対する支配の程度は、運転行為を行ったCのそれに優るとも劣らないというべきである。

　また、Cの本件運行は、上記のとおり、被控訴人Bの容認下に行われていたのであるから、最高裁昭和57年11月26日判決のいう自動車運転者が事故被害者（同乗の自動車の正当な使用権者）の運行支配に服さず同人の指示を守らなかった等の『特段の事情』があるともいえない。

　したがって、被控訴人Bは、Cに対する関係において法3条の『他人』に当たるということはできない。

　4　まとめ

　以上のとおりであるから、A（本件自動車の所有者、運行供用者）及びCは、法2条3項所定の『保有者』には当たるが、被控訴人Bは、A及びCのいずれに対する関係においても、法3条にいう『他人』には当たらないから、被控訴人Bは、控訴人Dに対し、法16条に基づき損害賠償額の支払をなすべき請求をすることはできないというべきである。」

（7）　修理業者と依頼者

　自動車の所有者等が、その自動車の修理を依頼した場合に、その修理の過程において事故が発生したとき、当該修理業者が運行供用者責任を負うかという問題である。

　自動車修理業者と依頼者（自動車所有者等）との間の契約関係は、一般に寄託と請負との混合契約と考えられるが、修理のために自動車を修理業者に引渡した後は依頼者の運行支配は失われ（**【55】**大阪高判平成4・4・15交通民集25巻2号289頁）、逆に、修理の終わった自動車が修理業者から依頼者に引渡された後は、特段の事情のない限り、その引渡後の運行支配は依頼者にあるものとされる（前掲**【14】**最判昭和46・7・1）。

　前掲**【9】**最判昭和44年9月12日は、自動車修理業者の被用者が、修理のため顧客から預かった貨物自動車を修理業者（使用者）に無断で運転していて事故を起こした場合につき、自動車修理業者が修理のため自動車を預かった場合は、少なくとも修理や試運転に必要な範

I　運行供用者責任

囲での運転行為を委ねられ，営業上自己の支配下においているものであるから，特段の事情のない限り（被用者の私用運転はここでいう特段の事情にあたらない），修理業者が運行供用者責任を負うことになる。自動車整備会社についても同様に解してよい（横浜地判平成22・9・9〔平成19年（ワ）第3864号，平成21年（ワ）第2645号〕）。

【55】　大阪高判平4・4・15 交通民集25・2・289

「右事実関係によれば，Aは，自己が転売した加害車両につき控訴人からフレームとバンパーに損傷があるとの苦情を受けたため，控訴人に対する売主としての義務である修補を引き受け，自己に対する売主であるBの依頼を受け，本件事故当日の朝控訴人から加害車両を引き取り，Bに運転して行く途中で本件事故を惹起したものであるから，Aは，控訴人に加害車両を販売した業者として営業上右修補に必要な範囲で加害車両の運行を委ねられ，自己の支配下においていたものであり，その運行利益もAに帰属していたというべきである。したがって，Aは，本件事故につき自賠法3条にいう自己のために自動車を運行の用に供する者としての損害賠償責任を免れないものであつて，反面，控訴人は，Aに加害車両を引き渡した時点で一時的に運行支配を喪失したというべきであり（控訴人がAと重畳的に運行支配を有していたとみるべき場合には当たらない。），したがつて，本件事故につき損害賠償責任を負わないものと言うべきである。」

（8）　運送業者と依頼者

自動車の所有者等が，その自動車の陸送を依頼したときは，当該自動車の具体的運行についての支配を依然として有するものと推定させる可能性が強いから，所有者等がただちに運行支配を失うものではないということがいえよう。

しかしながら，運送業者にこれを依頼したときは，運送契約（請負契約）を締結した上，運送業者がみずから自動車を運行させる権限を有することになろうし，契約上，当該運行は運送業者の費用負担においてなされ，その運送方法も運送業者の責任において定められることになろう。他方，陸送を依頼した所有者等は，注文者として，基本的には責任を負わない立場にあり（716条本文），実際上も当該陸送について具体的な指示を与えることは困難であろう。したがって，運送業者との間に特別な実質的関係が存しない限り，所有者等は運行支配を失い，運送業者の方が運行供用者となると解すべきものとなる。

前掲【11】最判昭和47年10月5日は，Y（大型貨物自動車等の販売業者）の注文により（半製品自動車を完成品自動車にする）車体架装を請け負ったA（車体架装業者）がB（陸送会社）と運送契約を締結し，Bの従業員Cが運転してY所有の製品自動車を陸送中に起こした事故につき，Aは経済的実質的関係においてYに従属するものではなく，本件事故当時においても，架装を完了した自動車をYに引渡すべく義務の履行として，自ら費用を負担してBに陸送

第1章　自賠法上の責任

させていたものであり，他方，Yは，Bおよびその被用者に対して直接または間接に指揮監督を及ぼす関係にもなかったことから，本件自動車の運行は，AないしBがこれを支配していたものであって，Yは何ら当該車両の当該運行を指示・制御すべき立場になかったとして，Yの運行供用者責任を否定した。

　こうして，自動車の運送を依頼した者（注文者）と運送業者（請負人）との間の経済的実質関係を考慮して，依頼者側が当該運行を指示，制御すべき立場にあったことを認め得るか否かが運行供用者責任肯否の決め手になるとされる。このことは，自動車自体の陸送を依頼する場合に限らず，一般的な注文者と請負人との間の関係にも妥当しよう。前掲【11】最判昭和47年10月5日後の裁判例をみると，依頼者と運送業者との間に支配従属関係ないし専属関係が認められる場合に，依頼者の運行供用者性を肯定し（【56】大阪地判昭和60・4・30判時1168号91頁は，Y_3市の委託を受けて一般廃棄物の収集，運搬，処分を行うY_2の従業員Y_1が運転するゴミ収集車がAをはねて死亡させた事故事故につき，前掲【21】最判昭和50・11・28を引用しつつ，Y_3は，ゴミ収集車がその業務の執行として運行されている範囲内において運行利益を得ており，かつ，その運行を事実上支配，管理することができ，社会通念上その運行が社会に害悪をもたらさないよう監視，監督すべき立場にあるものということができるとしてその責任を認め，【57】東京地判平成1・4・7交通民集22巻2号459頁は，車両持込でY_2会社の配達を専属的に行っていた者〔Y_1〕が事故を起こした事案につき，Y_1は，Y_2の指揮監督の下に運送行為を行っていたものとしてその責任を認めた〔ただし，この点は争いがなかった〕等），そうでない場合にこれを否定している（【58】大阪高判昭和50・8・27判タ332号259頁は，自動車の組立・部品製造業者が，製品自動車の陸送を依頼した事案，【59】東京地判昭和54・12・6判タ415号179頁は，注文者たるデパートの商品配送業務によって営業収入の8割を得ている配送業者の被用者〔自動車持込の学生アルバイト〕が起こした事故につき，配送業者の運行供用者責任を肯定しつつ，注文者たるデパートは配送品の区分け・引渡以外，配送業務にほとんど関与していないとしてその責任を否定したもの，【60】名古屋地判昭和63・1・29交通民集21巻1号156頁は，注文者〔水道工事業者〕と請負人〔水道配管業者〕との間に密接な継続的関係〔元請と下請〕が認められるものの，専属的ないし支配従属的な関係が認められないとしたもの等）。

　しかし，依頼者と運送を請負った者との間にそのような実質的関係が認められない場合に，依頼者の運行供用者性を肯定したものもある。【61】東京高判昭和55年3月17日（交通民集13巻2号322頁〔一審は【61′】東京地判昭和54・3・12交通民集13巻2号323頁〕）は，Y（建設機械等の賃貸業を営む）が，自己所有のクローラー（万能掘削機）の輸送を正規の運送業の免許を有しないAに依頼し，さらにAが，やはり運送業の免許を有しないBに下請けさせ（Yは，A，Bともに運送業の免許を有しないことを知っていた），Bが，自己所有のトレーラー（加害車両）にクローラーを積載して運送中にそのクローラーが転落し，これがC運転の普通乗用車に衝突してDが死亡したという事案において，Yの従業員Eは，トレーラーにクローラーを積み込んだほか，途中までとはいえ別の乗用車でトレーラーを誘導し，事故発生の急報を受け

I　運行供用者責任

て駆けつけ，クローラーの収容・運搬の処置をしていたところ，A・Bは正規の運送業者ではなく，その裁量に一切を任せきってよいような独立した立場になかったこと，それゆえYは事情が要求する限度で運行を管理せざるを得なかったこと，加害車両の具体的運行の態様からしても，Yは，同車の運行を支配監督することができ，すべき立場にもあったとして，その運行供用者性を認めた。ここでは，運行を指示，制御すべきYの立場を，YとA・Bとの間の実質的な関係というよりも，事故発生を防止するために特別な配慮を要する積荷の輸送を正規の免許を有しない者に依頼したが故に，単なる注文者以上の注意を払わなければならなかったところに見いだしたと捉えることができようか。

【56】　大阪地判昭60・4・30判時1168・91，判タ560・263

「自賠法3条にいう運行供用者とは，自動車の運行によって利益を得ているものであって，かつ，自動車の運行を事実上支配，管理することができ，社会通念上その運行が社会に害悪をもたらさないよう監視，監督すべき立場にある者（最高裁判所昭和50年（オ）第294号，同年11月28日第三小法廷判決，民集29巻10号1818頁参照）であることを要し，右支配，管理の程度は，個々の車両の運行を実際に逐一かつ具体的に支配命令し指揮するまでの必要はなく，直接または間接にそのような指揮監督をなしうる地位にあることをもって足りると解すべきであるところ，前記認定の廃棄物処理法に基づく委託の趣旨，被告Y₃市における廃棄物処理業務の遂行にあたっての方法，並びに本件委託契約の内容，趣旨及びその運用の実態等を考慮すると，被告Y₃市は，被告車が廃棄物の収集運搬業務の執行として被告Y₂興業の従業員によって運行されている範囲内において，その運行によって利益を得ており，かつ，その運行を事実上支配，管理することができ，社会通念上その運行が社会に害悪をもたらさないよう監視，監督すべき立場にある者ということができる。そして，本件事故は被告車が廃棄物の収集運搬業務の執行として被告Y₂興業の従業員である同Y₁が運転中に発生したものであるから，被告Y₃市は被告車の運行供用者として自賠法3条本文に基づき本件事故によって生じた損害を賠償すべき責任がある。」

【57】　東京地判平1・4・7交通民集22・2・459

「請求原因一項については，原告が受傷したか否かの点を除き，当事者間に争いはない。」

【58】　大阪高判昭50・8・27判タ332・259，交通民集8・4・977

「二（被控訴人の責任）
　自賠法第3条に規定される『自己のために自動車を運行の用に供する者』とは，自動車に対する運行支配及び運行利益の帰属

第1章　自賠法上の責任

する者であり，運行支配とは，必ずしも当該運行に対する直接・具体的な支配の存在を意味するものではないが，当該の者が自動車及び運転者に対して，法律上又は事実上の関係に基き社会通念上，運行を指示・制禦することができ，かつ，そうすべき責務を負う立場にあると認められる場合にのみ肯定されるべきものである。したがって，陸送業者が自動車自体を走行させる方法によって当該自動車を運送する場合には，当該自動車の陸送中は陸送業者が運行を支配しその間の事故については運行供用者責任を負うべきである反面，注文者たる依頼者は，民法第716条本文の法意に徴しても，陸送業者との間に特別の実質関係がある場合に限り陸送業者と共に運行供用者と目すべきであるが，かかる特別の実質関係のない場合には，依頼者は運行供用者責任を負わないものと解すべきである。

以上の如く，自賠法第3条の運行供用者と認めるべきか否かは，実質関係に照らし，運行支配・運行利益が帰属していたか否かによって決すべきであるから，「道路運送車両法上事故車の使用者として登録することを許した者は，同法上使用者として責任を負う立場にあり，その限りにおいては対社会的に事故車を自己の支配管理下に運行せしめることを表明したものとして，事故車の運行に関し管理制禦すべき責任を負う」との見解は当裁判所は採用しない。」

【59】 東京地判昭54・12・6判時959・97，判タ415・179，交通民集13・6・477

「〔証拠略〕を総合すると，原告と被告Y_2社の間でも，前記1（二）の認定事実が認められる（ただし，右事実中，被告Y_2社が被告Y_3，同Y_4の商品配送業務を請負い，同業務遂行のために，被告Y_1を自動車持込みの学生アルバイトとして期間を昭和50年6月30日から同年7月10日までと定めて雇傭し，右被告がY_1車を運転して原告と共に配送作業に従事したこと，本件事故が，当日の作業終了後，被告Y_1が原告を同乗させ，Y_1車を運転のうえ横浜配送所を出発した後発生したものであることの各事実はいずれも当事者間に争いがない。）ほか，被告Y_1らが使用する車両のガソリンについては，被告Y_2社から給油チケットを交付し，同チケットによって同被告の契約先のガソリン・スタンドで給油を受ける便宜を与え，その代金は後日賃金を支払う時に控除するという方法をとっていたこと，被告Y_2社においては，配送作業に自動車が必要不可欠のところから自動車持込みでないアルバイト採用者に対しては，内勤の場合を除き，同被告において，他からレンタカーを借り受けてこれを貸与し，配送作業に従事させていたことが認められる。〔証拠判断略〕

そして，以上の各事実を総合勘案するならば，Y_1車が被告Y_1の所有で，本件事故が同被告の帰宅途中の事故であるとしても被告Y_2社はなお本件事故時におけるY_1車の運行につきそれを支配しかつ利益を収めていたものとみるべきであり，そうだとするならば，同被告は，運行供用者として，自動車損害賠償保障法3条に基づき，本件事故により原告に生じた損害を賠償すべき義務があるものといわなければならない。」

I　運行供用者責任

【60】　名古屋地判昭63・1・29交通民集21・1・156

「被告は，上下水道設計施工，各種配管設備及び溶接工事一式，設計施工等を主たる業務とする資本金500万円の株式会社であり，正式従業員は2名位であること，AはA工事という屋号で水道配管業を営む者（従業員は1名位）で，被告の下請を本件事故発生日の4，5年前から行なつており，1年のうち約6か月は被告の下請けをし，残りの6か月は他者（被告とは無関係）の下請をしていたこと，被告はAに対し，被告所有の車両を常に貸与する関係にはなく，現に加害車もAの所有であつたこと，被告はA所有の加害車の保管場所やガソリン代を提供していないこと，加害車には被告の名称は書かれておらず，A工事と書かれていること，Aが仕事で使用する工具類もほとんどA所有であること，Aに対し被告からの仕事と他者（被告と無関係）からの仕事が同時に来た場合Aはより報酬の高い方の仕事を選択し，被告からの仕事を断わることができる状況にあり，現にAが被告からの仕事を断わつたことも何度かあつたこと，本件事故は，被告が甲市から受注した仕事の打合せをするため，Aが被告方へ赴く途中に発生したものであり，当時Aはまだ具体的に下請工事に着手していなかつたこと，被告は，本件事故当時，Aに対し加害車の運行経路，運行方法について何ら指示をしていないことが認められる。

これらの認定事実によれば，本件事故当時，Aには，仕事を自ら選択しうる余地が残されていたのであり，被告が一般的にAを支配し，その専属下に置いていたものとはいえない。したがつて，被告が本件事故当時において加害車の運行に対し，支配を及ぼしうる地位にあつたとは認められないのであつて，この点から，原告らの右主張は理由がない。」

【61】　東京高判昭55・3・17交通民集13・2・322

「当裁判所は，被控訴人らの本訴請求は，原判決が認容した限度において理由がありその余は失当として棄却すべきであると判断する。」

【61′】　東京地判昭54・3・12交通民集13・2・323

「被告Y重機は，運送注文をした先のA重機にしろ，そこから派遣されてきたBにしろ，正規の運送免許を有しない業者であることを知つていたのだから，そのような業者が運搬荷役車両を運転手付きで賃貸する形式をとつて必要事を果たすことは知悉していた筈である。クローラーの積込みに始まつて，途中までとはいえ従業員のEが誘導付添い，事故発生後は自からも事後収拾にあたらざるをえなかつたのは，受注者が正規の運送業者とちがい，原則としてその裁量に一切を任せきつてよいような独立した，あるいは独立可能な立場になかつたこと，それゆえに事情が要求する限度で運行を管理せざるをえなかつたことを物語るものである。このA重機やBがとる建前からいつても，ま

た本件トレーラーの運行の具体的態様からいつても，被告Y重機は本件トレーラーの運行を支配監督でき，すべき立場にもあつたといつてよいのであるから，運行供用者としての責に任じなければならない。」

（9）　担保で預けている者，預かっている者

貸金の担保として自動車を預かった者が，事実上，当該自動車の運行を支配・管理することができる地位にあったかどうかが問題となる。

前掲【7】最判昭和43年10月18日は，自動車所有者が，Yから金を借り，その担保として当該自動車をYに預けておいたところ，Yの従業員Aが，Yに無断で運転して事故を起こしたという場合において，Yは，事実上当該自動車の運行を支配管理し得る地位にあったものであるから，その支配管理下における運行については保有者として責任を負わなければならないとし，その従業員Aの運行は，その主観においては私用のための無断運転であるが，客観的にはYによる運行支配可能な範囲に属するから，Yは，その運行により起こった事故につき保有者としての責任を負うとした（なお，自動車抵当法20条により，自動車を質権の目的とすることは禁じられているが，本件では，Aの方から自動車を持ち込んだようである）。

（10）　下請の起こした事故と元請

注文者に対する関係では，下請人は，一般に元請人の履行補助者たる地位にあるところから，その債務不履行については，原則として，元請人が注文者に対して責任を負う。元請人と下請人との間の契約では，元請人が注文者，下請人が請負人という関係が成立するから，元請人（注文者）は，その注文または指図につき過失がない限り，請負人（下請人）が仕事につき第三者に加えた損害について賠償責任を負わず（716条），元請人と下請人とが親子会社等強い支配従属関係にある場合に限って責任を負うことがあるというのが従来の一般的な考え方であった。しかしながら，経済活動の多角化に伴い，元請業者は下請業者を使用してより高度の利潤を追求しており，他面，下請業者は全般的に賠償資力に乏しいという状況にかんがみ，危険責任，報償責任の理念を背景にして，近時は，元請人に対する責任を広く認めていこうとする傾向にあるといえる。

元請人が下請人の不法行為につき責任を負う場合の根拠としては，使用者責任（715条）と運行供用者責任（自賠法3条）とがあるが，元請人が自動車の保有者でない場合には使用者責任の方がが認められやすいということはいえる。

【62】最判昭和46年12月7日（判時657号46頁）は，下請人の被用者が運転中に起こした事故につき，（海岸埋立用のぼた運搬の）元請人と下請人との間には専属的従属関係がないとしつつ，元請人が，事務所と宿舎を提供し，下請人の作業実施に当たっては随時現場の状況を見回ったりするなど，間接的に運搬業務の指揮監督をしていたのに対し，下請人は，下請業

I　運行供用者責任

者としての独自性に乏しく，事故当時の加害者の運行は，客観的にみて元請人の支配のもとに，かつ元請人のためになされたものと認めることができるから，元請人も，下請人とともに運行供用者責任を負うと認めた。【63】最判昭和50年9月11日（交通民集8巻5号1207頁）は，Y_1（元請業者）が，Y_2（下請業者）からY_2所有の大型貨物自動車（Y_2車）を運転手付きで借り上げ，Y_1の定期路線の貨物運送にあたらせていた際に事故が起きたことにつき，Y_2車が前記定期路線を走行する際のコース・スケジュール等はY_1発行の運行表に従い，営業所における積荷および荷下ろしも必ずY_1の係員の立会いと荷物の確認を受ける等専らY_1の指揮監督に服して定期路線の運送業務に従事していたことから，本件事故当時のY_2車の運行は，Y_1の支配のもとにY_1のためになされたということができ，Y_1は運行供用者責任を負うとした。

　他方，元請人から下請人に自動車が売却された後も，自動車検査証の使用者および責任保険の契約者は元請人となっていたが，代金完済と同時に名義変更する予定であり，元請人・下請人間に専属契約はなく，元請人が，下請人に対する出資，役員の派遣・事務所の貸与，自動車の保管場所の提供等をしておらず，下請作業に当たって元請人の関係者が現場で指揮監督にあたったことがないという場合には，両者に緊密な一体性があるとはいえず，作業は専ら下請人の責任において遂行されており，元請人は，運行に対して支配を及ぼすものではないとして，その運行供用者性を否定したものがある（【64】最判昭和46・12・7判時657号50頁）。元請人と下請人との関係（専属的従属関係の有無・程度，下請人の作業実施に対する元請人の人的関与および物的便宜供与の有無・程度，金銭的支援の有無等）に鑑み，元請人に運行支配があると認められるかどうかがポイントになると思われる。

【62】　最判昭46・12・7判時657・46，交通民集4・6・1645，裁判集民事104・583

「原判決の認定したところによれば，Y組名義で土木請負業を営む上告人は，甲県北開発振興公社から請け負った海岸埋立用のぼたの運搬の一部を有限会社A重機など四業者に下請けさせ，A重機からは貨物自動車4両とBら4名の運転手の派遣を受け，現地における事務所と右運転手らの宿舎を提供し，右運転手らをして上告人自身の被用者といっしょにぼた運搬の業務に従事させていたこと，右下請負業者の作業実施にあたっては，上告人自身またはY組係員が，下請負業者に配車の指図をするほか，随時ぼたの積込現場や埋立現場においてぼたの積みおろしの状況を見廻り，貨物自動車に乗って運搬途中の監督にあたるなどして，間接的には各下請業者の運転手らに対してもぼた運搬の業務の指揮監督をしていたものであり，他方，A重機の代表者においては，その被用者であるBら4名の運転手の下請負業務の実施を指揮監督することをせず，業務施行について下請負業者としての独自性に乏しく，結局，上告人は，右運転手らを実質的に自己の被用者と同様に利用し支配していたものであって，Y組がその業務の遂行のためにA重機から貨物自動車4両とBら運転手4名とを賃借したのとほとんど

第 1 章　自賠法上の責任

変わらない関係にあったこと，Bは，右のようにして，事実上上告人の指揮監督のもとにその支配下にあって，もっぱら，A重機所有の本件加害自動車を運転し，その下請けにかかる右ぼた運搬の業務に継続して従事していたものであり，なお，A重機からは右自動車の運転をまかされていて随時これを使用できる状態にあったところ，当日，午前8時ごろから開始される作業につくため，朝食をとったうえでそのままぼたの積込現場に赴くべく，午前7時50分ごろ，本件貨物自動車を運転して食堂に行く途中，本件事故を起こしたものであること，以上の事実が認められるというのであって，右事実の認定は，原判決挙示の証拠に照らして肯認することができないものではない。そして，右事実関係のもとにおいては，本件事故当時の本件加害自動車の運行は，客観的に見て，上告人の支配のもとにかつ上告人のためになされたものと認めることができる。所論のように，A重機が平素恒常的にY組に対し専属的関係に立つものでなく，また，本件事故当時Bが作業現場に赴く途中私用のため寄り道していたものであるとしても，右のように認めることの妨げとなるものではないと解すべきであり，A重機もまた本件加害自動車に対する運行支配を有しかつ運行利益を受けていたからといって，上告人の責任を否定する理由はないというべきである。」

【63】 最判昭 50・9・11 判時 797・100，交通民集 8・5・1207

「原判決が適法に確定したところによると，上告人 Y_1 株式会社（以下上告人 Y_1 という。）及び上告人 Y_2 株式会社（以下上告人 Y_2 という。）は，いずれも貨物運送を業とする会社であるが，上告人 Y_1 は昭和 42 年 11 月ごろから上告人 Y_2 よりその保有する貨物自動車を傭車してきたところ，あらたに甲県下及び乙県下に所在する上告人 Y_1 の各営業所相互間における定期路線運送を開設したことにともない，昭和 43 年 5 月はじめごろから，上告人 Y_2 所有の本件加害車を運転手付きで右定期路線運送用として借り上げ，右各営業所において上告人 Y_1 が荷主から注文を受けた荷物の運送にあたらせるようになり，本件事故も，加害車が同上告人の α 営業所から β 営業所に赴く途中で発生したものであり，右定期路線を運行するにあたって加害車は，同上告人が発行する運行表の指示するコース，スケジュールに従い，また，各営業所における荷積及び荷降も，必ず同上告人の係員の立会と荷物の確認をうけておこなうなど，もっぱら同上告人の指揮監督に服して右定期路線の運送業務に従事していたものであり，かつ，同上告人が運送依頼者から受け取る運賃のうち 40 パーセントをみずから取得し，残余の 60 パーセントを上告人 Y_2 が取得する約定であったというのであって，右事実関係のもとにおいては，本件事故当時の加害車の運行は，上告人 Y_1 の支配のもとに，同上告人のためになされたということができ，同上告人は自動車損害賠償保障法 3 条の運行供用者責任を負うものというべきであり，これと同旨の原審の判断は正当として是認することができる。」

I　運行供用者責任

【64】　最判昭46・12・7判時657・50，交通民集4・6・1660，裁判集民事104・595

「原判決（その引用する第一審判決を含む。以下同じ。）の適法に確定したところによれば，本件加害自動車の自動車検査証の使用者および自動車損害賠償責任保険の保険契約者は被上告人名義になっており，A株式会社の使用する十数台のダンプカーのうち本件加害自動車を含む3，4台の車体には被上告人のマークが表示されていたこと，しかし，被上告人は，本件加害自動車を第三者から買受けこれをAに売り渡して，すでにその所有権を有しないものであり，代金完済と同時にAに名義変更の手続をする運びになっていたこと，被上告人は掘削・宅地造成工事の請負を主たる業とし，Aは残土運搬等を業とするもので，Aの全仕事量の約五割は被上告人からの下請工事であったが，被上告人にとっては，Aは30社以上に及ぶ下請先の一つであって，両者の間に専属的関係は認められず，被上告人がAに対して出資をし，役員を派遣し，事務所などの営業財産を貸与しあるいは自動車の保管場所を提供していたなどの事実はなく，両企業間に緊密な一体性があるともいえないこと，また，Aが被上告人からの下請作業を行なうにあたっても，被上告人自身の関係者が現場で指揮監督にあたったことはなく，作業はもっぱらAの責任において遂行されていたこと，そして，本件事故は，Aの被用者であるBが，AのC組からの下請作業に従事中に発生したこと，以上の事実が認められるというのである。右事実関係によれば，被上告人は本件事故当時における本件加害自動車の運行に対し支配を及ぼすものでなく，したがって，本件事故につき運行供用者としての責任を負わないものであるとした原判決の判断は，正当として是認することができる。」

(11)　**割賦販売における所有権留保売主**

　所有権留保特約付割賦販売は，その販売代金が完済されるまでの間，自動車の所有権は販売業者に留保されるという形態をとるが，買主に引渡された自動車が一定期間の後に売主に返還されることを予定するものではない。したがって，当該自動車に対する運行支配は売主から買主に移転していると考えられるものである。また，販売代金債権の確保のみを目的として所有権を留保するのであるから，運行利益が売主に帰属しているとみることもできないであろう。

　【65】　最判昭和46年1月26日（民集25巻1号126頁）は，Yが所有権留保特約付きで代金月賦払によりAに売却した自動車を，Aが代金完済前にさらにBに売却し，Bが使用中に事故を起こした場合につき，Yは，特段の事情のない限り，販売代金債権の確保のためにだけ所有権を留保するにすぎず，当該自動車をAに引渡してその使用に委ねたものである以上，運行支配を有さず，運行利益を享受するものでもないから，運行供用者にはあたらないとしている。

第1章　自賠法上の責任

ここでの特段の事情としては，売主が，運送業者である買主のために車庫を提供したり，仕事を斡旋するなどして，その営業に協力しているという場合，あるいは，買主の経営活動等に関与することを通じて間接的に当該自動車の運行につき支配を及ぼしているという場合等が考えられよう。

> **【65】** 最判昭 46・1・26 民集 25・1・126, 判時 621・34
>
> 「所有権留保の特約を付して，自動車を代金月賦払いにより売り渡す者は，特段の事情のないかぎり販売代金債権の確保のためにだけ所有権を留保するにすぎないものと解すべきであり，該自動車を買主に引渡し，その使用に委ねたものである以上，自動車の使用についての支配権を有し，かつ，その使用により享受する利益が自己に帰属する者ではなく，したがつて，自動車損害賠償保障法3条にいう「自己のために自動車を運行の用に供する者」にはあたらないというべきである。」

(12)　マイカー社員と会社

前掲【22】最判昭和52年12月22日は，会社の従業員が，その所有する自動車を運転し，会社の工事現場から自宅に帰る途中に起こした事故につき，会社業務に当該自動車を使用することを，会社が平素から承認し，手当ても支給し，事故当日も会社の指示に従って自宅から現場に出勤したものであった等の事情のもとにおいては，会社に運行支配・運行利益があるとして，その責任を認め，【66】最判平成元年6月6日（交通民集22巻3号551頁，その原審は【66′】高松高判昭和61・9・30交通民集22巻3号564頁）は，やはり会社の従業員が，その所有する自動車で工事現場から会社の寮へ帰る途中で事故を起こした場合につき，会社はマイカー通勤を禁じてはいたものの，ときに作業現場への通勤手段として利用することを黙認し，これにより事実上利益を得ており，かつ，会社の社屋に隣接する駐車場も使用させていたのであるから，当該自動車の運行につき直接または間接に指揮監督をなし得る地位にあり，社会通念上もその運行が社会に害悪をもたらさないよう監視，監督すべき立場にあったものということができるとして，会社の運行供用者責任を認めた。

このように，会社の命令（黙認）ないし会社との合意によって，従業員がマイカーを（通勤等を含む）業務に使用していたときは，会社にも運行支配・運行利益を認めることができるから，会社が運行供用者責任を免れることはできないであろう。したがって，このような事情がない場合には，会社の運行供用者責任を問うのは困難である。たとえば，【67】名古屋地判平成4年2月7日（交通民集25巻1号149頁）は，マイカー通勤につき会社が通勤手当としてガソリン代を支給し駐車場の確保していたものの，これを指示，奨励していた事情はなく，加害車両が会社の業務に使用されていた事実もないとして，会社の運行供用者責任を否定し，【68】東京地判平成16年3月24日（交通民集37巻2号397頁）は，一般に，会社が従

I　運行供用者責任

業員のマイカー通勤を禁止していた場合には，通勤中の交通事故については会社の運行供用者性は認められないが，会社が禁止はしているものの現実には厳格に守られない状態で会社もこれを容認してるといえるような場合には会社の運行供用者性は認められるとしつつ，具体的にはこれを否定した。

【66】　最判平 1・6・6 交通民集 22・3・551，労経速 1385・9

「所論の点に関する原審の認定判断は，原判決挙示の証拠関係に照らし，正当として是認することができ，原判決に所論の違法はない。」

【66′】　高松高判昭 61・9・30 交通民集 22・3・564

「自賠法3条にいう運行供用者とは，自動車の運行によつて利益を得ている者であつて，かつ，自動車の運行を事実上支配，管理することができ，社会通念上その運行が社会に害悪をもたらさないよう監視，監督すべき立場にある者をいうが，右支配，管理の態様は，個々の車両の運行を実際に逐一，かつ，具体的に支配，命令し指揮するまでの必要はなく，直接または間接にそのような指揮，監督をなしうる地位にあることをもつて足りると解すべきところ，被控訴人は，本件事故の際を含めて，ときに，Aによつて本件加害車が寮から作業現場への通勤手段といて利用されていたことを黙認し，これにより事実上利益を得ており，かつ，被控訴人は，Aの雇用者として同人を会社の寮に住まわせ，会社の社屋に隣接する駐車場も使用させていたのであるから，本件加害車の運行につき直接または間接に指揮監督をなしうる地位にあり，社会通念上もその運行が社会に害悪をもたらさないよう監視，監督すべき立場にあつた者ということができ，本件事故は，同人が作業を終えて，加害車を運転して，その現場から寮へ帰る途中に生じたものであるから，被控訴人は本件加害車の運行供用者として，同法3条本文に基づき，本件事故によつて，Xやその親族に生じた人的損害を賠償すべき責任があるといわざるをえない。」

【67】　名古屋地判平 4・2・7 交通民集 25・1・149

「右に認定した事実に基づいて検討するに，本件事故は，被告 Y_1 が自家用車（加害車）を使用して通退勤する途上で発生したものであるところ，加害車が，平素，材料の仕入れ，販売，店長の送迎その他被告会社の業務に使用されていたという事実はないし，被告会社において，業務の必要上，被告 Y_1 に対し自家用車による通勤を指示・奨励していたという事情も見当たらない。後者に関しては，なるほど，原告の指摘するように，被告会社は，自家用車で通勤する者に対し通勤手当としてガソリン代を支給し，通勤車両の駐車場を確保していたものであるが，右は，公共交通機関を利用して通勤する者に対し定期券代を支給するのと同様に，一般的な人事労務管理の一環として行われて

いたと考えられるのであつて，直ちに，被告会社が，業務の必要上，自家用車による通勤を指示・奨励していたことの証左となし得るものではない（ちなみに，証人A及び弁論の全趣旨によれば，被告Y₁の自宅からα店へは公共交通機関を利用して通勤することが可能であつて，被告会社としては，格別，被告Y₁に自家用車で通勤させる利益・必要はなかつたものと認められる。）。

してみると，本件事故当時，被告Y₁が加害車を運転していたのは，被告会社の業務とは何ら関係がなく，被告Y₁において自らの利便のために自らの判断でこれを通退勤に使用していたものにすぎないから，被告会社が本件事故につき運行供用者責任ないし使用者責任を負ういわれはなく，このことは，被告Y₁が右に認定したような事情でたまたま勤務先の店長を加害車に同乗させていたとしても，別異に解すべきものではない。」

【68】東京地判平16・3・24交通民集37・2・397

「前記のとおり，被告において，例外的に会社の所有車を使用する場合を除き，従業員が自宅から直接工事現場に赴いて作業を行うことになっていたことからすれば，工事現場への往復は通勤に準じて考えられるところ，一般に，会社が従業員が自家用車で通勤することを禁止していた場合，通勤中の交通事故については，会社が同車の運行供用者であるということはできない。しかし，会社においてこのような取決めがなされていても，現実には厳格に守られない状態になっており，ときには従業員が自家用車を使用して通勤することがあり，会社もこれを容認しているといえるような場合には，会社も運行供用者として責任を負うというべきである。

前記認定のとおり，被告においては，従業員が自分の自動車で工事現場に行き来することは原則として禁止されており，自家用車を使用する場合には，被告代表者の許可を必要とする旨定められていた。そして，被告代表者は，その本人尋問において，Aが自分の自動車で工事現場へ通勤していたとしてもそれは知らなかった旨供述し，もしそれを知っていれば，注意をしたはずであるし，注意しても聞き入れなければ会社を辞めてもらうこともあった旨陳述する（乙10）。前記のとおり，本件事故時と同様，Aが工事現場への往復に加害車を使用することがこれまで全くなかったとは考え難く，被告代表者とAとの関係からすれば，同代表者が，そのことを知らないということに疑問がないわけではない。しかし，前記認定のとおり，加害車は，被告事務所兼被告代表者自宅からは離れたAの自宅近くに保管されていて，日頃被告代表者がその運行状況を把握できたとは認めがたく，普段は，Aも従業員らもそれぞれ自宅から直接各工事現場へ赴いていたことからすれば，被告代表者が，Aが加害車で工事現場へ通勤したことを知らないとしてもそれが殊更不自然というわけではない。被告の求人広告（甲53）に「車通可」の記載があるが，同広告は2004年（平成16年）1月14日号に掲載されたもので，被告事務所所在地も本件事故当時とは異なっており，従業員の勤務形態等現在の被告の状況が本件事故当時と同様であるかどうかは明らかではない。

Ⅰ　運行供用者責任

被告においては，本件事故当時，Aも他の従業員同様，原則電車を利用するよう取り決められ，自家用車を使用する場合に許可を得る方法も定められていたのであり，Aが加害車を利用して工事現場に赴くことがあったとしても，被告において，自家用車使用を禁止しながら，他方でこれを容認していたといえるような事情があるとまでは認められない。

以上によれば，本件は，被告の業務の執行中の事故であるということはできないから，被告に使用者責任があるとはいえず，また，加害車についての運行供用者責任も認められない。」

(13)　子の起こした事故と親

子が事故を起こしたという場合には，その子が，親の所有する自動車で事故を起こしたという場合と，その子が自身の所有する自動車で事故を起こしたという場合とがある。

また，ここでの子とは，一般に，未成年の子の場合を考えればよいであろう。

(ア)　親の所有する自動車で事故を起こした場合

子が起こした事故につき親の運行供用者責任の有無を判断するに際しては，①親子という人的関係——親子の同居の有無，生計・職業の異同，②費用の関係——当該自動車購入費用・維持費・管理費の負担関係・保管場所，③登録名義，保険加入者，④現実の保管状況，⑤当該自動車の使用目的・使用状況等，がその要素となろう。

親の所有する自動車である場合には，このうち②，③は，ひとまず除外して考えてよい。

まず，親が所有者であるという場合には，その親が，基本的には自動車を管理ないし保管することが求められるであろうし，また，実際にもそうであることがほとんどであると思われる。それゆえ，子が，所有者たる親に無断で運転して事故を起こしたという場合であっても，親の運行支配・利益は失われていないというべきであろう。裁判例においても，口頭で注意をしていたというようなことがあったとしても，その程度では親の責任が消滅するものではなく，日頃，親が自動車の使用を容認していたと思われてもやむを得ないような事情があったか否かによって判断されているようである（【69】岡山地判昭和56・9・3交通民集14巻5号1040頁，【70】大阪高判昭和59・6・26判時1127号108頁等）。

これに対し，友人の父が経営する板金工場からフォークリフトを無断で持ち出して運転中に事故を起こしたという事案において，その所有者である父の運行供用者責任を否定したものがある（【71】名古屋地判昭和63・6・10判時1317号110頁，ただし，その控訴審【71′】名古屋高判平成2・10・30金商925号9頁は，その運行供用者責任を肯定し，上告審である最判平成5・3・16判時1462号99頁もこれを是認している）。

(イ)　子自身が所有する自動車で事故を起こした場合

子自身が所有者であるという場合には，その子が当該自動車の管理・保管をすべきことになると思われるものの，なお，親子という身分関係を介して自動車の管理・保管をなすべき

第1章　自賠法上の責任

地位が親にも帰属していると考えることも可能である。そして，このことに加えて，他の要素（(ア)①～⑤参照）を勘案して判断されることになる。

　前掲【20】最判昭和49年7月16日（その原審は【20′】高松高判昭和48年4月10日）は，17歳の子が，その所有する自動車（原付自転車）で事故を起こした場合につき，父が同車を子のために買い与え，保険料，ガソリン代等の経費を負担しており，また，子が独立して生活する能力を有しておらず，全面的に父に依拠して生活を営んでいた等の事情がある場合において，父の運行供用者責任を認めた。前掲【21】最判昭和50年11月28日は，Y_1（20歳の子）がレジャー用として分割払いで購入した自動車を，自身は，銀行取引も信用もなかったのでY_2（Y_1の父）の了解を得ることなくY_2名義で買受けたという事案である。原審は，Y_2はY_1と同居し，同一世帯で主として農業に従事していたが，車の代金はY_1が支払い，Y_2は負担していないこと，Y_2は当初から自己の名義を使用することを許していたわけではなく，後に知らされてやむなくこれを承諾したものであること，Y_2は運転免許を有しておらず，同車を運転したことは勿論，同車に同乗したこともなかったこと，本件事故もY_1が自らの意思で知人を乗せて送っていった帰途に発生したものであること等から，Y_2には同車につき運行支配も運行利益もなかったとして，その運行供用者性を否定した。これに対し，本判決は，自動者の所有者から依頼されてその所有者登録名義人となった者が，登録名義人となった経緯，所有者との身分関係，自動車の保管場所その他の事情に照らし，自動車の運行を事実上支配，管理することができ，社会通念上自動車の運行が社会に害悪をもたらさないよう監視，監督すべき立場にある場合には，その登録名義人は運行供用者に当ると解すべきであるとし，本件の事実関係の下では，Y_2は運行供用者に当るとした。

【69】岡山地判昭56・9・3交通民集14・5・1040

「Y_2が本件事故当時被告車を所有していたことは当事者間に争いがない。被告らはY_2が当時被告車に対する運行支配・利益を失っていた旨主張するので，この点について判断する。Y_2，被告Y_1の各本人尋問の結果によれば，Y_2は通常被告車の鍵を自宅の水屋の抽出しに保管していたこと，本件事故当日，被告Y_1は父であるY_2に『原告を迎えに車で行つてもいいか』と言つたので，Y_2は『寒いし危ないからいけない』と答えたこと，危ないと言つたのはその日の朝雪がちらちらしていて，路面に積雪はなかったが寒かったので路面が凍結しているかも知れないと思ってそう言つたものであること，しかし被告Y_1は『すぐ帰るから』と言つて被告車に乗つて出掛けたが，Y_2はそれ以上に運転を禁止するような方法はとらなかったこと，後記認定のとおり被告Y_1は原告が被告Y_1方へ遊びに来るのでそれを迎えにいつたものであつたが，原告を乗車させて同被告方へ向つている途中で原告から喫茶店へ立ち寄るよう頼まれ，一たん喫茶店に立ち寄つた後更に甲へ行つてくれと頼まれ，結局甲へ向つて走行していたが，その途中で本件事故が発生したものであることがそれぞれ認められるが，右認定の事実に

I 運行供用者責任

照らしても，Y₂が特に厳しく禁止したにもかかわらず被告Y₁がこれに反して被告車を運転したものともいえないし，又特に目的地について格別に注意し，目的地外への立寄りを禁止していた等の事情も見受けられない本件の下では，Y₂の被告車に対する運行支配，運行利益はいまだ失われていないというべきものである。」

【70】 大阪高判昭59・6・26判時1127・108

「控訴人Y₂は，本件事故は控訴人Y₁が加害車を無断で運転使用している間に発生した旨主張するが，引用にかかる原判決理由説示の控訴人Y₂と同Y₁の関係，加害車及びそのエンジンキーの保管状況，加害車の使用状況等からして，控訴人Y₁が同Y₂の許否にかかわらず何時でも容易に加害車を運転使用しうる状態にあったことは否定しえないところであり，かつて控訴人Y₁は同Y₂に告げずに加害車を通勤に使用したこともあったことからして，控訴人Y₂は同Y₁の加害車運転使用を黙示的にせよ容認していたと推認できなくはない。本件事故当時における控訴人Y₁の加害車運転使用を単なる無断運転と同視できず，したがって，控訴人Y₁が同Y₂不在の間に加害車を運転使用したからといって，この運転開始時から事故発生時までの時間の長短，加害車保管場所と事故発生場所との距離の大小によって，控訴人Y₂の加害車運行供用者責任に消長を来すものではない。」

【71】 名古屋地判昭63・6・10判時1317・110，判タ682・191，交通民集21・3・589

「以上の事実関係に照らして判断すると，訴外AとBとの間に交友関係があり，また，事故前にCが訴外Aと共にいたとしても，このことから，被告と訴外Aとの間に，本件車両の使用を許容するような人的関係があるとすることには論理の飛躍があり，訴外Aの運転行為は第三者による一時使用目的の無断運転行為であると認められる。

なお，前掲甲第5号証の14及び17の中には，Cが訴外Aに『リフトがある』旨述べたとか，Cが最初に本件車両のレバーを倒したとかの言動を認めうる供述記載部分もあるが，右各証の全体の趣旨に照らして判断すると，訴外Aによる本件車両の無断使用について，Cの右言動が積極的影響を与えたものとは認められず，右言動を部分的に捉えて，これを被告の管理責任に結びつけることは相当とはいえない。

ところで，自賠法3条の運行供用者責任の有無を判断する場合，当該具体的運行の支配という観点からすれば，無断運転者が運行供用者責任を負うのであって，本件の場合は訴外Aが運行供用者責任を負うことになる。

問題は，右に加えて，無断運転をされた保有者もまた運行供用者責任を負うか否かの判断である。この場合は，一般的・抽象的には保有者は運行供用者責任を負うが，具体的な運行については運行支配を排除され，運行供用者責任を負わない場合がありうるのであって，保有者が当該車両について人的物的管理責任を果たしているか否かが重

第1章　自賠法上の責任

要な判断要素といえる。

　これを本件についてみると，通常の自動車は，道路上を運行するのを当然の前提としているから，それに見合う管理方法が要請されるものであるのに対し，本件車両は，本来道路以外の場所のみにおいて運行することが予定されている車両であるから，その管理方法も通常の自動車とはおのずから異なるものであり，本件をエンジンキーをつけたまま路上ないし空地に駐車して放置した場合と同一に論じることはできない。

　そして，前記2（一）ないし（四）認定の事実関係に照らすと，被告は，未成年の息子たちの交友関係について多少監督不十分の点が見受けられるが，前記3判示のとおり，このことから直ちに本件車両について人的管理責任を怠ったものとまでは認められない。

　また，被告は，いわゆる構内自動車である本件車両を，シャッターを下ろして一応外部から閉鎖状態となった工場内の中央部分に他の機械と共に保管していたのであるから，たとえエンジンキーをつけたままで置いてあったとしても，不備があるとはいえず，物的管理責任を怠ったものとまでは認められない。

　そうすると，本件の場合，自賠法3条の運行供用者責任を負うのは無断運転者である訴外Aであって，それ以上に被告にまで運行供用者責任を負わせることは相当ではないといわざるを得ない。」

【71′】　名古屋高判平2・10・30訟月37・3・586，金判925・9

「本件車両は，前記認定のとおり，本件工場の構内において，荷物の積み降ろし作業に用いられる自動車であるため，自賠法10条により，自動車損害賠償責任保険の契約の締結を強制されるものではないが，同法10条は同法3条の適用を除外していないから，このような自動車が事故を起こした場合に，その保有者が当該自動車の運行支配を有していると認められる限り，同法3条により運行供用者責任を負担すべきことはいうまでもない。

　本件の場合，前記認定の事実によると，訴外A及びDが本件車両を運転する際，被控訴人の三男Cが側にいたのに，右運転を阻止するに実効ある行動に出ず，最後にはこれを黙認したとも見受けられるが，Cは当時15歳であって，被控訴人が同人に本件車両の運行を許していたと認めるに足りる証拠はないから，結局，訴外A及びDの運転は，被控訴人からすれば，無断運転に該当するものといわなければならない。

　ところで，無断運転の場合に，その保有者になお運行支配が存するか否かは，結局のところ，客観的にみて，第三者に車の運転を容認していたとみられても，やむをえない事情があったかどうか，によって決定するのが相当である。

　これを本件についてみるに，前記認定の事実によると，本件車両が保管されていた場所は，出入り口である西側シャッターにより外界から隔絶された本件工場内であるとはいえ，本件工場内にある本件部屋は，夜遅くまで，警察が元暴走族とみている，オートバイに乗って遊びに来る，Bの友人達の溜まり場になっており，そのことは被控訴人も知っていたが，当日は右シャッターに

施錠されていなかったため、Bの友人達は自由に本件工場内に入ることができたこと、しかも、本件自動車は目につきやすい場所に停車してあったうえ、当日はエンジンキーがつけられたままであり、構内自動車であるといっても、フォーク部分の昇降を除けば、通常の自動車と同様の操作で運転することができ、バックで直線的に運転すれば、容易に本件工場の外、ひいては道路上に乗り出すことが可能であったこと、本件車両を運転したり乗車したのは、訴外Eを除き、いずれも本件部屋に集まるBの友人達であり、そのうちのF、Gは、被控訴人の顔見知りであったこと、Dや訴外Aは無断運転をしたとはいえ、道路を一周すれば本件車両を返還する予定でおり、事実本件工場の方向に向け、三度目の交差点を左折した際、運転開始から、距離にして約315.5メートル、時間にしてせいぜい5分後に、本件事故が発生したというのであるから、これらの事情を客観的に見た場合、少なくともBの友人達に本件車両の運転を容認していたとみられても、やむをえない事情があったというべきであるから、被控訴人の本件車両に対する運行支配は、本件事故の時点でもなお及んでいたものと認めるのが相当である。

　そして、前記認定の事実によると、訴外Aの運転行為と訴外Eの本件事故による死亡との間に、相当因果関係の存することは、いうまでもない。

　被控訴人は、訴外Eは自賠法3条にいう「他人」に当たらない旨主張する。

　なるほど、前記認定の事実によると、訴外Eも訴外Aらの無断運転に賛同し、本件車両に乗車するなどして、好奇心を満足させ、その運行による利益を享受していた面もないではない。しかしながら、訴外Eは当時15歳の少年であって、いわば付和雷同的に乗車したに過ぎないから、2歳年上であった本件車両の運転者と、同等の運行支配を有していたとは到底いえず、また、被控訴人との関係においても、その運行支配は、間接的、潜在的、抽象的であり、しかも、本件事故は、乗車中ではなく、伴走中に起こったのであるから、訴外Eは、自賠法3条にいう『他人』に該当するものというべきである。

　したがって、被控訴人は本件事故につき、運行供用者責任を負担するものといわなければならない。」

(14)　ファミリーカーの場合

　所有登録名義人が専属的に使用するわけではなく、家族がそれぞれ使用する状況にある自動車で事故を惹起させた場合、その自動車の運行供用者は誰かが争われることがある。

【72】大阪高判昭和52年10月27日（判時883号41頁）は、Y_1運転、Y_2同乗の自動車（Y_1車）が事故を発生させたことにつき、Y_1車はY_1名義でファミリーカーとして購入され、Y_1が日常の買い物等に使用することが比較的多いが、Y_2はもとより運転免許を有するA（Y_1・Y_2の子）も運転使用し、一家のレジャーに利用され、またY_1は、Y_2の通勤時の送迎用にも使用しており、本件事故もまさにその帰宅時に起きたという事案において、Y_1・Y_2の身分関係、なかんずくY_2が世帯主として一家の生計を維持していた点、Y_1車の購入代金・維持管理費の負担関係、Y_1車の使用目的、現実の使用状況等によれば、Y_1車の運行支配と運行

利益はY_2に帰属すると認めるのが相当であるとして，Y_2の運行供用者責任を認めた。

ここでは，Y_2が世帯主として一家の生計を支える立場にあることが重視されたかの感があるが，さらに家業の主宰者であることに着目したものもある。【73】東京高判昭和59年5月9日（判時1113号77頁）は，Y_1（家業の農業に従事する主婦）が，Y_2（Y_1の夫）所有の自動車で収穫した野菜類を青果市場に運び込む途中で事故を惹起したという事案において，農業は家族員の共同事業として営まれていたものであり，その主宰者としての地位は依然としてY_3（Y_2の父）にあり，Y_3も加害自動車の運行につき支配を及ぼし得る地位にあって，それによる利益を享受していたということができるして，Y_2のみならず，Y_3の運行供用者責任も認めた。さらに，前掲【10】最判昭和45年7月16日は，日常共同に使用されている自動車であれば，その所有名義も事故当時の運行目的も問わないとして，Y_1運転の自動車（Y_1の長兄〔Y_2〕所有）が惹起した事故につき，家族が共同で雑貨店やガソリンスタンドの営業に従事していたところ，Y_3（Y_1・Y_2の父）は，その営業を含む社会生活全般について一家の責任者として行動しており，Y_1の運転も放任していたことから，Y_2のみならず，Y_3も当該自動車の運行について指示，制御をなし得べき地位にあり，かつ，その運行による利益を享受していたということができ，たまたま本件事故が近所のけが人を病院に運ぶためにY_1の独断で当該自動車を運転していた際に生じたものであっても，客観的にはY_2・Y_3のためになされたものと認める妨げにはならないとした。

ここでも，一家の生計を基本的に支える，家業の主宰者であれば，ファミリーカーの運行につき指示，制御をなし得る地位にあるという規範的な判断が働いているとみることができようか。

【72】 大阪高判昭52・10・27 判時883・41，交通民集10・5・1295

「(1) 第一審被告両名は夫婦で本件事故当時は学生の子供2名と同居中であり，第一審被告Y_2は甲公社に勤め，同人の給料によって家計は維持され，同Y_1は乙販売の内職で月に4000円ないし6000円程度の収入をえて家計を援助するに過ぎない。

(2) 第一審被告両名は，昭和36年頃相次いで自動車運転免許を取得し，その頃第一審被告Y_1所有名義で自動車が購入されたのを手初めにその後毎年のように同人名義で車の買替が継続され本件加害車は昭和46年頃同人所有名義で購入された。（同人名義とされたことに格別の理由はなかった。）とこ ろで本件加害車の購入代金（毎月8000円ないし1万円，第一審被告Y_2のボーナス受給時に8万円の割賦弁済の約定）毎月のガソリン代は約5000円，その他維持管理費の殆んどは第一審被告Y_2の給料から支払われ，第一審被告Y_1が前記内職等による収入から支払われる部分は僅少の額に過ぎなかった。

(3) 本件加害車はファミリーカーとして入手したもので，平素は第一審被告Y_1が前記内職，日常の買物等に使用することが比較的多いが，第一審被告Y_2はもとより運転免許を有する長男もこれを運転使用し，一家のレジャーに利用され，さらに第一審被

I　運行供用者責任

告Y₁は加害車を自宅から最寄の地下鉄丙駅までの間朝夕第一審被告Y₂の送迎用にも使用していた。

(4)　本件事故は，第一審被告Y₁が加害車を運転して第一審被告Y₂を丙駅に迎え同人を乗せて帰宅中に発生したものである。

以上の事実が認められる。〔証拠判断略〕

右認定の第一審被告両名の身分関係なかんずく，第一審被告Y₂が世帯主として一家の生計を維持していた点，本件加害車購入代金，維持管理費の負担関係，加害車の使用目的ならびに現実の使用状況等によれば，本件加害車の運行支配と運行利益は第一審被告Y₂に帰属するものと認めるのが相当であり，したがって，第一審被告Y₂は運行供用者としての責任がある。」

【73】　東京高判昭59・5・9判時1113・77，東高民時35・4＝5・98

「右事実によれば，加害自動車の運転者である控訴人Y₁には，前記交差点において加害自動車を甲方面へ右折させるに際し，右折完了まで対向車両のないことを確認し続けるべきであるのに，これを怠った過失があることは明らかである（なお，本件事故につき控訴人Y₁に過失責任があることは被控訴人らの認めて争わないところである。）。

〔証拠略〕を合せると，控訴人Y₃（父）と控訴人Y₂（子）とは親子の関係にあり，控訴人Y₁は控訴人Y₂の妻であって，控訴人らは，一つの家族として共同生活を営み，家業である農業に従事していること，その耕作する農地は畑約1町5反歩であり，控訴人Y₃が高齢に達した関係もあって，昭和46年ころ以降は，右農業は控訴人Y₂が中心となって営まれ，税務関係，農業協同組合との取引等対外的には同控訴人が事業主となっているが，右農地は依然として控訴人Y₃の所有であり，実際に同控訴人も農作業その他の仕事に関与していたこと，加害自動車は控訴人Y₂の所有であり，日頃，農作業に使用されているものであるところ，本件事故は，控訴人らが加害自動車のほか，もう1台の自動車に分乗して（加害自動車は控訴人Y₁が運転し，これにその息子が同乗し，他の自動車は控訴人Y₂が運転し，これに同Y₃が同乗）収穫した野菜類を乙の青果市場に運び込む途中で発生したものであることが認められる。これによれば，右農業は，控訴人Y₃，同Y₂をはじめとするその家族員の共同事業として営まれていたものであって，事業の主宰者としての地位はいまだ完全には控訴人Y₂に移転しておらず，控訴人Y₃も加害自動車の運行について支配を及ぼし得る地位にあり，それによる利益を享受していたということができ，したがって，加害自動車は控訴人Y₂ばかりでなく，控訴人Y₃もまた，自己のためにこれを運行の用に供していたとみるのが相当である（なお，本件事故につき控訴人Y₂に加害自動車の運行供用者としての責任があることは控訴人らの認めて争わないところである。）。」

(15)　代行運転

代行運転とは，自動車で出かけた者が飲酒等し，それによる酒酔い運転等を避けるために

運転代行業者に運転を依頼するというものである。一般的には，代行運転業者から2人の者が自動車で派遣され，そのうちの1人が，依頼者（顧客）の自動車に依頼者を乗せて同車を運転し，もう1人が，自分たちの乗っていった自動車を運転（して追随）するという形態をとる。その際に依頼者を乗せた自動車が事故を起こした場合が問題となる。現在までのところ，わずかに1件の最高裁判例がある。

【74】最判平成9年10月31日（民集51巻9号3962頁）は，T社の従業員であるXは，同社所有の自動車（X車）を貸与され，これを会社の業務および通勤のために使用するほか，私用に使うことも許されていたところ，ある日，勤務を終えた後深夜まで飲酒したのでP代行に代行運転を依頼し，P代行から派遣されたIが，Xを助手席に乗せてX宅に向かっていたときに，A運転の自動車と衝突させる事故を発生させ，これによりXが受傷したという事案である。

本判決は，Xから，XおよびX車の輸送を請け負い正当な使用権限に基づいてこれを運行の用に供していたP代行，ならびにP代行から運転代行行為を請負ってXの指示した目的地まで安全にXおよびX車を送り届けるという責務を負い，実際にX車を運転していたIは，いずれも運行支配および運行利益を有するものであるとして，まずP代行とIの運行供用者性を認めた。そして，X車の通常の使用状況，本件事故当時における状況（運転していたのはIであったが，Xは助手席に同乗しており，また，運転代行を依頼したのは比較的短距離であったこと等）から，XもP代行，Iとともに運行供用者であったとした。そして，P代行は，X車の使用権を有するXの依頼を受け，Xを乗車させてXの自宅まで運転する業務を有償で引き受けてIを派遣していたのであるから，本件事故当時，X車を使用する権利を有し，これを自己のために運行の用に供していたものと認められるから，「保有者」に当たるともした。このように，X・P代行・Iの三者をともに運行供用者とし，P代行を保有者と認めた点が注目される。なお，実際に問題となるのは，共同運行供用者たるXの他人性でもあるが，この点については後述Ⅱ(5)③（105頁）参照のこと。

【74】最判平9・10・31民集51・9・3962，裁時1206・4

「前記事実関係によれば，P代行は，運転代行業者であり，本件自動車の使用権を有する被上告人Xの依頼を受けて，被上告人Xを乗車させて本件自動車を同人の自宅まで運転する業務を有償で引受け，代行運転者であるIを派遣して右業務を行わせていたのであるから，本件事故当時，本件自動車を使用する権利を有し，これを自己のために運行の用に供していたものと認められる。したがって，P代行は，法2条3項の「保有者」に当たると解するのが相当である。

ところで，自動車の所有者は，第三者に自動車の運転をゆだねて同乗している場合であっても，事故防止につき中心的な責任を負う者として，右第三者に対して運転の交代を命じ，あるいは運転につき具体的に

Ⅱ 他 人 性

指示することができる立場にあるのであるから，特段の事情のない限り，右第三者に対する関係において，法3条の『他人』に当たらないと解すべきところ（最高裁昭和55年(オ)第1121号同57年11月26日第二小法廷判決民集36巻11号2318頁参照），正当な権原に基づいて自動車を常時使用する者についても，所有者の場合と同様に解するのが相当である。そこで，本件について特段の事情の有無を検討するに，前記事実関係によれば，被上告人Xは，飲酒により安全に自動車を運転する能力，適性を欠くに至ったことから，自ら本件自動車を運転することによる交通事故の発生の危険を回避するために，運転代行業者であるP代行に本件自動車の運転代行を依頼したものであり，他方，P代行は，運転代行業務を引き受けることにより，被上告人Xに対して，本件自動車を安全に運行して目的地まで運送する義務を負ったものと認められる。このような両者の関係からすれば，本件事故当時においては，本件自動車の運行による事故の発生を防止する中心的な責任はP代行が負い，被上告人Xの運行支配はP代行のそれに比べて間接的，補助的なものにとどまっていたものというべきである。したがって，本件は前記特段の事情のある場合に該当し，被上告人Xは，P代行に対する関係において，法3条の『他人』に当たると解するのが相当である。」

Ⅱ 他 人 性

(1) 他人性一般

　交通事故の被害者が，運行供用者の責任を追及するためには，その被害者が自賠法3条にいう「他人」であることが前提となる。しかしながら，自賠法自体には「他人」についての明確な定義規定も存在せず，どのような者が「他人」にあたるかが問題となる。

　まず，【75】最判昭和37年12月14日（民集16巻12号2407頁）が，道路にあったくぼみに車輪が落ち，そのためタイロット・アームが損傷してハンドル操作の自由を失い，川原に転落して運転者が死亡したという事案において，当該事故自動車の運転者は「他人」に含まれないことを明らかにし（この運転者には運転補助者も含まれる〔自賠法2条4項，【76】最判昭和57・4・27判時1046号38頁が，他人とは，運行供用者，運転者，運転補助者以外のものをいうとした〕），ついで，【77】最判昭和42年9月29日（判時497号41頁）は，同乗者の他人性を肯定するに際して，他人を，「自己のために自動車を運行の用に供する者および当該自動車の運転者を除く，それ以外の者」と定義するに至り，その後の裁判例も概ねこれを踏襲している。したがって，この判例の見解に従うならば，運行供用者自身は他人たり得ないということになる。こうして，自賠法施行後しばらくの間は，運行供用者自身は，交通事故の被害者となった場合であっても自賠法3条の「他人」としての保護を受けることができないというのが判例の支配的な考え方であった。

　まず，他人性をめぐるおもな議論の推移を概観し，その後，供用支配説による解釈を試み

よう。

【75】最判昭37・12・14 民集16・12・2407，判時327・36

「原審が，自動車損害賠償保障法3条本文にいわゆる『他人』のうちには当該事故自動車の運転者は含まれず，その関係で，右の『他人』と民法715条1項本文にいわゆる『第三者』とは範囲を同じくするものではないとした判断の過程には，所論の理由齟齬，不備の違法は認められず，またその判断は当裁判所もこれを正当として是認する。」

【76】最判昭57・4・27 判時1046・38，判タ471・99，交通民集15・2・299

「右事実関係のもとでは，Y₁は，Aに全面的に服従する関係になく自己の判断でAの提案に同調したものとはいえ，先任者，年長者であり，経験者でもあるAの具体的指示に従ってダンプカーを操作したものであり，Aは，Y₁といわば共同一体的にダンプカーの運行に関与した者として，少なくとも運転補助者の役割を果たしたものと認められる事情が多分にうかがわれる。そして，自動車損害賠償保障法3条本文にいう『他人』のうちには，当該自動車の運転者及び運転補助者は含まれないと解すべきであるから，本件においても前記事実によれば，AはY₁のダンプカーの運行について他人に当たらないと解される余地がある。ところが，原審は，右の事情がうかがわれるにもかかわらず，これを十分に顧慮することなく，単にAとY₁とが命令服従関係にないことをもってY₁のダンプカーに対するAの他人性を肯認したうえ，右ダンプカーの運行供用者であるY₂に同条に基づく責任を認めたのであるから，右の点で，原判決は，法令の解釈，適用を誤り，ひいては審理不尽，理由不備の違法を犯したものといわざるをえない。」

【77】最判昭42・9・29 判時497・41，判タ211・152

「自動車損害賠償保障法第3条本文にいう『他人』とは，自己のために自動車を運行の用に供する者および当該自動車の運転者を除く，それ以外の者をいうものと解するのが相当であるところ，原審の認定したところによれば，上告人Yは酩酊して同人の車の助手席に乗り込んだAに対し，結局はその同乗を拒むことなく，そのまま右車を操縦したというのであるから，右Aを同条の『他人』にあたるとした原審の判断は相当である。」

（2）好意・無償同乗者の他人性

好意・無償同乗者に関する明確な定義のようなものは存しない。文字通り，好意かつ無償で，無償ではないが好意で，あるいは単に無償で，それぞれ同乗させてもらっている者を好意・無償同乗者と捉えておいてよいであろう。具体的にも，ドライブ，観光旅行や通勤時に

Ⅱ 他人性

おける同乗等，様々な形態が考えられる。こうした好意・無償同乗者が，同乗した自動車の運転者の過失で被害者となった場合に，好意・無償同乗者であるということが，運行供用者等に対する損害賠償請求権行使につき何らかの影響を与えることになるのか，そもそも，好意・無償同乗者は自賠法3条にいう「他人」であるのか。これが，好意・無償同乗者に対する責任と称される問題である。この点については民法上も自賠法上も明文規定が存せず，その判断はひとえに学説・判例に委ねられている。

従来から学説および下級審裁判例においては，好意・無償同乗者も当然に「他人」に当たるとされてきたのであるが，最高裁もこれを承認するに至った。

前掲【77】最判昭和42年9月29日は，A（建具職人）とY（電気工事職人）とは，たびたび同じ職場で働いたことのある知り合いであったが，事故当日，朝から職場で飲酒していたAが，午後になって出かけようとするYの車に乗り込み，行き先でも出された酒を飲んで泥酔状態になったところ，泊まっていけと引きとめられたにもかかわらず，送ってもらおうとしてまたYの車に無理に乗り込み，出発時には狸寝入りして降りず，そのままYが運転して出発したところ，Yの過失で事故が起き，Aが死亡したという事案である。

原審は，Aは車に同乗することをYから容認されていた者であり自賠法3条の「他人」に当たるとしてYの責任を認めた。Yは，AはYの車に無理に乗り込んだ闖入同乗者であって自賠法3条の「他人」には当たらないとして上告。

本判決は，自賠法3条にいう「他人」とは，運行供用者および当該自動車の運転者を除く，それ以外の者をいうと解するのが相当であるところ，Yは，酩酊して助手席に乗り込んだAに対し，結局はその同乗を拒むことなく，そのまま車を操縦したというのであるから，Aを「他人」に当たるとした原審の判断は相当であるとした。

こうして，好意・無償同乗者の他人性が正面から認められたのであるが，この姿勢は，今日まで学説・判例によって維持されてきている。

(3) 好意・無償同乗を理由とする減額

しかしその後，好意・無償同乗者の他人性を認めるとしても，被害者が好意・無償同乗者であることから，事故の態様によっては，運行供用者の責任を減じてもよいのではないかという考え方が現れてきた。そして，仮にこれを認めるとしても，その責任制限を容認する明文規定が存しないところから，その理論構成が議論の的となり，次のような諸見解が提唱されるに至った。

(ア) 責任肯定説　好意・無償同乗者に対する運行供用者の責任を肯定した上で，場合によっては慰謝料を減額したり，あるいは過失相殺を行うなどして，損害論の分野で各事案ごとの調整をはかろうとする。

(イ) 他人性阻却説　事故の原因となった運行に，より直接的に関与した場合には，好

第1章　自賠法上の責任

意・無償同乗者であっても運行供用者性が認められることになるとし，その者は自賠法3条の他人とはいえず，損害賠償請求権が否定されるとする。

　（ウ）　運行供用者責任相対説　　運行供用者性を相対的に把握することとし，運行供用者が，車外の通行人等に対する関係では責任を負う場合であっても，車内にいる同乗者に対する関係では運行供用者性を失って，責任を負わない場合があるとする。

　（エ）　割合的責任説　　運行供用者性と他人性とは相反する関係にあるものではなく，好意・無償同乗者には他人性と運行供用者性とが同時に存在していると考え，そこで，好意・無償同乗者が帯有することになる運行供用者性の程度に応じて他人性が縮減されることになり，その分だけ損害賠償請求権も縮減され，残る他人性の程度（割合）に相応する保護のみを受け得るとする。

　（オ）　修正責任相対説　　基本的には運行供用者責任相対説に拠りつつ，同乗者に対する関係では，その同乗形態によって賠償義務者の運行供用者性が割合的に喪失されるとみて，それに応じて過失相殺的に被害者（同乗者）保護の程度を縮減すべきであるとする。

　（カ）　共同危険関与説　　好意・無償同乗者と運転者とは契約関係にあって自動車の運行に伴う危険を共有する関係にあり，ただ，その自動車の運行については運転者に依存・従属するとの前提に立ち，その危険に関与している程度に応じて損害の分担を行うべきであるとする。

　（キ）　個別的解決説　　各事案の個別的・具体的事情（運行供用者と同乗者との人的関係，同乗の経緯・形態，同乗後の挙動等）に応じて，自賠法3条および4条により適用される民法中の制限規定（公平の原則，信義則等）により責任制限を判断するべきであるとする。

　このように，多彩な主張が展開されてきたところ，これらの諸見解は，それぞれが想定する事案においては適切な解決を導くことはできるものの，いずれも好意・無償同乗のあらゆる場面に妥当し得る統一的な理論構成には成功していないといわざるを得ない。

　裁判例の姿勢も一様ではなく，①何ら減額することなく全損害の賠償を命じたもの，②損害賠償責任を全面的に否定したもの，③損害賠償額を割合的に減額したもの，④慰謝料算定において斟酌したもの，等に分かれるが，大勢としては減額を肯定する方向で推移していった。そして，減額した場合においても，前記諸見解のいずれかに拠っているようであり，決定的な論拠となし得るものは挙げがたい状況であった。

　また，好意・無償同乗者がいる自動車についてのみならず，事故の相手方となった自動車についても好意・無償同乗減額がなされるべきか否かが議論されたこともあった。たとえば，Y_1が運転し，Xが同乗する自動車とY_2運転の自動車とが衝突してXが死傷したという場合（運行供用者は，それぞれY_1とY_2で，共同不法行為が成立する場合）に，Xが好意・無償同乗者であることを理由として，Y_1についてと同様，Y_2に対する関係においても好意・無償同乗減額をするかどうかという問題である。この点をめぐる議論は散発的であったが，Xは，

Ⅱ　他　人　性

Y_2に対する関係で好意・無償同乗者であるのではなく，ましてやY_2に対する関係で過失があるわけでもないから，何ら減額する理由はない。したがって，好意・無償同乗減額を肯定する立場に立ったとしても，Y_1との関係においてのみ減額が考慮され，Y_2との関係では減額されないのであるから，あたかも共同不法行為における相対的過失相殺に類似した形になろう。

今日の裁判例の状況は，単に好意・無償同乗ということのみを理由として単純に責任制限を認め，減額をするということがほとんどなくなり，同乗の経緯等に照らして被害者の側に過失と目し得るような事情が存する場合に限って責任制限（損害の減額）をするという方向へ移ってきた。こうして，好意・無償同乗論は，後の共同運行供用者の他人性をめぐる議論の理論的基礎を提供したと解することによって，もはやその使命を終えたとみることもできる。

（4）　妻の他人性

さて，このように判例が推移していく過程において，運行供用者の親族，とりわけ生計を共にする配偶者や子が他人となり得るのかという問題が浮上してきた。次のような例で考えると分かりやすいであろう。たとえば，夫運転，妻同乗の自動車において，夫の不注意による事故で妻が死傷し，夫はほとんど無傷であったという場合である。この場合，被害者たる妻（またはその相続人）は，加害者たる夫に損害賠償を請求し得る（はずである）。しかしながら，こうした場合，実際問題として損害賠償請求が行われるかどうかである。

その損害賠償請求がなされたとすると，加害者＝損害賠償義務者たる夫は，被害者＝損害賠償請求権者たる妻（またはその相続人）に損害を賠償することになるが，それを実際に受け取るのは，被害者たる妻またはその相続人たる夫（ないし子等）であって，いってみれば，夫は，生計を共にしている妻に対して，あるいは自分で自分に対して支払うということになる。そこで，このようなこと（妻が夫に損害賠償請求すること）は現実問題として起こり得ないことではないかとも考えられる。

しかしながら，他方で，前述の他人性に関する判例（前掲【75】最判昭和37・12・14，同【77】最判昭和42・9・29）に従うならば，被害者が運行供用者の妻であったとしても，運転者でも運転補助者でもない者は，たとえ生計を共にする妻であろうとも「他人」たることを否定されるべきではないということになる。また，自賠責保険金を請求するためには，やはり被害者たる妻は「他人」であることが前提とされる（自賠法11条・16条参照）。果たして，妻は，夫に対して他人に当たるのか。すでに，判例の立場は確固たるものとなっているといえる。

【78】最判昭和47年5月30日（民集26巻4号898頁）は，夫Aが自己所有の自動車を運転中，車ごと崖下に転落し，同乗中の妻Xに対し6カ月の治療を要する重傷を負わせたことにつき，Xが，自賠法16条に基づき，その損害のうち30万円（自賠責保険金の支払限度額）をY（自賠責保険会社）に請求したという事案において，自賠法3条は，自己のために自動車を運

第1章　自賠法上の責任

行の用に供する者および運転者以外の者を他人といっているのであり，被害者が運行供用者の配偶者であるからといって，そのことだけで，その被害者が他人に当たらないと解すべき論拠はなく，具体的な事実関係のもとにおいて判断すべきところ，本件自動車はAの所有に属し，Aが維持費を全て負担してもっぱら運転にあたり，他方，Xは運転免許を有しておらず，事故当時運転補助行為もしていなかったのであるから，本件事故当時のXは自賠法3条にいう他人に当たると解するのが相当であり，夫婦の一方の過失に基づく交通事故により損害を受けた他方配偶者は，加害者たる配偶者に対し損害賠償請求権を有する限り，自賠法16条1項により保険者に対し損害賠償の支払を請求し得るとした。

　こうして，運行供用者と生計を共にする妻（配偶者）も自賠法3条の他人に当たるとされたのであるが，これは何も配偶者に限定されるものではなく，子についても同様に解しても差支えないものとなる（【79】東京高判昭和46・1・29高民集24巻1号13頁――ただし，本判決は，夫の運転する自動車が麦畑に転落して同車に同乗する子が死亡したことにつき，妻〔母〕が自賠法16条に基づく請求をしたのに対し，夫婦と未成年の子からなる円満な家族共同生活体が維持継続されている限り，そこで協力扶助義務を負う加害者が被保険者であるときは，同加害者の負担すべき消極的損害および精神的損害については被害者が請求することも加害者が支払うこともないのが通例であるから，自賠責保険によって填補されるものではない＝妻の請求は認められないとした）。

　【80】最判平成3年2月5日（交通民集24巻1号1頁，原審は，【80'】大阪高判平成2・7・10交通民集23巻4号827頁）は，仮免許取得者X（18歳）がドライブに出かけようと考え，自動車教習所で知り合い，既に免許を取得していたAを誘い，B（Xの父）所有の車を借りだし，ドライブに出かけたところ，A運転中の事故によりXが視力障害等の障害を後遺することとなったので，Xが，自賠責保険会社に対し直接請求をなした事案である。一審，原審ともに，Xは運行供用者ではないとし，原審は，仮にXが運行供用者であるとしても，その程度が高いとは考えられず，Bとの関係で，他人たることを主張し得るとしたが，最高裁は，後者の点に何ら触れることなく原審の判断を受け入れた。Xの運行供用者性が否定された大きな理由は，Xが仮免許を取得しているにすぎず，正規の運転免許を有していなかったからだと思われる。また，【81】最判平成6年11月22日（交通民集27巻6号1541頁）は，被害者A（17歳）が，B（Aの職場の同僚，20歳）の運転するC（Aの父）所有の車に同乗中，Bの居眠り運転でAが死亡したことにつき，Aは，BがCから同車を借り受けるのに口添えをしたにすぎず，Bと共同で同車を借受けたわけではなく，また普通運転免許取得資格がないし，同車を運転したこともなかったこと等から，同車の運行供用者とはいえず，他人に当たると認めた。

　こうして，配偶者であれ，子であれ，保有者の近親者であるということのみを理由として，その他人性が否定されるものではないという姿勢は確固たるものとなっているといってよいであろう。もちろん，その近親者の運行供用者性が肯定されれば，次の共同運行供用者の他人性の問題となる。

Ⅱ　他　人　性

> **【78】** 最判昭47・5・30民集26・4・898，裁時595・2

「所論は，原判決（その引用する第一審判決を含む。以下同じ。）には自動車損害賠償保障法（以下，自賠法という。）3条にいう他人の解釈を誤り，理由不備の違法がある，というものである。

按ずるに，自賠法3条は，自己のため自動車を運行の用に供する者（以下，運行供用者という。）および運転者以外の者を他人といつているのであつて，被害者が運行供用者の配偶者等であるからといつて，そのことだけで，かかる被害者が右にいう他人に当らないと解すべき論拠はなく，具体的な事実関係のもとにおいて，かかる被害者が他人に当るかどうかを判断すべきである。本件において，原審が適法に確定したところによれば，被上告人は訴外Ａ（以下，Ａという。）の妻で生活を共にしているものであるが，本件自動車は，Ａが，自己の通勤等に使用するためその名をもつて購入し，ガソリン代，修理費等の維持費もすべて負担し，運転ももつぱらＡがこれにあたり，被上告人個人の用事のために使用したことはなく，被上告人がドライブ等のために本件自動車に同乗することもまれであり，本件事故当時被上告人は運転免許を未だ取得しておらず，また，事故当日Ａが本件自動車を運転し，被上告人が左側助手席に同乗していたが，被上告人は，Ａの運転を補助するための行為を命ぜられたこともなく，また，そのような行為をしたこともなかつた，というのである。かかる事実関係のもとにおいては，被上告人は，本件事故当時，本件自動車の運行に関し，自賠法3条にいう運行供用者・運転者もしくは運転補助者といえず，同条にいう他人に該当するものと解するのが相当であり，これと同趣旨の原審の判断は，正当として是認することができる。」

> **【79】** 東京高判昭46・1・29高民集24・1・13，判時618・7，判タ257・103，交通民集4・1・35

「当裁判所も訴外Ａの自賠法3条に基づく本件事故の責任に関し，（ア）亡Ｂは同条にいう他人に該り，（イ）被控訴人がＡとともに本件自動車の運行供用者であるということはできないものであり，更に（ウ）亡Ｂないし被控訴人はＡの責任を免除すべきいわゆる好意同乗者ではないと判断するものであるが，その認定判断は原判決11丁表9行目の「前出甲第1，第2号証」の次に「当審証人Ａの証書」を加えるほかは，原判決理由説示と同一であるから，ここにその当該部分（原判決10丁表7行目から13丁1行目まで）を引用する。ところで控訴人は，親子，夫婦の間においては被害者がその有する損害賠償請求権を行使することが法律上許されない場合があり本件はこれに該当すると主張する。その所論には傾聴すべきものがあるけれども，円満な家庭生活を維持している親子，夫婦の間において一方が他方に対し損害賠償を請求することが通常の事例ではないからといつて，直ちに法律上一方の有する損害賠償請求権の行使を否定すべきものではないから，結局右主張には左袒することができない。」

第 1 章　自賠法上の責任

【80】　最判平 3・2・5 交通民集 24・1・1

「原審の適法に確定した事実関係の下においては，亡Aが自動車損害賠償保障法3条にいう他人に当たるとした原審の判断は，正当として是認することができる。所論引用の判例は，事案を異にし本件に適切でない。原判決に所論の違法はなく，論旨は採用することができない。」

【80′】　大阪高判平 2・7・20 交通民集 23・4・827

「なるほど，Bから事故車を借り受けた者が被控訴人であり，かつ，被控訴人は事故車の運行を支配制御してその危険を回避すべき責任があつたと評価することができれば，被控訴人を共同運行供用者と認めることができるかもしれない。

　しかしながら，前認定の事実関係のもとにおいては，被控訴人が免許を取得してからならともかく，事故当時，被控訴人は仮免許を取得していたにすぎず，Aも被控訴人の運転を指導する資格がなかったのであるから，事故車の運転を委ねられてその借主となった者はAであったというべきであり，ひいては，事故車の運行を支配制御してその危険を回避すべき責任を負うべき者もAであったと評価することができる。

　そして，本件の運行の目的が被控訴人とAのドライブであつたことから，仮に被控訴人にある程度の共同運行供用者性を認め得るとしても，その程度が高いとは考えられず，被控訴人がBに対し，自賠法3条の他人であることを主張して損害賠償を求めることは許されると解するのが相当である。」

【81】　最判平 6・11・22 判時 1515・76，判タ 867・169，交通民集 27・6・1541

「B（昭和41年生）と亡A（昭和44年生）は同じ職場に勤める友人であり，BはAより3年年長であった，(2)　右両名は昭和62年5月19日，共通の上司と共に飲食することとなり，BはAの口添えにより，その父Cから本件自動車を借り受けた，(3)　Bは同月20日午前1時35分ころ，飲酒しての帰宅途上，居眠り運転により本件自動車を道路左側のガードレールに激突させ，助手席にいたAは死亡した，(4)　Aは，当時17歳で普通免許取得資格がなく，本件自動車を運転したこともなかった，というのである。

　右事実関係によれば，Aは，BがCから本件自動車を借り受けるについて口添えをしたにすぎず，Bと共同で本件自動車を借り受けたものとはいえないのみならず，Bより年少であって，Bに対して従属的な立場にあり，当時17歳で普通免許取得資格がなく，本件自動車を運転したこともなかったものであるから，本件自動車の運行を支配・管理することができる地位になく，自動車損害賠償保障法3条に規定する運行供用者とはいえず，同条にいう「他人」に当たるものと解するのが相当である。」

Ⅱ 他 人 性

（5） 共同運行供用者の他人性

　このように，自賠法3条にいわゆる「他人」の範囲が徐々に明確にされていくこととなったのと半ば並行する形で新たな問題が浮上してきた。すなわち，自動車の利用形態の複雑化と被害者保護の要請から，運行供用者の範囲が拡張されていくこととなったのに伴い，1台の自動車に複数の運行供用者が存在し得ることが認められるに至り，それに伴い，複数の運行供用者のうちの1人が被害者となった場合，その者が他人として保護されるべき場合があるのではないかとの見解が登場するに至ったのである。いわゆる共同運行供用者の他人性の問題である。

　前掲【77】最判昭和42年9月29日によれば，他人とは，運行供用者および当該自動車の運転者を除く，それ以外の者をいうのであるから，およそ運行供用者たる者は他人となるはずがない＝被害を被った場合であっても自賠法による救済を受けることはできないといわざるを得ないはずである。

　しかしながら，前述のように，妻は他人か，好意・無償同乗減額をどう考えるのかという段階において，すでに，たとえ運行供用者であっても，同時に他人となり得るといって差支えない場合があるのではないかという意識が芽生えはじめていた。そしてついに，前掲【77】最判昭和42年9月29日の立場，すなわち運行供用者自身は他人たり得ないという考え方を覆すことになるとも捉えられる判例が現れるに至った。

　【82】最判昭和50年11月4日（民集29巻10号1501頁）は，1台の自動車に複数の運行供用者が存在することを当然の前提として，運行供用者はすべて一律に他人たり得ないというべきではなく，運行支配の程度が「直接的，顕在的，具体的」である運行供用者がほかに存在する場合には，その程度が「間接的，潜在的，抽象的」であって被害を被った運行供用者は，他人として保護される余地があるという立場を示し，ここに共同運行供用者の他人性の問題が登場することとなった。

　この判断基準はいかにも漠然としている憾みがあるが，その後の裁判例は概ねこの立場を踏襲してきている。そして，この共同運行供用者の他人性が問題となる事案は一定の類型に収められるものが多い。他人性が問われる被害者たる運行供用者と運行供用者責任が問われる運行供用者とが事故車両に同乗していなかった場合（非同乗型），両者が共に乗車していた場合（同乗型），および運行供用者責任を問われる運行供用者も複数いて，そのうちのある者が同乗し，他の者が同乗していなかった場合（混合型）の三類型である。以下，この類型にしたがってみていくことにしよう。

① 非 同 乗 型

　【82】最判昭和50年11月4日は，X会社所有の車で，A（X会社代表取締役の二男で，自身もX会社の取締役）とB（X会社従業員）とが同乗中，深夜，運転していたBの過失により生じた

第1章　自賠法上の責任

事故によってAが受傷したという事案において，AとX会社とは共に運行供用者であるが，X会社による運行支配が間接的・潜在的・抽象的であるのに対し，Aによるそれは，はるかに直接的・顕在的・具体的であるとして，Aは，X会社に対して他人であることを主張できないとした。

これと同様の理由づけで他人性を否定したものとして，【83】最判昭和52年4月14日（交通民集11巻索引・解説号322頁），【84】最判昭和52年5月2日（交通民集10巻3号639頁），【85】最判昭和52年9月22日（交通民集10巻5号1255頁），【86】最判昭和57年4月2日（判時1042号93頁）があり，直接性等の文言を使用することなく他人性を否定したものとして，【87】最判昭和53年8月29日（交通民集11巻4号941頁，原審は【87'】福岡高判昭和53・1・18交通民集11巻4号953頁）がある。

これに対して，【88】最判昭和53年2月14日（交通民集11巻索引・解説号326頁）は，父Cが，自己所有の車を子Aの友人Bに数日間の約束で貸与し，AとBとが交代で運転しながら観光旅行に出かけたところ，B運転中の事故によりAが死亡したという事案において，原審（札幌高判昭和52・7・20交通民集10巻4号937頁）が，運行供用者とは，被害者に対する一種の法的地位であって被害者を当然の前提とするものであるから，被害者を前提としない運行供用者は法的に無意味であり，したがって，被害者が，被害者であると同時に運行供用者でもあるということは自賠法の解釈としてなりたち得ないとして，Cに対するAの他人性を認めたのに対し，原審が【82】最判昭和50年11月4日に従わなかったのは違法であるが，本件事実関係のもとでは，Aは単なる同乗者であって運行供用者とはいえないから結果的に原判決を支持できるとして，Aの他人性を認めた（したがって，厳密にいえば，本判決は共同運行供用者の他人性について判断したものではない）。

> 【82】　最判昭50・11・4民集29・10・1501，判時796・39

「原審確定の上記の事実関係に徴すると，Aは被上告会社の業務終了後の深夜に本件自動車を業務とは無関係の私用のためみずからが運転者となりこれにBを同乗させて数時間にわたつて運転したのであり，本件事故当時の運転者はBであるが，この点も，Aが被上告会社の従業員であるBに運転を命じたという関係ではなく，Aみずからが運転中に接触事故を起こしたために，たまたま運転を交代したというにすぎない，というのであつて，この事実よりすれば，Aは，本件事故当時，本件自動車の運行をみずから支配し，これを私用に供しつつ利益をも享受していたものといわざるをえない。もつとも，原審認定の被上告会社による本件自動車の管理の態様や，Aの被上告会社における地位・身分等をしんしやくすると，Aによる本件自動車の運行は，必ずしも，その所有者たる被上告会社による運行支配を全面的に排除してされたと解し難いことは，原判決の説示するとおりであるが，そうであるからといつて，Aの運行供用者たる地

Ⅱ 他人性

位が否定される理由はなく，かえつて，被上告会社による運行支配が間接的，潜在的，抽象的であるのに対し，Aによるそれは，はるかに直接的，顕在的，具体的であるとさえ解されるのである。

それゆえ，本件事故の被害者であるAは，他面，本件事故当時において本件自動車を自己のために運行の用に供していた者であり，被害者が加害自動車の運行供用者又は運転者以外の者であるが故に『他人』にあたるとされた当裁判所の前記判例の場合とは事案を異にするうえ，原判示のとおり被上告会社もまたその運行供用者であるというべきものとしても，その具体的運行に対する支配の程度態様において被害者たるAのそれが直接的，顕在的，具体的である本件においては，Aは被上告会社に対し自賠法3条の『他人』であることを主張することは許されないというべきである。」

【83】 最判昭52・4・14 交通民集11・索引・解説・322

「3 共同運行供用者の他人性

A それでは次に移ります。三番目の共同運行供用者の他人性，これはかなり歴史的沿革がございまして，夫婦間の事故で妻は他人ということで，いつたんは解決されたかに見えたのですが，当時自賠責の処理としては，共同保有者の揚合には，あくまでも他人性はないという前提をとつた。しかし，その運行供用者ないし保有者であれば他人性がないと論理必然的にいえるかどうかという問題は当時から議論されておりまして，最高裁がその中間説みたいな判決をあいついで出してきたわけです。

(1) 最高裁判例の傾向

簡単に解説しますと，最初に問題になつたのはBの最高裁（三小）昭和50年11月4日（民集29巻1号1501頁，交通民集8巻6号1581頁），これは取締役が従業員とトルコぶろに行つた途中で，従業員が運転していた時に事故にあつた。この場合に取締役は運行供用者性があるわけで，自賠法3条の他人性があるかどうかということで争われた。一審は他人性を否定したのを，二審が簡単に覆えしてこれを認めた事件です。二審判決直後，実は自賠責からの支払がなされ，あとは任意保険だけの問題となつた。

最高裁は，原則として共同運行供用者にはすべて他人性がないというべきではなく，運行支配が「直接的，顕在的，具体的」である運行供用者が他に存在する場合には，他人性を認める余地があるといつた。そのことが先例になりまして最高裁（一小）昭和52年4月14日判決（昭和51年（オ）第20号，C），これは原審が東京高裁昭和51年9月31日判決（判例時報835号69頁），第一審が東京地裁昭和51年3月18日判決（交通民集9巻2号396頁）で，原審は他人性を否定した。これも，さきほどのBの事件とよく似ている事案ですが，本来の保有者というんですか，記名被保険者の有限会社Yの方の運行支配が被害をうけた運行供用者よりも間接的，潜在的，抽象的であるということで原審を支持した。」

第1章　自賠法上の責任

【84】　最判昭 52・5・2 交通民集 10・3・639，裁判集民事 120・567

「原審の適法に確定したところによれば，上告人の兄Aは同人の営業用に普通乗用自動車（以下「本件自動車」という。）を所有していたところ，上告人は，昭和46年12月末，友人のBと正月休みを利用して本件自動車で四国観光旅行をすることを計画し，Aから約1週間本件自動車を使用することの許諾を得たうえ，同月31日，東京を出発し，Bと適宜運転を交代しながら四国に到着し，途中女友達2人を同乗させてからは，上告人，B及び他1名が交代で運転して観光旅行を続けているうち，翌年1月3日午前11時ころ，甲県乙郡丙町の海中公園を見物するために，Bが本件自動車を運転して同町戊270番地先路上を進行中，カーブ地点で運転操作を誤り，本件自動車を道路下に転落させ，同乗していた上告人は，右事故のため第10胸椎骨折による脊髄損傷等の傷害を被つた，というのである。右事実関係のもとにおいては，Aの運行支配が間接的，潜在的，抽象的であるのに対し，上告人の運行支配と運行利益の享受がはるかに直接的，顕在的，具体的であるとし，上告人は，Aに対し，自動車損害賠償保障法3条本文にいう『他人』であることを主張することが許されず，したがつて同法条に基づく損害賠償責任を問うことができないとした原審の判断は，正当として是認することができる。」

【85】　最判昭 52・9・22 交通民集 10・5・1255，裁判集民事 121・289

「昭和50年7月10日昼ごろ，上告人らの子であるAは，弟のBに対し，Aの所有する本件自動車の駐車位置を変えるよう依頼してその鍵を預けたところ，Bはそのまま右の鍵を所持していたが，同日夕方ごろ，友人のCらから麻雀に誘われ，Aに断ることなく右の鍵を利用して本件自動車を運転してC宅へ赴き，麻雀をしているうちにたまたま停電となり扇風機も使えぬため，一時ドライブして涼をとろうということなり，Cが，Bの承諾のもとにBらを同乗させて本件自動車を運転しているさい，事故を起こしてBを死亡させた旨の原審の事実認定は，原判決挙示の証拠関係に照らし，是認することができる。右事実関係のもとにおいては，事故当時の本件自動車の運行については，Bが直接的，顕在的，具体的に運行を支配し，運行利益を享受していたものであり，AはBを介して間接的，潜在的，抽象的に運行を支配していたにすぎないのであるから，BがAに対し自動車損害賠償保障法3条にいう『他人』であることを主張することができないと解するのが相当であり，これと同旨の原判決は正当として是認することができる。」

【86】　最判昭 57・4・2 判時 1042・93，判タ 470・118，交通民集 15・2・295

「所論の点に関する原審の事実認定は，原判決挙示の証拠関係に照らし，正当であり，右事実関係のもとにおいて，本件事故当時の訴外A自動車株式会社による本件普通乗

Ⅱ 他 人 性

用自動車の運行支配が間接的,潜在的,抽象的であるのに対して,訴外亡B及び訴外Cは共同運行供用者であり,しかも右両名による運行支配は,はるかに直接的,顕在的,具体的であるから,訴外亡Bは自動車損害賠償保障法3条にいう『他人』であることを主張しえないとしたうえ,同人が右『他人』である旨の主張を前提とする同法16条の規定に基づく本訴請求を棄却した原審の判断は,正当として是認することができる。」

【87】 最判昭53・8・29 交通民集11・4・941

「原審が適法に確定した事実関係のもとにおいて,本件事故当時における訴外Bらの本件自動車の運行につき,上告人が運行供用者である地位を失わないものとし,また,訴外亡Aが共同運行供用者にあたらないとした原審の判断は正当として是認することができる。原判決に所論の違法はなく,所論引用の判例は本件と事案を異にし適切でない。論旨は,採用することができない。」

【87′】 福岡高判昭53・1・18 交通民集11・4・953

「一 控訴人ら主張の交通事故が発生し,控訴人X₁,同X₂らの子であるA,及び控訴人X₃,同X₄らの子であるBが死亡したこと,右の事故当時本件事故車が被控訴人の所有であつたこと,本件事故車に右A,Bらが同乗するに至つた経緯並びに本件事故の態様等についての当裁判所の判断は,原判決の理由一及び二の説示と同一であるからこれを引用する。

二 右認定の事実から考えてみると,被控訴人は本件事故車を所有していたところ,その子であるCが甲大学に在学し,卒業研究に車が必要とのことで,事故より1ケ月半前の昭和48年7月末頃からこれを同人に貸与し,その運行,管理を委ねていたものであるが,これによつて右事故車に対する運行支配が失われないのは勿論,当時右Cと同じく甲大学に在学し同人とも交遊関係にあつたD,Aらが,これを更に借受けドライブに出掛け,本件事故を惹起した際の右事故車の運行についても,なお運行供用者たるの地位を失わないものというべきである。なるほど,Cは事故車の貸与にあたり,短時間の使用のみを予定し,特にその運転についてはスピードを出さず慎重な運転を指示していたのに,右Dらは2時間余に及ぶ遠距離のドライブにこれを使用し,しかも時速約100キロの高速で走行するなど,Cの意に反する無謀な運転をしていること,そしてこのような事故車の運行は所有者である被控訴人の予期しないところであつたと認められるが,右Dらが本件事故車を借用するに至つた目的,経緯,同人らとCとの関係,いささか時間は当初の予定を超えることになつたが,ドライブが終れば直ちに返還を予定しての走行であることなどを考え合せると,被控訴人の本件事故車に対する運行支配は未だ失われていないと解すべきである。

三 しかし一方,Aは前記のように同じ大学の友人であるD及び同人を通じて知合つたEと共に,事故当夜,自動車でドライ

第1章　自賠法上の責任

ブに出掛けることを計画し，3名相談のうえ，Cから本件事故車を借受け，運転免許を有するDがこれを運転し，燃料が少なくなつていたので，途中ガソリンスタンドでEが代金を支払つてこれを補給し，また，かなりの距離ドライブをしたところでDがそろそろ帰ろうと提案したのに，他の両名とも賛同せず，本件事故に至るまで更に走行を継続させたことが認められ，これらの事実によると，AはD及びEと共に，事故当時本件事故車の運行を支配し，その利益を享受していたものということができるので，右Aも本件事故車の共同の運行供用者に該当するというべきである。

そうすると，Aは自賠法3条にいう『他人』には該当しないので，本件事故により，同人もしくはその父母である控訴人X₁，同X₂らにその主張のとおり損害が発生したとしても，被控訴人に対しては損害賠償を請求しえないものといわなければならない。

四　他方，Bに関しては，本件事故車に同乗していた他の3名とは異り，当初からドライブに行くことの相談にも，本件事故車の借受けにも加つておらず，前記のようにDらが事故車を運転してドライブに出発した直後，たまたま喫茶店での勤めを終えて帰宅途中の同女を見つけ，顔見知りのDに誘われたことからこれに同行したものにすぎず，同女を目して本件事故車の共同運行供用者とするのは相当でない。成立に争いのない甲第13号証によれば，Dが時速100キロを越す高速で走行していた際，他の同乗者をたわむれに脅すつもりで『事故を起してみんな死んでしまうぞ。』と言つたのに対し，Bにおいて『死んでもかまわん。』とDの無謀運転を更に煽るような言動をしたことが窺われるが，それだけでは本件事故車の運行を支配していたとするには未だ十分でない。

そうだとすれば，被控訴人は自賠3条（ママ）に基づき運行供用者として，本件事故により，右B及びその父母である控訴人X₃，X₄らが蒙つた損害につき賠償の責めを免れないものというべきである。」

【88】　最判昭53・2・14 交通民集11・索引・解説・326，自動車保険金請求訴訟事件判決集3・94

「自動車の運行をみずから支配しその運行による利益をも享受していた者が，当該自動車の運行によって生命，身体を害された場合において，自動車損害賠償保障法（以下「自賠法」と略称する。）3条に基づき共同運行供用者に対する賠償責任を追及することができるかどうかを判断するためには，その相手方とされた者が右自動車の共同運行供用者と認められる場合であっても，その具体的運行に対する支配の程度，態様と被害者のそれとを比較検討しなければならず，後者が前者に比べて直接的，顕在的，具体的であるときには，被害者はその相手方に対し自賠法3条の『他人』であることを主張することが許されず，したがって，相手方は被害者に対し同条に基づく損害賠償責任を負うものといえないことは，既に当裁判所の判例とするところである（最高裁昭和49年（オ）第1035号同50年11月4日第三小法廷判決・民集29巻1号1501頁）。原判決は，これとは異なる見解に立って，亡Aが本件事故当時本件自動車の運行を支配しその運行による利益を享受していたかどうか，そして，それが肯定されるとすれば，

Ⅱ 他人性

更にその支配の程度，態様が運行供用者たるBのそれに比べてより直接的，顕在的，具体的であるかどうかを検討することなく，Aは運行供用者であるから自賠法3条にいう『他人』にはあたらないとの上告人の主張を主張自体理由がないとして排斥しているのであって，原判決にはこの点において同条の解釈適用を誤った違法があるといわなければならない。しかしながら，原判決の適法に確定した事実関係のもとにおいては，本件事故当時，Aは，訴外Cが他人を同乗させて観光旅行のために使用することにつきBの了承を得たうえ同人から借り受け，その運行を支配していた本件自動車の単なる同乗者としての立場を出るものではなく，したがって，右自動車の運行をみずから支配していたものとはいえないと解するのが，相当である。」

② 同乗型

【89】最判昭和55年6月10日（交通民集13巻3号557頁，原審は【89′】札幌高判昭和54・10・30判時955号78頁）は，車の所有者Aが，職場の同僚Bと夜遊び（ドライブ）に行った帰途，Bに一時運転を交代してもらい，自らは助手席で眠っていたときに生じた事故でAが死亡したという事案において，A・Bは共に運行供用者であるが，事故当夜，Aが2時間余ずっと運転を継続していて，たまたま事故直前に眠いからといってBに運転を交代してもらったにすぎず，自らは助手席にいたことから，Aの運行支配の程度は，Bのそれに比し，終始，直接的・顕在的・具体的であったとして，Aの他人性を認めなかった原審を維持した。

【90】最判昭和57年11月26日（民集36巻11号2318頁）は，車の所有者Aが，友人Bらと飲食した後，友人らを最寄りの駅まで送ってから帰宅しようとしたところ，自分の下宿にいって友人らと飲み直すつもりになっていたBから，自分に車を運転させてほしいと強く求められて，渋々これに応じ，Bにキーを渡して自らは後部座席に同乗して最寄りの駅まで送ってもらう途中，Bの過失により生じた事故でAが死亡したという事案である。

一審・原審はいずれも，A・B共に運行供用者であるが，Bの運行支配のほうが，Aのそれよりも直接的・顕在的・具体的であるとして，AはBに対して他人であることを主張し得るとした。

これに対し最高裁は，Aは，Bと共に運行を支配し，運行利益を享受していたものであって単に便乗していたものではなく，また，Aが，ある程度B自身の判断で運行することを許していたとしても，Aは，事故防止につき中心的な責任を負う所有者として同乗していたのであって，いつでもBに運転の交代を命じ，その運転につき具体的な指示をすることができる立場にあったのであるから，BがAの運行支配に服さず，Aの指示を守らなかった等の特段の事情がある場合は格別，そうでないかぎり，本件自動車の具体的運行に対するAの支配の程度は，Bのそれに比し勝るとも劣らなかったというべきものであって，Aは，Bに対する関係で他人に当たるということはできないとした。

第1章 自賠法上の責任

このように，車の所有車が同乗していて被害者となった場合，同人は，所有者として事故防止につき中心的な責任を負うべきものとして，その運行供用者性が肯定され，かつ，運転者（運行供用者）が同人の運行支配に服さず，その指示に従わなかった等特段の事情がある場合を除いて，同人の他人性は否定されるという方向性が示されている。この点は，所有者から使用権限を与えられている者についても同様の姿勢が採られている。

【91】 横浜地判平成12年6月20日（自保ジャ1364号）は，姉所有の原付自転車を弟X（20歳の大学生）が借り，Xの友人Yが運転，X同乗中に生じた事故で，Xが植物状態（1級3号）となった事案であるが，所有者である姉から包括的な使用権限を与えられていたXは，同乗してYの運転を監視し，随時運転を交代できる状態でYに運転・使用を委ね，Yは，実際に運転し同車の運行により生ずべき危険を回避すべく期待され，かつ，同車の運行支配，運行利益を享受するとしてYが保有者であることを認める。そして，Xが同車の運行供用者であることは争いがないところ，所有者である姉から同車の日常の使用を許諾されていたXは，主たる使用権限を有し，事故防止についても中心的な立場にあったといえること，同車に同乗してYの運転を監視し，すぐに運転を交代できる状態にあったと認められること，あえて違法である2人乗りを行い，Yに運転を委ねていることから，Xの同車に対する運行支配の程度は，Yと同様に強度でかつ具体的であったというべきであるとしてXの他人性を否定した。こうして，Yの運行供用者責任は認めず，民法709条の責任を認めた上で，2人乗りをしたことにつき30％の過失相殺をなした（共同運行供用者であることを理由とする減額ではない）。

> **【89】** 最判昭55・6・10 判タ424・82，交通民集13・3・557

「所論の点に関する原審の認定判断は，原判決挙示の証拠関係に照らし，正当として是認することができ，その過程に所論の違法はない。論旨は，所論違憲の主張も含めて，ひっきょう，原審の専権に属する事実認定を非難するか，又は独自の見解に基づいて原判決の法令違背を主張するものにすぎず，採用することができない。」

> **【89′】** 札幌高判昭54・10・30 判時955・78，判タ401・126，交通民集12・5・1247

「そこで，次に自動車の保有者，運行供用者が被害者になった場合には，その者は自賠法3条の『他人』に該当すると解すべきであるから，本件自動車の保有者，運行供用者が訴外Aであると認められるとすれば，同人は右同条の『他人』として保護されるべきである旨の控訴人らの主張（請求原因第三（三））につき検討を加える。

自賠法3条の『他人』とは，自己のために自動車を運行の用に供する者及び自動車の運転者を除くそれ以外の者をいい，右運行供用者がいわゆる共同運行供用者でありかつ被害者であった場合においても，その被害者たる共同運行供用者の運行支配が直

Ⅱ 他 人 性

接的,顕在的,具体的であるときは,右被害者たる運行供用者は自賠法3条の『他人』には当らないと解すべきところ,これを本件についてみると,前記説示の通り,訴外Aは本件自動車の保有者,共同運行供用者であると認められ,また本件事故の被害者であることは当事者間に争いがないが,前記1(二)で認定した事実によれば,訴外Aは甲町に至る約2時間本件自動車の運転を継続し,かつ同町からの帰途の際も同車を運転したものであり,本件事故当時訴外Bが運転していたものの,それは事故の直前に訴外Aからの眠いから交替してくれとの申入れによりたまたま運転を替（ママ）したにすぎず,しかも同訴外人は隣の助手席に同乗していたのであるから,訴外Aの本件自動車に対する運行支配は,終始直接的,顕在的,具体的であると認めることができ,右の認定を覆すに足りる証拠はない。従って,訴外Aが自賠法3条の「他人」に該当するとの被控訴人らの主張は採用できない。」

【90】 最判昭57・11・26民集36・11・2318, 裁時851・2

「原判決は,(1)Aは,昭和49年1月14日午後九時ころその所有の本件自動車に友人数名を乗せてスナツク「α」に行き,同所で右友人らと飲酒したのち翌15日午前零時ころ右の店を出た,(2)Aは,本件自動車により最寄りの駅である甲駅まで他の者を送つてから帰宅するつもりでいたところ,友人達を自分の下宿に連れて行き飲み直すつもりになつていたBから自分に本件自動車をまかせ運転させて欲しいと求められて渋々これを承諾し,ここに車の使用をBに委ねることとし,車の鍵を同人に渡してみずからは電車で帰宅するつもりで甲駅まで行くため本件自動車の後部座席の右端（運転席のBの後ろ）に便乗した,(3)Bの考えていた行先は,ひとまず甲駅に至り電車で帰宅する者を下車させたのち残りの友人と飲み直すためにその下宿先にということであつたが,そのうち自己の運転操作の誤りにより本件自動車を左右に大きく蛇行させた挙句,右側ガードレールに車体の右側面を激突させて横転させるという本件事故を起し,Aを死亡させた,(4)Aは,酒を飲んだBに運転を許した過失がある,以上の事実を認定したうえ,右(1)ないし(3)の事実からすると,事故当時の本件自動車の具体的運行において,Bは,運転者であり,危険物たる自動車の運行により生ずべき危険を回避すべく期待され,また,そのことが可能であるのにかかわらず事故を発生せしめた直接的立場にあつた運行供用者であるのに対し,Aは,最寄りの駅につくまでの単なる同乗者であり,運行供用者であるといつても具体的にはBを通じてのみ車による事故発生を防止するよう監視することができる立場にしかなかつたという点において,双方の運行支配の程度態様を比較すると,Aは間接的潜在的抽象的に運行を支配しているにすぎないのに対し,Bは直接的顕在的具体的に支配していたものというべきであるとし,AはBに対しては自動車損害賠償保障法3条本文の他人であることを主張することが許されると判断して,Aの両親である被上告人らが上告会社に対し同法16条に基づいてした損害賠償の請求を認容している。

第1章　自賠法上の責任

　しかしながら，原判決の認定するところによれば，本件事故当時Aは友人らの帰宅のために本件自動車を提供していたというのであるから，その間にあつてBが友人らの一部の者と下宿先に行き飲み直そうと考えていたとしても，それはAの本件自動車の運行目的と矛盾するものではなく，Aは，Bとともに本件自動車の運行による利益を享受し，これを支配していたものであつて，単に便乗していたものではないと解するのが相当であり，また，Aがある程度B自身の判断で運行することをも許したとしても，Aは事故の防止につき中心的な責任を負う所有者として同乗していたのであつて，同人はいつでもBに対し運転の交替を命じ，あるいは，その運転につき具体的に指示することができる立場にあつたのであるから，BがAの運行支配に服さず同人の指示を守らなかつた等の特段の事情がある場合は格別，そうでない限り，本件自動車の具体的運行に対するAの支配の程度は，運転していたBのそれに比し優るとも劣らなかつたものというべきであつて，かかる運行支配を有するAはその運行支配に服すべき立場にあるBに対する関係において同法3条本文の他人にあたるということはできないものといわなければならない。しかるに，原判決は，前記の特段の事情があるか否かについて事実関係を確定しないまま，所有者であるAの運行支配の程度態様を間接的潜在的抽象的なものであると判断し，Aが同法3条本文の他人であると主張することができるとしたものであつて，ひつきよう，原判決の右判断には同法3条本文の他人の意義に関する解釈適用を誤り，その結果審理を尽さない違法があるものといわなければならない。」

【91】　横浜地判平12・6・20自保ジャ1364

　「前記のとおり，本件事故当時，原告X及び被告Yが本件バイクに2人乗りをするに至った経緯，本件事故直前の走行状況等は不明であるが，原告Xは，本件バイクの所有者であるAから，包括的な使用権限を与えられていたところ，原告X自身も，本件バイクに同乗して，被告Yの運転を監視し，随時運転を交替できる状態で，被告Yに対して，本件バイクの運転，使用を委ねていたものであるが，被告Yは，実際に本件バイクを運転しているのであるから，危険物である本件バイクの運行により生ずべき回避すべく期待され，かつ，本件バイクの運行支配，運行利益を享受する保有者と認められる。

　しかし，原告Xが本件バイクの運行供用者であることは当事者間に争いがないこと，原告Xは，本件バイクについて，姉であるAから日常の使用を許諾されていたのであるから，主たる使用権限を有する立場にあり，事故の防止についても中心的な立場にあったといえること，自らも本件バイクに同乗しているのであるから，被告Yの運転を監視し，すぐに運転を交替できる状態にあったと認められること，あえて違法である本件バイクの2人乗りを行い，被告Yに運転を委ねていることからすると，原告Xの本件バイクに対する運行支配の程度は，被告Yと同様に強度でかつ具体的であったというべきである。そこで，原告Xが，被告Y

Ⅱ　他　人　性

との関係において，自賠法3条の「他人」に該当するとは認められない。

なお，被告Yが，原告Xの個別具体的指示に従わず，本件事故を発生させた等の特段の事情が存在する場合には，他人性を肯定する余地もあるが，本件において，右特段の事情を認めるに足りる証拠はない。

この点，原告らは，原告Xは，単に本件バイクに同乗していたにすぎず，運行支配の程度は，間接的，潜在的，抽象的であるから，他人性が認められると主張する。

しかし，姉から借りた本件バイクについて，違法な2人乗りを許諾し，自ら同乗した原告Xの運行支配の程度が，間接的，潜在的，抽象的なものにすぎないとは，前記認定事実に照らすと到底認められず，原告らの右主張は理由がない。」

③　混合型

【92】最判平成4年4月24日（交通民集25巻2号283頁，原審は，【92′】名古屋高判平成3・9・26交通民集25巻2号286頁）は，C所有の車をA・Bが借り受けて（A・B・Cは会社の同僚），Aの運転で走行中，時速100キロメートルで先行車を追越そうとしてスリップし，電柱に激突してA・B（助手席同乗）が死亡したという事案である。

A・Bが共同運行供用者であると認めたうえで（なお，原審判決より推測するとCの運行供用者性も肯定されているようである），A，Bの関係（A〔20歳〕が1年余年長，Aは無免許でBは原付自転車の免許を有するのみ，Bは毎日のようにAに金をせびられ，Aから逃れるために退社する決意までしていた，本件車両を借り出す直前に，Aに誘われているため帰宅できないと訴える電話を母親にしている），事故当時の運転状況等を総合すると，BはAの要求どおりAに引きずられて行動しており，本件車両の運行支配についてもA・Bが対等・同等ではなかったと推認されるところ，本件車両の運行についてはAが主導権を握っていて自己の思うままにしており，かりにBがAに対し運転方法等について指示または注意をしてもAがこれに従うことはなかったと認められるから，Aには，共同運行供用者としてのBの，事故を抑止する立場・地位を没却ないし減殺する特段の事情があったとし，Bは，Aに対して他人性を主張し得るとした。

なお，代行運転に関する前掲【74】最判平成9・10・31は，他人性に係る点についても注目すべき判断をしている。

本件は，会社所有車を貸与され，会社業務および通勤のほか私用に使うことも許されていた者が当該車両で飲酒に赴き，酒酔い運転による危険を避けるため代行運転を依頼して帰宅途中のところ，他車両との衝突によって右眼失明等の障害を後遺し（8級1号），本件車両の自賠責保険会社に直接請求をなしたものであるが，助手席同乗中の代行運転依頼者が自賠法3条の「他人」に当たるとした初の最高裁判決である。

本判決は，運転代行業者，（運転代行業者から派遣されて運転していた）代行運転者，代行運転依頼者（顧客）のいずれもが運行供用者に当たるとした上で，自動車使用権者が代行運転者の運転する同車に同乗中に事故により負傷した場合において，代行運転依頼者（自動車使用権

者）が酒酔い運転による事故発生の危険を回避するために運転の代行を依頼し，運転代行業者が運転代行業務を引き受けることにより代行運転依頼者に対して同車を安全に運行する義務を負ったなどの特段の事情のあるときは，代行運転依頼者は，運転代行業者に対する関係において「他人」に当たるとし，本件につきその特段の事情の有無を検討するに，代行運転依頼者と運転代行業者との関係からすれば，本件事故当時，同車の運行による事故発生を防止する中心的な責任を負っていたのは運転代行業者であり，代行運転依頼者の運行支配は，運転代行業者のそれに比べて間接的・補助的なものにとどまっていたものというべきであるとして，その他人性を肯定した。

本判決については，これを支持するもの，代行運転を依頼した被害者はもはや（運行支配を失っていて）運行供用者ではなく他人性が認められるのは当然であって共同運行供用者の他人性が問題となる場面ではないとするもの，規範的に捉えれば，代行運転依頼者の運行供用者性はやはり認められるのであり，しかも，その運行支配の程度は，運転代行業者，代行運転者のそれに比し優るとも劣らないとして，その他人性を否定すべきとするもの等があり，運転代行業者を保有者と認めた点を含め，その評価は一様ではない。

なお，混合型の一種として，泥棒運転の場合を挙げることができる。たとえば，C所有の車をA・B両名が窃取し，B運転中の事故で同乗していたAが死傷したという場合である。前掲【26】最判昭和57年4月2日は，まさにこのような事案である。C会社前の公道上に半ドア状態で駐車してあったC会社所有の車にA・Bが乗り込み，エンジンキーが差し込まれたままであるのを見つけたBが自宅へ乗って帰るべくこれを窃取しようと決意し，発進させたところコンクリート製電柱に激突してAが死亡したという事案において，A・B・C三者ともに運行供用者であると認めた上で，Cによる運行支配が間接的・潜在的・抽象的であるのに対し，A・B両名の運行支配は，はるかに直接的・顕在的・具体的であるとしてAの他人性を否定した。

【92】 最判平4・4・24 交通民集25・2・283

「所論の点に関する原審の認定判断は，原判決挙示の証拠関係に照らし，正当として是認することができ，その過程に所論の違法はない。」

【92′】 名古屋高判平3・9・26 交通民集25・2・286

「そこで，AとBの本件車両に対する運行支配を有するに至つた経緯，事故に至る具体的運行に対する両者の支配の程度，態様により右特段の事情の存否を検討する。

成立に争いのない甲3，甲6，甲7，甲10及至13号証，原審証人Cの証言，原審における被控訴本人の供述及び弁論の全趣旨を総合すると，右の点につき，次の事実を認めることができる。

（1） Cは本件車両を昭和62年9月に中古

Ⅱ　他　人　性

で買い入れ，私用にのみ使用していた。Cは同年10月ころ株式会社αへ入社し，英語教材販売の営業に従事していた。

(2)　Bは，昭和42年12月22日生れで高校中退後，二か所の勤務先を転職し，昭和62年10月末か11月初め頃株式会社αに入社した。

(3)　Aは，昭和41年2月10日大分県で生まれ，生活歴は不明であるが，単身名古屋へ出て昭和62年10月ごろ，Cの入社より1か月ほど早く株式会社αへ入社し，C，Bと同じ教材販売の営業をしていた。

(4)　C，A，Bの3人は，昼食を一緒にしたこともあるが，CからみてA，Bの2人は仲が良いように見えた。

(5)　Bは，株式会社αへ入社した後間もなくAから被控訴人方へ泊めてくれるよう要求されたこと，Bは支給を受けた給料約15万円を使いはたした後，再三被控訴人に小遣を要求するようになり，被控訴人は1か月足らずのうちに5000円を2，3回渡したほか1，2万円づつ渡し，11月26日には3万円を渡したが，使途について被控訴人が追及すると，Bは，Aから毎日のように金をせびられ，渡さないと怖いと告白したので，被控訴人は，そのような友人がいる会社を辞めるよう忠告し，Bも同月末にはαを退職することを決めていた。なお，Bは原動機付自転車の運転免許しか持っていなかった。

(6)　事故の前日27日午後9時ころ，Cは会社でA，Bのどちらかから車を貸してくれと頼まれてこれを承諾し，Cが運転する本件車両にA，Bを乗せて甲市乙区丙4丁目のC居住のアパートまで戻り，午後11時ころ車のキーをA又はBのいずれかに渡して本件車両を両名に貸し渡した。その際，両名とも家へ帰る電車賃も無いとこぼしていたので，Cは，Aが丁郡戊町の，BがV市W町の各自宅へ本件車両で帰るものと思っていたが，両名のうち誰が運転したかは見ていなかつた。Bはその翌日に本件車両を会社に乗って来てCに返還する旨約束していた。

(7)　被控訴人は，同日午後8時30分ころ，Bから連絡電話を受けたが，その内容は「甲は雨が降つているのでVの自宅へ早く帰りたいが，Aに食事に誘われているので帰れない」という趣旨のものであつた。

(8)　本件事故は，Cが本件車両を貸し渡してから約4時間後午前3時15分ごろに発生し，事故現場はCのアパートから車で数分の場所であつたが，その間の運転状況は全く不明である。事故当時はAが運転し，Bは助手席に同乗し，Aは制限速度の2倍近い時速約100キロメートルの高速度で前方車を追い越そうとしてスリップし，電柱に激突して両名とも即死した。

(9)　Aは，昭和59年9月から62年8月までの間4回の無免許運転を繰り返す違反歴があり，事故当時免許の取得登録はされていなかつた。T県U市のAの父の住民票によればAの子としてDが登録されている。また被控訴人がBの葬儀の2，3日後にAの父に電話をした際，同人は謝罪し，Aがいつか事故を起こしてこうなると思つていたとかAが死んで安堵した旨答えていた。右の認定に反する甲第10号証の一部，原審証人Cの証言の一部は採用できない。

以上の事実からすると，AとBは，Cから本件車両を翌28日朝までの約束で，27日午後11時すぎ共同して借り受け，その運行

支配を共に享受したものであるから，両名は本件事故発生当時，本件車両の共同運行供用者であると認められる。

そして，前認定(2)(3)の年齢からみるとBは事故当時未成年であり，Aが1年余年長であつたこと，Aの交通違反歴と甲へ単身Zから来るまでの(9)の生活歴，入社以後AがBに対し毎日のように金をせびり，Bは畏怖してこれを拒否できず，母親の被控訴人に小遣いを要求してはそれをAに渡していた(5)の経緯，BはAを逃れるため退社する決意までしていたこと，本件車両を借り出す直前に，Bから早く帰宅したいがAに誘われているため帰れないと訴える母親への電話があつた(7)の事情，(8)の事故当時の運転状況を総合すると，BはAの要求どおり同人に引きずられて行動していたこと，したがつて，本件車両の運行支配についても両名が対等，同等ではなかつたと推認される。以上のような事実からすると，Aが主導権を握り自己の思うまま本件車両を運行し，仮にBがAに対し運転の交替を命じたり，安全のため行き先や運転方法につき指示又は注意しても，Aがこれに従うことはなかつたものと認めるのが相当であるから，Aには本件事故当時，共同借主として共に本件車両の正当な使用権限を有していたBの安全運行支配に服さずBの指示を守らなかつた等，共同運行供用者としてのBの，事故を抑止する立場，地位を没却及至減殺する特段の事情があつたものと認められる。

従つて，BはAに対し，自賠法3条の他人性を主張することができると解されるから，控訴人はBの相続人である被控訴人に対し，自賠法16条1項に基づき損害賠償の支払をなすべき義務がある。」

共同運行供用者の他人性をめぐる判例の状況はおおむね以上のようであり，そこでは，「直接的・顕在的・具体的」・「間接的・潜在的・抽象的」という判断指標を用いて共同運行供用者の運行支配の程度を相対化することにより結論が導かれている。しかし，その運行支配の程度を相対的に認定するための決定要因が明確にされているとはいいがたい上，具体的な場面では規範的要素が取り込まれており，判例の提示する判断要素が有効に機能するとは思われない。規範的要素を重視するがゆえに，本来，他人として保護が与えられて然るべき者が他人として認められなくなるという事態を招くこともある。

そこで，自動車が現に運行（走行）中であるときに被害者が出ない＝事故が発生しない→事故を抑止するということを基準として措定し，具体的に誰がこれに最も資することができたかという観点から責任主体たるべき運行供用者を決定し，それ以外の共同運行供用者は他人に当たるとみるべきである。したがって，端的には，運転操作に従事している共同運行供用者以外の共同運行供用者は他人とみてよいことになる。共同運行供用者の他人性を決定するところでこのように解することは，決して運行と運転とを混同することにはつながらない。

【93】名古屋高判平成14年12月25日（交通民集35巻6号1506頁）は，X所有の車を借り出して友人Yと深夜の長距離ドライブに出かけたA（Xの長女）（事故当時は睡眠中であった）が，Y運転中の事故により死亡した事故につき，2人で深夜の長距離ドライブを予定して出発した場合には，運転者以外の同乗者が睡眠（仮眠）をとる可能性があることも当然の前提となっ

Ⅱ　他 人 性

ていたと考えられるのであり，一方が運転する場合には，他方は，運転者に車両の運行を任せているのであり，しかも運転者が，同乗者の（シートを倒して眠っている）状況を確認しているような運行状況下における当事者の意思は，運転者は全面的に自動車の運行について任されたとの認識を有し，運転者以外の同乗者は，同運転者に全面的に自動車の運行を任せたとの認識を有していて，それぞれがその認識に基づいて行動しているのであるから，このような場合には，運転者は，運転者として具体的危険を回避する第一義的な責任を負うのであって，睡眠中であった同乗者と比較して，その運行支配が直接的，顕在的，具体的であったとして，同乗被害者の他人性を認めている。

　ここでは，やはり運行支配が直接的・顕在的・具体的かどうかというものを判断指標として用いているのであるが，規範的な概念を差し挟むことなく，ストレートに運転という事実的行為が重視されていることに着目してよいであろう。

　このように解すると，同乗被害者が運転免許を有しない（または，運転免許を有してはいても，免許証を携帯していない）ことが運行供用者性の否定につながりやすいのに対し，これを有することが運行支配の程度を強くする決定的要因となるものではないということが承認される。前掲【81】最判平成6年11月22日は，17歳で普通免許取得資格がなく，当該事故車を運転したこともない同乗被害者（自動車所有者の子）の運行供用者性を否定し，【94】東京地判平成16年6月29日（交通民集37巻3号838頁）は，レンタカーに同乗中に事故にあった被害者が当時運転免許証を携帯しておらず，したがってレンタカーを借りる際にも免許証の提示がされておらず，同被害者が運転することは予想されていなかったことから，到底同レンタカーの運行を支配していたとはいえず，共同運行供用者には当たらないとし，【95】最判平成7年5月30日（交通民集28巻3号701頁，原審は，【95′】大阪高判平成6・3・30交通民集28巻3号714頁）は，事故車の所有者でも運転者でもないが，同乗車4名のうち唯一の運転免許保持者である同乗被害者の他人性を肯定した原審判決を是認した（ただ，その原審判決は，事故車所有者〔運転資格を有しない〕が同乗していて，その者が運転者に自動車の運転に関する指示をすることができたことを主たる理由としており，その限りで，なお規範的要素を重視しているとはいえる）。

【93】　名古屋高判平14・12・25交通民集35・6・1506，裁判所ウェブサイト

「（2）　Aの他人性について

　甲29，甲31，甲45の1ないし6，甲46，原審における被控訴人本人及び控訴人Y本人の各供述並びに弁論の全趣旨によれば，

　ア　本件事案においては，深夜の長距離のドライブを予定して出発したものであるから，運転者以外の同乗者は睡眠（仮眠）をとる可能性があることも当然の前提となっていたと考えられること，

　イ　また，Aから控訴人Yに運転を交代したのは，「Aが疲れた」ためであるから，交代後は，深夜でもあり，Aが睡眠をとる可能性があったこと，

　ウ　控訴人YとAは，2人で度々車で出

かけていたが，両名いずれの車であるかに関わりなく，運転を交代することがあったものであり，一方が運転する場合には，他方の運転をしてない者は，運転者に車両の運行を任せていたこと，

エ　本件事故当時は，Aは睡眠中であり，本件事故の約10分前には，控訴人YはAがシートを少し倒して眠っている状況を確認していること，

オ　このような運行状況下における当事者の意思は，運転者は全面的に自動車の運行について任されたとの認識を有し，運転者以外の同乗者は当該運転者に全面的に自動車の運行を任せたとの認識を有しており，それぞれがその意思に基づいて行動していること，

カ　以上によれば，事故当時の運転者控訴人Yは，運転者として具体的危険を回避する第一義的な責任を負うのであって，睡眠中であった同乗者Aと比較して，その運行支配が直接的，顕在的，具体的であったこと，

の各事実が認められ，これらの事実と弁論の全趣旨を総合すれば，本件事故当時の運転者控訴人Yより運行支配が間接的，潜在的，抽象的な同乗者Aは，控訴人Yに対し，自賠法3条の『他人』に当たると認めるのが相当である。」

【94】東京地判平16・6・29交通民集37・3・838

「本件旅行は，大学院研究科の研究室が主催するもので，何十年も続いている恒例の行事であり，費用の一部も大学の教室運営費から出される等，主催者は大学であり，研究室の責任者は当時のA教授であり，その命を受けて，幹事である被告Yらが車での旅行を計画した。

教室のメンバーはこの旅行に出席することを求められたため，原告Xは，わざわざ長期出張先である甲から教室の費用で（乙県丙市に）帰省し，本件旅行に参加した。前日まで甲にいた原告Xは本件旅行の行程なども全く知らされておらず，被告Yらにより予め決められていたとおりに車に乗るより選択の余地がなかった。助手席に座ったのも，ナビゲーターなどをするためではなく，単に，同乗者の中で最も背が高く脚が長かったからにすぎない（当時，身長は181cmであった。）。また，原告Xは当時免許証を携帯していなかったし，被告Yが被告会社から本件車両を借り受ける際にも原告Xの運転免許証の提示がされておらず，原告Xが運転することは予定されていなかった。

したがって，原告Xは，到底本件車両の運行を支配していたとはいえず，共同運行供用者には当たらない。」

【95】最判平7・5・30交通民集28・3・701

「原審の適法に確定した事実関係の下においては，Aが上告人Y₂との関係において自動車損害賠償保障法3条にいう『他人』に当たるとした原審の結論を是認することができる。」

Ⅱ 他人性

【95′】 大阪高判平6・3・30交通民集28・3・714

「同条にいう『他人』とは，自己のために自動車を運行の用に供する者（運行供用者）及びその運転者（もしくは運転補助者）を除くそれ以外の者をいうものと解すべきところ，本件事故当時，被告Y_1が事故車を運転し，その助手席に同乗していた被告Y_2がこれを所有していたことは前記のとおりであつて，同被告らが事故車の運行供用者であつたことは明らかであるけれども，Aは，事故車の所有者でも運転者でもなく，後部座席に同乗していて本件事故に遭つたものであることは前記認定のとおりであるから，その点からすれば，『他人』に該当することは明らかといわざるをえないかのごとくである。

しかし，Aが，右被告両名と共同運行供用者の関係にあり，かつ事故車の具体的運行に対するAの支配の程度が右両名のそれよりも劣らなかつたとすれば，『他人』には当たらないといわなければならないので，以下そのような関係にあつたかどうかについて検討する。

Aの発案で本件4名が事故車に乗つてドライブにでかけ，途中運転者がAから被告Y_1に交替した後本件事故に遭うにいたつた経緯は前記認定のとおりであるところ，右事実関係によれば，運転免許を取得していないものの，事故車の所有者である被告Y_2がこれに同乗して行をともにしていたのであるから，Aが被告Y_2から事故車を借り受け，独立の使用権原を得て運転することになつたものとみるのは甚だ不自然であり，むしろ，単に被告Y_2から事故車の運転を依頼されてこれに従事したに過ぎないとみるのが相当というべきであつて，走行開始時から事故発生時までの全過程を通じて，事故の防止につき中心的な責任を負い，運転者に対しいつでも運転交替を命じたり，その運転につき具体的に指示することができる立場にあつたのは，事故車の所有者としてこれに同乗していた被告Y_2であり，被告Y_1と運転を交替して後部座席に座つてから後のAは，被告Y_1の運転につき具体的に指示を与えるなど事故車の運行を具体的かつ直接的に支配する立場にはなかつたものというよりほかはない。もつとも，前記認定のとおり，事故車に乗つていた本件4名のうち事故当時自動車の運転資格があつたのはAのみであり，事故車の具体的な運転操作方法について指示することができる立場にあつたのはAであるといわざるをえないけれども，走行速度の指示，停発車，進路変更，運転者の交替等の自動車の運転に関する指示は運転資格の有無とは関係のないことであつて，運転資格のない所有者である被告Y_2においてもこれをなしえたことはもちろんであるから，右のような事情があつたからといって，それを根拠に現実に運転していないAに事故車の運行支配があつたことを肯認しなければならないものではないというべきである。そうであれば，Aが事故車の共同運行供用者であつたということはできないから，同人は自賠法3条の『他人』に該当する者であつたといわなければならない。」

第1章　自賠法上の責任

（6）　運転補助者の他人性

前述のように，自賠法3条本文にいわゆる「他人」とは，運行供用者・運転者・運転補助者以外の者をいうとされており，運転補助者は，交通事故の被害者となった場合であっても自賠法3条による保護を受けることができない。運転補助者は，運転者とともに加害者側に属する者であるとして損害賠償請求権者たり得ないとされたものと考えられる。しかしながら，運転補助者がいかなる者を指すのかが必ずしも明らかではなく，その帰責性の有無・程度についてもかなりの幅がある。

これまでの裁判例の趨勢は，具体的事案の中で当該被害者が運転補助者に当たるか否かを検討し，運転補助者に当たるとみれば他人性を否定し，そうでなければ他人性を肯定するというものであった。

【96】最判昭和57年4月27日（判時1046号38頁）は，ブルドーザーとダンプカーにより整地作業に従事していたBとCが，当日の作業を終えて引き揚げる際，Bが，ブルドーザーをダンプカーの荷台に積み込んで回送しようと考え，Bがブルドーザーを運転してCが操作するダンプカー（A保有）の荷台に乗り入れようとしたところ，ブルドーザーを荷台手前で転倒させてしまい，Bがその下敷きになって死亡したという事案である。Xら（Bの父母）がAに自賠法3条の責任があるとして，自賠責保険会社Yに直接請求したところ，原審は，これを認めたのでY上告。

本判決は，運転者と共同一体的に運行に関与した者として，少なくとも運転補助者の役割を果たしたと認められる者が運転補助者であるとの姿勢を示し，本件でも，Bは，Cと共同一体的にダンプカーの運行に関与し，運転補助者の役割を果たしたという事情がうかがわれるにも拘わらず，原審はこれを十分に顧慮しなかったとして，Y敗訴部分を破棄差戻した。

また，**【97】**最判平成7年9月28日（交通民集28巻5号1255頁，原審は，**【97'】**広島高判平成6・12・15交通民集27巻6号1569頁）は，B運転の大型貨物自動車（ダンプカー，Y所有）からアウトリガーを操作してパワーショベルを降ろそうとしたところ，傾斜した荷台からパワーショベルが滑り落ちて転落・横転し，パワーショベルを発進させようと運転席に乗り込んでいたAがその下敷きになって死亡した事故につき，Bは，Aからパワーショベルの運搬を有償で依頼されたYの指示によりパワーショベルを事故現場まで運搬したものであって，パワーショベルの積降ろしにAの協力が必要としても，その責任自体はYの指示を受けたBにあるというべきであって，本件事故形態に照らせば，AがBとその責任を分担すべきものとは認めがたく，Aを自賠法3条の他人と解するのが相当であるとした原審をそのまま維持した。ここでは，Aがダンプカー（加害車）の運行に関わっていないが故に他人であると判断されたものと捉えることができる。

このほか，下級審裁判例においては，運転補助者というためには，事故当時，現に運転またはその補助に従事していれば足り，職務上の業務に従事していることを要しないとするも

Ⅱ　他　人　性

の（他人性を肯定した例として，【98】仙台高判昭和54・9・7交通民集12巻5号1184頁，【99】甲府地判平成3・1・22判タ754号195頁。否定した例として，【100】長崎地裁大村支判昭和52・3・10交通民集10巻2号369頁，【101】大阪地判昭和55・3・31交通民集13巻2号447頁等），事故が職務の範囲外の事実に起因するときは他人性が認められるとするもの（【102】福井地判昭和53・10・16交通民集11巻5号1435頁は他人性肯定），運転補助者というためには，事故の際，単に一般的な運転補助者の地位にあったというだけでは足りず，少なくとも運転行為の一部を分担する等直接の運転者と実質的に同視できる立場にあることを要するとするもの（他人性を肯定した例として，【103】大阪地裁堺支判昭和48・7・30交通民集6巻4号1246頁，【104】京都地判平成7・10・3交通民集28巻5号1464頁。否定した例として，【105】札幌地判昭和43・6・12判時531号60頁，【106】金沢地判昭和50・11・20交通民集8巻6号1667頁）等があった。

　このように裁判例における判断が必ずしも統一的であるとはいえない中，【107】最判平成11年7月16日（判時1687号81頁）が現れた。

　車上渡しの約定で売買された鋼管杭10本を積載したトラックを運転して引渡場所に行ったAは，B運転の移動式クレーン車による荷降ろし作業のため，玉掛作業を手伝おうとしていた。Bがクレーン車を運転し，Aほか1名がトラックの荷台で玉掛をした後，Bが鋼管杭を吊り上げて右旋回させようとしたときに，鋼管杭を吊っていたワイヤーロープがクレーンの補巻フックから外れて鋼管杭後部が地上に落ち，それがAに当たり，Aが死亡したという事故である。

　一審は，本件事故は，もっぱらBの行為にその原因があり，Aの行為自体は事故の発生原因となっていないから，Aの関与は自賠法3条の他人性が否定されるような運転補助行為と認めることはできないとしたが，原審は，Aは，被保険車両たるクレーン車の運転補助者というべきであって自賠法3条にいう他人には当たらないとした。

　本判決は，「鋼管くいは現場車上渡しとする約定であり，……Aは，Bが行う荷下ろし作業について，指示や監視をすべき立場になかったことはもちろん，右作業を手伝う義務を負う立場にもなかった。また，鋼管くいが落下した原因は……鋼管くいを安全につり上げるのには不適切な短いワイヤーロープを使用した上，本件クレーンの補巻フックにシャックルを付けずにワイヤーロープを装着したことにあるところ，これらはすべてBが自らの判断により行ったものであって，Aは，……好意から玉掛作業を手伝い，フックとシャックルをワイヤーロープの両端に取り付け，鋼管くいの一端にワイヤーロープの下端のフックを引っ掛けて玉掛をするという作業をしたにすぎず，Aの右作業が鋼管くい落下の原因となっているものではない。そうすると，Aは，本件クレーン車の運転補助者には該当せず，自賠法3条本文にいう『他人』に含まれると解するのが相当である。」と述べて破棄差し戻した。

　結局，本判決も，被害者が運転補助者に該当しないがゆえに自賠法3条の他人に当たるとしたものであり，これまでの裁判例の流れに乗ったうえで結論を導いたものとみてよい。

第1章　自賠法上の責任

　本判決後も，他人性を否定される運転補助者とは，「職務上運転を補助する立場にあって，現に運転補助作業に従事している者……であるとともに，その者の行為によって当該事故が発生したという補助行為と事故発生との因果関係を要する」としたものがある（【108】大阪高判平成16・9・16交通民集37巻5号1171頁——玉掛け作業を終えた後，吊り荷を上げて旋回したクレーンから落下した吊り荷に当たって負傷した事故に関するものである）。

　しかしながら，一般的には運転補助者といい得る者であっても，なお自賠法による保護が与えられてしかるべき者が存すると思われ，外観上，運転補助者と目し得る者すべてにつき他人性を否定することの妥当性は疑わしい。

　自賠法による保護が与えられてしかるべき者を保護するには，他人として保護が与えられてしかるべき者を運転補助者に該当しないとするか，運転補助者とされた者であっても，その具体的態様に応じて他人として保護を与える余地を残しておくという二つの手法が考えられる。

　【107】最判平成11年7月16日のように，他人性を肯定するために，当該被害者の運転補助者性を否定するのも一つの方法である。その際は，運転補助者の範囲を厳格に画することになろうが，運転補助者という用語は一般の社会生活においても用いられるものであり，運転補助者という用語にことさら厳格な定義を与えてその範囲を画する必要性は乏しい。

　そこで，運転補助者とは，実際にどのような呼称（助手，車掌等）で呼ばれているかに関わりなく，職務上ないし業務上運転補助者たる地位にある者は，現に補助行為をしていると否とを問わず運転補助者なのであり，また，職務上ないし業務上運転補助者たる地位にない者であっても，現に補助行為に従事している者は，やはり運転補助者であるとして，一般の社会生活においてイメージされているのとほぼ同じ程度に広く緩やかに捉えるのである。そして，この運転補助者は，運転補助者ということのみを理由として直ちに他人たることを否定されるものではなく，つぎの要件をすべて満たしたときに初めて運転補助者の他人性が否定されると解する。

① 　現に運転補助行為に従事している（ただし，次の②参照），
② 　事故発生につき，運転補助者に故意または過失がある（職務上ないし業務上補助行為をなすべき義務を負う者が，その義務の履行を怠った場合を含む），
③ 　事故発生と運転補助行為との間に因果関係がある。

　このように解することにより，運転者補助者であるが故に他人性を否定されるという単純な図式と訣別することができよう。

【96】　最判昭57・4・27判時1046・38，判タ471・99

「右事実関係のもとでは，Cは，Bに全面的に服従する関係になく自己の判断でBの提案に同調したものとはいえ，先任者，年長者であり，経験者でもあるBの具体的指

Ⅱ　他　人　性

示に従ってダンプカーを操作したものであり，Ｂは，Ｃといわば共同一体的にダンプカーの運行に関与した者として，少なくとも運転補助者の役割を果たしたものと認められる事情が多分にうかがわれる。そして，自動車損害賠償保障法３条本文にいう『他人』のうちには，当該自動車の運転者及び運転補助者は含まれないと解すべきであるから，本件においても前記事実によれば，ＢはＣのダンプカーの運行について他人に当たらないと解される余地がある。ところが，原審は，右の事情がうかがわれるにもかかわらず，これを十分に顧慮することなく，単にＢとＣとが命令服従関係にないことをもってＣのダンプカーに対するＢの他人性を肯認したうえ，右ダンプカーの運行供用者であるＡに同条に基づく責任を認めたのであるから，右の点で，原判決は，法令の解釈，適用を誤り，ひいては審理不尽，理由不備の違法を犯したものといわざるをえない。」

【97】　最判平７・９・28交通民集28・5・1255

「所論の点に関する原審の事実認定は，原判決挙示の証拠関係に照らして首肯するに足り，右事実関係の下においては，所論の点に関する原審の判断は，正当として是認することができる。原判決に所論の違法はない。」

【97′】　広島高判平６・12・15交通民集27・6・1569

「この点に関し，控訴人は，本件事故当時における加害車の運転・走行と関連する具体的な運行関与者の行為等からみれば，亡Ａは被害車の積降しが安全にできるよう一審被告Ｂに指示すべき立場にあり，一審被告Ｂと共同して被害車の積降しを実現すべく各自の分担行為をしていたから，亡Ａは加害車の運転補助者として自賠法３条の『他人』とはいえない旨主張するところ，一審被告Ｂは亡Ａに被害車の運搬を有償で依頼された控訴人会社の指示により被害車を本件事故現場まで運搬したものであって，加害車に積載されていた被害車の積降しに被害車の運転者である亡Ａの協力が必要としても，その責任自体は控訴人会社の指示を受けた一審被告Ｂにあるというべきであって，前記認定事実に照らせば，本件事故は，一審被告Ｂが加害車の前側左右のアウトリガーを操作して荷台を傾斜させて後側左右の固定式アウトリガーが地面に接地した直後に発生したものであつて，亡Ａが一審被告Ｂとその責任を分担すべきものとは認めがたく，自賠法３条の『他人』と解するのが相当であるから，控訴人の主張は採用しがたい。」

【98】　仙台高判昭54・9・7交通民集12・5・1184

「控訴人及び補助参加人は，本件事故につき亡Ａは自賠法３条所定の『他人』に該当

しない旨主張するが、前記認定事実によれば、同人は本件事故当時原木の積載作業に従事していたのみであつて、同人が当時本件トラックの『運転又は運転の補助に』従事していた事実を認めるに足る証拠はないから、右の主張は採用することができない。」

【99】　甲府地判平 3・1・22 判タ 754・195，交通民集 24・1・65

「自賠法 2 条で自賠法上『運転者』とは他人のため自動車の運転の補助に従事する者も含まれ、自賠法 3 条の『他人』とは自己のために運行の用に供する者および当該自動車の運転者を除くそれ以外の者と解されるから、運転補助者は自賠法 3 条の他人から除かれ、同条の趣旨から、この運転補助者は、他人のため、補助的に運転を支配する者と解するのが相当である。前記認定事実によれば、亡 A は、本件事故現場のターミナルにおける積み降ろし作業専門の作業員であって運転手ではなく、本件自動車に同乗して積荷の積み降ろしに従事していたものでもなく、作業主任で運転手である訴外 B が行っていた本件荷降ろし作業において、本件事故当時、本件積荷の後方で手を添えて押す程度の補助作業しかしていなかった。したがって、本件自動車の運転を補助的に支配するものとはいい難く、自賠法 3 条で除外される運転補助者とはいえない。よって、本件事故において、亡 A は、自賠法 3 条の『他人』に当たる。」

【100】　長崎地裁大村支判昭 52・3・10 交通民集 10・2・369

「そこで先ず運転補助者の点から検討するに、成立に争いのない乙第 4 号証の 1 ないし 7、第 5 号証・第 8 ないし第 10 号証に証人 A の証言を併せ考えれば、右 A は、本件事故当日の B から借りた本件貨物自動車に材木を満載し、助手席に亡 C とその実父 D を同乗させ、A が運転して事故現場近くの製材所に赴いたが、同製材所前国道の反対側に停車したため、同製材所に本件自動車を入れるには交通量の多い国道をバックで斜め横断しなければならなくなり、D・C の両名に後方の安全確認を頼んだところ両名共これを承諾し、D は国道の向う側（製材所側）の端に立ち、又 C は国道のこちら側（本件自動車側、つまり甲プラント側）で本件自動車の左後方（国道内）に立ち、それぞれ国道上を往来する他の自動車の動静を注視していたところ、A がクラクションもならさず本件自動車をバックさせたため、荷台後部から長くつき出た木材の先端が亡 C の身体に当り、路上に転倒したところを本件自動車の左後輪で轢過され間もなく死亡したことが認められ、右認定を左右するに足りる証拠はない。

そして右認定事実によれば、本件事故当時、亡 C が A の後退運転を補助していたことは明らかといわねばならない（尤も前掲証拠によれば、亡 C が後退を誘導するための言葉を発したり具体的な動作をしたりしたことはなかったことが認められるが、このことは何ら右認定を左右するものではない。けだしそれは単に後退を制止する程に他車が接近していなかったことを示すにとどまるからである。）。

Ⅱ　他　人　性

この点に関し，原告は，運転補助者というためにはバスの車掌やトラック助手等のように業務として運転補助に従事していることを要する旨主張するが，そのように解すべき明確な根拠を見出すことはできず，自賠法第3条にいう運転者（それが業務ないし職務として運転したことを要しないのは明らかであろう）との対比からいつても，事故当時現に運転補助に従事していたことをもつて足りると解するのが相当である。

以上述べたように，亡Cは運転補助者に該当するから自賠法第3条にいわゆる『他人』には当らず，本件自動車の保有者であるBは右法条に基く損害賠償責任を負うものではない。」

【101】　大阪地判昭55・3・31 判タ419・137，交通民集13・2・447

「次に，本件事故が，自賠法3条に規定する『他人の生命又は身体を害したとき』に該るかどうかについて検討するに，同条にいう『他人』とは，運行供用者，運転者，運転補助者以外の者を指すものと解すべきところ，本件事故の被害者である亡Aは，前記認定のとおり，電柱をトラックに積降しするため原告Xに雇われ，同原告の運転する本件事故車に乗車して，古電柱の集荷作業に従事していた者であるから，本件事故車の運転補助者たることは明らかである。もつとも，抽象的には運転補助者であつても，具体的に事故当時，補助者としての職務に従事していなかつたときは，なお自賠法3条の『他人』性を肯定し得る余地が考えられないではないが，本件においては，被害者Aは，事故当時現に電柱の荷降し作業に従事し，まさに運転補助者としての職務を執行中であつたのであるから，自賠法3条によつて保護される『他人』に該当しないことは明らかであり，結局，この点において自賠法3条の保有者の損害賠償責任は発生しないものといわなければならない。」

【102】　福井地判昭53・10・16 交通民集11・5・1435

「原告の本件事故当時における職務内容等は前記認定のとおりであるが，原告がトラックの運転助手であり，自賠法2条4項の運転補助者にあたり，発・停車時における誘導の如く補助者としての本来の職務に従事中の事故受傷の場合には，運転補助者としての職務執行中というべきであるから同法3条の『他人』に該当しないのは，所論のとおりである。

しかしながら，これと異なり，通常の走行中に助手席で仮眠している場合において，運転者の過失による事故により運転助手が人身傷害を蒙つた場合など交通事故が運転助手の職務の範囲外の事実に起因する場合には，運転助手は運転補助者の地位から離脱して被害を受けた『他人』として保護されると解するのが相当である。」

【103】　大阪地裁堺支判昭48・7・30 交通民集6・4・1246

第1章　自賠法上の責任

「被告Y₂塗料は、原告は自賠法2条の運転補助者であるから同法3条の『他人』に該当せず、いわゆる共働者の原則からも、被告Y₂塗料には損害賠償責任はないと主張する。しかし、自賠法3条の他人性を判断するにあたり、共働者の原則、すなわち同じ使用者のもとで働く被用者が他の被用者の行為によって被害を受けた場合に、使用者は被害を受けた被用者に対し損害賠償責任を負わないとの原則を考慮すべき法的根拠はないから、加害者の被告Y₁と同じく被告Y₂塗料の従業員であるとの理由で、原告が自賠法3条の『他人』に該当しないとすることはできない。また前記認定事実によると、原告は自動車運転の補助に従事する者（運転補助者）の地位にあつたということができるけれども、運転補助者が右の『他人』にあたらないというためには、当該事故のさいその者が単に一般的な運転補助者の地位にあつたというだけでは足りず、少なくとも運転行為の一部を分担する等直接の運転者と実質的に同視できる立場にあつたことをも要すると解すべきである。本件では、前記のとおり被告Y₁が（イ）車を運転して見通しのよい道路上を進行中、被告Y₁の過失により衝突事故の発生をみたのであり、当時原告は（イ）車の助手席に同乗していたというにすぎず、運転席から死角にあたる部分の監視、または発車・停車・踏切・後退の誘導等、事故当時運転者の手足となり眼となつて運転者の運転行為の一部を分担していた場合にあたらないことは前記認定事実により明らかであるから、原告は自賠法3条の『他人』にあたると認むべきである。」

【104】　京都地判平7・10・3交通民集28・5・1464

「前記事実及び証拠（乙4、甲8、α運輸代表者本人、β本人）によれば、Aは、本件車両に同乗して業務を行つていたが、同人の業務は、ゴミの積み込み作業であつて、その職務内容にゴミ集積車の誘導等は含まれておらず、同業の収集職員の何割かは好意で誘導等を行う者もいたが、それをしない収集職員も相当数あり、Aについては、βから誘導を頼んだこともないし、実際に誘導をしたこともないことが認められ、右事実によれば、Aを運転行為の一部を分担する実質的な運転補助者の地位にあつたものと評価することはできないから、自賠法3条の『他人』に該当するというべきである。」

【105】　札幌地判昭43・6・12下民集19・5・6・356、判時531・60

「ところで自動車の運転者のうちでも少くとも加害行為をした直接の運転者が同法第3条本文の『他人』から除外されることは同法制定の趣旨に照して容易にこれを首肯でき、また、同条ただし書の『運転者』には自動車の直接の運転者のほか、その運転補助者が含まれることも同法第2条第4項により明白であるが、このことから直ちに、同法第3条本文は運転補助者が被害者である場合を予想していないとか、あるいは運転補助者が被害者である場合に同条本文の『他人』を同条ただし書の『運転者』と同視しなければならないということはできない。すなわち同条ただし書は、被害者である『他人』

Ⅱ 他 人 性

が自動車の直接の運転者ないし運転補助者を除くその余の第三者である場合において，運行供用者が免責されるためには直接の運転者のほか運転補助者の過失についても考慮しなければならないことを規定しているものに過ぎず，運転補助者が被害者である場合にこれを直接の運転者の場合と同様当然に同条本文の『他人』から除外する趣旨だとは解しえないからである。したがつて運転補助者が右『他人』に当るかどうかについては同法制定の趣旨をも考慮してさらにこれを実質的に検討することが必要であり，この点からすれば運転補助者であつても右『他人』から除外されることはありうるが，それは当該事故の際その者が単に一般的な運転補助者の地位にあつたというだけでは足りず，少くとも運転行為の一部を分担する等直接の運転者と実質的に同視できる立場にあつた者に限られるというべきである。本件Ａの場合についてみると，Ａは前記のとおり一般的にみて運転補助者の地位にあつたばかりでなく，その具体的行動においてもバスの後退運転を誘導する任に当つていたものであることは前記のとおり当事者間に争いがない事実であるから，Ａは本件事故当時いわば運転手であるＢの手足となり眼となつて同人の後退運転に伴う危険を防止し，その円滑な運転をはかるため，同人の運転行為の一部を分担していた者ということができ（なお，事故直前の同女は，もはや誘導行為をしていたとはいえないとの原告らの主張が理由のないことは，後記認定のとおりである。），本件において同女は，結局同法第3条本文の『他人』には当らないと断ぜざるを得ない。」

【106】　金沢地判昭 50・11・20 交通民集 8・6・1667

「原告らの本訴請求は亡Ａの自賠法3条に基づく損害賠償請求権を前提とするものであるところ，同条にいう『他人』には加害車両の運転者及びこれと実質的に同視できる立場にあつた運転補助者は含まれないものと解すべく，本件事故により死亡した訴外Ａは右の如き運転補助者であつたもので，右『他人』に該当するとは認められない。

すなわち，亡Ａ及び亡Ｂは事故当日である昭和46年10月23日αスポーツカークラブ主催のKSCC北陸400キロメートルナイトラリーにチームを組んで参加し，競技走行中本件事故が発生したものであること，右ラリーにおける亡Ａの役割はナビゲーターであつたことは当事者間に争いがない。そして一般にラリーにおけるナビゲーターの役割は，〔証拠略〕を総合すれば，運転者に対して，指定されたコースに車を乗せて行くために道路を指示すること，指定された速度で車を走らせるために速度と時間を計算し，とるべき速度をその都度指示すること，そしてコース及び路面の状態を判断して適切な指示を与えること等であるものと認められる。本件ラリーにおけるナビゲーターの役割もまた〔証拠略〕を総合すれば，右と同様であり，単に速度等の計測に止まるものではなかつたと認められ，しかもコースは夜間の山間地の林道であるためコース及び路面の状態を判断して指示するナビゲーターの役割は，殊に重要であつたことが認められる。なお〔証拠略〕によれば原告ら主張のとおり競技2日前にミーテイン

第1章　自賠法上の責任

グが行なわれ運転者自身あらかじめ本件コースを頭に入れることができたことが認められるが，そのことは右ナビゲーターの役割をいささかも軽減させるものとはならない。危険を伴うモータースポーツにチームを組んで参加しているものである以上，チームの全員がその役割に応じながら終始一体となつて危険を避け，競技目的にかなつた運転を図るため努力すべき立場にあるものである。してみると，亡Aは本件加害車両の単なる同乗者と見ることは到底できず，しかも一般的に自動車運転の補助に従事する者（運転補助者）の地位にあつたというばかりでなく，競技走行中終始運転行為に関与していた，或いは関与すべきであつたと認められる。のみならず，〔証拠略〕によれば，本件事故の原因は本件自動車が林道ブナオ線の右カーブになつている箇所を通過する際に直進したため，路外に逸走して甲川に転落したものと認められ，亡Aは該コースの状況を把握しえず指示を誤まつたものと推認されるので，本件事故の原因となつた当該運転行為に直接関与したものというべきである。

以上争いのない，また認定した諸事実によると，亡Aは本件事故当時実質的にいわば運転者である亡Bと一体となつて同人の運転行為に伴う危険を防止し，運転行為の一部を分担していたものということができ，本件においては亡Aは結局同法3条の『他人』には当らないと認めざるを得ない。」

【107】　最判平 11・7・16 判時 1687・81, 交通民集 32・4・983, 裁時 1248・1

原審は，概要以下のとおり判断し，上告人の請求を棄却した。

………

「玉掛け作業の特殊性，危険性にかんがみると，資格のあるAが玉掛け作業に従事する場合には，それが本来同人の行うべき業務でなく，好意で一時的に携わったとしても，本件クレーン車の運転の補助に従事する者であることを否定することはできず，Aの過失の有無やその程度によって右判断が影響を受けるとは解されない。

しかしながら，原審の右判断は是認することができない。その理由は，次のとおりである。

本件トラックにより本件工事現場へ運搬された鋼管くいは現場車上渡しとする約定であり，本件トラックの運転者Aは，Bが行う荷下ろし作業について，指示や監視をすべき立場になかったことはもちろん，右作業を手伝う義務を負う立場にもなかった。また，鋼管くいが落下した原因は，前記のとおり，鋼管くいを安全につり上げるのには不適切な短いワイヤーロープを使用した上，本件クレーンの補巻フックにシャックルを付けずにワイヤーロープを装着したことにあるところ，これらはすべてBが自らの判断により行ったものであって，Aは，Bが右のとおりワイヤーロープを装着した後に，好意から玉掛け作業を手伝い，フックとシャックルをワイヤーロープの両端に取り付け，鋼管くいの一端にワイヤーロープの下端のフックを引っ掛けて玉掛けをするという作業をしたにすぎず，Aの右作業が鋼管くい落下の原因となっているものではない。そうすると，Aは，本件クレーン車の運転補助者には該当せず，自賠法3条本

文にいう『他人』に含まれると解するのが相当である。

したがって、原審の前記判断には、自賠法3条の解釈適用を誤った違法があり、右違法は原判決の結論に影響を及ぼすことが明らかである。論旨はこの趣旨をいうものとして理由があり、原判決は破棄を免れない。そして、Aの死亡による損害額、Aについて過失相殺の有無、程度、本件和解により支払われた金額が右賠償額の範囲内か否か等を審理判断させるため、本件を原審に差し戻すこととする。」

【108】 大阪高判平16・9・16交通民集37・5・1171

「なるほど、自動車損害賠償保障法2条4項には『この法律で「運転者」とは、他人のために自動車の運転又は運転の補助に従事する者をいう。』と規定されており、文理上、その者の行為によって事故が発生したことは運転者あるいは運転補助者と認定するための要件とはされていないが、事故発生につき何ら因果関係のない運転補助者が、労災保険のほか自動車損害賠償責任保険も支払われる同僚被害者（たとえば、同乗者）や、他の車両により被害を受けた運転補助者の場合に比べて特に保護に値しないとは考えられないこと、運転補助者は、当該自動車の運行に関し事故発生を未然に防止しなければならない注意義務を負担しているものであるから、運転補助者の行為が上記注意義務を怠ったものであり、事故発生と因果関係があるときは、加害者であるからこれを保護する必要がないといえるが、運転補助者の行為以外の原因で事故が発生し、運転補助者に注意義務違反も、事故発生との因果関係もない場合は、運転補助者にとっては不可抗力であること、自動車損害賠償保障法3条ただし書の免責要件については全部立証する必要があると解されるから、同法3条の運行供用者責任の成立について、自動車損害賠償保障法は運転者に過失がない場合を当然予定しているものであり、運転者が常に加害者側に立つわけではないこと、同法11条においても運転者に不法行為責任がないときは被保険者にならないと規定されているから、運転者が被害者となり得ないものではないことなどからすれば、自動車損害賠償保障法3条の他人性を否定される運転補助者に該当するというためには、職務上運転を補助する立場にあって、現に運転補助作業に従事している者（あるいは運転補助作業から離脱していない者）であることとともに、その者の行為によって当該事故が発生したという補助行為と事故発生との因果関係を要すると解するのが相当である。

そこで次に、被控訴人の補助行為と事故発生との間に因果関係が認められるか否かを検討するに、原審における証人乙川夏男、証人甲山秋男及び証人丙原冬男（後記の信用しない部分を除く。）の各証言によれば、本件事故当時、被控訴人と甲山の2名で玉掛け作業を行い、地切り作業を終えた後、乙川が、甲山の合図によって、クレーンを操作して吊り荷を3,4メートルの高さまでまっすぐ吊り上げ、その後、左旋回しながら吊り荷を巻き上げていき、クレーンのフックがトラックの後輪辺りに来たときに、旋回方向から見て後方（トラックの運転席側）のナイロンスリングが外れて吊り荷が落下

したことが認められるところであり（なお，証人丙原は旋回方向から見て前方のナイロンスリングが外れた旨を供述しているが，前記のとおり，クレーンのフックがトラックの後輪辺りに来たときに落下したこと，吊り荷はナイロンスリングが外れた方に傾きながら落下すること，吊り荷が荷台中央部付近で被控訴人に衝突していること（甲3）などに照らすと，信用しがたい。），仮に本件事故における吊り荷の落下の原因が，玉掛けの方法が不十分であったために，クレーンのフックに掛かっていた2本のナイロンスリングのうち1本の片側アイ部がフックから外れたことによるものであったとするならば，玉掛けの方法が不十分であったのはクレーンの旋回方向から見て後方（トラックの運転席側）のナイロンスリングであったと推認されるところ，証人甲山秋男及び証人乙川夏男がいずれもクレーンの旋回方向から見て後方（トラックの運転席側）のナイロンスリングの玉掛けをしたのは甲山である旨を供述していることに照らすと，少なくとも被控訴人の玉掛けの方法が不十分であったために本件事故が発生したと認めるに足りない。

また，被控訴人は，本件事故当時，甲山と2人で玉掛け作業を行っていたものであるが，2人で玉掛け作業を行っていたからといって，直ちに，甲山の行った玉掛けについてまで，不完全な玉掛けにならないように，ナイロンスリングのアイ部がフックに確実に掛かっていることを確認すべき義務が被控訴人に生じるものとはいえない。さらに，仮に，被控訴人がクレーンの吊り荷の運搬経路から退避しなかったことが本件事故の原因の一つになっているとしても，クレーンの吊り荷の運搬経路から退避する行為は，運転の補助をする行為ではない。

よって，被控訴人の補助行為と事故発生との間に因果関係が認められないから，被控訴人は自動車損害賠償保障法3条の他人性を否定される運転補助者に該当するとはいえないこととなる。」

（7） 供用支配説による解釈

以上は，判例の立場を前提とした場合の解釈の方向性を示すものであるが，運行供用者概念につき供用支配説に立つときは，従来と同様，非同乗型，同乗型，混合型という類型に従いつつ，以下のように解することになる。

すなわち，従来の判例は，運行支配の強い・弱いを判断するに際し，その直接性・顕在性・具体性と間接性・潜在性・抽象性という基準を設定したが，供用支配説においては，運行支配の直接性・間接性等によるのではなく，自動車の運行そのものに対する関与の度合いによって判断する。そして，運行への関与の度合いを判断するに際しては，供用支配・運行支配・運転行為という三つの概念を用いる。この三つの概念の関係は，供用支配が最も大きく（広範で），その中に運行支配があり，さらにその運行支配の中に運転行為があると把握し得る。したがって，運行供用者としては，供用支配のみを有する者，運行支配を有する者（＝当然に，供用支配を有する），運転行為に携わる者（＝当然に，供用支配と運行支配とを有する）が存すると

Ⅱ 他人性

いうことになる。それゆえ、ここでいう運行支配の「運行」とは、従来の判例が用いてきたような意味での、運行概念の外延に曖昧さを残すものではなく、自賠法2条2項にいうところの運行である「……人又は物を運送するとしないとかかわらず、自動車を当該装置の用い方に従い用いることをいう」を指す。

ここにおいて、自動車の運行そのものに対する関与の度合いは、その概念の大きさに反比例する。つまり、自動車の運行そのものに対する関与の度合が最も強いのは運転行為であり、その次に強いのが運行支配となり、したがって、供用支配の関与する度合は最も弱いものとなる。その上で、運行への関与の度合いの強い運行供用者は、より弱い運行供用者に対しては他人性を主張し得ないことになるとする。このように考えることは、共同運行供用者のうち、自動車の運行そのものに対する関与の度合いの最も強い者が事故の抑止に最も資する者であるとして運行供用者としての責任を負い、他の者は他人として保護されてよいという考え方に連なる。

これにより、先の三類型にしたがってみていくと、結論が容易に引き出されることになろう。

① 非同乗型

自動車に乗っていない運行供用者は供用支配のみを有する者であり、自動車に乗っている運行供用者を、運行支配を有する者ないし運転行為に携わる者と捉える。したがって、自動車の運行そのものに対する関与の度合からして、車内の運行供用者は、車外の運行供用者に対して他人性を主張することができないこととなる。

② 同乗型

同乗者は、いずれも運行支配を有する者として捉えられるが、運転行為に携わる者は、運転していない者に比べて運行への関与の度合が当然に強いということになる。したがって、運転していない同乗者たる運行供用者は、運転者たる運行供用者に対し、他人性を主張することができることとなる。

③ 混合型

これは、非同乗型と同乗型を組み合わせて考えればよい。

すなわち、供用支配者（供用を支配しているにとどまる者〔運行支配を有さず、運転行為にも携わっておらず、供用を支配しているにとどまる者〕）と運行支配者（現に運転していた者は、当然に供用も支配していることになる）との、いずれもが運行供用者であるとき、供用支配者は、運行支配者に対して他人性を主張し得るが、その逆はないということになり、交代で運転している場合のように、複数の運転者を観念することができ、そのいずれもが供用支配者（＝運行支配者）で運行供用者であるときは、現に運転していない者は、現に運転している者に対し他人性を主張し得るということになる。

ただ、ここにも例外は認められるべきである。すなわち、A運転、B同乗、A・Bともに

第1章　自賠法上の責任

運行供用者で，Bが被害者となった場合において，たとえば，A・Bは暴走族仲間で，Aが弟分，Bが兄貴分であって，Aはハンドルを握ってはいたもの，その運転は逐一Bの指示に従っていて，およそ逆らうなどということは考えられないというようなときは，事故の抑止に最も資することができる責任主体たるべき運行供用者はBであるとして，そのBの他人性は否定されることになるのである。

（8）　新責任肯定説

この説は，共同運行供用者の他人性という問題設定そのものを採らない。すなわち，他人とは，運行供用者以外の者すべてを指すところ，その運行供用者とは，損害賠償の責任主体として他人（被害者）との相対関係にあって，被害を賠償する責に任ずる地位に立つ者をいい，一方，他人とは，被害を受けた者でその損害の賠償を請求し得る地位にある者であって，運行支配・運行利益の有無，程度いかんによってその地位自体に変化が生ずるような性格のものではなく，したがって被害者は絶対に運行供用者たり得ず，また被害者たる他人が存在せず，他人から損害賠償を請求される立場にない者についてはそもそも運行供用者性を検討する必要もないとするものである。

この説に従ったと思われる裁判例も存する（【109】前掲札幌高判昭和52・7・20）が，少数説にとどまる。

【109】　札幌高判昭52・7・20 判タ360・191，交通民集10・4・937

「次に，本件事故発生のとき，亡Aが自賠法第3条本文にいう『他人』に該当したか否かについて考察する。

1　自賠法第3条本文にいう『他人』とは，本来，運行供用者以外の人という意味である。このことは，同法同条本文の文理上明白である。

ただ，同法同条但し書があるため，同法にいう運転者（以下，単に『運転者』というときは自賠法上のそれをいう。）が自動車の運行によつてその生命又は身体を害されても，運行供用者は当該運転者に対しては同法同条本文に基づく損害賠償の責は負わないものと解されるので，運転者は，運行供用者以外の人という本来の意味では『他人』であるにかかわらず，運転者であるということのゆえにその『他人』性が阻却されるものと解さざるを得ない。同法同条但し書がなければ運転者の『他人』性が阻却されることはないのであるから，その意味で，運転者の『他人』性阻却の根拠は，同法同条但し書ということができる。

右のとおりであるから亡Aは，運行供用者でない限り，右『他人』に該当するものであり，運転者でない限り，右『他人』性を阻却されることはないものである。

2　ところで，被控訴人は，先ず，亡Aは，本件自動車の運行供用者であつたから，自賠法第3条本文にいう『他人』には該当しないと主張する。よつて案ずるに，

(1)　自賠法第3条の解釈上，運行供用者性認定基準としての運行支配は，必ずしも

Ⅱ 他 人 性

直接的,具体的であることを要せず,間接的,潜在的,抽象的なものであつても足りるとされ,前判示のBの運行供用者性肯認も亦かかる見地に立脚したものにほかならない。また,一個同一の自動車による一個同一の人身事故において,被害者以外の複数の者が運行供用者でありうることが肯定されているが,これらは畢竟かかる解釈が同法第1条に謳われている自動車事故被害者保護の目的に添うものであるからにほかならない。右のとおりであるから,自動車人身事故被害者保護の見地から出発した右のような運行供用者性認定基準ないし複数運行供用者肯定の理論を,自動車人身事故被害者が特定の運行供用者に対して損害賠償を求める場合につき,安易に当該被害者に適用し,それによつて右被害者を当該運行供用者と並ぶ共同運行供用者となすことにより,右被害者の『他人』たることを否定し,その者から自賠法による保護を奪つてしまうときは,本末顚倒のそしりを免れないであろう。さればといつて,かかる場合の被害者のために運行供用者性の認定基準を厳しくすることによつて右被害者の運行供用者性を否定し,以つてその『他人』性を確保して自賠法による保護を与えることにするならば,かかる方法は弥縫的であり,便宜論的であるとの非難を免れないであろう。また,被害者によつて運行供用者として訴求されている者と当該被害者とのいずれもが運行供用者に該当する場合,当該自動車に対するそれぞれの運行支配の態様を比較して或る場合には後者を『他人』としてこれに自賠法の保護を与え,或る場合には,後者を『他人』に非ずとしてこれに自賠法の保護を与えないことにすることも考えられるが,この方法は,一見巧妙の如くではあるが,その理論的根拠が必ずしも明らかでないのみならず,その明確な適用基準を発見することも困難であり,所詮,一種の便宜論にすぎないものの如く思われる。当裁判所としては,以上のいずれにも賛することができない。

(2) 思うに,自賠法第3条にいう『自己のために自動車を運行の用に供する者』とは,当該自動車の運行によつて『他人』の生命又は身体を害したきは,原則として,これによつて生じた損害を賠償すべき責に任ずべき者であるから,それは,右のような損害を被つた運行供用者以外の人としての『他人』即ち被害者(自賠法第1条,第16条等にいう『被害者』とは,かかる者をいうものと解する。以下,『被害者』というときはかかる者をいう。)に対する一種の法的地位であつて,被害者を当然の前提とするものである。被害者を前提としない運行供用者の如きは法的に無意味である。

被害者が被害者たると同時に被害者としての自己に対する運行供用者でもあるなどということは,自賠法第3条の解釈として成り立ち得ない。また,運行供用者(甲)に対して被害者たる者(乙)が,自己以外の他の被害者に対する関係では,運行供用者であるという場合もありうるが,それは,当該運行供用者(甲)と当該被害者(乙)との関係とは別個の法的関係であるから,それによつて,当該運行供用者(甲)と当該被害者(乙)との関係が左右されるものではなく,当該運行供用者(甲)と当該被害者(乙)との関係において,当該被害者(乙)が被害者でなくなるなどということはあり得ず,従つて当該被害者(乙)が運行供用者になるなどということも起こり得ない。

(3) 亡Aが本件事故発生時本件自動車の

運行供用者であつたB以外の人であつて本件事故における被害者であつたことは，前判示したところによつて明白である。そこで前段説示の見地に立つて被控訴人の前記主張をみるに，亡Aを本件自動車の運行供用者であつたとする被控訴人の前記主張は，若しそれが被害者を前提としないで（ママ）あれば法的に無意味なものであるし，若しそれが亡Aを被害者として前提したものであれば，それは自賠法第3条の解釈上成り立ち得ない法的関係の主張であるし，若しそれが亡A以外の被害者を前提としたものであれば，それはBと亡Aとの間の運行供用者対被害者としての関係とは別個の法的関係の主張であつて，主張自体，それによつてBと亡Aとの間の右の関係を左右し得るものではないから，その意味においてBと亡Aとの右の関係にとつては無意味なものといわざるを得ず，それによつて亡AがBに対する関係においても本件自動車の運行供用者になるなどということはあり得ない。

右のとおりであるから，亡Aが本件事故発生のとき，本件自動車の運行供用者であつた旨の被控訴人の主張は，それ自体失当であるか若しくは無意味なものであるかのいずれかであるから，これを前提として，亡Aが自賠法第3条本文にいう『他人』ではなかったという被控訴人の前記主張は，採るを得ない。」

(9) 残された問題

被害者となった運行供用者の他人性が否定される場合であっても，民法709条にいわゆる「他人」性まで否定されるわけではないから，運転者に過失があったことを前提として，その運転者に対する損害賠償請求は当然に認められることになる。その場合，共同運行供用者たることを理由として損害賠償額の減額がなされ得るか。これを正面から認めた裁判例（【110】高松高判平成2・7・20判時1414号61頁）も存するものの，その根拠をどこに求めるかを含めて議論の集積が待たれる。

【110】 高松高判平2・7・20 判時1414・61，判タ746・186

「二　1　Y₃の責任原因
……Y₃は民法709条により……A，その父母であるXらの被った損害を賠償すべき責任がある。
……
3　Y₁，Y₂の責任原因
Y₁，Y₂の運行供用者責任について
……
以上の事実によると，被控訴人Y₁，同Y₂，同Y₃，Aは，自動車の運転練習のため，本件ドライブ旅行を計画し，本件自動車を共同で借り受け，これを共同で運行の用に供していたものである。このような共同運行供用者相互間においては，その者の有する運行支配，運行利益の程度が他の者より間接的，潜在的，抽象的である場合にのみその者が自賠法3条にいう『他人』に当たるものと解するのが相当である。本件ドライブ旅行の発案者が被控訴人Y₁，同Y₂であるが，同Y₃，Aも右計画に賛成して参加したもので，特に誰がその責任者ないしこれに準ずる立場にあるとすべき事情もなく，本

件事故当時本件自動車を運転していたのは被控訴人Y₃であるが，誰が運転してその練習をするかに関しAは被控訴人Y₃，同Y₁，同Y₂と全く同等な立場にあった。従って，本件事故当時本件自動車の運行に関するAの運行支配，運行利益の程度が間接的，潜在的，抽象的であるとはいえず，結局Aは被控訴人Y₃，同Y₁，同Y₂に対する関係で自賠法3条にいう『他人』には該当しないものである。

4　共同運行供用者による減額

前記のようにAが他の3名と共同運行供用者の関係にあったこと，本件事故発生の態様等前記各説示よりみて，損害負担の衡平の観点からみて，被控訴人Y₃に対し請求できる損害賠償の金額を軽減されても止むを得ないものというべく，前記各説示を総合考慮すると，その損害の内20パーセントを減額するのが相当であり，それを控除した額は，控訴人X₁が1829万3621円，控訴人X₂が1765万3621円となる。」

Ⅲ　運行起因性

自賠法3条は，「自己のために自動車を運行の用に供する者は，その運行によって他人の生命又は身体を害したときは，……」と定め，運行供用者責任が成立するには，当該自動車の「運行によって」他人の生命または身体を害することを要求している。そこで，その「運行によって」の意味するところも明らかにされる必要がある。

「運行によって」については，従来，「運行」の意義と「によって」の意義とに分けて考察されることが多かったが，両者を明確に峻別することはそれほど容易でなく，これを一括して「運行起因性」として捉える向きもある。ここでは，ひとまず伝統的な手法に従って，両者別々にみていく。

（1）運行の意義

自賠法2条2項は，「この法律で『運行』とは，人又は物を運送するとしないとにかかわらず，自動車を当該装置の用い方に従い用いることをいう」とし，道路運送車両法2条5項は「……『運行』とは，人又は物品を運送するとしないとにかかわらず，道路運送車両を当該装置の用い方に従い用いること……をいう」としている。このように，運行は，自動車を当該装置の用い方に従い用いることとされており，まずは，その「当該装置」が何を指しているのかが問われる。

（2）「当該装置」の意味

当該装置が何を意味するのかにつき，判例の立場はほぼ固まっているかにみえるものの，なお諸説が存し，若干流動的でもある。

第1章　自賠法上の責任

① **原動機説**　　自動車とは，原動機により陸上を移動させることを目的として製作した用具であるから（自賠法2条1項，道路運送車両法2条2項），その自動車の運行である以上，「当該装置」とは原動機装置を指し，「用い方に従い用いる」とは原動機の作用によって陸上を移動させることをいうとするのが原動機説である。

　原動機によって場所的に移動させるところに自動車の危険性があると考えるものであるから，運行は，基本的にはエンジンによる発進から停止までの走行に限定され，惰力走行，無人車の暴走，駐停車中の事故等は基本的に運行に基づかないものとなるが，それらが運行に基づくものであるかどうかの判断は，その前後の走行との関係で「運行によって」に該当することになるか否かによることになる。

② **走行装置説**　　当該装置を原動機装置に限定せず，ハンドルやブレーキその他の走行に関連する装置もここに含まれるとし，「用い方に従い用いる」には，原動機以外の走行装置を操作して走行する場合も含まれると解するのが走行装置説である。

　この説によっても，無人車の暴走，駐停車中，ドアの開閉等に関わって事故が生じたような場合には，それ自体では運行に当たらず，原動機説の場合と同様の手法で判断する。

③ **固有装置説**　　当該装置には，原動機や走行装置に限らず，自動車の構造上設備されている各装置のほか，クレーン車のクレーン，ダンプカーのダンプ，ミキサー車のミキサー，トラックの側板・後板等，当該自動車に固有の装置も含まれ，「用い方に従い用いる」とは，これらの装置の全部または一部をその目的に従って使用することと解するのが固有装置説である。

　この説によれば，駐停車中の事故であっても，これを固有装置の使用と捉えることができれば運行に当たるとみることになる。

④ **車庫出入説**（車庫から車庫説）　　この説は，自動車それ自体が装置であり，したがって，自動車が車庫を出てから車庫に戻ってくるまでの間は，駐停車中も含めて運行に当たると解する。

⑤ **物的危険原因説**　　この説は，もともと危険な物である自動車の運行やその有する物的危険（その自動車の装置といえるものを用い方に従って用いる場合の物的危険）が当該事故の原因となった場合には運行に当たる解する。

⑥ **危険性説**　　この説は，自動車を通常の走行の場合に匹敵するような危険性を持つ状態に置く行為を運行と解する。

⑦ **自動車機能使用説**　　この説は，自動車がその用途・目的に従って用いられている状態にあることが運行であるとする。したがって，走行中か駐停車中かを問わず，作業中か否かも問われず，さらに，放置中であっても用い方に従い用いるという状態に置かれている以上，運行に当たるということになる。

⑧ **判例の立場**　　判例の立場は，以下のように変化してきている。

III　運行起因性

　当初は，原動機説を採っていた（【111】神戸地判昭和34・4・18判時188号30頁——Bが貨物自動車を運転中，給油所での給油を終えた後，同車のクラッチの故障を修理するため，原動機を停止させたまま，同給油所勤務のAから油半分の入った1リットル缶を貰い受け，傍らでAが照らす電灯の下で故障箇所を洗浄中，突然同車のバッテリー線がショートして発火し，Bの持っていた石油缶に引火したので，Bがその石油缶を放り投げたところ，これがAに当たり，そのためAが油火を浴びて火傷を負い，その後死亡したという事案において，「自動車の『運行』とは，自動車を当該装置の用い方に従い用いること，すなわち自動車を原動機により移動せしめることをいうものと解すべきであるが，……本件事故は，Bが，給油所において自動車を停車中に，しかも原動機を止めて同車の故障箇所を修理中に発生したものであるから，自動車の運転中に発生した事故でないことはもちろん……」とした）。ついで，走行装置説に立つことを明らかにし（【112】最判昭和43・10・8民集22巻10号2125頁——エンジンが故障した貨物自動三輪車がロープで他車両に牽引されて走行しているときに，同車の荷台に乗っていた児童がそこから飛び降り，頭部を強打して死亡したという事案において，「当該装置」とは，エンジン装置（原動機装置）に重点を置くものではあるが，必ずしもそれのみに限定する趣旨ではなく，ハンドル・ブレーキ等の走行装置もこれに含まれると解すべきであり，したがって，エンジンの故障により他の自動車に牽引されて走行している自動車も，当該自動車のハンドル操作により，あるいはブレーキ操作により，その操縦の自由を有するときにこれらの装置を操作しながら走行している場合には，その故障自動車自体を当該装置の用い方に従い用いた場合に当たり，「運行」に当たるとした），その後，固有装置説に立つという姿勢を示している（【113】最判昭和52・11・24民集31巻6号918頁——道路脇の田んぼに転落した貨物自動車をクレーン車によって引上げ作業中，上空に架設されていた高圧電線にクレーンのワイヤーが接触したため，作業員が感電死したという事案において，自動車を当該装置の用い方に従い用いることには，自動車をエンジンその他の走行装置により位置の移動を伴う走行状態に置く場合だけでなく，本件のように，特殊自動車であるクレーン車を走行停止の状態におき，操縦者において，固有の装置であるあクレーンをその目的に従って操作する場合も含むとした）。今日では，固有装置説が判例の採るところといえる。

　判例の採る固有装置説によるときは，車両が駐車している状態をもってただちに「運行」と捉えることには無理があるようであり，そこで，走行との時間的・場所的関連，駐車目的等から，当該駐車が前後の走行行為と一体といえるか否かによって「運行」に当たるか否かを判断していくべきであるとする見解が有力である。

　しかしながら，自動車の機能が非常に多様化してきている今日の状況において，固有装置説に固執していたのでは問題に適切に対処することはできない。

【111】　神戸地判昭34・4・18下民集10・4・781，判時188・30，判タ90・78

「訴外亡AがV市W区Z3丁目20甲株式会社の従業員であつて同市同区S町所在同会社経営の給油所で勤務していたこと，乙自動車有限会社の運転者Bが昭和31年9月

第1章　自賠法上の責任

4日同会社の貨物自動車W六あ第1201号を運転し，右給油所に立ち寄り燃料の補給を受け，クラッチの不良個所を調整したこと，同日同所で右Aが火傷を負い，そのため死亡したこと，乙自動車有限会社と被告との間に原告主張のとおり自動車損害賠償責任保険契約が締結されたことはいずれも当事者間に争がなく，証人Bの証言によると，右Bは同日集荷のためT方面へ赴くべく右貨物自動車を運転して同社車庫を出発し，途中給油のため午後7時頃前記のとおり前記給油所に立ち寄り給油を終えたが，同車のクラッチに故障があつたので，Bは原動機を停止したまま，それを修理するため，同給油所で勤務中の右Aから油を半分入れた1リツトル罐を貰い受け，傍でAが差し照らす電灯の下で故障個所を洗滌中，突然同自動車のバツテリ線がシヨートして発火し，Bの持つていた石油罐に引火したので同人は右罐をほうり投げたためこれが右Aに当り，そのためAが油火を浴びて火傷を負つたことが認められ，右認定を動かすに足る証拠はない。

　そこでまず右事故について乙自動車有限会社に保障法第3条の規定による損害賠償の責任が発生したかどうかについて判断する。保障法第2条第1項第2項によると自動車の『運行』とは自動車を当該装置の用い方に従い用いること，すなわち自動車を原動機により移動せしめることをいうものと解すべきであるが，同法第3条には自己のために自動車を運行の用に供する者は，その運行によつて他人の生命又は身体を害したときはこれによつて生じた損害を賠償する責に任ずると規定しているから，同条による損害賠償責任は自動車の運行中に事故が発生した場合に生ずるのみならず，自動車がたまたま停車している場合の事故であつても，その事故発生と自動車の運行との間に相当因果関係がある場合には右損害賠償責任が発生するものと解する。ところで，前記認定事実によると，本件事故は，前記Bが前記自動車を運行の途中，一時，給油所において停車中に発生したものであり，且同人が同所で給油をなし，更に原動機をとめて自動車の故障個所を修理中に発生したものであるから，本件事故は自動車の運行中に発生した事故でないことは勿論，本件事故発生と右Bの自動車運行との間に相当因果関係があるということもできない。

　すると本件事故につき，乙自動車有限会社は保障法第3条による損害賠償責任を負担しない。従つて被告会社は本件事故による保険金の支払義務はないというべきである。」

【112】　最判昭43・10・8民集22・10・2125，判時537・45

「所論は，その実質は自動車損害賠償保障法2条にいう『運行』についての原審の解釈，適用の誤りを主張するものであるところ，右にいう運行の定義として定められた『当該装置』とは，エンジン装置，即ち原動機装置に重点をおくものではあるが，必ずしも右装置にのみ限定する趣旨ではなく，ハンドル装置，ブレーキ装置などの走行装置もこれに含まれると解すべきであり，従つて本件の如くエンジンの故障によりロープで他の自動車に牽引されて走行している自動車も，当該自動車のハンドル操作により，或

III 運行起因性

いはフットブレーキまたはハンドブレーキ操作により，その操縦の自由を有するときにこれらの装置を操作しながら走行している場合には，右故障自動車自体を当該装置の用い方に従い用いた場合にあたり，右自動車の走行は，右法条にいう運行にあたると解すべきであるから，これと同旨の原審の判断は，正当として肯認することができる。」

【113】 最判昭52・11・24民集31・6・918，裁時728・3

「自動車損害賠償保障法2条2項にいう「自動車を当該装置の用い方に従い用いること」には，自動車をエンジンその他の走行装置により位置の移動を伴う走行状態におく場合だけでなく，本件のように，特殊自動車であるクレーン車を走行停止の状態におき，操縦者において，固有の装置であるクレーンをその目的に従って操作する場合をも含むものと解するのが相当である。したがつて，原審の適法に確定した事実関係のもとで，右と同旨の判断のもとに，本件事故は本件クレーン車の運行中に生じたものであるとし，亡Aの死亡との間の相当因果関係をも肯認して，上告人に対し同法3条所定の責任を認めた原審の判断は，正当として是認することができ，原判決に所論の違法はない。」

（3） 運行「によって」の意義

自賠法3条所定の「その運行によって」のうちの「によって」についても説が分かれており，次の三説がよく知られている。

① **相当因果関係説** 運行と事故との間に相当因果関係が必要であるとするもので，運行を事故の原因力と解し，運行と生命，身体の侵害との間に相当因果関係を要するとし，民法416条を準用することとする。

② **事実的因果関係説** 相当因果関係説によるときは予見可能性に関わる点の立証責任が原告側に課されることになるが，これは自賠法3条本文の趣旨と相容れないとして，請求原因としては，運行と事故との間に事実的（条件的）な因果関係があれば足りるとする。

③ **運行に際して説** ドイツ道路交通法7条1項が「運行に際して」（bei der Betrieb）と規定していることにも着目して，文字通り運行に際して事故が発生したものであればよく，運行と事故との間に時間的・場所的接着関係があればよいとする。

通説・判例（前掲【112】最判昭和43・10・8，前掲【113】最判昭和52・11・24，【114】最判昭和54・7・24判時952号54頁〔その原審は，【114′】広島高裁松江支判昭和53・11・22交通民集12巻4号918頁〕）は相当因果関係説を採っている（非接触事故については，【115】最判昭和47・5・30民集26巻4号939頁が，自動二輪車の突進に驚いた歩行者が転倒，負傷した事故で，車両と被害者とが接触していないときであっても，車両の進行が被害者の予測を裏切るような常軌を逸したものであり，これによっ

第1章　自賠法上の責任

て歩行者が危険を避けるべき方法を見失い転倒して受傷する等，衝突に比すべき事態によって傷害が生じた場合には，運行と受傷との間に相当因果関係があると認めるのが相当であるとしている）が，相当因果関係存否の判断にあたっては，運行と結果（事故発生）および結果発生に至る経緯を総合的に考慮して判断すべきことは当然であって，そうすると具体的事案の考察に際しては，各説の違いがどのように現れるかは，かなり微妙な問題といえる。ただ，A運転の自動二輪車が自ら転倒・滑走して違法駐車車両（B大型貨物自動車）に衝突し，Aが死亡した事故につき，違法駐車は自賠法3条の「運行」に該当するが，B車は，A死亡の第一次的原因であるA車の転倒・滑走に影響を与えていなかったのであるから，B車の運行とAの死亡との間に事実的因果関係は認められるものの，B車の駐車形態が一般の違法駐車車両よりも著しく危険である等の特段の事情がない限り，原則として相当因果関係はないと解すべきとして，B車保有者の自賠法3条の責任を認めなかった大阪地判平成20年10月30日（平成10年（ワ）第6910号）のような裁判例があることに留意しなければならない。

なお，運行と生命・身体の侵害との間に因果関係があることの主張・立証責任は，被害者（損害賠償請求者）側にあるとされている（【116】東京地判昭和46・9・30判タ271号348頁）が，「運行と事故発生との間に相当因果関係の存することを立証することは被害者側に必ずしも容易ではなく，その立証責任を全て被害者側に負担させるというのであれば，自賠法3条但書の趣旨が没却されることになる」から，「被害者側で立証すべきものは条件説的因果関係の存在のみで足り，相当因果関係については，無過失の立証責任を負う運行供用者の側においてその不存在を立証すべきものと解する」としたものもある（【117】広島地判昭和45・5・8交通民集3巻3号675頁）。

【114】　最判昭54・7・24　判時952・54，判タ406・91，交通民集12・4・907

「原審の適法に確定した事実関係のもとにおいて，上告人バスの右折と本件衝突事故との間に相当因果関係があるとした原審の判断は，正当として是認することができる。」

【114′】　広島高裁松江支判昭53・11・22　交通民集12・4・918

「一審被告Y₁は時速73キロメートル位の高速度で本件道路を西進し，転換場入口より東方百数十メートルのあたりに差しかかつた。このとき本件バスは転換場に右折して進入するため，右折の合図をしてその入口より若干西方の北側車線内に一時停止していたのであるが，右一審被告Y₁は前方の注視を怠つていたので右バスの存在に気付かず，同速度のまま走行を続けた。右一審被告Y₁は，その後右バスの存在に気付いたが依然としてその右折合図には気付かず右バスが既に右折を始めていたにもかかわらず，自車の進行に何ら障害はないものと軽信し，助手席のAと言葉を交わしながら，右バスの動向を注視することなく同速度のまま進行し，衝突地点の約46メートル手前ま

で接近して，バスが自車線内にかなりの程度進入しているのに気付き，前記三に認定したとおりの操作をして，辛うじてバスとの衝突を回避したが，その後方から東進して来た被害車と衝突した。

以上のとおりに認めることができ，この事実によると，一審被告 Y₁ には，往来の頻繁な国道を高速度で疾走するにあたり，前方注視を怠り，しかも本件バスが既に右折のため始動していたにも拘らず，進路前方の交通状況に対応できる態勢を整えることなく見込み運転した点において，過失があることは明らかである。

　一審被告会社及び一審被告 Y₂ の責任

当裁判所も一審被告会社には運行供用者責任が，一審被告 Y₂ には代理監督者責任があるものと判断するが，その理由は次のとおり変更するほか，原判決理由五の 2 及び 3 説示のとおりであるからここにこれを引用する。

1　原判決二七 2 枚目裏 2 行目の『丁第 4，第 6，』を『丁第 4 号証，成立に争いのない同第 6 号証，』に改める。

2　同 31 枚目表 12 行目冒頭から 13 行目の『総合すると，』までを『そして，前認定の一審被告会社の規模に，原審証人 B の証言及び原審における一審被告 Y₁ 本人尋問の結果により認められるところの，一審被告会社の代表取締役であつた一審被告 Y₂ が常時本・支店を見廻つており，支店勤務の一審被告 Y₁ が長時間にわたり出張販売のため店を空ける場合には，原則として一審被告 Y₂ に連絡をとり，本店から同一審被告 Y₂ あるいはその他の社員が店番のため支店に赴くことになつていた事実を総合すると，』に改める。

　一審被告 Y₃ 市の責任

前認定の本件バスの右折状況及び Y₁ 車とのすれ違い状況，右すれ違い直後の Y₁ 車と被害車との衝突事故の発生経過によれば，本件バスの右折と右事故との間に因果関係があることは明らかであり，また一審被告 Y₃ 市が本件バスの運行供用者であることは当事者間に争いがない。」

【115】　最判昭 47・5・30 民集 26・4・939，判時 668・48，判タ 278・145，交通民集 5・3・631

「ところで，不法行為において，車両の運行と歩行者の受傷との間に相当因果関係があるとされる場合は，車両が被害者に直接接触したり，または車両が衝突した物体等がさらに被害者に接触したりするときが普通であるが，これに限られるものではなく，このような接触がないときであつても，車両の運行が被害者の予測を裏切るような常軌を逸したものであつて，歩行者がこれによつて危難を避けるべき方法を見失い転倒して受傷するなど，衝突にも比すべき事態によつて傷害が生じた場合には，その運行と歩行者の受傷との間に相当因果関係を認めるのが相当である。

本件についてこれをみるに，原審の認定した事実によれば，上告人は，訴外 A，同 B 外 2 名と連れ立つて，暗夜の市道（幅員約 3 メートル，非舗装）を歩行中，前方からは被上告人が運転する軽二輪車が，後方からは訴外 C が運転する原動機付自転車が，それぞれ，接近して来るのを認めたため，右原動機付自転車の方を振り返りながら，右 A，B 両名に続いて，前方右側の道路端にある仮橋のたもとに避難したところ，前方から

第1章　自賠法上の責任

右軽二輪車が運転を誤り，上告人がまさに避けようとしている仮橋上に向つて突進して来て仮橋に乗り上げたうえ後退して停車し，その際運転者である被上告人の肩が右Bに触れて同人を転倒させ，他方上告人は右仮橋の西北端付近で転倒し，原判示の傷害を受けたというのである。右事実関係のもとにおいては，上告人は，同人の予測に反し，右軽二輪車が突進して来たため，驚きのあまり危難を避けるべき方法を見失い，もし，現場の足場が悪かつたとすれば，これも加わつて，その場に転倒したとみる余地もないわけではない。そうだとすれば，上告人の右受傷は，被上告人の軽二輪車の運行によつて生じたものというべきである。」

【116】　東京地判昭 46・9・30 判タ 271・348，交通民集 4・5・1454

「しかし，自賠法3条本文は『自己のために自動車を運行の用に供する者は，その進行によつて他人の生命又は身体を害したときは損害を賠償する責に任ずる』と規定しているのであるから，運行と死亡等との間の因果関係は，本条によつて損害を請求しようとする者にその主張・立証責任があると解すべきである。もとより右因果関係を基礎づける事実は『接触』だけに限られないが，本件において当事者の争点となつているのはこの点であるから，この点に限定して言えば原告は『接触』の事実につき主張立証責任があり，これが前提となつて，同条但書により，被告Yに免責の抗弁の一要件である無過失の主張立証責任が課せられるのである。その『接触』が追突の形で行われたものであるか，側面からのものであるか，あるいは正面からのものであるかなど『接触の形態』に関することは，被告の無過失の抗弁の内容をなすことがあるにしても，原告ら訴訟代理人の法律的見解は，単に『接触』の可能性のある車両の特定とその運行だけで，前記の因果関係の主張立証は足りるとしているのであつて，それは独自の見解であつて採用できない。」

【117】　広島地判昭 45・5・8 判タ 249・202，交通民集 3・3・675

「運行供用者は『その運行によつて』他人の生命身体を害したとき損害賠償の責に任ずるものであり，右の『その運行によつて』という要件の主張立証の責任は被害者側において負担しなければならない。そして，右要件の実質的意味をどのように解するかについては説の分れるところであるが，当裁判所としては，右要件は文理上一応自動車の運行と損害との間の因果関係をいうものであり，単に『運行に際して』の意味に解することはできないと考えるが，他方右にいう因果関係とは，不法行為において民法上一般に要求される行為と損害との間の相当因果関係を指すものではなく，その運行なかりせばその損害の発生がなかつたであろうといういわゆる条件説的因果関係を指すものと解する。けだし，当該自動車の運行と事故発生との間に相当因果関係の存することを立証することは必ずしも容易ではなく（本件の如き自動車が接触したかどう

Ⅲ　運行起因性

か不明の案件においては殊に然り)、その立証責任を被害者側に負担せしめることは、無過失の立証責任を運行供用者の側に負担せしめた右自賠法の規定の精神に背馳するからである。

従つて、被害者側で立証すべきものは条件説的因果関係の存在のみで足り、相当因果関係については、無過失の立証責任を負う運行供用者の側においてその不存在を立証すべきものと解する。」

(4)　運行起因性の肯否

「運行」につき固有装置説、運行に「よって」につき相当因果関係説という判例の立場に立ったとしても、それにより直ちに「運行起因性」の肯否が決せられるわけではないようであり、最終的には、用いられていた装置は何か、それがどのように用いられていたのか、駐停車中であれば、その前後の走行との関わり方、車上あるいは当該車両周辺での何らかの作業が関わっているとすれば、その内容が如何なるものであったのか等を総合的に勘案した上で、個々の事案に即して判断していかざるを得ない。

【118】最判昭和56年11月13日（判時1026号87頁、原審は、【118′】大阪高判昭和55・12・23交通民集14巻6号1261頁）は、古電柱の積卸し人夫として雇用されたAが古電柱の集荷作業に従事して材料置場に到着し、約1時間の休憩の後、古電柱の荷下ろし作業を始めたところ、積載してあった古電柱の内の1本が突然落下して、その下敷きとなり死亡したという事故に関するものである。Aの遺族と当該車両の保有者等との間で訴訟上の和解が成立し、これに従って支払をなした保有者等が、本件事故は当該車両の「運行によって」生じたものであって、同保有者等は自賠法3条の責任を負いこれを履行したものであるとして、自賠責保険会社に対し自賠法15条による保険金の支払いを請求した。

一審は、本件事故は、自動車の走行と密接に関連して生じた事故であるから「運行によって」発生した事故であると認めるのが相当であるとしつつ、Aは当該車両の運転補助者であるから、「他人」に当たらないとして請求を棄却した。これに対し原審は、本件事故は、当該車両が駐車してから1時間あまり経過した後の荷下ろし作業中のものであり、その荷下ろし後に当該車両の走行が予定されていたものでもないとして「運行によって」生じたものではないとし、最高裁もこれを是認した。

【119】最判昭和57年1月19日（民集36巻1号1頁、その一審は【119′】大阪地判昭和52・10・28交通民集15巻1号9頁）は、左後輪が盛土にはまって自力で動けなくなったダンプカー（甲車）と、これをワイヤーで牽引して引き揚げようとしていたブルドーザー（乙車、無保険車）との間に入って、両車を連結するワイヤーを掛けてあった乙車後部に立ててあった鉄棒の上部を握っていたAが、後退してきた乙車と甲車との間に挟まれて死亡した事故につき、Aの遺族が甲車に付されていた自賠責保険の保険会社に対し、自賠法16条1項に基づき直接請求したものである。

第1章 自賠法上の責任

　一審は，Aの打撲は甲車の場所的な移動によって生じたものではなく，直接的には乙車の後進によって生じたものであるが，甲車が当該場所に停車，存在していなければ生じなかったものであり，また，甲車の運転者Bは，エンジンを始動し，アクセルを踏んで乙車の牽引に応じて甲車を前進させようと操縦動作をしていたものであるから，同（甲）車の当該装置の用い方に従い同車を使用していた場合に当たり，運行中でもあったのであるから，同車の存在とAの被害との間に因果関係があったことは優に首肯でき，のみならず，甲車と至近距離にあって一時的に牽引の用に供された乙車は，甲車の補助道具とみられ，また乙車の運転者Cは甲車の走行のための運転補助者とみられることから，乙車の瞬時的な走行は法律的に甲車の運行と同一視され，したがって，Aの被害は甲車の「運行によって」発生したものというべきであるとした。

　原審は，一審の認定した事実関係関のもとでは，Aは甲車の運行によって傷害を受け死亡したものということができるとし，最高裁はこれを是認した。

　本件は，乙車が無保険車であったが故に，自賠責保険を機能させるためには，被害が，甲車の運行によって生じたものであることを要するため，一審のごとき思考が働かされたものと思われる（なお，一審は，乙車を補助道具とみ，乙車の運転者を甲車走行のための運転補助者としていたが，原審は，その点には言及していない）。

　さらに，フォークリフトによる資材運搬中に関わる事故につき，最高裁の同一小法廷において同日に出され，その結論を異にした二判決が注目される。

　まず，【120】最判昭和63年6月16日（民集42巻5号414頁）は，軽四輪貨物自動車を運転中の被害者が，道路上にフォーク部分を進入させた状態で停止中のフォークリフトのフォーク部分に衝突して受傷した事故につき，そのフォークリフトではなく，木材運搬用の貨物自動車の運行性が問題とされた事案に関するものである。

　ここでは，当該貨物自動車がフォークリフトによる荷降ろし作業のための枕木を荷台に装着した木材運搬用の貨物自動車であり，同車両の運転者が，荷降ろし作業終了後直ちに出発する予定で一般道路に同車両を駐車させ，フォークリフトの運転者と共同して荷降ろし作業を開始したものであって，本件事故発生当時，フォークリフトが3回目の荷降ろしのため同車両に向かう途中であった等の事情があっても，本件事故は，同車両を当該装置の用い方に従い用いることによって発生したものとはいえないと解するのが相当であるとされた。

　他方，【121】最判昭和63年6月16日（判時1298号113頁）は，荷台にフォークリフトのフォーク挿入用の枕木等が装着されている木材運搬専用の普通貨物自動車からの木材の荷降ろし作業において，フォークリフトのフォークを枕木により生じている木材と荷台との間隙に挿入したうえ，フォークリフトを操作して木材を荷台上から反対側下の材木置き場に突き落としたことによって発生した事故（たまたまそこを通りかかった6歳の女児が突き落とされた木材の下敷きになって死亡）に関する事案である。こちらは，枕木が装置されている荷台は同貨物自動車

III 運行起因性

の固有の装置というに妨げなく，本件荷降ろし作業は，直接的にはフォークリフトを用いてされたものであるが，同時にその荷台をその目的に従って使用することによって行われたものというべきであるから，本件事故は，同車両を「当該装置の用い方に従い用いること」によって生じたものということができるとして，その運行起因性を認めた。

いずれも荷台に枕木を装着した木材運搬用の貨物自動車の運行によって事故が発生したかどうかが問題となったものであり，両判決とも固有装置説に立ったものとみることができるが，その当該装置(固有装置)と事故(被害)発生との間の関わりの度合(その濃度)によって結論を異にすることになったものと思われる。すなわち，前者【120】(民集42巻5号414頁)はその関わり度が稀薄である(フォークリフトのフォークと他車両とが衝突した事故であったのであり，フォークリフトが固有装置たる荷台において作業をしていたときに起きた事故ではなかった)のに対し，後者【121】(判時1298号113頁)はそれが濃密であった(フォークリフトのフォークにより当該車両の固有装置たる荷台上から木材を現に落とす作業をしていたときに起きた事故であった)ことから，事故が当該装置の用い方に従い用いたことによって生じたものと判断されたものであろうか。

この両判決の判断にみられるように，運行起因性をめぐる裁判例が今後どのように展開していくのか予断を許さないということもできる。

近時，前掲【97】最判平成7年9月28日が，大型貨物自動車のアウトリガーを操作して荷台を傾斜させ，荷台に積載されているパワーショベルを降ろそうとしたときに，荷台からパワーショベルが滑落・横転してパワーショベルに乗っていた者が死亡した事故につき大型貨物自動車の運行起因性を肯定し，【122】最判平成8年12月19日(交通民集29巻6号1615頁，原審は，【122′】札幌高判平成4・11・26交通民集29巻6号1621頁)は，自損事故保険における「運行」が問題となった事故において，エンジンが始動しなかったので予備バッテリーを車両内に持込んでバッテリーの能力を回復させるための修理補修中に予備バッテリーが爆発し，バッテリーの破片が右眼に当たった被害者が右目失明状態となった事故につき，予備バッテリーは車両の「当該装置」とはいえず，また事故の原因は，被害者が予備バッテリーとリード線の接続部分の操作を誤ったことによるものであるから，少なくとも事故と運行との間に相当因果関係は存しないとして，運行起因性を否定した原審の判断を是認した。

また，【123】甲府地判平成3年1月22日(判タ754号195頁)は，自動車の幌付き荷台で荷降ろし作業中，積荷をハンドリフトに載せて荷台後部まで移動させてきたところ，その荷台後部のシートに積荷を接触・転倒させ，作業を手伝っていた作業員を積荷の下敷きにして死亡させた事故につき，幌付き荷台は自動車の固有装置であり，本件荷降ろし作業は，その幌付き荷台をその目的に従って使用することによって行われたものというべきであるとして運行起因性を認めた。これに対し，【124】仙台高判平成14年1月24日(判時1778号86頁)は，貨物自動車の荷台上で積荷(畳の芯素材)を積替える作業をしていた者が転落して死亡した事故につき，荷台が本件車両の固有の装置ということはできるが，本件事故が自動車の当該装

第1章　自賠法上の責任

置（荷台）の用い方に従い用いることによって生じたもの，すなわち，自動車の荷台の使用から通常予想される危険が発現したものということはできず，本件車両の運行と本件事故との間には相当因果関係がないから，事故が自動車の「運行によって」生じたものとは認められないとした。貨物自動車の荷台で積荷を積替える作業は，当該装置（荷台）の通常の用い方の一環をなすと捉えることに何ら違和感はなく，荷台の使用から通常予想される危険の理解によっては逆の結論も採り得るところであろう。

なお，下級審においてではあるが，違法駐車車両の関わる事故につき，その運行起因性を認めるものが増えてきつつあることは注目されてよい。たとえば，【125】千葉地判平成13年1月26日（判時1761号91頁）は，違法駐車車両（貨物自動車）に原付自転車が衝突し，同車運転者が死亡した事故につき，駐車車両の責任割合を65％，衝突した原付自転車のそれを35％とし（本件は，709条に基づいて責任を追及したものであるが，自賠責保険金は既に支払われていた，すなわち，駐車車両の運行性ならびに事故の運行起因性を認めたものと解される），【126】東京地判平成14年6月24日（交通民集35巻3号867頁）は，自動二輪車が駐車車両に衝突した事故につき，夜明け前で降雨があり，街路樹等で駐車車両の視認が容易でない状態で，非常点滅灯も三角反射板の設置もせずに，駐車禁止場所に駐車した加害車両の責任を認め（過失相殺60％），【127】東京高判平成20年11月20日（自保ジャ1764号2頁）は，自動二輪車が，直線道路に駐車していた普通貨物自動車に衝突した事故につき，基本的には，被害自動二輪車運転者の前方不注意による事故と認められるが，普通貨物自動車にも駐車禁止場所である交差点内に駐車した過失，駐車に当たりハザードランプ等を点灯しなかった過失，道路片側の大半を塞ぐ状態にした過失，駐車禁止でない場所に駐車できたにも拘わらず敢えて交差点内に駐車した過失が認められるとして駐車車両（普通貨物自動車）の責任を認めた（自動二輪車運転者に著しい過失があったとして過失相殺70％）。

これに対し，【128】東京地判平成18年5月16日（交通民集39巻3号647頁）は，自動二輪車が，駐車禁止・片側三車線道路の第一車線に駐車していた車両に衝突し，その後第二車線を走行中のバスに衝突した事故につき，事故が起きたのは午前6時40分ですでに明るくなっており視認不良とはいえないこと，直線道路であり見通しがよかったこと，駐車車両はハザードランプを点滅させていたこと，第一車線にはまだ通行可能なスペースがあったこと等から，事故は専ら被害者の前方不注意によって生じたものであり，事故と駐車行為との間に相当因果関係はないとした（因みに，バスの責任も否定している）。

ただ，近時は，違法駐車車両の自賠法上の責任を認めるに際し，この「運行性」に特に言及しないものも散見される（京都地判平成19・12・6〔平成18年（ワ）第3299号〕等）。

> 【118】　最判昭56・11・13 判時1026・87，判タ457・82，交通民集14・6・1255
>
> 「原審が適法に確定した事実関係のもとに　おいて，本件事故が自賠法3条にいう自動

Ⅲ　運行起因性

車の運行によって発生したものということはできないとした原審の判断は、正当として是認することができ、原判決に所論の違法はない。」

【118′】　大阪高判昭55・12・23 交通民集14・6・1261，自動車保険金請求訴訟事件判決集5・60

「1　本件事故は、控訴人X₁より、その所有の普通貨物自動車（本件事故車）を使用しての、古電柱の回収作業を請負つた控訴人X₂やその被用作業員（本件被害者Aがこれに含まれる。）らが、回収した古電柱を右自動車に積載して控訴人X₁の材料置場に到着後、右材料置場での右古電柱の荷卸し作業の際、積載中の1本がなんらかの原因で右自動車の荷台から落下したために、作業員Aがその下敷となつたことによるものである。

2　ところで、本件事故車のような普通貨物自動車の場合、側板や後板と区別された意味での荷台が仮に『当該装置』に当るとしても、右荷台については、ダンプカー等の場合と異なり、『操作』ということは考えられないし、本件事故時側板や後板が操作された形跡も証拠上うかがわれない。

3　右材料置場は、なるほど道路に面し、道路との境界にはなんらの障壁も存在しないとはいえ、面積も約100坪程度のもので、同置場敷地内には控訴人X₁のプレハブ2階建倉庫兼事務所も存在し、その余の部分は同控訴人の材料置場及び同控訴人関係車両の発着場として使用されていたとみられ、同控訴人関係者以外の人間や車両が出入することは許容されておらず、付近に人家も少なく、一般通行人や一般通行車が出入するという事態はまず考えられないところである。

4　更に、本件事故は、古電柱を回収してきた控訴人X₂やその被用作業員らが、古電柱積載中の本件事故車を右材料置場に駐車させたまま、同置場敷地内の控訴人X₁の倉庫兼事務所内で昼食を済ませ、更に約1時間休憩を取つた後の荷卸し作業中の事故であつて、駐車前の走行との連続性に欠け、また、右荷卸しが、走行準備のためのものではなく、駐車後の走行との連続性にも欠けている。

以上1ないし4によれば、本件事故が自賠法2条にいう『自動車を当該装置の用い方に従い用いること』によつて発生したもの、すなわち同法3条にいう自動車の『運行によつて』発生したものということはできない。」

【119】　最判昭57・1・19 民集36・1・1，裁時831・1

「原審の適法に確定した事実関係のもとにおいて、訴外Aはダンプカーの運行によつて傷害を受けたために死亡したものであるとした原審の判断は、正当として是認することができ、原判決に所論の違法はない。論旨は、採用することができない。」

【119′】　大阪地判昭52・10・28 民集36・1・10，交通民集15・1・9

第1章　自賠法上の責任

「(一)　本件事故現場は東西約104メートル，南北約30メートルのα所有の空地の東南の隅あたりで，昭和49年9月17日ころから訴外β株式会社が，δ市内の道路舗装復旧工事から出る残土を右空地に運搬して捨てる代りに，その土砂で空地を埋立整地していたもので，Bは同会社からその土砂の運搬を事故車の持ち込みで請負い，Cは同会社の従業員で，同月21日は午前8時30分ころから空地で捨てられた土砂を同会社所有のブルドーザーでならして整地していたこと。

(二)　事故車は長さ約6.25メートル，幅約2.4メートル，高さ約2.2メートルの最大積載量8トンの大型貨物自動車（ダンプカー）であり，ブルドーザーは三菱キヤタピラD4D型の長さ約3.95メートル，幅約1.92メートル，高さ約2.35メートルで，後部に運転席が前部に整地用の排土板が付いておるもので，また，鋼製ワイヤーは長さ約2.05メートル，直径約2センチメートル，鉄棒は長さ約68センチメートル，直径約3.5センチメートルであり，Bはワイヤーを地面から高さ約45ないし65センチメートルの位置でつなぎ，鉄棒はブルドーザー後部のハツカにほぼ垂直に立てる状態にして置いたこと。

(三)　Bは同日午前10時40分ころ空地に西側の道路から事故車を運転して入り，後部荷台に満載した土砂を降ろそうとしたとき，左後輪が堆積している盛土にはまつて自力では動けない状態に陥つたので，空地内の近くに駐車していたブルドーザーを転回，後退させて事故車の前方約1.5メートルの位置に同一方向に西向きに一時停車させて降車したが，その際，ブルドーザーのエンジンは切らず，しかもチエンジレバーは後進のままにし，クラッチレバーのみ接触を切断したこと。

(四)　同人はワイヤー等の連結作業をしたのち，現場に帰つて来たCにブルドーザーの運転を頼み，同人は同車に，Bは事故車にそれぞれ乗つて，Cはチエンジレバーが後進に入つていることを点検，確認せず，Bが手で合図をしたのに応じて漫然クラッチレバーをフライホイールに接続したブルドーザーを発進させたところ，同車は後退して事故車の前部に衝突し，鉄棒を手で握つていたAは同車に胸部を押し付けるような姿勢で，胸・背部を激しくはさみ付けられて強打されたこと。その際，BはCに発進の合図をすると同時に，事故車のエンジンを始動させ，アクセルを踏んでいわゆるノツキングの状態にし，ブルドーザーの牽引に呼応し前進して盛土から車輪を脱出させようとしたこと。なお，同人はCにブルドーザーのチエンジレバーが後進になつていることを告知しなかつたこと。

(五)　他方，Aは空地の近隣に住んでいる者であるが，整地作業を寝衣のまま見物に来て，Bが連結作業を行つている間に空地に入り，同人やCにワイヤーがはずれてはいけないので鉄棒を持つてやろうと言い，Cらが2，3回危ないので立ちのいて呉れと警告，制止するのにもかかわらず，両車の間に入り，鉄棒の上部を握り，それをCは発進前に気付き，Bは少くとも予期していたこと。

そうだとすると，Aの胸・背部の打撲は事故車の場所的な移動によつて生じたものではなく，直接はブルドーザーの後進によつて生じたものではあるが，事故車が当該

III 運行起因性

場所に停車，存在していなければ発生しなかつたものであり，また，同車はその場所に継続的かつ静然と停車した訳ではなく，同車の運転者Ｂはエンジンを始動し，アクセルを踏んでブルドーザーの牽引に応じて事故車を前進させようと同車の走行，操縦動作をしていたものであるから同車の当該装置の用い方に従い同車を使用していた場合にあたり，運行中にあつたものであるので，その状態にあつた同車の存在とＡの前記の被害との間に因果関係があつたことは優に首肯することができる。のみならず，本件の場合，事故車とブルドーザーは至近距離にあり，かつ，事故車の走行装置は始動していることからすると，比較的継続した牽引走行とは異なり，ブルドーザーは事故車が盛土から脱出するために一時的に牽引の用に供された補助道具とみられ，またブルドーザーの運転者Ｃは事故車の走行のための運転補助者とみられることから，ブルドーザーの瞬時的な走行は法律的に事故車の運行と同一視される。したがつて，Ａの被害は事故車の運行によつて発生したものというべきである。

そして，ＡはＣらの制止にもかかわらず，鉄棒を握り，事故車の牽引を手伝おうとした者であるが，それはＡのまつたくの好意から出たものであるうえ，その作業は同車の牽引のためには軽微な補助的作業であり，同人は同車の運転を指示，管理しうる立場でもないので運行支配がなく，また格別の運行利益も有しないので自賠法３条所定の『他人』，16条１項所定の『被害者』とみて差しつかえない。」

【120】 最判昭 63・6・16 民集 42・5・414，裁時 985・1

「しかしながら，原審の右判断は是認することができない。法３条の損害賠償責任は，自動車の『運行によつて』，すなわち，自動車を『当該装置の用い方に従い用いることによつて』（法２条２項）他人の生命又は身体を害したときに生じるものであるところ，原審の確定した前記の事実関係によれば，本件事故は，被上告人Ｘが，被害車を運転中，道路上にフオーク部分を進入させた状態で進路前方左側の空地に停止中の本件フオークリフトのフオーク部分に被害車を衝突させて発生したのであるから，本件車両がフオークリフトによる荷降ろし作業のための枕木を荷台に装着した木材運搬用の貨物自動車であり，上告人が，荷降ろし作業終了後直ちに出発する予定で，一般車両の通行する道路に本件車両を駐車させ，本件フオークリフトの運転者Ａと共同して荷降ろし作業を開始したものであり，本件事故発生当時，本件フオークリフトが３回目の荷降ろしのため本件車両に向かう途中であつたなど前記の事情があつても，本件事故は，本件車両を当該装置の用い方に従い用いることによつて発生したものとはいえないと解するのが相当である。したがつて，上告人に対し，法３条に基づく責任を認めた原判決には，法令の解釈適用を誤つた違法があるといわなければならない。」

【121】 最判昭 63・6・16 判時 1298・113，判タ 685・151

第1章　自賠法上の責任

「自動車損害賠償保障法2条2項にいう『自動車を当該装置の用い方に従い用いること』には，走行停止の状態におかれている自動車の固有の装置をその目的に従って操作使用する場合をも含むものと解するのが相当であるところ（最高裁昭和51年(オ)第953号同52年11月24日第一小法廷判決・民集31巻6号918頁参照），原審の適法に確定した事実関係によれば，(1) 昭和54年1月30日午前7時50分頃，原判示甲製作所敷地内において，折から被上告人の子女のもとを訪れるため右敷地内を通行中のA（当時6歳）が，ラワン材原木の下敷きになって死亡するという本件事故が発生した，(2) 右ラワン材原木は，Bが普通貨物自動車（以下「本件車両」という。）の荷台上に積載して同製作所に運搬してきた8本のうちの一部であって，同製作所の経営者である被上告人が，その荷降ろし作業をするため，フォークリフトを本件車両の側面に横付けし，右フォークリフトを用いてこれを荷台上から反対側面下の材木置場に突き落としたものである，(3) 本件車両は，木材運搬専用車であって，その荷台には木材の安定緊縛用の鉄製支柱のほかフォークリフトのフォーク挿入用の枕木等が装置されており，その構造上フォークリフトによる荷降ろし作業が予定されている車両であるところ，本件事故は，被上告人が前記フォークリフトのフォークを右枕木により生じているラワン材原木と荷台との間隙に挿入したうえ，右フォークリフトを操作した結果，発生したものである，というのであり，右事実関係のもとにおいては，右枕木が装置されている荷台は，本件車両の固有の装置というに妨げなく，また，本件荷降ろし作業は，直接的にはフォークリフトを用いてされたものであるにせよ，併せて右荷台をその目的に従って使用することによって行われたものというべきであるから，本件事故は，本件車両を『当該装置の用い方に従い用いること』によって生じたものということができる。以上と同趣旨に解される原審の判断は，正当として是認することができる。」

【122】　最判平8・12・19交通民集29・6・1615

「原審の適法に確定した事実関係の下においては，所論の点に関する原審査の判断は，正当として是認することができ，その過程に所論の違法はない。」

【122′】　札幌高判平4・11・26交通民集29・6・1621

「本件保険契約の自損事故条項では，保険の対象となる事故は『被保険自動車の運行に起因する急激かつ偶然な外来の事故』とされているところ，ここにいう『運行』とは，被保険自動車の固有の装置をその用い方に従つて用いることをいい，『運行に起因する』とは，『運行』と右事故との間に相当因果関係のあることをいうものと解するのが相当である。

前記認定事実によれば，本件事故は，被控訴人が自宅前駐車場に置かれていた本件車両を運転するため，そのエンジンを始動させるのを目的とした作業の過程において発生したものであるとはいえ，被控訴人が

III　運行起因性

本件予備バッテリーを使用したのは、本件車両のバッテリーの容量が低下したと考え、これに送電するためであるから、被控訴人が同バッテリーの能力を回復させるための修理補修に当る行為をしている時に、すなわち本件車両のバッテリーを通常予定された使用方法で使用を開始する以前に、本件車両のバッテリーとは別の本件予備バッテリーの起こした爆発事故であり、しかも、その原因は、専ら被控訴人が、本件予備バッテリーとリード線の接続部分の操作を誤つたことによるものである。とすれば、送電後は直ちに本件車両を運転する予定であつたとしても本件事故は、本件車両を当該装置のその用法に従つて用いることによつて発生したものとはいえないし、少なくとも運行とは相当因果関係を欠くところである。

したがつて、本件事故が被保険自動車の運行に起因する急激かつ偶然な外来の事故に該当することを前提とする被控訴人の本訴請求は理由がない。」

【123】　甲府地判平3・1・22 判タ754・195，交通民集24・1・65

「本件自動車は、前記認定事実のとおり、幌付きの荷台がある貨物自動車であり、構造上、右荷台に荷物を積載し、その積荷の積み降ろしは、荷台最後部の幌をまくりあげ後部出入口から出し入れすることによって行うことを予定しているものである。したがって、右幌付きの荷台は、本件自動車の固有の装置といえる。本件事故は、積荷を満載して甲から乙を経由して本件事故現場であるトラックターミナルホームに到着した本件自動車の右荷台上において、運転手らによって到着後直ちに行われた本件自動車の積荷の荷降ろし作業中に、運転手が右荷台の最後部のまくりあげられた幌に荷台上の本件積荷を接触させるなどして、荷台内で荷降ろし中の右積荷のバランスを失わしめ転倒させたために発生したものであり、本件荷降ろし作業は、右幌付きの荷台をその目的に従って使用することによって行われたものというべきである。すなわち、本件事故は、本件自動車を当該装置の用い方に従い用いることによって生じたものということができる。したがって、本件事故は、本件自動車の運行によって生じたものであると認められる。」

【124】　仙台高判平14・1・24 判時1778・86，交通民集35・6・1732

「ところで、前記のとおり、亡Aが転落する直前にいた荷台上の位置等は明らかでないが、前記認定のとおり、助手席側荷台後部には既に芯素材約20枚（厚さ約50センチメートル）が降ろされ、亡Aは車両後部左側（助手席側）に転落したのであるから、亡Aは、運転席側荷台後部に立って芯素材を受け取ろうとしていたと推定するよりは、既に助手席側に降ろされた上記積荷の上に立って運転席側の芯素材を受け取ろうとしていたと推定するのが自然である。

次に、亡Aが転落した原因も明らかでないが、前記認定のとおり、亡Aは、Bが押し出した積荷が後部荷台上に落下しない間

に「ああっ」という声を上げて転落しているから、Bが積荷を押し出した時点で、何らかの原因で体のバランスを崩し、荷台から足を踏み外して転落したものと推定される。その原因については、前記認定のとおり、Bは運転席側の積荷を押し出す際、亡Aに合図の声を掛けることをしなかったから、亡Aは突然に積荷が押し出されてきたことに驚いてバランスを崩したこと、あるいは単に積荷を受け取ろうとしてバランスを崩したことなどが考えられるが、これを確定することはできず、前記のとおり、亡Aが転落直前にとっていた姿勢も不明である。なお、仮に前者であったとすれば、Bは亡Aに対し、積荷を降ろす合図をすべきであったと考えられる。

以上のとおり、本件事故の原因は明らかでないが、少なくとも、その原因は亡Aが荷台から足を踏み外したことによるものと推認されるのであり、そうだとすれば、本件事故は、自動車に限らず、一般に高所における作業に伴う危険が発現したものというべきであって、自動車の運行によって生じたものと認めることはできない。すなわち、前記のとおり、自賠法にいう『運行』とは『自動車を当該装置の用い方に従い用いること』であり、本件車両の荷台は自動車の固有の装置ということができるが、本件事故においては、本件車両の荷台は単にその場所で積荷の積替え作業が行われたという以上の意味を有せず、本件事故が『自動車の当該装置（荷台）の用い方に従い用いること』によって生じたもの、言い換えれば、自動車の荷台の使用から通常予想される危険が発現したものということはできない。」

【125】 千葉地判平13・1・26 判時1761・91，判タ1058・220

「一 被告の責任について

1 証拠……によれば、以下の事実が認められる。

（一）本件事故現場は、歩車道に区分された片側一車線道路（歩道部分を除いた片側車線は5メートル、うち路側帯部分が1.4メートルのため、車道部分は3.6メートル、甲12）でアスファルト舗装されており、その付近においては道路は直進している。

（二）本件事故現場は、駐車禁止の規制がある。

（三）本件事故は、前記のとおり午後11時24分ころという深夜に発生している。また、当時の天候は曇であった。

事故現場は、Aの進行してきた甲市乙1丁目方向から来ると、現場の手前500メートル付近までは街灯がかなり多いのに、右の付近からは街灯が少なくなっており、事故現場についてみると、約100メートル離れて設置されている街灯のちょうど中間付近に当たっていて、その周囲には街灯の灯火がなく、また、事故現場の左側は公園で、周囲には建物も比較的少なく、市街地とはいえ、ことに深夜には非常に暗く、かつ、Aの進行してきた方向から進行してきた車両の運転者にとっては、従前の状況との対比により障害物を発見しにくくなる状況にあった（具体的には、衝突地点についてみると、照度計を左手の乙公園方向に向けて測定すると3.75ルクスである（公園の奥にある遠灯の光を受けるためである）が、Aが進行してきた甲市乙1丁目方向に向けて測定すると

0.53ルクスしかなく（甲37），このことに，人間の目は3ルクス以下になると暗く，見にくく感じる（甲30）という事実とを併せ考えると，Aが進行して来た方向から見た事故現場が非常に暗かったことが具体的に認定できる）。

　また，事故現場は車両の通行量があまり多くない場所であり，本件事故時にも，Aの側から見た対向車はなく（甲14，45），そのため，障害物の発見は一層困難な状況にあった。

　（四）被告は，被告車を，道路左端から約2.4メートルの地点まではみ出して（すなわち，幅1.4メートルというかなり広い路側帯からさらに車道に約1メートルも車体がはみ出す形）で駐車した。

　被告車は，荷台に灰色のカバーがかけられており，シャシーは黒色で，1，2か月洗車していないため反射板や尾灯を含めた車両後部が汚れて見にくく，反射板は汚れで十分に反射力がない状態となっており，また，運輸省令で車両総重量7トン以上の貨物自動車に設置が義務付けられている大型後部反射器（甲60，61）も設置されていなかった。

　また，被告は，尾灯，非常点滅灯を点滅させず，警告反射板も置かない状態で右駐車車両を放置した。

　（五）本件事故現場と同じ道路の反対側付近では，本件事故の8年くらい前にも同種の死亡事故が発生していた（甲44）。

　また，被告自身，以前に同じ道路の反対側付近にやはりダンプカーを駐車した結果，これは大事には至らなかったものの同様の衝突事故を発生させたことがあった（甲46）。

　（六）被告は，事故現場のすぐ近くに住んでいてそこに車庫を有しており，また，現場の状況や交通規制についてもよく知っていた。

　それにもかかわらず，自宅の車庫が狭くて入車をしにくく，また，当日午前零時すぎからアルバイトに行かなければならないと思い込んでいたため，安易に右の場所に被告車を駐車放置して家に帰り，午前零時すぎにこれを取りに行って本件事故の発生を知った。

　2　右1の認定によれば，被告は，すぐ近くに自宅の車庫があってそこに駐車することが可能であり，本件事故現場に駐車を行わなければならない合理的な理由は何らないにもかかわらず，また，右現場が，後方から進行してくる車両の運転者にとっては，一般的にいってもその直前の道路の状況と比較しても非常に暗く，対向車も少なくて，障害物の発見がしにくい場所であることなどそこに駐車することの危険性を熟知し，かつ，自分自身が以前に同じ道路の反対側付近で同様の衝突事故を発生させた経験があるにもかかわらず，片側一車線で駐車禁止規制がある本件事故現場に，深夜，法定の大型後部反射器を設置せず，汚れて反射板の反射力も落ち，かつ，全体としても後部が見にくい状態の被告車を，幅1.4メートルというかなりの広さのある路側帯からさらに1メートルも車道にはみ出させる状態でそのまま駐車放置し，本件事故を発生させたものであるから，その責任は明らかである（なお，被告は，本件事故について，平成11年2月23日に，千葉簡易裁判所で，業務上過失致死罪により，罰金50万円の略式命令を受けている）。

　6　（一）次に，過失相殺の割合について考える。

第1章　自賠法上の責任

　原告らの主張は，Aの過失を争うとともに，過失相殺についても，従来の同種事案（違法駐車車両に対する衝突事故事案）における従来の判例の一般的な考え方について，具体的な事故態様にかかわらず衝突車側の過失を駐車車側の過失より大きなものとしているのではないかとし，この点に特に異議を唱えるものと解される。

　そして，この主張は，一定の限度で採るべき余地があるものと思われる。

　すなわち，前記のような態様の事故については，自動車の運行によって生じた事故に適用される自賠法3条の適用の相当性についてはとりあえずおくとしても（なお本件では前記のとおり責任原因としては民法709条が主張されている），双方の車両が通常の運転中に発生することを想定されている車両同士の衝突事故とは異なる要素を含んでいるものと考えられる。

　すなわち，路上の違法駐車車両は，進行している車両の運転者からみれば一種の障害物ということができるところ，このような観点から見ると，たとえば本件事故現場を例にとってみても，昼間に路側帯からさほど大きくはみ出さない形で普通乗用自動車が駐車している場合と，本件のように，深夜の障害物の発見しにくい状況において，車両後部が汚れて発見のしにくい大型車両（トラックやダンプカー等）が車道部分に大きくはみ出して駐車している場合とでは，障害物としての危険性は大きく異なるのであり，したがって，こうした態様の事故については，通常の運転中の車両同士の衝突事故に比較すると，一般論としての原則的な双方の過失割合といったものはより想定しにくい（すなわち，個々の事案によって具体的な過失割合はより大きく変化しうる）と考えられるのである。

　そうすると，こうした事案については，障害物の放置責任という責任の実質を見据えた上で，それぞれの事案ごとに，通常の運転中の車両同士の衝突事故以上に，前提事実が細かく確定され，分析された上で，適正な過失割合が考えられるべきであると思われる。

　すなわち，こうした事案については，通常の運転中の車両同士の衝突事故以上に，事故現場の状況や双方の車両の動静，具体的な過失の態様が細かく検討され，参酌されるべきであるということができる（原告らの主張は，右のような事案において，駐車禁止の規制のある場所が非常に広範なものとなっている反面これに対応するような公共の駐車スペースが十分に確保されていない日本の状況に影響されて，双方の具体的過失を十分に斟酌することなく不注意な衝突車側の過失が大きいとの認定判断の枠組が先験的に採られることが多かったのではないかとの指摘をするものと考えられるが，そのような指摘には一定の合理性があるものといえよう）。

　これを具体的に見ると，こうした事故については，現場の状況，ことに見通しのよさや明るさ（昼間か夜間か，夜間の場合の照明の状況等），道路（車道，路側帯）の幅員，違法駐車車両の大きさ，発見のしやすさ（車両後部は汚れていたか，駐車車両を発見しやすくするための何らかの措置が執られていたか等），衝突車両の車種，速度，その他事故を取り巻く諸般の状況が注意深く検討されるべきであるといえる。

　（二）これを本件についてみると，前記一

III　運行起因性

において認定判断したとおり，被告は，すぐ近くに自宅の車庫があってそこに駐車することが可能であり，本件事故現場に駐車を行わなければならない合理的な理由は何らないにもかかわらず，また，右現場が，後方から進行してくる車両の運転者にとっては，一般的に見てもその直前の道路の状況と比較しても非常に暗く，対向車も少なくて，障害物の発見がしにくい場所であることなどそこに駐車することの危険性を熟知し，かつ，自分自身が以前に同じ道路の反対側付近で同様の衝突事故を発生させた経験があるにもかかわらず，片側一車線で駐車禁止規制がある本件事故現場に，深夜，法定の大型後部反射器を設置せず，汚れて反射板の反射力も落ち，かつ，全体としても後部が見にくい状態の被告車を，幅1.4メートルというかなりの広さのある路側帯から，さらに1メートルも車道にはみ出させる状態でそのまま駐車放置し，本件事故を発生させたものであり，その過失は極めて大きい。

ことに，ア　本件事故現場が市街地でありながら非常に暗い場所であったこと，イ　被告車が，障害物としての危険性のより大きい大型車両であるにもかかわらず，法定の大型後部反射器が設置されず，かつ，後部が汚れるなど発見のしにくい状態に置かれていたこと，ウ　被告が，以前に同じ道路の反対側付近で同様の衝突事故を発生させた経験があり，したがって，衝突事故の発生を具体的に予見できる立場にあったにもかかわらず，あえて前記のような態様の違法駐車を行ったことは，被告の過失割合を考えるに当たって考慮されるべきであろう。

そして，右のような被告の過失と対比すると，Ａの前記の速度超過の過失は，この過失が同人の死亡という重大な結果の発生に関係している点を考慮に入れても，相対的にみる限りは小さいものといわなければならないであろう（なお，被告は，Ａは明るい場所から暗い場所へ進行してきたのであるからより一層速度を落として前方を注視すべき義務があったと主張するが，被告もまたそのような場所であることを認識しつつあえて違法駐車を行ったという前記認定の事実に鑑みるならば，Ａの過失割合を考えるに当たって，右の点を大きく評価することはできない）。

そうすると，Ａの過失割合については，これを35パーセントと評価するのが相当である。」

【126】　東京地判平 14・6・24 交通民集 35・3・867，自保ジャ 1461・2

「駐車車両側の事情

被告車は，平成9年4月に初年度登録された車長7.7メートル，車幅2.49メートル，車高3.3メートル，最大積載量1020キログラム，車両重量9680キログラム，車両総重量19990キログラム，塗色青色の自家用大型貨物自動車である。被告車の反射板は，地上高47センチメートル，幅13センチメートルで，黄色の反射テープが装着されていた。本件事故直後の午前6時から午前6時45分までの間に行われた実況見分の際，被告車のハンドル・ブレーキ・クラッチに故障はなかったが，バッテリーが故障し制動等が全く作動しない状態であった。バッテリーは，荷台右前部のバッテリーボックスに2個搭載されていた。

第1章　自賠法上の責任

被告Y₁が本件事故現場に被告車を駐車させた理由について，被告らは，前記のとおり，バッテリーが上がっていた旨主張し，これに沿う証拠（乙1，乙2の1ないし5）がある。原告らは，これに疑念を提起するが，被告らの上記主張が事実に反することをうかがわせる証拠はないし，さらに，被告Y₁が常日頃から被告車を本件事故現場に駐車させていたことをうかがわせる証拠はない。

衝突（追突）車両側の事情

原告車及び被告車の損傷状況及び目撃者の供述を総合すると，本件事故の態様は，おおむね，別紙図面（平成12年11月4日午前9時から午前10時15分までの間にされた実況見分に係る実況見分調書（甲7の2）添付の現場見取図を縮小コピーしたもの。）の〔ア〕の地点に被告車が駐車され，対向車線上の車両が走行する中，〔1〕地点から〔2〕地点に進行してきた原告車が被告車に衝突したものと推認される。亡Aが速度違反をして走行していたことをうかがわせる事情はない。

以上の事実関係によれば，本件事故の原因として，駐車車両に追突した亡Aの過失（前方注視義務違反）は大きなものといわざるを得ないが，他方，〔1〕本件事故が11月2日の午前5時35分ころに発生し，降雨の状態であり，街路樹等により駐車車両の視認が容易でなかったと推認されること，〔2〕被告Y₁は，駐車禁止場所に被告車を駐車させ，通行を妨害し，事故発生の危険を高めていること，〔3〕被告車のバッテリーが上がって非常点滅燈の点灯が不可能であったとしても，三角反射板等の設置は可能であったはずであるが，被告Y₁はこうした警告措置を怠っており，被告車の発見が容易でなかったことが認められる。

そうすると，本件における過失割合は，亡A60パーセント，被告Y₁40パーセントと評価するのが相当である。」

【127】　東京高判平20・11・20自保ジャ1764・2

3(1)において認められた本件事故の事故態様及び上記に認められた事実からすると，本件事故は，駐車車両であるY車両に，X車両が追突した事故であり，基本的にはX車両の前方不注意による事故と認められる。しかし，本件事故においては，Y車両の駐車位置が交差点の中であり，駐車禁止の場所であること，Y車両が駐車するにあたり，ハザードランプ等の灯火を点灯していなかったことを認めることができる。また，YがY車両を駐車した目的は，取引先への挨拶に行くためで，取引先には駐車場があることも認めることができる〔証拠略〕。そして，先に認められたY車両の幅と本件事故のあった道路幅を比較すると，Y車両は，道路の大半を塞いでおり，走行の妨げとなっていることも認められる。このほか，Xは，本件事故のあった場所が暗く，視認不良であることも指摘するが，実況見分調書に記載されているように，本件事故現場は，少し暗い程度で，夜間の見通し状況が前方約100メートルあることからすると，Y車両を発見困難なほど，暗いと認めることはできず，X自身も，白い物体としてY車両を認めていることからすると，Xが指摘する事情を考慮することはできない。むしろ，Xは，通常見たことのない白い物体を認識した場合，その物体に近づくに連れ，注意を払うべき

Ⅲ　運行起因性

であり，X車両の速度を減速する，白い物体を確認するように注意を払うべきということができる。さらに，Xは，Y車両の手前約17.3メートルの位置（実況見分調書添付交通事故現場見取図②の地点）で，脇見をしたことも認められる。Xは，この点について，ネオン等の明かりが気になったことを述べたまでで，脇見をしたものではないと本人尋問において述べているが，なぜ，そのように内容が食い違うかについて合理的な説明がされておらず，Xの本人尋問の内容を信用することができない。したがって，Xのこのような注意状況は，著しい不注意と認められる。

上記の認められる事情を総合して踏まえると，本件事故における，XとYの過失割合は，70対30と認めることができる。

【128】　東京地判平18・5・16交通民集39・3・647

「被告Y₁は，駐車禁止場所である本件道路の第一車線上に被告Y₁車を違法駐車していたものであり，被告Y₁の自賠責保険金は，減額されることなく（労災保険の葬祭給付分については控除された。），支払われたものであるが，他方，〔1〕本件事故発生時は，午前6時40分ころで明るくなっており，天候は雨であったものの，前方の視認が不良であったとはいえないこと，〔2〕本件道路が直線道路であり，前方の見通しはよかったこと，〔3〕被告Y₁は，被告Y₁車のハザードランプを点滅させていたこと（夜間等，視認不良の状況ではない以上，三角表示板の設置がなくとも，駐車車両の発見は容易である。），〔4〕被告Y₁車の右側には第二車線の区分線との間に約1.6メートルの間隔があり，A車の車幅が0.8メートルであるから，Aが前方を注視し，減速等の適切な措置を講じていれば，A車が第二車線にまたがることなく被告Y₁車の右横を通過することは十分に可能であったと認められる上，実際にも，本件事故発生までの間，後続車両が被告Y₁車に追突しなかったことからすれば，被告Y₁が，被告Y₁車を道路の左側端に沿い，かつ，他の交通の妨害とならない態様で駐車していたと認められること，〔5〕被告Y₁が，前夜に飲酒したのは事実であるが，深夜，バッテリーが少なくなってエンジンを始動することができなくなったため，本件事故現場に被告Y₁車を駐車したものであるところ，午前6時20分ころにはＪＡＦに電話をして牽引を依頼したのであるから，被告Y₁車を駐車していたのは，やむを得ない面があること，〔6〕前記認定の本件事故の態様からすれば，Aには著しい前方注視義務（ママ）があったといわざるを得ないことを総合考慮すれば，A車が被告Y₁車に追突した事故は，専ら，Aが前方注視義務を怠った過失によって発生したものであり，被告Y₁には事故発生の原因となった過失がなく（事故発生に関する被告Y₁車の構造上の欠陥又は機能の障害もなかったと認められる。），仮に被告Y₁に過失があるとしても，上記事故と被告Y₁の駐車行為との間に相当因果関係がなく，上記事故が被告Y₁車の『運行によって』生じたものとはいえない。したがって，被告Y₁は，自賠法3条に基づく損害賠償責任を負わないといわざるを得ない。」

第1章　自賠法上の責任

（5）　運転者の特定

　四輪車であれ，二輪車であれ，1台の自動車に複数の者が乗っている状態で事故が発生し，事故後のその乗員の状況から，運転者が誰であったかを特定できないという場合もある。運転者は，民事損害賠償においては責任主体の一翼を担う者であり，同人が被害者となったときは自賠法3条の「他人」として保護されず（前掲【75】最判昭和37・12・14），自賠責・任意両保険を機能させるかどうかとも関わって，運転者を特定することは実務上も非常に重要な意味を有する。同時に，この運転者の特定という事実認定は困難な作業でもある。

　【129】最判平成4年4月10日（交通民集25巻2号279頁，原審は，【129′】高松高判平成3・9・30交通民集25巻2号281頁）は，A，B，C，Y_1の4名が乗っていた普通乗用車が単独事故を起こしてA，Cが死亡し，Aの父母が，事故時の運転者はY_1であったとして，Y_1およびY_2（Aと自賠責共済契約を締結してた農協）に対して損害賠償を請求した事案である（なお，事故の約1カ月後，Aの父母とCの母とが，Aを運転者と記載して示談契約をしている）。

　一審判決は，助手席側に座っていた者よりも運転席側に座っていた者により大きな傷害が発生したと考えられるところ，運転席後部側に座っていたCが死亡し，Aも死亡していること，Aは頸部と肋骨を骨折しているが，これはハンドルの破損状況と相応すること，運転席ハンドル部分とその周辺に付着した血痕・人肉片の血液型がAのそれと一致し，Y_1のそれとは一致しないこと，同乗していたBが一貫してAが運転していたと明確に証言していることを根拠に，Y_1が運転していたと認定することはできないとし，原審はAを事故時の運転者と認定し，最高裁がこれを是認した。

　このように運転者の特定に際しては，多くの客観的要素を総合的に考察していく姿勢が要請される。その要素として，事故の発生形態，事故発生現場の状況，当該自動車の種類と構造，被害者の受傷部位とその程度，当該自動車の所有名義，乗員相互の人的関係，運転免許有無の状況，同乗するに至った経緯，（利害関係のない）同乗者等の証言が挙げられようし，事後的には工学鑑定の果たす役割も小さくないといってよいであろう。

　なお，捜査機関により運転者と認定された者の遺族が，真実の運転者は他の同乗者であるとして損害賠償請求訴訟を提起することは，基本的には不法行為となるものではない（【130】最判平成11・4・22判時1681号102頁――A，Bが乗っていた自動二輪車が普通乗用車と衝突してA〔17歳の男子高校生〕が死亡した事故）。

【129】　最判平4・4・10交通民集25・2・279

「所論の点に関する原審の認定判断は，原判決挙示の証拠関係に照らし，正当として是認することができ，その過程に所論の違法はない。論旨は，原審の専権に属する証拠の取捨判断，事実の認定を非難するものにすぎず，採用することができない。」

III 運行起因性

【129′】 高松高判平3・9・30交通民集25・2・281

「……原判決理由説示……を『以上の認定事実によれば、本件事故は、被告Y₁の運転の誤りによって発生したものではなく、亡Aが自動車を運転中操縦を誤り同人自身が死亡するに至つた事故であることが認められるから、Aは、他人の運転により被害を被つた者からの損害賠償責任を認めた自賠法16条に基づき、保険者である被告農協に対し損害賠償を求めることはできない。』に改める。）と同一であるから、これをここに引用する。

なお、敷衍すると、本件事故による自動車の損害は、運転席側（自動車右側）がひどく、乗員も運転席側の後部座席にいたCが死亡し、反対側後部座席にいたBは生存していることからみて前部座席でも運転席にいた者が死亡したとみられる可能性が高いこと、ハンドルに付着した血液型はO型であるところ、Aの血液型はO型であるのに対し被控訴人Y₁の血液型はA型であり、同型の血液はハンドルには付着していないこと、Aは、肋骨骨折の傷害を負っているが、これは、事故時ハンドルで胸部を強打したことによるものと推定されること等の事実関係（これらは、引用に係る原判決認定事実から明らかである。）に基づいて考察すると、本件事故時、事故車両を運転していた者は、被控訴人Y₁ではなくAであつたと認定することには十分な客観性、合理性があることに加え、4人の同乗者のうち被控訴人Y₁以外の他の1人の生存者であるBが、原審及び当審において、『コインスナックでAを除く3人がうどんを食べた後、Aが事故車を運転し事故現場まで運転を続けた。』と明確にかつ、具体的に証言しており、右証言が故意に事実を曲げてされたものとみるべき客観的な事情は何ら存在せず、信用するに値するものであるから、本件事故時における事故車両運転者はAであると認めることができる。救助時における車外に放り出されていた者の位置関係は極めて不明確であつて、これにより同乗者の座席位置を推定することは困難である。」

【130】 最判平11・4・22判時1681・102、交通民集32・2・375、裁時1242・1

「1　法的紛争の当事者が紛争の解決を求めて訴えを提起することは、原則として正当な行為であり、訴えの提起が相手方に対する違法な行為といえるのは、当該訴訟において提訴者の主張した権利又は法律関係が事実的、法律的根拠を欠くものである上、提訴者が、そのことを知りながら又は通常人であれば容易にそのことを知り得たといえるのにあえて訴えを提起したなど、訴えの提起が裁判制度の趣旨目的に照らして著しく相当性を欠くと認められるときに限られるものと解するのが相当である（最高裁昭和60年（オ）第122号同63年1月26日第三小法廷判決・民集42巻1号1頁参照）。

2　これを本件についてみるに、原審の適法に確定した事実関係によれば、本件事故当時、Aは青色ヘルメットとえんじ色で白色縦線が入ったズボンを、被上告人Yは白色ヘルメットと紺色ズボンをそれぞれ着用していたところ、現場付近に居合わせて

事故直前の本件自動二輪車を目撃したBは，事情聴取をした警察官及び上告人Xそれぞれに対し，本件自動二輪車の運転者のヘルメットは白色で後部座席の同乗者のズボンは赤っぽい色に白色縦線が入っていた旨を明確に述べ，原審においても同様の供述をしており，また，同じく現場付近に居合わせたCも，警察官に対し，これに沿う供述をしているというのであるから，本件自動二輪車の運転者は被上告人Yであるとの上告人らの主張には，これを裏付ける証拠が皆無であったとはいえない。したがって，上告人らが特段の根拠もないまま被上告人Yが運転者であったと思い込んだということはできない。まして，本件事故によってAのみが死亡し，同人の供述は全く得られないのであるから，事故当時，現場におらず，事故状況を知り得なかった上告人らが，被上告人Yや当時一緒に行動していた友人らの供述を容易に信用せず，前記の証拠をもって捜査機関の認定と異なる認定を前提に本訴を提起するに至ったことには無理からぬものがある。殊に本件は，事故現場の状況，本件自動二輪車の損傷状況，A及び被上告人Yの負傷の状態などの客観的証拠から運転者を特定することが必ずしも容易ではない事案というべきであり，現に，本件においては，第一審，原審において合計3回の鑑定が行われているところ，その鑑定結果の中には上告人らの主張に沿うものも存在するのである。

以上によれば，本件において，上告人らが，捜査機関が運転者をAと認定したことを知っていたからといって，被上告人Yに対する損害賠償請求権を有しないことを知りながら又は通常人であれば容易にそのことを知り得たのにあえて本訴を提起したとは認められないから，上告人らの本訴提起は，いまだ裁判制度の趣旨目的に照らして著しく相当性を欠くものとはいえず，被上告人Yに対する違法な行為とはいえないというべきである。」

Ⅳ　3条免責

自賠法3条ただし書きは，運行供用者責任を免れるための三要件を定めている。その内容は，①自己および運転者が自動車の運行に関し注意を怠らなかったこと，②被害者または運転者以外の第三者に故意または過失があったこと，③自動車に構造上の欠陥または機能の障害がなかったこと，である。

①にいう，いわゆる注意は，社会生活上必要な注意であり，その注意義務の標準は社会一般人に期待される程度のものであって，内容的には予見義務と回避義務ということになろう。また，自己（運行供用者）の注意義務には，運転者の選任，監督についてのものも含まれる。

なお，注意を怠らなかったこと＝過失がなかったことは積極的に証明されなければならず，したがって，事故発生につき運転者の過失の有無が不明であるときは免責されない。

②は，典型的には，飛込み自殺やいわゆる当り屋等が想起されよう。この被害者の側の過失のみが事故の原因ではないという場合に過失相殺の問題となる。

③については，保有者や運転者が，日常の整備や運行の開始に当たり相当の注意を払うこ

Ⅳ　3条免責

とによって発見されることが期待されたか否かに関わりなく、その欠陥がおよそ現在の工学技術の水準からみて不可避のものでない限り免責は認められないことを意味する。

かつて、この三要件のすべてが立証された場合に限って免責されると考えられていたこともあるが、必ずしもそのように考える必要はない。免責要件事実のうち、当該事故の発生と関係のない免責要件事実についてまで主張・立証する必要はなく、運行供用者は、当該事実の存否は当該事故と関係がない旨を主張すれば足りる（【131】最判昭和45・1・22民集24巻1号40頁）。

①についての判断に関わって免責を認めなかったものとして【132】最判昭和46年11月19日（民集25巻8号1236頁）がある。

本件は、時速約100キロメートル（時速70キロメートル制限）で自動車専用道路の第二車線を走行してきたA運転の普通乗用車が、交通事故の処理を終えて帰署しようと対向車線からUターンしてきたY県警のジープとの衝突を避けようと第一車線にハンドルを切ったところ、前方に駐車していた小型貨物自動車（前記事故に関わった自動車）に追突してAが死亡した事故につき、Aの父母がY県に対して自賠法3条に基づき損害賠償を請求したものである。

一審は原告が勝訴したものの、原審は原告の請求を斥けたところ、最高裁がこれを差戻した（差戻控訴審は、【132′】東京高判昭和50・9・9民事30巻10号1001頁）。

【131】　最判昭45・1・22民集24・1・40、裁時538・1

「そこで考えるに、自己のため自動車を運行の用に供する者が、その運行によつて他人の生命または身体を害し、よつて損害を生じた場合でも、右運行供用者において、法3条但書所定の免責要件事実を主張立証したときは、損害賠償の責を免れるのであるが、しかし、右要件事実のうちある要件事実の存否が、当該事故発生と関係のない場合においても、なおかつ、該要件事実を主張立証しなければ免責されないとまで解する必要はなく、このような場合、運行供用者は、右要件事実の存否は当該事故と関係がない旨を主張立証すれば足り、つねに右但書所定の要件事実のすべてを主張立証する必要はないと解するのが相当である。

これを本件についてみるに、本件記録に徴すれば、被上告会社において、自己が本件事故車の運行に関し注意を怠らなかつたかどうか、自動車に構造上の欠陥または機能の障害がなかつたかどうかは、本件事故と関係のない旨暗黙の主張をしているものと解せられ、原審も、その旨の認定判断をしているものと解せられないではないから（右認定判断は、原判決挙示の証拠関係に照らし是認するに足りる。）、原判決に所論の違法はなく、論旨も採用することができない。」

第1章　自賠法上の責任

> **【132】** 最判昭 46・11・19 民集 25・8・1236，判時 649・16

「本件道路は，自動車専用道路であるから，自動車は，一般に，横断し，転回し，または後退することを禁じられている（道路交通法75条の6）。緊急自動車については若干の除外規定が設けられてはいるが（同法75条の9），転回行為を許す明文の規定は，法令上存しない。緊急自動車については，その目的の緊急性に応じて，右除外規定を弾力的に解釈する余地もないではないが，自動車専用道路における車両の転回行為を禁止する前記法条の趣旨に照らせば，たとえ緊急自動車であつても，かかる例外的行為に出るときは，特段の注意を払い，通常の事態を予想して通行している一般車両の走行に危険を与え，事故を誘発することを未然に防止すべき注意義務があるものといわなければならない。ところで，緊急自動車とは，法令の定める自動車で，当該緊急用務のため，政令で定めるところにより運転中のものを指し（同法39条1項），警察用自動車については，犯罪の捜査，交通の取締りその他の警察の責務の遂行のため使用するものであつて（道路交通法施行令13条1号），緊急用務のため運転するときは，特段の必要がある場合を除き，法令の定めに従つて設けられたサイレンを鳴らし，かつ，赤色の警光灯を点灯することを要するものとされている（同施行令14条）。法令が，このような規定をおいているのは，緊急自動車がその特別の用務のために他の車両に優先して道路を進行することを保障する一方，その進行を一般の車両等に警告することによつて，それから生ずることのあるべき危険を未然に防止しようとするにあるものと解される。本件において，事故現場での実況見分を終了して帰署しようとしていた乙車にいかなる緊急の用務があつたかは，原審の確定しないところであるが，かりに乙車にそのような緊急の目的があつたとしても，いやしくも，一般車両の転回行為が禁止されている自動車専用道路において，かかる転回行為をしようとする場合には，反対車線を走行してくる車両に対して，これを予知させ，もつて，右車両が咄嗟の措置に窮し思わぬ事故を招来せしめないよう，少なくとも，法令に定められたサイレンを鳴らし，かつ，対向車両の進行を急激に妨げないような時機と方法を選んで転回行為に及ぶべきであり，また，本件のように，事故現場の実況見分を終了して帰署する場合においては，交通量に応じ，車両の転回行為の終了するまで交通規制をし，あるいは居合わせた警察官をして乙車を誘導させる等，乙車の異例な行動から生じうべき事故を未然に防止すべき何らかの措置を講ずるのが当然である。まして，本件事故の発生したのは夜間であつて，乙車の前照灯の動きは反対車線を走行してくる車両の視界を妨げるおそれがあり，加うるに，反対車線の前方側縁には丁車を停車させていたのであるから，乙車の運行には，さらに一そうの慎重さが要求されて然るべきである。しかるに，原審の確定するところによれば，当時，乙車あるいは丙車がサイレンを鳴らしていた様子はなく，すでに現場は交通規制も解除されており，居合わせた警察官らは，すべて車両に分乗し終つていたのであり，乙車は，反対車線をA車が高速で進行して来

Ⅳ　3条免責

たにもかかわらず，その直前で転回行為に及んだというのであるから，たとえAの運転に重大な過失があったとしても，乙車の右運行は，なおかつ危険な行為というほかはなく，その運行には，前記説示の趣旨において過失あるを免れないものというべきである。

そうであれば，この点について何らの説明を加えることなく，ただ単に，本件事故はもっぱらAの過失に起因するものであって，乙車を運転していた前記B巡査になんらの過失もないとし，乙車の保有者である被上告人の自賠法3条に基づく責任を認めなかった原判決は，同条の解釈適用を誤り，ひいて審理不尽，理由不備の違法を犯したものというべきであり，この違法は，原判決の結論に影響することが明らかであるから，論旨はこの点において理由があり，原判決は破棄を免れない。そして，本件は，右の点についてさらに審理を尽くす必要があるから，これを原審に差し戻すのが相当である。」

【132′】東京高判昭 50・9・9 民集 30・10・1001，判時 788・22，交通民集 8・5・1299

「(一)　控訴人は，当審において，本件事故は検証中に発生したものであって，乙車の転回行為には，緊急性が認められるから刑法上免責されると主張する。

しかし，前記引用の原判決記載のとおり，本件事故は，『実況見分を終了し，セイフテイコンを片づけ，帰署しようと関係者一同が既に乙，丙，丁車にそれぞれ乗車し終った時』に発生したものであり，検証終了後の事故であると解するのが相当であるのみならず，かりに乙車の転回行為につき所論のような刑法上の免責があったとしても，そのことから直ちに控訴人が民事上の責任までも免れることにはならない。即ち，本件道路は，後記のとおり，自動車の横断，転回，後退が全面的に禁止されているのであるから，かりに乙車が緊急行為として転回行為を行なう場合であっても，反対車線を走行してくる車両に対して，これを予知させ，もって，右車両が突嗟の措置に窮し，思わぬ事故を招来せしめないよう，少なくとも，法令に定められたサイレンを鳴らし，かつ，対向車両の進行を急激に妨げないような時機と方法を選んで転回行為に及ぶべき義務があるのである。従って，所論はこの点に関し，独自の見解に基づいて，責任回避の主張をするものであって採用することができない。

(二)　次に，控訴人は，(1)本件のような条件の下における車線の変更は，人間の反応の遅れを考慮しなくとも，60.9メートルの走行距離を必要とすること，(2)運転手は突嗟の危険に際して本能的にブレーキを踏むこと等の点からみて，甲車が第二車線から第一車線に急な車線変更を行なったと認めることは，客観的な事実（ブレーキ痕もなく，スピードの減速もないこと）にてらし，不可能であって，結局，A車は最初から第一車線を通行していたとみるほかなく，本件事故の原因は，Aの居眠り運転等異常な前方注視義務違反に基づくものであると主張する。しかし(1)本件のような条件の下において，車線の変更のために，最低どれだけの距離を必要とするかに関しては，控訴人の右主張を支持する成立に争いのない乙第6，第7号証の各1，2の記載は，当審証人Cの証言およびこれによって真正に成立

したと認められる甲第70号証の記載にてらすと、いまだ控訴人の右主張を肯認するには足りず、かえつて、右対比に供した証拠よりすれば、本件のような条件の下において、限界的な車線変更に要する最低の走行距離は、45メートル前後にまでなり、その場合タイヤ痕を残さないこともありうることを窺うことができる。また(2)の点については、この主張は、運転者が突嗟の危険に際しては、常に必ずブレーキを踏むものであるとの命題を当然の前提とするものであるが、被控訴人らも指摘するとおり、本件事案は、一般の道路上において発生したものではなく、自動車専用道路において発生した事故であつて、このような道路上では元来、自動車の横断、転回、後退は禁止されている（道路交通法75条の6）し、また、歩行者、自転車の通行も許されない（道路法48条の5）のであるから、急ブレーキを使用して停車しなければならないような場面は、予測されないのである。むしろ、このような道路においては、原則として、みだりに急ブレーキを使用して停車することは、後続車に対する追突の原因にもなりかねないところである。かようにして、このような道路においては、本件のように、反対方向の車線から、中央分離帯をのりこえて、反対車線への転回を行なうがごとき違法な現象は、全くありえないものであるとの信頼が存するものと解するのが相当である。してみれば、A車を運転していたAが、反対車線内にある乙車（それが緊急用のサイレンを鳴らしていた旨の主張立証はない）の存在を、いかに遠方から認識していたとしても、それが中央分離帯をのりこえてA車の進路に進入してくるだろうなどと予測しなかつたのは、むしろ当然であり、近距離に迫つた時点で、実際に乙車がA車の車線に進入しはじめたことから、ここで、はじめて危険を感じて、突嗟にハンドル操作による車線の変更によつて乙車との衝突を避けようと試みた（そして実際にも避けえた）ものであると解せられる。この場合、急ブレーキをも併用しなければならないとの法令上の義務もなく、また、急ブレーキの使用のみによつて衝突を回避しえたであろうとの保障もない。のみならず、一般的にいつて、かような場合に、いかなる運転者も、必ず本能的にブレーキ操作をするものであるとの経験則が存する旨の立証もない（ちなみに、当審証人Cの証言によれば、同人は、本件のような場面に直面した場合、ブレーキを操作するいとまはないであろうという）。

以上の次第で、控訴人指摘の、タイヤ痕・ブレーキ痕のないこととか、時速100キロメートルの追突であること等の客観的な事実の存在と、当裁判所の認定、判断によるAのハンドル操作のみの車線変更の事実とは、互に両立しうるものであつて、この点に関する控訴人の主張は、結局、独自の見解に基づくものというほかなく、採用することができない。従つて、本件事故の原因は、乙車の違法な転回行為にあるといわなければならない。

二　そこで、次にAの側における過失の有無、程度について考える。成立に争いのない乙第3号証の2によれば、A車が丁車に追突した時点におけるA車の速度は、およそ時速100キロメートルであると認められ、一方、本件道路における最高制限速度が高速車（A車はこれに含まれる）が時速70キロメートルであることは、引用の原判決認

IV　3条免責

定のとおりであるから，Aは，衝突時において，最高制限速度を30キロメートル超過する高速度でA車を走らせていたことが明らかである。また，当時の道路交通法および同施行令の定めるところによれば，Aは第一車線を進行すべき義務（いわゆるキープレフトの義務）があつた（昭和39年6月1日法律91号，道路交通法20条2項参照，なお，同条3項に基づく通行区分の指定のなかつたことは，成立に争いのない乙第10号証の1・2参照）。従つて，もし，Aが右各規定を遵守し，第一車線を，時速70キロメートル以下で走行していたとすれば，乙車の影響を本件の場合ほど強く受けることはなかつたものと考えられるし，一方，当審における鑑定人Dの鑑定の結果及び甲第15号証により，本件事故発生時には丁車の尾灯は点灯されていなかつたと推断されるところ，当審における第2回の検証の結果よりすれば，丁車の尾灯が点灯されていない場合に，A車が前照灯を下向にして進行したとしても，乙車の角度ならびにライトの点灯とは関係なく（この点は差戻判決が疑問として指摘するような影響は，認められなかつた），A車の運転者は，丁車の約100メートル手前から約50メートル手前までの間に，丁車の反射器に甲車の前照灯が反射して光るのを認めることができ，従つて丁車の存在を確認することができると認められる。そうだとすれば，Aが前記各規定を遵守していたとすれば，本件事故の発生を避けることができたであろうと推断される。蓋し，上記認定の本件事案において，かりに，AがA車を時速70キロメートル以内に保つて，第一車線を進行していたならば，多少のもやの存在を考慮したとしても少なくとも50メートル以上の前方に丁車が停止していることを確認しえたものと思われ，かつ，これと相前後して，乙車の転車行為にも気づいた筈であるから，以上のような事実関係の下においては，同人は，直ちにブレーキをかけて減速することが期待されると共に，前記認定のAの力量からみて，ハンドル操作によつて，乙車と丁車との間を縫つて第二車線に逃れるか，又は，急制動をかけることによつて丁車に追突することを避けることができたものと考えられるのである。従つて，右のように法規を遵守しなかつたために本件事故に遭遇した点で，本件事故の発生については，Aの過失も存するものといわなければならない。そしてAの右過失と，乙車の運転者訴外Bの過失とを比較すると2対8であると認めるのが相当である。」

第2章　民法上の責任

　交通事故の加害者側が，民法典の不法行為に関わるいずれかの責任を負うことになる場合も少なくない。ここでは，それぞれの根拠条文毎に整理してみていこう。

Ⅰ　709条――一般的不法行為責任

　自動車を運転中，故意または過失により事故を惹起し他人に損害を与えた者が709条に基づき責任を負うことは疑いがない。しかし，既にみてきたように，自動車による人身事故については，まず，自賠法が適用されるところから，加害車両の運転者の責任が問題となるのは自賠法が適用されない場合，すなわち，①物損に係る損害賠償，②自転車等自賠法の適用のない車両による事故の場合，③加害車両の運転者が自賠法の「運転者」（他人のために自動車を運行の用に供する者）に当たるため自賠法上の責任を負わない場合に，その運転者の責任を追及する場合，④被害者が自賠法にいわゆる「他人」に当たらず，加害者側に対し自賠法上の責任を追及し得ない場合等である。

Ⅱ　714条――法定監督義務者の責任

　不法行為責任が成立するためには故意または過失による行為に基づくことが要求されるところ，その行為とは，当該行為者の意思活動にほかならないものであるから，不法「行為」をしたとして当該行為者に責任を負わせるためには，その意思活動をなし得る能力＝一定の知能ないし判断能力を有することが必要とされる。このような判断能力を不法行為における責任能力と呼び，これは，自己の行為が違法なものとして法律上非難されるものであることを弁識し得る能力と説明される。そして，責任能力を欠く者に対しては不法行為責任を問いえないものとされる。

　712条は，未成年者が他人に損害を加えた場合において，「自己の行為の責任を弁識するに足りる知能」を備えていなかったときは，その行為について賠償責任を負わないとし，713条は，精神上の障害により責任弁識能力を欠く状態にある間に他人に損害を加えた者は損害賠償責任を負わないとしている（同条本文）。ただし，その責任弁識能力を欠く状態を，故意または過失に基づいて一時的に招来させていたときは損害賠償責任を免れることはできない（同条ただし書）。

　このように責任無能力者が加害者となった場合には，その加害者本人は損害賠償責任を負わないというのであるから，被害者は責任を追及する相手を失い救済を受けることができな

第2章　民法上の責任

いということになりそうである。しかし，いかに加害者に責任能力がないとしても，被害者を救済せず放置することは，もちろんできない。

そこで，このような場合には，責任無能力者を監督すべき法定の義務ある者が，その責任無能力者が第三者に加えた損害を賠償しなければならないとされている（714条1項本文）。監督義務者に代わって責任無能力者を監督する者も同様の責任を負う（同条2項）。ただし，ここでも，法定監督義務者が，その義務を怠らなかったとき，またはその義務を怠らなくても損害が生ずべきであったときは，責任を免れるものとされている（714条1項ただし書）。

【133】大阪地判平成10年4月14日（交通民集31巻2号560頁）は，ともに11歳の男児2名が，いわゆるBB弾なる空気銃を発射して普通乗用車の後部ガラスに衝撃を与えたため，同車運転者が振り返りつつ約30m走行し，ハンドル操作を誤って電柱に衝突し，同人が受傷した事故につき，BB弾を発射した男児の父母が同人に対する監督義務を怠らなかったことを認めるに足りる証拠はないとして，その免責の抗弁を認めなかった（過失相殺60％）。

交通事故においても，責任能力の有無が争われる者が自動車を運転して事故を起こすことは決して少なくない。

なお，この点に関連して，責任能力のある未成年者が事故を起こした場合，その未成年者自身が責任を負うことになるものの，それと同時に監督義務者に義務懈怠があっても監督義務者は責任を負わないかという問題がある。

【134】最判昭和49年3月22日（民集28巻2号347頁）は，子（15歳の少年）による強盗殺人の事例において，未成年者が責任能力を有する（未成年者自身が不法行為責任を負う）場合であっても，親の監督義務違反と子の不法行為によって生じた損害との間に相当因果関係を認め得るときは，監督義務者につき709条の責任が成立するとしている。被害者保護という見地から親の責任を広く認めるべきであるとする考え方に基づくものといえるが，このことは交通事故においても妥当する。

問題は，いかにして監督義務違反と未成年者の交通事故との間の相当因果関係の有無を判断するかである。一般的には，①監督義務者が相当の監督をすれば当該未成年者による加害行為（交通事故）の発生を防止し得たこと，②その監督（注意）を現実になし得たこと，③監督をせずに放任しておけば当該加害行為が発生する蓋然性が一般的にも高いこと，という要件が示される（**【135】**東京高判昭和52・3・15交通民集10巻2号323頁）。

しかし，これらを立証することには相当の困難を伴うと思われるところから，交通事故事案における公平な解決を図ることを目的として一定の類型化が目論まれている。すなわち，(ｱ)法定監督義務者たる親が，子の運転する自動車に同乗するなどして子の運転行為を現認しているにもかかわらず，子の危険な運転行為に注意を与えなかったという場合，(ｲ)子に事故歴がある，あるいはスピード違反・酒酔い運転・信号無視等，事故を起こす蓋然性の高い違反歴があるにも拘らず，子が運転しているのを黙認して禁止しなかったという場合，(ｳ)子が，

Ⅱ　714条──法定監督義務者の責任

自動車を運転するにつき支障を及ぼすような精神的・肉体的状況にあることを，親が事前に認識し得たにもかかわらずこれを見過ごし，運転行為をやめさせたり，状況が回復するのを待たせたりする等の方法をとらなかったという場合には，相当因果関係が認められるとするものである。

このような類型的考察に基づいて親の責任を肯定したものもある（岡山地裁笠岡支判昭和44・8・25判タ241号138頁，広島地裁呉支判昭和49・3・29交通民集7巻2号463頁，長崎地判昭和53・12・25交通民集11巻6号1912頁，横浜地判昭和56・1・26交通民集14巻1号133頁，浦和地判昭和58・12・12判時1117号159頁，長野地判昭和61・9・9判タ622号173頁，盛岡地判昭和61・12・22交通民集19巻6号1722頁，名古屋地判昭和63・10・28交通民集21巻5号1136頁）。

ただ，近時は，必ずしもこのような類型的考察にとらわれることなく，監督義務者の責任を認めるものもある。

【136】青森地判平成14年7月31日（交通民集35巻4号1052頁）は，Y_1（16歳，男子，無免許）運転の普通乗用車が電柱に衝突して助手席同乗のA（16歳の男子）が死亡した事故につき，その同乗の経緯等に照らし，Y_2（車両保有者，非同乗者）が運行供用者であるとしても，A，Y_2は共同運行供用者であって，AはY_2に対して他人であることを主張しえないとした上で，Y_1，Y_3（Y_1の父で親権者，事故車両の保管者）の709条の責任を認め，さらに，【137】大阪地判平成18年2月14日（交通民集39巻1号165頁）は，16歳の少年が，深夜，友人の少年から借りた前照灯の点かない原付自転車で歩行者（65歳の男性）に衝突，死亡させた上，逃走した事故につき，同人の夜遊びが常態化していたことと事故発生との間には密接な関係があり，その両親が夜遊びの是正をなし得なかったことと事故による被害者死亡との間には社会通念上相当な因果関係があるとして709条の責任を認め，【138】大阪地判平成18年7月26日（交通民集39巻4号1057頁）は，小型貨物自動車と普通乗用車とで危険運転行為をしたことにより原付自転車と衝突して同車運転者を死亡させた責任能力を有する未成年者（16歳〜17歳）の5名の親権者の責任につき，非行歴の有無，自動車運転の関心の強さ等具体的事情を詳細に検討した上で，監督義務違反の有無を格別に判断している。

他方，親の責任を否定したつぎのような裁判例もある。

【139】仙台地判昭和55年9月22日（下民集33巻9〜12号1546頁）は，無免許運転，放火未遂等の非行歴があって保護観察中であった19歳の子が起こした飲酒運転事故につき，子が運転免許を取得したのが事故の10日前であり，父親は，飲酒や夜間外出をしないように常々注意を与えており，また，子は成人に近く，就職も内定していたことを考慮，【140】秋田地判昭和55年12月24日（交通民集13巻6号1669頁）は，19歳の子が起こした飲酒運転事故につき，母親は，子が外出するところをみてはいなかったし，その子には飲酒運転の前歴等がなく，子がまもなく成人に達する身であることを考慮，【141】神戸地判平成5年2月10日（交通民集26巻1号193頁）は，17歳の子が起こした事故につき，両親は，子が当該

第2章　民法上の責任

自動二輪車を通学に使うことを知りながら格別の注意を与えず，これを放置していたとしても，危険な運転をして事故を起こすような徴候はなかったこと等を考慮，【142】宇都宮地判平成5年4月12日（判タ848号282頁）は，シンナー吸引の非行歴があり，スピード違反・赤信号無視で検挙歴のある子が起こした高速度運転での事故につき，母親が，子の非行歴・検挙歴を知っていたか，あるいは知り得べき状況にあったか，母親が，子の交通関係につきどのように監督していたかについては，これを判断するに足りる証拠がないとし，【143】東京地判平成7年11月22日（交通民集28巻6号1605頁）は，子が起こした追突事故につき，その親権者の不法行為責任を肯定するためには，子に交通事故を発生させる具体的危険性があるにも拘らず親権者としてこれを制止する等の措置を怠り，その結果事故が起こったことが必要であるところ，かりに，子の運転技術が未熟であり，かつ親権者がこれを認識していたとしても，親権者に，運転免許を有する子の運転を制止すべき監督上の義務があるとはただちにいえないし，子の交通事故発生につき具体的な予見可能性があったと認めるに足る証拠もないとした。

このようにみてくると，類型的考察も有用ではあるものの，実質的判断基準は，やはり，事故発生に対する予見可能性，事故発生の蓋然性，監督義務者が監督したことによる事故発生防止の蓋然性が求められるのであり，そしてこれらは，いずれも未成年者の成熟度（年齢，就業しているかどうか）と関わるとみておくことができよう。

なお，自転車が加害者となる事故については，責任能力に関わる基本的な考え方は自動車事故の場合と共通するものの，責任能力のある未成年者が事故を惹起した場合の監督義務者の責任（監督義務懈怠）を考慮するに際して上記のような類型的考察は妥当しない。運転免許を要するものではなく，運転技術もさほどのものを要せず，運転者の年齢層もかなりの幅に及ぶ自転車事故の場合には，監督義務者（親）の義務がどの範囲にまで及ぶのかを画一的に定めるのが容易でないのに加え，どうしても賠償資力の問題に目を向けざるを得ないからである。

【144】東京地判平成19年5月15日（交通民集40巻3号644頁）は，13歳の男子中学生の自転車衝突事故につき，その責任能力を肯定するとともに，両親につき，交通ルールを守る監督義務を全く果たしていなかったと推認し得るとして，両親の監督義務違反と事故との間の相当因果関係を認め，両親の不法行為責任を認めた。

横浜地判平成21年7月30日（平成20年(ワ)第4243号）は，T字路交差点におけるX（男，12歳）運転の自転車とY運転の普通乗用車との出合頭の事故によりY車が破損したことにつき（Xも受傷している），本件事故後，Xは，「両親に連絡を取る方法を述べることができないほど動揺していたことが認められること」等から，Xが，「自らの自転車の運転方法により事故が生じ，その結果，どのような責任が生じるのかを理解していたとは認められない」から，Xは本件事故について責任能力を有していないと認め，その上で，Xの父は，「日常

II 714条——法定監督義務者の責任

生活の中で，Xに対し，自転車に乗るときは車に注意しなさいとか，交差点等では止まったりあるいは徐行をするなりして事故が起きないようにしなさいと話していることは述べているものの……本件事故の態様からすると，監督義務違反がないと認めることはできない」とした。

【145】東京地判平成22年9月14日（交通民集43巻5号1198頁）は，夜間，信号機のない見通しの悪い交差点において，X（男，71歳）運転の自転車とY₁（男，12歳）運転の自転車とが出会い頭に衝突してXが受傷した事故につき，その事故が，Y₁の塾からの帰途，友人と自転車での「鬼ごっこ」をしながら通常よりも速い速度で進行して目的地まで行く際に起きており，Y₁の両親は，自転車運転に際しての一般的な注意をしてはいたものの，Y₁が塾帰りに自転車での「鬼ごっこ」をしていた事実を把握しておらず，帰宅の際の走行経路・運転方法を具体的に把握しようとした形跡がないことから，Y₁が自転車の運転に際し交通法規を遵守するよう教育監督すべき義務を怠った過失があるとして709条の責任を認めている。

他方，【146】大阪地判平成19年7月10日（交通民集40巻4号866頁）は，15歳の男子中学生運転の自転車が，歩道を歩いていた62歳の男性会社員に衝突して同人を死亡させた事故つき，同中学生は，普段から危険な自転車の運転をしていた事実はなく，過去に同態様の交通事故を起こしたことはないとして，同人と同居中の親権者である母親の監督義務違反を認めなかった。

【133】 大阪地判平10・4・14 交通民集31・2・560

「自動車を運転している過程において，ガラスが割れるかのような衝撃音が発生する事態は通常考えがたいことに照らすと，走行中の自動車のガラスに異物を当てガラスが割れたかのような衝撃音を生じさせるという行為は，運転者がこれに驚き運転を誤る可能性の高いものということができる。それゆえにこそ，前記使用説明書には，人や車が通る場所では決して発射しないこと等の注意書きが記載されているのである。したがって，訴外Aは，空気銃を発射しようとする場合には，弾の発射される方向に走行中の車両が存在しないかどうかに十分な注意を払い，安全を確認してから発射すべき注意義務があったというべきである。ところが，右認定事実によれば，訴外Aは，原告車両を狙って空気銃を発射したかどうかはともかく，少なくとも原告車両が通過することを認識しながら，右注意義務を怠って空気銃を発射したものであり，本件事故は右過失行為のために起きたものであると認められる。しかしながら，その反面において，原告車両の後部ガラスは弾が当たったことによって実際には割れてはいないこと（この意味で，実際にガラスが割れる衝撃があった場合と本件とを同視することはできない。），原告Xとしても，原告車両に何らかの異常を感知した場合には，ブレーキをかけ，安全を確認してから，原因を調査すべきであったにもかかわらず，後部ガラスに衝撃音を聴いてから後ろを振り返り約30メートル以上も走行して電柱に衝突し

第2章　民法上の責任

たこと（原告X本人），前記事故態様によれば，原告Xは時速約20キロメートルで走行していたのであるから，比較的容易に停止することができたはずであることに照らすと，原告Xにも事故を回避するための措置について不適切な面があったというべきである。したがって，本件においては，前認定の一切の事情を斟酌し，6割の過失相殺を行うのが相当である。

また，被告Y₁及び同Y₂が訴外Aの監督義務を怠らなかったことを認めるに足りる証拠はないから，被告Y₁及び同Y₂の免責の抗弁は理由がない。

以上によれば，被告Y₁及び同Y₂は，原告らに対し，民法714条1項に基づき，不真正連帯債務を負うことになる。」

【134】　最判昭49・3・22民集28・2・347

「未成年者が責任能力を有する場合であっても監督義務者の義務違反と当該未成年者の不法行為によって生じた結果との間に相当因果関係を認めうるときは，監督義務者につき民法709条に基づく不法行為が成立するものと解するのが相当であって，民法714条の規定が右解釈の妨げとなるものではない。そして，上告人らの甲野一郎に対する監督義務の懈怠と一郎による乙山高男殺害の結果との間に相当因果関係を肯定した原審判断は，その適法に確定した事実関係に照らし正当として是認できる。」

【135】　東京高判昭52・3・15交通民集10・2・323

「この点に関する当裁判所の判断は，原判決15枚目裏3行目『乙第2号証』を『乙第1号証，前記甲第1号証の4』と訂正し，原判決15枚目裏11行目の『前科前歴はない。』の次に，『ところで，監督義務者の義務違反と当該未成年者の不法行為によって生じた結果との間に相当因果関係を認め得るためには，監督義務者が相当の監督をすれば加害行為の発生が防止され得た事，その監督を現実になし得た事，監督をせずに放任しておけば当該加害行為が発生するとの蓋然性が一般的にも強い場合であった事などの要件を充足する事が必要である。』を附加し，また，原判決16枚目表3行目の『損害賠償義務を問うに足りる証拠はない。』を『損害賠償責任を問うべき前記の諸要件が充足したものとは認められない。』とあらためるほか原判決理由二の記載（原判決15枚目表9行目から16枚目表5行目まで）と同一であるから，ここにこれを引用する。」

【136】　青森地判平14・7・31交通民集35・4・1052

「ア　本件車両は，被告Y₂の長女の所有名義となっているが，同女が独立して以降は，実家である被告Y₂宅に置いたままとなり，同被告が管理していたものである。

イ　被告Y₂は，平成12年5月ころ，自宅を新築するため，その完成までの間，本件車両を長男の妻の父である被告Y₃宅に保管してもらうこととし，以後，本件車両は，

Ⅱ　714条——法定監督義務者の責任

被告Y$_3$が自宅の隣の空き地で預かり保管していた。また，本件車両の鍵も，被告Y$_3$が自宅居間の食器棚の引出しに入れて保管していた。

ウ　被告Y$_3$は，平成4年に妻と離婚し，その際長男である被告Y$_1$の親権者となり，本件事故当時は，被告Y$_1$と2人で暮らしていた。

被告Y$_1$は，平成12年3月に中学校を卒業したが，その後はほとんど仕事に就くことはなく，本件事故当時は無職で，夜間は，夕食を食べては再び外出し，深夜12時ころに帰ってくるという生活状態にあった。

被告Y$_1$は，本件事故当時，16歳で，運転免許を有していなかったが，以前にも自動車を運転したことがあり，本件事故の前日にも，亡AやBら中学時代の同級生4人とともに，深夜，本件車両を持ち出して，乗り回すということがあった。

エ　本件事故当日である平成12年10月2日から3日にかけての深夜，被告Y$_1$が，亡AとCに対し，本件車両を持ち出してドライブに行くことを誘い，亡AとCもこれに応じた。なお，亡Aも，自ら，前日同乗したBに誘いの声を掛けたが，同人は，前日の被告Y$_1$の運転が乱暴で危険であると感じていたため，この誘いを断った。

オ　被告Y$_1$は，本件車両の鍵が自宅居間の食器棚の引出しに入っていることを知っており，平成12年10月3日午前零時すぎころ，被告Y$_3$が寝静まったのを見計らって鍵を持ち出し，まず，亡Aが本件車両の運転席に乗り込み，エンジンを掛けないまま，被告Y$_1$が本件車両を後ろから押していき，自宅から少し離れたところで，被告Y$_1$が運転席に，亡Aが助手席に，Cが後部座席にそれぞれ乗り込んで，エンジンを掛けて出発した。

カ　その後，被告Y$_1$，亡A及びCは，本件車両に乗り，自宅から10キロメートル以上離れた甲漁港に到着し，同漁港の広場に本件車両を停めて3人で話をしたり，石を投げたりし，また，被告Y$_1$は，本件車両を運転してスピンターンの練習をしたりして遊んだ。

キ　その後，3人は甲漁港を出発したが，その際は，亡Aが運転した。亡Aが運転している途中で，同人の携帯電話に電話がかかってきたため，被告Y$_1$が再び運転を替わり，亡Aが助手席に，Cが後部座席に乗って走行していた。被告Y$_1$は，本件事故を起こす手前の道路で，凹凸のある道路を相当の高速度で走らせ，上り坂の頂上付近でジャンプするのが面白いなどと言いながら走行するうち，本件車両が横滑りするような状態になった。

ク　平成12年10月3日午前3時25分ころ，被告Y$_1$らの乗った本件車両は，乙県丙市大字丁字戊42番地1146先路上において，被告Y$_1$のハンドル操作の誤りなどから，道路進行方向右側の電柱に激突した。この事故により，本件車両はその左側を電柱に激突して大破し，亡Aはまもなく死亡し，Cは両大腿骨骨折などの傷害を負った。

ケ　被告Y$_1$は，本件交通事故についての業務上過失致傷罪等により，Z家庭裁判所に送致され，平成13年3月5日，少年院送致の決定を受けた。

被告Y$_1$の責任について

上記認定事実によれば，被告Y$_1$は，本件事故当時16歳で運転免許を有せず，運転技術も未熟であったにもかかわらず，相当な

第2章　民法上の責任

高速度で無謀な運転をしているうち，ハンドル操作を誤った過失により，本件事故を生じさせたものである。

したがって，被告Y_1は，民法709条により，本件事故により原告らが被った損害を賠償する義務がある。

被告Y_3の責任について

被告Y_3は，平成12年5月以降，被告Y_2から本件車両をその鍵とともに預かり保管していたものである。

そして，被告Y_3は，被告Y_1の親権者として，同被告に対する一般的な監督義務を負っているが，前記認定事実のとおりの本件事故直前の被告Y_1の無職徒遊の状況のほか，証拠（丙1，被告Y_3）によれば，被告Y_1は，中学3年生時である平成11年5月に学校内で乱暴をして補導されたり，翌12年2月には他校の生徒とけんかをしたことによる傷害の非行歴がある上，同年5月には，原動機付自転車を無免許で運転していた疑いにより，警察から注意を受け，被告Y_3もこの件で交番に呼ばれていたことが認められるのであるから，このような事実関係からすれば，被告Y_3としては，自宅横の空き地に保管していた本件車両を被告Y_1が持ち出して運転することのないよう，被告Y_1に対する監督を強化するとともに，その鍵の保管には格別の注意を払うべき義務があったものであるところ，本件車両の鍵を自宅居間の食器棚に保管していたというのみでは，この義務を尽くしたとはいえない。

したがって，被告Y_3には，被告Y_1に対する監督義務違反が認められ，被告Y_1の前記のとおりの行状や運転免許を有していないことなどをも考慮すると，この義務違反と本件事故の発生との間には相当因果関係がある。

したがって，被告Y_3には，民法709条により，本件事故により原告らが被った損害を賠償する義務がある。」

【137】　大阪地判平18・2・14交通民集39・1・165

「被告Y_1は，中学3年生のころから，夜中にうろちょろして親の目を盗んでタバコを吸っていた。

被告Y_1は，高校2年（平成13年）の夏ころから，朝方までうろちょろして，シンナーを吸ったり，バイクに2人乗りをしてひったくりをしたり，悪仲間と一緒に無免許でバイクを乗り回したりするようになって，夜遊が常態化しており，学校に行ったりさぼったりという毎日で，学校をさぼったときは，前日から朝まで遊び回っているため，昼ころまで家で寝て，昼過ぎころから友人の家に行ってゲームをしたり，単車を乗り回したりという生活であった。そのころ，被告Y_1は，両親である被告Y_2又は被告Y_3から，それらの行動をとがめられ，バイクに乗りたいので有れば免許を取ってから乗るように何度も口やかましく言われていたが，体罰をもって指導されることはなく，被告Y_1はそれらをうっとおしく感じ，反抗して，『うるさいなー，ほっとけよ』などと言って，その指導に従わないようになって被告Y_1のしたい放題の状態であった。

被告Y_2及び被告Y_3が，被告Y_1の状態の変化に気が付いたのは，被告Y_1が高校2年の夏休みに入ってからであり，それまでの被告Y_1の状況の変化については気が付いていなかった。

Ⅱ 714条──法定監督義務者の責任

被告Y₁が高校2年の夏休み以降，夜遊びに出かけようとした際に，被告Y₂が止めようとして取っ組み合いになったことがあったが，その際も，結局被告Y₁は，夜遊びに出かけていった。

被告Y₂及び被告Y₃は，被告Y₁が高校2年生の春である平成13年4月2日に自動二輪の免許を取得した後，被告Y₁に対し，学校へは乗っていかないこと，他人に自分のバイクを貸与しないこと，他人のバイクには乗らないことを書面に書かせて約束させたが，被告Y₁は，その約束を守っているように見せかけつつ，その約束を破っていた。

被告Y₂は，被告Y₁の状態が急変したと認識した平成13年の夏以降被告Y₁の動向に気を配り，被告Y₁の携帯電話に電話して帰るように指導したり，勤務先からの帰宅途中に近所の公園を見回って，被告Y₁を捜し，連れて帰ったこともあった。

被告Y₁が甲家庭裁判所において中等少年院送致の決定を受けた際の犯罪事実には，本件事故及びその際のひき逃げの外に，本件事故の後である平成14年1月21日，いずれも通行中の被害女性からひったくりの窃盗を3件行った事実も含まれている。

以上の事実関係の下において，被告Y₂及び被告Y₃の被告Y₁に対する教育，指導及び監督は十分であったとは言い難く，被告Y₁による夜遊びが常態化していたことと本件事故の発生との間には密接な関係があり，その夜遊びの是正を親としてなしえなかったことと本件事故の発生による亡Aの死亡との間には，社会通念上相当な因果関係があるというべきであり，被告Y₂及び被告Y₃は，民法709条により本件事故について損害賠償義務を免れない。」

【138】 大阪地判平18・7・26 交通民集39・4・1057

〔判決理由が長文に及ぶので，以下では，未成年者のうちの1人に関係する部分についてのみ紹介することとする〕

「二 被告親権者らの責任の有無について（本項(1)ないし(7)では，特に断らない限り，各被告を名のみで表記する。）

(1) 被告少年らは，本件事故当時，未成年者であったことは前記のとおりであるが，いずれも，高校2年生ないしそれに相当する年齢であり，責任能力を有していたことが認められる。

民法714条は，未成年者が責任能力を有しない場合の監督義務者の責任について定めているが，未成年者が責任能力を有する場合であっても監督義務者の義務違反と当該未成年者の不法行為によって生じた結果との間に相当因果関係を認め得るときは，監督義務者につき民法709条に基づく不法行為が成立すると解するのが相当である（最高裁昭和47年（オ）第1067号同49年3月22日第二小法廷判決・民集28巻2号347頁参照）。

そこで，以下，各被告少年らに対する監督義務者たる被告親権者らの監督義務違反の有無及び同義務違反と本件事故により生じた本件被害者の死亡という結果との間の相当因果関係の有無という観点から各親権者の責任の有無につき判断する。

(2) 被告B₂の責任の有無

ア 証拠及び弁論の全趣旨によれば，次の事実が認められる。

（ア） B₁は，昭和61年2月13日に被告B₂（昭和39年10月9日生）とKの間に出

生し、被告B₂とKは、同月17日、婚姻したが、平成元年6月に離婚し、被告B₂がB₁の親権者となった。翌平成2年4月、B₁は、Kの両親と養子縁組をしたが、平成6年10月に離縁した。被告B₂は、平成2年12月、Lと婚姻し、被告B₂とLの間には3人の子が平成3年3月、平成4年7月及び平成7年2月にそれぞれ出生した。B₁は、平成6年10月（当時7歳）に離縁して後、被告B₂らと生活するようになった。被告B₂は、平成13年3月、Lと別居し、B₁は被告B₂と、B₁以外の子はLと生活するようになった（被告B₂、弁論の全趣旨）。

（イ）　B₁は、中学校在学中に校内で喫煙し、そのため、被告B₂は学校に複数回呼び出されて注意を受けた。B₁は、中学3年時には、友人と共に空き地に放置された単車を運転して遊んでいたために補導され、被告B₂は警察に呼び出された。B₁は、高校に入学したころから、被告B₂の前でも喫煙するようになった。被告B₂は、B₁が高校に入学した後も、B₁の不登校、喫煙、学習意欲の欠如などが原因で3回程学校に呼び出され、注意を受けた（被告B₂）。B₁は、平成13年に高校を中退し、以後、ファミリーレストランなどでのアルバイトを経て、平成14年1月からI工務店に勤務するようになった（被告B₂、甲14、25）。

（ウ）　B₁は、平成13年10月に無免許運転で検挙され、平成14年3月に原付免許を取得して後も同年5月に定員外乗車（2人乗り）で検挙され、同年9月には、窃盗、占有離脱物横領、道路交通法違反（無免許運転、空地に放置されていた単車を運転した件。）により保護観察処分（一般短期）に付され、被告B₂は審判期日に出頭したが、B₁は、そ の後、保護司と連絡をとらなくなった（甲3、被告B₂、調査嘱託の結果、弁論の全趣旨）。

被告B₂は、B₁が被告B₂の知らないところで自動車を無免許運転することを懸念し、B₁に対し、自動車に乗っていないか尋ねたり、無免許運転してはならない旨注意したことが何度かあったが、B₁は黙って話を聞くのみで、特段返答することはなかった（被告B₂）。

（エ）　B₁は、前記保護観察処分を受けた2か月後の平成14年11月ころ、被告B₂方を離れ、L方で生活するようになり、被告B₂は、同年12月ころになってB₁がL方で生活していることを知人の話によって初めて知ったが、その際、B₁の留守番電話に伝言を入れたのみでB₁と直接話したことはなく、B₁から被告B₂に対して連絡することもなく、また、被告B₂はLとの間に波風を立てたくないという考えから、B₁に会いにL方まで行くことはしなかった。以降、本件事故に至るまで、被告B₂は、B₁と会うことはなかった（被告B₂）。

（オ）　B₁は、本件事故当時、17歳であった。

イ　以上の認定事実を前提として、被告B₂の責任について判断する。

B₁は日頃から一般的な生活態度が芳しくなく、被告B₂はそのことで学校から複数回指摘を受けていたこと、B₁は他人の車両を無断で持ち出し、無免許で運転する行為により処分を受け、被告B₂としては、B₁が自動車を無免許で運転していないかと懸念していたことを前提とすると、被告B₂は、B₁が自動車を無免許で運転し、危険な態様での運転により、他人の生命、身体に危害を加える危険性があったことを認識していたと認められる。また、B₁は平成14年9月5

Ⅱ　714条──法定監督義務者の責任

日に保護観察に付され，本件事故当時，同処分から約半年が経過していたに過ぎず，さらに，本件事故当時，B_1が17歳であったことからすると，前記の非行歴からして，その非行性は深化していたものと認められるものの，なお，更生に向けて働きかける余地はあったものと考えられ，本件事故の数か月前からB_1が被告B_2の元配偶者であるLの下で生活していたことからすると，実際にB_1に働きかけようと思えば，そうすることができたといえる。

以上の諸事情を総合して考慮すると，被告B_2は，親権者として，B_1の行動を把握し，B_1が再度無免許運転などの問題行動に及ぶことのないようB_1と交流し，B_1に関心を向けてやるなどして更生に向けて働きかける監督義務を負っていたというべきである。

しかしながら，被告B_2は，B_1が被告B_2方に戻らなくなった際，積極的にB_1を探そうとしておらず，B_1がL方で生活していると知った時点においてもB_1と連絡を取るなどして同人の行動把握に努めた事実は認められず，積極的にLと連絡をとったとも認められない。これらのことからすると，被告B_2は，B_1が被告B_2方に戻らなくなった平成14年11月以降，B_1の監督を事実上放棄していたのに等しい状態であったというべきであり，前記の監督義務を怠ったものといわざるを得ない。

そして，被告B_2がB_1に対し，前記の監督義務を履行していたならば，本件事故が発生しなかった蓋然性が高いと認められるから，被告B_2の前記監督義務違反と本件事故による本件被害者の死亡との間には相当因果関係が認められる。

被告B_2の監督義務の有無について，被告B_2は，B_1の従前の非行歴と本件事故時におけるB_1の無免許運転，危険運転行為及び本件被害者の死亡という結果には連続性がなく，被告B_2においてB_1がかかる行動をすることは予見不能であったと主張する。

しかし，被告B_2はB_1のことで学校に呼び出されて注意を受けたり，補導されたB_1を迎えに行ったり，家裁の審判に出頭するなどしてB_1の問題行動を度々認識する機会があったのであるから，本件事故前の時点でB_1の非行性が深化しつつあり，さらに重大な行為に至る可能性があることは予見すべきであったといえ，加えて，前記のとおり，B_1の非行のうち無免許運転は，他人の車両を無断で持ち出して無免許運転をするというもので，その態様の点で本件事故におけるB_1の行為と共通しており，被告B_2自身，B_1が自動車を無免許で運転している可能性を認識していたのであって，これらの各事情を総合して考慮すると，被告B_2においては，B_1が本件事故における危険運転行為のように，他人の生命，身体を侵害するおそれの高い行為に及ぶことについて予見可能性があったというべきである。

したがって，被告B_2は，民法709条に基づき，本件事故により生じた損害につき，損害賠償責任を負う。」

【139】　仙台地判昭55・9・22下民集33・9〜12・1546，交通民集13・5・1184

「亡Aが被告Y_1の父であること，同被告が本件事故当時満19歳の未成年者であつたことは当事者間に争いがないところ，前掲甲第16，第17号証，同第20号証，いずれ

第2章　民法上の責任

も成立に争いのない同第18, 第19号証, 被告Y₂, 同Y₁各本人尋問の結果によれば, 被告Y₁は無免許運転, 放火未遂, 窃盗等による数回の非行歴を有し, 本件事故当時も保護監察処分中であつたが, 他面, 昭和51年1月からは叔父の経営する八百屋に再び店員として勤め, 配達等の仕事の必要上同年6月17日（本件事故の約10日前にあたる）普通第一種運転免許を取得したもので, 父Aは右のような被告Y₁の非行歴を憂慮し, 飲酒や夜間外出をしないよう同人に常々注意を与えていたことが認められ（これに反する証拠はない）, 被告Y₁が既に成年に近く右のように就職もしていることに鑑みれば, 親権者である父Aに, 同被告に対する監督義務の懈怠があり且つその懈怠の故に本件事故が発生したもの（相当因果関係の存在）とは直ちに認めがたく, 他にもこれを認めるに足りる的確な証拠はないから, 亡Aに対する原告らの請求はいずれも理由がないものというべきである。」

【140】　秋田地判昭55・12・24交通民集13・6・1669

「本件事故当時, 被告Y₁が未成年者であり, 被告Y₂がその実母として被告Y₁の監督義務者であつたことについては, 原告らと被告Y₂の間に争いがない。

よつて, 本件事故が被告Y₂の監督義務懈怠によつて生じたものか否かにつき判断すると, 被告Y₁が甲市の実家で飲酒した後に加害車両を運転して外出したことは前記1で認定のとおりであり, 前記甲第4号証, 第17号証によれば, 被告Y₂は, 乙市から帰つた被告Y₁に対し, 年越しの料理とともに日本酒をちようしに2本出したこと, その後, 被告Y₂は, 午前零時過ぎに被告Y₁が外出することに気づき, また, 同被告がそのころには飲酒の影響で顔が赤くなつており, 運転はできない状態にあつたことを認識していたが, 同被告に対し, 自動車を運転しないようにとの注意はしなかつたことが認められる。しかしながら, 他方, 前記甲第4号証, 第18号証及び被告Y₁本人尋問の結果によれば, 被告Y₂は, 被告Y₁が加害車両に乗つて外出するところは現認しておらず, 同被告が飲酒していなかつた兄のAと同時に外出したことから, 同人の車に乗つて行くものと思つたこと, 被告Y₁には本件事故前にも交通事故歴, 交通違反歴があり, 被告Y₂もそれを知つていたが, 被告Y₁に飲酒運転の前科前歴はなかつたことがそれぞれ認められ, 右事実に, 被告Y₁は昭和33年5月19日生まれであり（この事実は成立に争いのない甲第1号証により認めることができる。）本件事故当時, 未成年者であつたとはいえ, 4か月余り後には成年に達する身であり, 通常既に十分の判断能力を有すると考えられることを総合勘案すれば, 前記認定のように, 被告Y₂が被告Y₁に酒を供し, その後, 酒に酔つた同被告が外出することを知つたとしても, 被告Y₂に被告Y₁の監督義務者として, 同被告に対し自動車の運転をしないように注意を与える義務があつたということはできない。」

Ⅱ　714条——法定監督義務者の責任

【141】　神戸地判平 5・2・10 交通民集 26・1・193

「(一)　被告 Y_1 は，肩書住所地の自宅において被告 Y_2 及び被告 Y_3 の両親とともに居住し，本件事故当時，甲高校 3 年生であつたが，右高校在学中の平成元年 11 月に原動機付自転車の運転免許を，平成 2 年 4 月 17 日に自動二輪の運転免許をそれぞれ取得した。

(二)　被告 Y_1 は，自動二輪運転免許を取得して 1 週間後に友人から被告車両を現金約 20 万円の支払とラジカセ等の商品の交付のほか，貸金 8 万円の返済免除によつて買受けたが，その際には，被告 Y_2 及び被告 Y_3 から右購入につき反対を受けたものの，交通違反や事故を起こさないということで何とか説得したものであり，右現金約 20 万円の支払については本件事故の前後に分けてアルバイトによつて得た金銭で支払い，その後のガソリン代についても自ら負担していた。

(三)　被告 Y_1 は，被告車両を購入した後，毎日のように運転し，甲高校では単車通学が禁止されているにもかかわらず，平成 2 年 5 月頃からは被告車両で通学するようになり，被告 Y_2 及び被告 Y_3 は，そのような被告 Y_1 の被告車両による通学を知りながら，被告 Y_1 に対し格別の注意を与えなかつた。

(四)　被告 Y_1 は，被告車両購入後本件事故当日までの約 3 か月間において，いわゆる暴走行為をしたことはなく，また，交通違反等により検挙，補導を受けたことも一度もなかつたのであり（ただし，原動機付自転車を運転していた頃に一度定員外乗車によつて検挙されたことがある。），本件事故当日は，前記のとおり被告車両を運転し級友 A を同乗させて登校する途中であつた。

なお，被告車両については，本件事故当時，自賠責保険が切れており，任意保険は付保されていたものの友人名義のままであつたが，本件事故の結果，ハンドル折損等大破した。

以上に認定した事実関係を総合すると，被告 Y_1 が被告車両を運転するに当たり危険な運転をして事故を惹起するような徴候はなかつたものと認めるのが相当であるから，被告 Y_2 及び被告 Y_3 においては，被告 Y_1 が被告車両を通学に使用することを知りながら格別の注意を与えずこれを放置していたとしても，そのことから被告 Y_1 が前記認定，説示にかかるような過失により本件事故を惹起させるかもしれないことを予見することは困難であつたといわざるを得ず，そのほか，日頃の具体的な指導監督の懈怠について主張，立証のない本件においては，被告 Y_2 及び被告 Y_3 が右のような態度で被告 Y_1 の被告車両による通学を止めさせなかつたことをもつて，本件事故の発生と相当因果関係のある指導監督義務違反があつたとすることはできないというべきである。

そうすると，被告 Y_2 及び被告 Y_3 は，民法 709 条に基づく不法行為責任を負うものではないことに帰着する。」

【142】　宇都宮地判平 5・4・12 判タ 848・282，交通民集 26・2・470

「原告らと被告 Y_2 との間で成立に争いのない甲第 2 号証及び被告 Y_1 本人尋問の結果

第2章　民法上の責任

によれば，本件事故当時，被告 Y_1 は18歳であり，責任能力を有していたこと，被告 Y_2 が被告 Y_1 の単独の親権者であつたことが認められる。

原告らは被告 Y_2 に対し，被告 Y_1 の親権者としての監督義務の懈怠と本件事故との間に相当因果関係があるとして民法709条に基づき損害賠償請求をする。

いずれも原告らと被告 Y_2 との間で成立に争いのない丙第3号証の15の1，丙第3号証の17ないし19及び被告 Y_1 本人尋問の結果によれば，本件事故当日までに，被告 Y_1 につき，シンナーの吸引で一度，シンナーを吸引して原動機付自転車を運転していたことで一度家庭裁判所に事件が係属し，被告 Y_2 もその調査を受けたこと，被告 Y_1 は，スピード違反，赤信号無視外一回の交通法規違反をして警察に検挙され，右以外にも数回シンナーを吸引して自動車を運転したことがあることが認められる。

しかしながら，右のうち家庭裁判所の調査を受けた2件以外について被告 Y_2 がこれを知つていたか否か，或いは知り得べき状況にあつたか否かについてはこれを判断するに足りる証拠がなく，被告 Y_2 が交通関係につき被告 Y_1 をどのように監督していたかを認めるに足りる証拠もない本件においては，右の認定事実のみからでは，本件事故と相当因果関係のある被告 Y_2 の監督義務違反があることを認めることができない。」

【143】　東京地判平7・11・22交通民集28・6・1605

「本件事故における被告 Y_2 の不法行為責任を肯定するためには，被告 Y_1 が責任能力を有する以上（当裁判所には顕著な事実である。），被告 Y_2 が，被告 Y_1 に交通事故を発生させる具体的危険性があるにもかかわらず親権者としてこれを制止する等の措置を怠り，その結果本件事故が発生したことが必要である。

原告らは，この点について，被告 Y_1 の運転が未熟であること，他人所有車両を運転することを主張するが，前者については，仮に被告 Y_1 の運転技術が未熟であり，かつ親権者たる被告 Y_2 がこれを認識していたとしても，被告 Y_2 が，運転免許を有する被告 Y_1 の運転を制止すべき監督上の義務があるとは直ちにいえないし，被告 Y_2 に被告 Y_1 の交通事故発生につき具体的な予見可能性があったと認めるに足りる証拠もないこと，後者についても，被告 Y_1 が運転する車両の所有権の帰属と交通事故の発生とは全く別個の問題であり，本件事故との相当因果関係を認められないことから，原告らの主張はいずれも採用することはできない。」

【144】　東京地判平19・5・15交通民集40・3・644

「（1）　上記のとおり，本件事故当時，被告 Y_1 は，13歳であり，中学生であったところ，被告 Y_1 が自己の行為の責任を弁護するに足りる知能を備えていなかったことをうかがわせる事情は存しない。

（2）　被告 Y_2 及び同 Y_3 は，被告 Y_1 の親権者であるから，被告 Y_1 の監督義務者であると認められる。そこで，被告 Y_2 らが原告

Ⅱ 714条——法定監督義務者の責任

に対して賠償責任を負うかどうかを判断するには，被告Y₂らに被告Y₁に対する監督義務違反があったかどうか，これがあったとして，被告Y₁の原告に対する違法行為によって原告が被った損害との間に相当因果関係が存するかどうかを検討する必要がある。

ア　被告Y₁が13歳であって中学生であったことによると，親権者である被告Y₂らの養育監護を受けている被告Y₁にとり，被告Y₂らの影響は極めて大きかったものと考えられる。

イ　前記認定のとおり，本件事故の主たる原因は，被告Y₁の極めて危険な被告自転車の運転にあったことが明らかであり，その態様をみると，被告Y₁は，自転車を運転する者に求められる基本的なルールさえ守ろうとする意識がないものといわざるを得ない。

甲13，17号証によると，本件事故後，（a）被告Y₂は，被告Y₁に対し「またスピードを出していたのか」と述べており，（b）被告Y₃は，被告Y₁に対し，警察官に対しては相手がぶつかってきたと言うように指示していたこと，（c）被告側から原告側に対して連絡をしたのは，平成16年5月24日，「C火災の保険で支払う。あとは保険会社に任せたので，うちは関係ない」旨の電話をかけただけであったことが認められる。

被告Y₂及び同Y₃には，自転車を運転する被告Y₁に対して交通ルールを守って走行するよう注意し監督する義務があるというべきところ，上記（a）の事実に照らすと，被告Y₂らは，被告Y₁が交通ルールを守らず，高速で自転車を運転していたことを知っていたものと考えられる。そして，本件事故後の被告Y₂らの上記の（a）ないし（c）の行動を見ると，被告Y₁の違法な運転行為によって傷害を受けた原告に対する配慮を欠いていることが明らかであり，こうした行動をとる被告Y₂らは，被告Y₁に対する監督義務を全く果たしていなかったものと推認し得る。交通ルールを守る意識のない者が高速度で自転車を運転することは極めて危険なものであることは自明のことであるところ，上記によると，被告Y₂及び同Y₃の被告Y₁に対する監督義務違反と本件事故との間には相当因果関係があるものと解するのが相当である。」

【145】　東京地判平22・9・14交通民集43・5・1198，自保ジャ1836・55

「一般に，夜間における自転車の運転には昼間に比べてより一層の注意力と慎重さが必要となるが，特に，本件では，被告Y₁の帰宅経路に本件交差点を含め住宅街の中の狭あいな道路からなる信号機による交通整理の行われていない交差点をいくつも通過し，見通しの悪いものも多く含まれていることに鑑みると，被告Y₁が夜間に塾から自転車を利用して帰宅することを認識していた被告Y₂及び被告Y₃としては，被告Y₁に対して自転車の運転について注意するよう口頭で指導をするに止まらず，被告Y₁が塾から帰宅するのにどのような走行経路をたどっているのか，その間にどのようにして自転車を運転しているのかといったことについて具体的に把握をした上，被告Y₁が危険な自転車の運転をしないよう，塾から自宅までの走行経路，その間における自

転車の運転方法等を具体的に指導すべきであったというべきであるところ、上記認定のとおり、被告Y₁は、当時、塾帰りに自転車で帰宅する友人らと『鬼ごっこ』をしながら帰宅することが多く、本件事故の際に『鬼ごっこ』中であったため、通常よりも速い速度で走行していたにもかかわらず、被告Y₂及び被告Y₃は、被告Y₁が塾帰りに『鬼ごっこ』をしていたことは把握していなかったというのであるし、ライトを点灯すること、なるべく明るい道を使用すること、交差点では一時停止することといった一般的な注意は与えていたようであるが（被告Y₃尋問3頁参照）、被告Y₁が夜間に塾から帰宅する際にどのように自転車を運転しているのかを具体的に把握しようとしていた形跡はないことからすると、被告Y₂及び被告Y₃には、被告Y₁が自転車の運転に際し交通法規を遵守するよう教育監督すべき義務に違反したと認められ、民法709条の責任を負う。」

【146】 大阪地判平19・7・10交通民集40・4・866

「ア　次に、被告Y₂の責任について検討するに、まず、原告は、被告Y₂の責任について、民法714条の責任をも問題にするが、同条は、責任能力を有しない未成年者が第三者に加えた損害についての責任を規定するものであり、前記（1）で認定したとおり、被告Y₁は本件事故当時15歳の中学3年生であったというのであるから、同被告に責任能力がなかったということはできない。よって、この点に関する原告の主張は失当である。

イ　そこで、さらに、本件事故の発生につき、被告Y₂について、被告Y₁についての監督義務違反があったといえるか否かについて検討する。

前記（1）で認定したとおり、被告Y₂は、被告Y₁と同居中の親権者であるというのであり、親権者として被告Y₁を監護及び教育する義務を負う立場にはあったものの、被告Y₁においては、普段から危険な自転車の運転をしていた事実はなく、過去に同様の態様の交通事故を起こしたことはないというのであるから、自転車での走行に関する、被告Y₂の被告Y₁に対する監督状況に特段の問題があったということはできない。なお、本件事故当時、被告Y₁が、その視力が裸眼で0.2程度であったにもかかわらず、眼鏡をかけずに被告自転車を運転していたことについても、上記の事情に照らせば、このことのみから直ちに、被告Y₂が被告Y₁に対する監督義務を怠っていたとまでいうことはできない。」

Ⅲ　715条

　使用者責任の成立要件は、①使用者が、その事業のために他人を使用していること、②被用者が事業の執行について加害行為をしたこと、③第三者に損害を与えたこと、④被用者の行為が一般的不法行為の要件を満たしていること、⑤被用者の選任・事業の監督に過失がなかったこと、または相当の注意をしてもなお損害が生じたことを証明しないこと、である。

Ⅲ 715条

1 成立要件

(1) 事業および使用の意義

ここにいわゆる事業とは特別な限定的意味を持つものではない。営利を目的とするものに限らず，非営利的なもの，ないしは家庭的なものでも差支えなく（名古屋地判平成19・3・30〔平成17年(ワ)第2918号，同第3216号〕は，内縁の妻が，その夫に買い物を頼んで，夫運転，妻同乗中に起きた事故につき，妻は，715条により夫の賠償債務と連帯して責任を負うとした），継続的なものであるか，一時的なものであるか，合法的なものか，違法なものか，また事実的なものか，法律的なものであるかも問わない。

他人を使用するとは，一方（使用者）が，他方（被用者）を実質的な指揮・監督の下において労務に服させることをいい，ここに使用者の責任の積極的な根拠が求められる。

この使用関係は，特に契約によることなく，事実上労務に服させているような場合であってもよいし，報酬の有無や期間の長短も問わない。

【147】 最判昭和56年11月27日（民集35巻8号1271頁）は，自動車で迎えに来させて帰宅する際に，兄が弟に自動車を運転させていたが，運転歴の短い弟の運転に対し，助手席の兄が絶えず運転に気を配り，事故発生直前にも発進の合図をしていたという事案において，一時的にせよ兄は弟を指揮監督し，自動車により自己を自宅に送り届けさせるという仕事に従事させていたということができるとして，兄と弟に使用者・被用者の関係を認めた。

> **【147】 最判昭56・11・27民集35・8・1271**
>
> 「原審が適法に確定したところによれば，上告人は，本件事故の当日，出先から自宅に連絡し，弟の訴外Aをして上告人所有の本件自動車を運転して迎えに来させたうえ，更に，右訴外人をして右自動車の運転を継続させこれに同乗して自宅に戻る途中，本件事故が発生したものであるところ，右同乗後は運転経験の長い上告人が助手席に坐って，運転免許の取得後半年位で運転経験の浅い右訴外人の運転に気を配り，事故発生の直前にも同人に対し「ゴー」と合図して発進の指示をした，というのである。
>
> 右事実関係のもとにおいては，上告人は，一時的にせよ右訴外人を指揮監督して，その自動車により自己を自宅に送り届けさせるという仕事に従事させていたということができるから，上告人と右訴外人との間に本件事故当時上告人の右の仕事につき民法715条1項にいう使用者・被用者の関係が成立していたと解するのが相当である。したがつて，これと同旨の原審の判断は正当として是認することができ，原判決に所論の違法はない。」

(2) 被用者が事業の執行について加害行為をしたこと

使用者は，被用者が「事業の執行について」なした行為について賠償義務を負う。被用者

第2章　民法上の責任

の加害行為につき，それが事業と関連を有するときに限って使用者の責任を生じさせるとするのである。使用者・被用者の関係があることのみをもって，被用者個人の私的生活における加害についてまで，使用者の責任を追及すべきでないことは当然ともいえよう。

　判例は，かつて，この「事業の執行について」につき限定的(厳格)に解釈する姿勢を採っていた（大判大正8・11・5民録25輯1969頁）が，学説は，大正後期頃から，被害者保護を厚くすべきであるという社会的要請ないし政策的理由から，専ら，行為の外形を標準として客観的に判断すべきであるとの主張を展開してきた。いわゆる外形標準説である。

　そして判例も，次第に学説の見解に同調する姿勢をみせるに至る（外形理論を採ったわけではないものの，大連判大正15・10・13民集5巻785頁は，「事業の執行について」については広義に解釈すべしとして，従来のような厳格な解釈を採らないとした）が，やがて，判例は，外形標準説を明示的に採用していくこととなった（大判昭和15・5・10判決全集7巻20号15頁，最判昭和32・7・16民集11巻7号1254頁，最判昭和36・6・9民集15巻6号1546頁，最判昭和61・11・18判時1225号116頁）。

　こうした外形標準説は，当初，取引的不法行為が念頭に置かれていたが，その後，被用者が運転する事故等のように純粋の事実行為としての不法行為（事実的不法行為）についてもこの考え方が採用されるに至る（当初は，被用者たる見習運転手が，使用者たる会社の命令または委任がないにも拘わらず単独で運転して事故を起こしたという事案につき否定した〔大判大正8・1・21刑録25輯42頁〕が，その後態度を改める。【148】大判昭和7・9・12民集11巻1765頁は，運転技術修得中のトラック助手が，勝手に1人で運転して使用者たる自動車運送業者の引受けた貨物を運送する途中で事故を起こした事案，【149】最判昭和30・12・22民集9巻14号2047頁は，通産省の大臣専用車の運転手が，勤務時間中に，辞表を提出したものの未だ退官辞令の交付を受けていない〔＝官を失っていない〕大臣秘書官を乗せて，その秘書官の私用〔長男，長女らと一緒に競輪を見に行くこと〕のために〔大臣専用車を〕運転中に事故を起こした事案において，通産省の運転手の職務行為の範囲に属するとし〔本判決は「外形」という言葉を使っているわけではないが，原審が「外形を捉えて」としている〕，【150】最判昭和34・4・23民集13巻4号532頁〔原審は，【150′】福岡高判昭和32・7・18民集13巻4号542頁〕は，運転免許を持たないタクシー会社社員〔運転助手兼整備係〕が追突事故を起こした事案〔原審が「外形的にみれば」としている〕，【151】最判昭和37・11・8民集16巻11号2255頁は，仕事上の必要に応じて会社の車を運転使用できるセールスマンが，会社の車を無断で私用運転して事故を起こした事案，【152】最判昭和39・2・4民集18巻2号252頁は，自動車販売等を営業目的とする会社の販売契約担当社員が，勤務を終えて退社した後，映画を見て最終列車に乗り遅れたので，会社所有の車〔ジープ〕を無断で運転して帰宅途中に死亡事故を起こした事案〔ジープは会社業務に使用する場合であっても上司の許可を得なければならず，私用に使うことは禁じられていた〕で，「事業の執行につき」とは，被用者の行為を外形的に捉えて客観的に観察して判断するとしている）。

　他方，被用者が出張先から自家用車で帰る途中に事故を起こした事案につき，使用者が，同事故の7カ月前に開催された労働安全衛生委員会の定例大会において，出張はできる限り

III 715条

汽車かバスを利用し，自家用車で行くときは直属の上司の許可を得るよう指示しており，当該被用者はこのことを熟知していてこれまで会社業務に関して自家用車を使用したことがなく，本件出張についても列車を利用することに何ら支障がないにも拘らず自家用車を使用し，それを使用者に届出ることもしていなかった等の事情がある場合，その運転行為は，（使用者は，本件出張につき自家用車を使用することを許容していないから，自家用車を運転したことを以って）行為の外形から客観的にみても使用者の業務の執行に当たらないとしたものもある（**【153】** 最判昭和52・9・22民集31巻5号767頁）。

【148】 大判昭7・9・12民集11・1765

「案スルニ民法第715条ニ所謂被用者カ其ノ事業ノ執行ニ付加ヘタル損害トハ必シモ使用者ノ命令又ハ其ノ委託シタル事業ノ執行行為自体若ハ其ノ執行ニ必要ナル行為ヨリ生シタル損害ノミヲ指称スルニ非スシテ被用者ノ行為カ当該事業ノ一範囲ニ属スル以上使用者ノ指揮命令ニ違背スルトコロアルモ其ノ行為ヨリ生シタル損害ヲ以テ所謂事業ノ執行ニ付加ヘタル損害ト称スルコトヲ得ヘキモノトス（昭和5年（オ）2323号昭和6年3月23日言渡当院判決参照）然ラハ則チ既ニ原判示ノ如ク被上告人ハ貨物自動車ニ依ル運送営業者ニシテAヲ雇入レ所謂助手トシテ運転手ト共ニ自動車ニ同乗貨物ノ積卸ヲ為サシメ其ノ傍該運転技術ヲ修得セシメ居リタル間ニ被上告人カB某ヨリ引受ケタル貨物ヲ自動車ニテ運送スルニ当リ被用者タル右Aカ自ラ自動車ノ操縦ニ従事シ其ノ運送ヲ為ス途中過失ニ因リ本件衝突事故ヲ惹起シタルモノナル以上仮令其ノ自動車操縦ハ被上告人ノ命ニ背キAノ専擅ニ出テタリトスルモ兎ニ角該操縦行為ハ被上告人ノ事業ノ範囲ニ属シ而モ助手トシテ操縦ニ関与スルコトハ被上告人ノ許容シタルトコロナルカ故ニ被上告人ハ右衝突事故ヨリ生シタル上告人ノ損害ニ付民法第715条ニ基ク使用者トシテノ責ヲ免レ得サルモノトス故ニ原審トシテハ宜シク其ノ損害額ヲ確定シ被上告人ノ請求ヲ認容スヘキニ拘ラス茲ニ出テスシテ其ノ請求ヲ棄却シタルハ違法ニシテ原判決ハ破毀ヲ免レス」

【149】 最判昭30・12・22民集9・14・2047

「原判決の認定した事実関係（この事故を惹き起した自動車は，通商産業省の自動車であつて，これを運転するAは，同省の職員として専ら自動車運転の業務に従事するものであるし，これに乗車するBは，従来通商産業大臣秘書官として常に本件自動車に乗車し本件事故当時は辞表提出後ではあつたがその辞令の交付なく未だその官を失つていなかつたものである。）の下において原判決が民法715条の適用上本件事故を右Aが通商産業省の事業の執行につき生ぜしめたものといい得る旨判示したことは首肯できる。けだし原審の確定した事実関係によれば，右Aの本件自動車の運転は，たとえ，B秘書官の私用をみたすためになされたものであつても，なお，通商産業省の運転手

の職務行為の範囲に属するものとして、同省の事業の執行と認めるのを相当とするからである。」

【150】　最判昭 34・4・23 民集 13・4・532

「原判決が、民法 715 条の解釈につき判示の如き見解を示しつつ、判示事実関係の下において（所論の如き事実関係であつても），上告会社は判示損害賠償の責を免れないものとした判断は、当裁判所もこれを正当として支持する。」

【150′】　福岡高判昭 32・7・18 民集 13・4・542

「当裁判所は左記理由を附加する外，原判決の説示するところと同一理由により，本件の事故は控訴会社の被用者であつた訴外Aの過失によるものであり，且つ同訴外人が控訴会社の事業の執行につき生ぜしめたものであるから，これにより被控訴人が受けた損害につき控訴会社に賠償責任があること，その損害額（慰藉料）は金10万円をもつて相当とすることを各認定するので，右原判決理由をここに引用する。およそ民法第715条の適用について，被用者の行為が同条にいわゆる『事業の執行』にあたるかどうかは，これを外形的に観察すべきものであつて，本件においては原判決の認定するように，控訴会社において事実上自動車運転助手の業務に従事していた訴外Aが，その運転技術修習のため控訴会社所有自動車を操縦運転したのであるから，たとえ控訴会社において，かねて同訴外人の単独運転を厳禁しており，従つて控訴会社と同訴外人との内部関係においては，右自動車運転はその事業の執行といえないとしても，外形的にみれば，これを同訴外人の事業の執行となすにいささかの妨げもないのである（自動車旅客運送業者が助手をして運転技術を修習させることは，その事業執行の範囲に属すること原判決の示すとおりである）。当審における控訴会社代表者B本人の供述によれば，本件事故を起した自動車は，実際は控訴会社その他数名のタクシー業者が駐留軍甲キャンプ内での営業を目的として組織した組合の所有であつたが，右組合としては自動車旅客運送営業の免許を有しなかつたので，組合員たる各業者のそれぞれの名義で営業し，本件自動車は控訴会社の所有名義に登録したというのであるが，たとえそれが事実であるとしても，営業名義人がいやしくもその営業範囲内で発生した不法行為につき民法第715条の使用者責任を負うべきことは，既に多くの判例の示すところであり，殊に本件においては控訴会社の直接の被用者たる訴外Aの行為が責任原因を成すものであるから，控訴会社がその責任を免れ得ないことは極めて明らかである。」

【151】　最判昭 37・11・8 民集 16・11・2255

「訴外Aが本件自動車を運転して原判示場所を進行中、注意義務を怠つて本件事故を起すに至つたこと、右自動車は被上告会社がその業務の用に供していたものであること、右Aは被上告会社の被用者であつて、同会社取扱い商品の外交販売に従事していたものであるところ、仕事上の必要に応じ随時右自動車の使用を許されていたものであることは原判決（その引用する一審判決）の確定した事実によつて明らかである。

してみると、本件自動車は、たとえAの専用するものではなく、また会社には勤務時間の定めがあつて、Aが本件自動車を使用したのは右勤務時間後のことであり、その使用の目的もまた原判示の如き恣意的なものであつたとしても、それらはただ被上告会社とAとの間の内部関係に過ぎないのであつて、外形的にこれを観れば、Aの本件自動車運転は、被上告会社の運転手としての職務行為の範囲に属するものとして、同会社の事業の執行と認めることの妨げとなるものではない。」

【152】 最判昭39・2・4民集18・2・252

「原判決及びその引用にかかる第一審判決において認定せられた事実によれば、上告会社Y_2は、自動車、その部品及び附属品の販売、車体の製作並びにその取付を営業目的とする会社であり、上告人Y_1は、上告会社Y_2の被用者でその販売課に勤務していたこと、右上告人Y_1は、本件事故当日の午後5時頃上告会社Y_2の勤務を終えて退社し、甲市内で映画見物をした後帰宅すべく国鉄甲市駅に赴いたが、最終列車に乗り遅れたため一旦上告会社Y_2に引き返し、上告会社Y_2所有の本件ウイルスジープ普通自動車を引出して、これを運転しつつ帰宅する途中で本件追突事故を惹起したものであること、上告人Y_1は、平素上告会社Y_2に通勤するには国鉄を利用して居り、販売契約係として自動車購入の勧誘並びに販売契約締結の業務を担当し、右業務執行のため他の同係員8名と共に前記ジープを運転してこれに当つていたこと、上告会社Y_2においては、ジープは会社業務の為に使用する場合であつても上司の許可を得なければならず、私用に使うことは禁止されていたことが、いずれも、認められるというのである。このような事実関係の下においては、上告人Y_1の本件事故当夜における右ジープの運行は、会社業務の適正な執行行為ではなく、主観的には同上告人の私用を弁ずる為であつたというべきであるから、上告会社Y_2の内規に違反してなされた行為ではあるが、民法715条に規定する『事業ノ執行ニ付キ』というのは、必ずしも被用者がその担当する業務を適正に執行する場合だけを指すのでなく、広く被用者の行為の外形を捉えて客観的に観察したとき、使用者の事業の態様、規模等からしてそれが被用者の職務行為の範囲内に属するものと認められる場合で足りるものと解すべきであるとし、この見地よりすれば、上告人Y_1の前記行為は、結局、その職務の範囲内の行為と認められ、その結果惹起された本件事故による損害は上告会社Y_2の事業の執行について生じたものと解するのが相当であるから、被用者である上告人Y_1の本件不法行為につき使用者である上告会社Y_2がその責任を負担すべきものであるとした原審の判断は、正当である。」

第2章　民法上の責任

> **【153】** 最判昭52・9・22民集31・5・767
>
> 「所論の点に関する原審の認定判断は，原判決の挙示する証拠関係に照らし，正当として是認することができる。そうして，右事実関係のもとで，被上告人がAに対し同人の本件出張につき自家用車の利用を許容していたことを認めるべき事情のない本件においては，同人らが甲市に向うために自家用車を運転したことをもつて，行為の外形から客観的にみても，被上告人の業務の執行にあたるということはできず，したがって，右出張からの帰途に惹起された本件事故当時における同人の運転行為もまた被上告人の業務の執行にあたらない旨の原審の判断は，正当というべきである。原判決に所論の違法はない。」

（3） 第三者に損害を与えたこと

ここにいわゆる第三者とは，使用者および加害行為をした被用者以外のすべての者をいう。被用者が，同一の使用者に雇われている者（他の被用者・同僚）に損害を与えることも当然にあるところ，使用者責任制度の趣旨からすれば，他の被用者が被害者となった場合にも本条の保護が与えられるべきであって，この場合を排除する理由はないからである（**【154】** 最判昭和32・4・30民集11巻4号646頁は，自動車販売会社の運転手が，同乗の運搬係を事故で死亡させた事案）。ただ，このような同僚等の業務に関連した行為による被害は，そのほとんどが労働災害に含まれ，使用者は，原則として，無過失でこれに対する補償をなすべきものとされている（労基法75条以下）。そして，この労災補償によってカヴァーされないものが民法によることとされている（労基法84条2項参照）。

> **【154】** 最判昭32・4・30民集11・4・646
>
> 「また論旨が仮りに，被用者数名の『（使用者の）事業ノ執行ニ付』いて，その共同過失によりその1人について権利侵害（違法な事実）が生じた場合，民法715条の使用者責任は生じない，との主張だとしても，論旨はやはり理由がない。けだしこの問題はかかる被害者たる被用者が同条の『第三者』に該当するか否かの問題であるが，被害者たる被用者がその業務執行の担当者でなかつた場合及び共同担当者ではあつたが当人には過失のなかつた場合に，民法715条の救済を拒絶さるべき理由のないことは明白である。（大正10年5月7日大審院判決，民録887頁参照）。そうだとすれば本件のように被害者たる被用者がその業務執行の共同担当者にして，しかも当人にも過失があつた場合においても，なお前記二つの場合と同様に解するを相当としよう。何となれば，民法715条の使用者責任の理由は，他人を使用して企業の利益を受け，もしくは危険を包蔵する企業を営んで利益を受ける企業者に，公平上，企業それ自体を理由として他人の行為につき報償責任もしくは危険責任を負わしめるにあり，この理由からすれば，

Ⅲ 715条

一方の共同職務担当者に民法715条1項に該当する不法行為が存する以上，なお同条の企業責任を負担せしめて差支えなく，前記の場合と区別すべき理由がないからである。

被害者の業務執行上の過失に基く責任の公平化は，過失相殺によって十分その目的を達し得べく，原判決にはすべて所論の違法はない。」

（4） 被用者の行為が一般的不法行為の要件を満たしていること

一般的不法行為の要件であるから，責任能力を備えた被用者に故意または過失があり，第三者への加害行為がなされて損害が発生し，加害行為と損害との間に因果関係が存することが求められる。

（5） 被用者の選任・事業の監督に過失がなかったこと，または，相当の注意をしてもなお損害が生じたことを証明しないこと

（1）～（4）の要件を満たしている場合であっても，使用者が，被用者の選任および事業の監督につき相当の注意をしたとき，または相当の注意をしても損害が生ずべきであったときは，使用者責任は成立しない（715条1項ただし書）。これは，民法典の起草者が，使用者責任を自己責任としていたところから設けられた規制であるが，その後，使用者責任を代位責任と解する立場が定着してくるにつれて，このただし書が機能する場面はほとんど現れていない。すなわち，ただし書に基づく使用者の免責はほとんど認められていない。

使用者は，被用者の選任と事業の監督の双方に過失のなかったことを証明しない限り，責任を免れることはできず，選任・監督のいずれか一方に過失があれば免責されない（大判大正3・6・10刑録20輯1157頁）。また，直接の加害行為について使用者が無過失であったことも免責事由とはならない（最判昭和39・5・23判時376号26頁は，使用者がいかに主観的に善意・無過失であっても，被用者に悪意ないし過失があった場合には，……使用者に悪意ないし過失があるものと評価されるべきとした）。

この選任・監督における相当の注意とは，使用者の善管注意義務のことを指し，事業の性質等を考慮して具体的に判断される。したがって，危険度の高い事業の場合には，注意義務の程度も高くなる。

まず，選任については，たとえば運送業者が運転手を選任する場合，運転免許等，資格のあることを確認しただけでは足りず，より具体的に，従事すべき当該業務についての積極的な適性・性格・経歴等についても審査する必要があるとされる（大判明治40・10・29民録13輯1031頁は，電車の運転手が免許鑑札を受けた者であっても，単独で運転するには練習が不十分であった場合に，使用者たる電鉄会社の責任を認めた）。

次いで，監督についても，その趣旨は同様である。すなわち，かつては，鉄道事故において，被用者たる機関手の遵守すべき各種心得を作成して与え，かつ常々事故のないように戒

第2章　民法上の責任

告し，また注意事項を機関庫や駅に掲示して，機関手に毎日始業前に注意義務を一読させていたような場合には，監督上相当な注意をしていたとして免責を認めたものもあった（大判大正6・1・26新聞1225号31頁）が，その後，形式的に，内部規律を設けてみたり，一般的な訓戒や指導をしているだけでは不十分であって，より実質的に，加害行為を防止するための注意をしていなければならないとされるに至っている（大判大正4・4・29民録21輯606頁）。

そして，判例は，この選任・監督についての無過失の証明を容易に認めないという傾向にあり，学説も，そうした判例の態度を支持しているところから，ただし書による免責規制は，ほぼ有名無実と化しているかの感がある。すなわち，使用者責任は，民法典の上では，立証責任が転換されている過失責任（中間責任）とされてはいるものの，実質上は無過失責任に近いものとなっている。

そして，監督については，たとえ使用者が直接注意していたとしても，組織内において被用者の監督に当たる者に過失があったときには，やはり使用者責任を免れないとされている。要するに，使用者と被用者との間に代理監督者（支店長，現場監督，工場長等）がいるときは，その代理監督者の（被用者に対する）選任・監督に過失があれば，使用者の（代理監督者に対する）選任・監督に過失があると否とを問わず，使用者責任が成立するのである。この者は，いわば使用者に代わって監督する立場にある者といえ，使用者と同視してよいところから，このような解釈が妥当する。

なお，相当の注意しても損害が発生すべきであった場合の免責は，選任・監督上の過失と損害発生との間に因果関係が存在しないということを理由とする（【155】最判昭和36・1・24民集15巻1号35頁は，具体的には，踏切における電車と貨物自動車との衝突事故により貨物自動車に同乗していた者が死亡した事故につき，使用者の注意の欠缺と損害発生との間に因果関係がないとはいえないとして責任を認めた）。

これは，使用者が，自らに選任・監督上の過失があったにも拘らず，責任を免れようとするものであるから，この立証には厳格なものが求められる。したがって，相当の注意をしても損害が発生すべきであったというのは，損害の発生が明らかに不可避のものであったという場合を意味するという位に解しておいてよい。

【155】　最判昭36・1・24民集15・1・35

「被用者が使用者の業務を執行中，第三者と意を通じてこれを事業執行の為の行為圏内に入らしめ，そのために後に被用者の故意過失に因り第三者に損害を生じた場合であつても，その第三者の圏内立入りが，被用者との個人的な関係に基づくものでなく，被用者による使用者の業務の執行の一部あるいはその延長もしくはそれとの密接な関係に基づくものと認められるときは，使用者は民法715条の責任を負うと解するのを相当とするところ，本件事故発生当時貨物自動車の運転者A及びBの両名がかまぼこを

運送していたのが右上告会社の事業の執行であつたこと，右両名が右上告会社の被用者であつたこと，Cは当時積荷の荷受機関である被上告会社の集荷課長であつたこと，従つてCは——運送についての指揮監督の地位にこそなけれ——貨物自動車に便乗していないと荷物の受渡しに不都合であるとの理由で運転者Aの承諾を得てその座席に乗車することになつたものであること，以上の確定事実によれば，Cが本件貨物自動車に便乗するに至つたのは運転者との個人的関係に基づくものではなく，むしろ運転者による上告会社の業務の執行との密接な関係に基づくものであつたと見るべきである。従つて右上告会社は，本件事故によるCの死亡につき，損害を賠償すべき義務がある。」

（6）　被用者の故意

715条は，被用者の故意による不法行為についても適用される。すなわち，被用者が，使用者の事業の執行行為を契機とし，これと密接な関連を有する行為によって第三者に損害を加えたときは，被用者が，使用者の事業の執行につき第三者に損害を加えたものとなり715条が適用される（最判昭和44・11・18民集23巻11号2079頁）。

2　効　果

（1）　対被害者の関係——賠償義務者

被害者は，被用者の行為によって被った損害の賠償を，直接，使用者に対して請求することができる（715条1項）。さらに，使用者に代わって被用者の選任・事業の監督に当たる代理監督者（支店長，工場長，現場監督等）に対しても，同様の請求をすることができる（同条2項）。

ここにいう代理監督者とは，客観的に観察して，実際上現実的に使用者に代わって事業を監督する地位にある者をいうとされ（最判昭和35・4・14民集14巻5号863頁），当該被用者の選任と事業の監督の双方または一方を担当する者をいうと解してよい。それゆえ，法人の代表者が，単に法人の代表機関として一般的な業務執行権限を有することのみでは個人責任を負わないとして，代理監督者責任を否定したものがある（【156】最判昭和42・5・30民集21巻4号961頁は，タクシー会社の代表取締役の例）。これに対し，使用者が責任無能力者であるときは，その法定代理人も，ここにいわゆる代理監督者とみられることとなる。

また，被用者自身の不法行為が前提とされている以上，被害者は，715条とは別に，709条に基づき，被用者自身に対して損害賠償を請求することができる。

そして，使用者・代理監督者・被用者の各債務の関係は，不真正連帯債務となる（大判昭和12・6・30民集16巻1285頁，最判昭和45・4・21判時595号54頁，最判昭和46・9・30判時646号47頁）。

【156】　最判昭42・5・30民集21・4・961

「民法715条2項にいう『使用者ニ代ハリテ事業ヲ監督スル者』とは，客観的に見て，

使用者に代り現実に事業を監督する地位にある者を指称するものと解すべきであり（昭和32年(オ)第922号，同35年4月14日第一小法廷判決，民集14巻5号863頁），使用者が法人である場合において，その代表者が現実に被用者の選任，監督を担当しているときは，右代表者は同条項にいう代理監督者に該当し，当該被用者が事業の執行につきなした行為について，代理監督者として責任を負わなければならないが，代表者が，単に法人の代表機関として一般的業務執行権限を有することから，ただちに，同条項を適用してその個人責任を問うことはできないものと解するを相当とする。

したがつて，被上告人Y₁をもつて同条項にいう代理監督者であるとするためには，同被上告人が前記Aの使用者たる被上告会社Y₂の代表取締役であつたというだけでは足りず，同被上告人Y₁が現実に右被用者の選任または監督をなす地位にあつた事実を，その責任を問う上告人らにおいて主張立証しなければならない。ところが，かかる具体的事実については，原審において上告人らから何らの主張もなされていないのみでなく，原判示によれば，右Aの所属する被上告会社Y₂甲営業所の営業については，被上告人Y₁がこれを具体的に監督する関係にあつたとは認めがたいというのであつて，この認定は，挙示の証拠関係に徴し肯認しうるところであるから，右Aの行為につき同被上告人Y₁に対して代理監督者としての責めを問うことはできないとした原審の判断は正当というべく，右判断ないしその前提たる事実認定に関し，原判決に，所論のような，法の解釈や立証責任の分配を誤つた違法があるものとは認められない。」

(2) 内部関係──求償

被害者に対して損害賠償した使用者または代理監督者は，被用者に対し求償することができる（715条3項）。この制度の本来の趣旨からすれば当然のことといえる。使用者は，被用者の加害行為に基づく被用者自身の不法行為責任を，その被用者に代わって負わなければならないのであり，したがって，使用者と被用者の内部関係においては，本来の責任者である被用者が責任を負担すべきことは当然である。それゆえ，被用者は，使用者に対し，その内部関係において負担している債務の履行としての賠償をしなければならない。

しかしながら，報償責任や危険責任の見地からすれば，こうした損害は，本来，使用者が賠償すべきものであり，これを当然のように全面的に被用者に負担させることの妥当性は疑わしいといわなければならない。

たしかに，被用者の不法行為が，その故意または重過失に基づくものであったり，被用者自身の私利・私欲を図る過程で生じたものであったような場合には，使用者の全面的求償が認められてしかるべきといえよう。しかし，被用者が通常の職務を執行する過程において，その過失により第三者に損害を与えたという場合にも同様に考えるべきであるとはいえない。他人を使用することによる利益が使用者に帰属している反面，被用者は必ずしも良好とはいえない労働条件の下でその業務に服していることも少なくないと同時に，被用者には十分な

III 715条

賠償資力がないのが通常だからである。

そこで、これらの事情を考慮し、被用者の賠償責任を緩和しようとの主張が展開されている。学説の主張に促され、判例も、「使用者は、その事業の性格、規模、施設の状況、被用者の業務の内容、労働条件、勤務態度、加害行為の態様、加害行為の予防若しくは損失の分散についての使用者の配慮の程度その他諸般の事情に照らし、損害の公平な分担という見地から信義則上相当と認められる限度において、」被用者に対し賠償または求償の請求をすることができるとするに至った（【157】最判昭和51・7・8民集30巻7号689頁は、タンクローリーの運転手が追突事故を起こしたことによる損害〔被害者の損害〈車両修理費〉と使用者自身が直接被った損害〈車両修理費、休車損〉〕につき、使用者が業務用車両を多数保有しながら対物賠償責任保険および車両保険に加入せず、同事故は被用者が特命により臨時的に乗務していた間に生じたものである等の事情の下で、信義則上その損害額の4分の1の限度での求償を認めた事案）。

同判決は、求償権を制限する基準および最終的に使用者・被用者が負担することになる責任割合を定める基準を明確に示しているわけではないが、その指向するところは妥当であるといえよう（なお、これに先立つ最判昭和45・10・13裁判集民101号65頁も理論的に求償権制限の可能性を肯定していた）。

ただ、715条が広く一般的な使用関係をも規制対象としていることを考慮すると、単に、被用者が、企業の構成員であるということのみを理由として、自らの加害行為につき、結局は何らの責任も負わなくて済むことになるとするのは、法政策的な規範定立として適切かどうかは別として、一般的な規範意識に適うものではなく、かえってその責任主体性を無視する結果となるであろう。

【157】 最判昭51・7・8 民集30・7・689

「使用者が、その事業の執行につきなされた被用者の加害行為により、直接損害を被り又は使用者としての損害賠償責任を負担したことに基づき損害を被つた場合には、使用者は、その事業の性格、規模、施設の状況、被用者の業務の内容、労働条件、勤務態度、加害行為の態様、加害行為の予防若しくは損失の分散についての使用者の配慮の程度その他諸般の事情に照らし、損害の公平な分担という見地から信義則上相当と認められる限度において、被用者に対し右損害の賠償又は求償の請求をすることができるものと解すべきである。

原審の適法に確定したところによると、（一）上告人は、石炭、石油、プロパンガス等の輸送及び販売を業とする資本金800万円の株式会社であつて、従業員約50名を擁し、タンクローリー、小型貨物自動車等の業務用車両を20台近く保有していたが、経費節減のため、右車両につき対人賠償責任保険にのみ加入し、対物賠償責任保険及び車両保険には加入していなかつた、（二）被上告人Yは、主として小型貨物自動車の運転業務に従事し、タンクローリーには特命により臨時的に乗務するにすぎず、本件事故当時、同被上告人は、重油をほぼ満載したタンク

ローリーを運転して交通の渋滞しはじめた国道上を進行中，車間距離不保持及び前方注視不十分等の過失により，急停車した先行車に追突したものである，(三) 本件事故当時，被上告人Yは月額約4万5000円の給与を支給され，その勤務成績は普通以上であつた，というのであり，右事実関係のもとにおいては，上告人がその直接被つた損害及び被害者に対する損害賠償義務の履行により被つた損害のうち被上告人Yに対して賠償及び求償を請求しうる範囲は，信義則上右損害額の4分の1を限度とすべきであり，したがつてその他の被上告人らについてもこれと同額である旨の原審の判断は，正当として是認することができ，その過程に所論の違法はない。」

Ⅳ　717条（国賠法2条1項）

　交通事故事案において717条がストレートに適用される場合は多くはないが，その責任が問われることもある。近時，この責任を問うものが徐々に増えてきており，これを認める裁判例も散見されるようになってきている。ここでは，工作物の設置そのものよりも管理に関わる事例が多く，共同不法行為に関するものも少なくない。
　ここでは交通事故を惹起する道路の瑕疵等につき717条と同様の思考を展開する国賠法2条1項に関するものもみていく。
　717条であれ，国賠法2条1項であれ，その責任が問われるのは工作物（営造物）である道路等の物理的状況をめぐって，その設置・保存（管理）に瑕疵があるかどうかが問題となる場合が多いが，それ以外にも注目すべきケースがある。
　まず，ここにいわゆる瑕疵が何を意味するかということを確認しておこう。

1　設置，保存（管理）の瑕疵

　道路等の営造物が通常有すべき安全性を欠いていることをもって設置・管理瑕疵があるものとされており（**【158】** 最判昭和45・8・20民集24巻9号1268頁），それは，当該営造物の構造・用法・場所的環境および利用状況等諸般の事情を総合考慮して具体的・個別的に判断すべきものとされている（最判昭和53・7・4民集32巻5号809頁）。また，「当該営造物の利用に付随して死傷等の事故の発生する危険性が客観的に存在し，かつ，それが通常の予測の範囲を超えるものでない限り，管理者としては，右事故の発生を未然に防止するための安全施設を設置する必要がある」ともしている（最判昭和55・9・11判時984号65頁）。ただ，道路整備の程度については，当該道路の位置・環境・交通状況等に応じて一般の通行に支障を及ぼさない程度で足り，必ずしも完全無欠なものである必要はないとされており（東京高判昭和45・4・30交通民集3巻2号354頁），道路の通常有すべき安全性の欠如につき道路管理者側において回避可能性がなかったと認められる場合には設置または管理の瑕疵はないとされる（最判昭和50・6・26民集29巻6号851頁，最判平成7・7・7民集49巻7号2599頁）。ただし，予算上の制約は，

Ⅳ 717条（国賠法2条1項）

責任を免れる理由にならない（最判昭和40・4・16判時405号9頁，前掲最判昭和45・8・20等）。

> **【158】 最判昭45・8・20民集24・9・1268**
>
> 「国家賠償法2条1項の営造物の設置または管理の瑕疵とは，営造物が通常有すべき安全性を欠いていることをいい，これに基づく国および公共団体の賠償責任については，その過失の存在を必要としないと解するを相当とする。
>
> ところで，原審の確定するところによれば，本件道路（原判決の説示する甲より海岸線に沿い乙トンネルに至る約2000メートルの区間）を含む国道56号線は，一級国道として丙市方面と丁市方面とを結ぶ陸上交通の上で極めて重要な道路であるところ，本件道路には従来山側から屢々落石があり，さらに崩土さえも何回かあつたのであるから，いつなんどき落石や崩土が起こるかも知れず，本件道路を通行する人および車はたえずその危険におびやかされていたにもかかわらず，道路管理者においては，『落石注意』等の標識を立て，あるいは竹竿の先に赤の布切をつけて立て，これによつて通行車に対し注意を促す等の処置を講じたにすぎず，本件道路の右のような危険性に対して防護柵または防護覆を設置し，あるいは山側に金網を張るとか，常時山地斜面部分を調査して，落下しそうな岩石があるときは，これを除去し，崩土の起こるおそれのあるときは，事前に通行止めをする等の措置をとつたことはない，というのである。そして，右の原審の認定は，挙示の証拠関係に照らして，是認することができる。かかる事実関係のもとにおいては，本件道路は，その通行の安全性の確保において欠け，その管理に瑕疵があつたものというべきである旨，本件道路における落石，崩土の発生する原因は道路の山側の地層に原因があつたので，本件における道路管理の瑕疵の有無は，本件事故発生地点だけに局限せず，前記2000メートルの本件道路全般についての危険状況および管理状況等を考慮にいれて決するのが相当である旨，そして，本件道路における防護柵を設置するとした場合，その費用の額が相当の多額にのぼり，上告人県としてその予算措置に困却するであろうことは推察できるが，それにより直ちに道路の管理の瑕疵によって生じた損害に対する賠償責任を免れうるものと考えることはできないのであり，その他，本件事故が不可抗力ないし回避可能性のない場合であることを認めることができない旨の原審の判断は，いずれも正当として是認することができる。してみれば，その余の点について判断するまでもなく，本件事故は道路管理に瑕疵があつたため生じたものであり，上告人国は国家賠償法2条1項により，上告人県は管理費用負担者として同法3条1項により損害賠償の責に任ずべきことは明らかである。」

2 具体的事例

（1） 道路の物理的状況に関わらないもの

【159】 大阪地判平成19年5月9日（交通民集40巻3号608頁）は，信号機のある交差点に

第2章 民法上の責任

おいて，隣接する歩道上を走行していたA（小学1年生の女児）搭乗の自転車が，生垣のある歩道（歩道0.9メートルに対し，生垣の突出部分が0.65メートル）に右折進入したところ，Y_2（Y_3の被用者）運転の普通貨物自動車（Y_3所有）が信号待ちで停止していた車道上に転倒し，青信号で発車した同車に轢過されてAが死亡した事故において，Y_1（生垣の所有者・管理者）の717条2項，Y_2の709条，Y_3の自賠法3条の各責任につき，共同不法行為の成立を認めた。719条が問題とされているが，その前提において717条の責任が認められている。

このように，樹木や生垣が道路上にはみ出していて通行できないわけではないものの，若干の不自由を強いられるという場所は少なくないと思われるが，それが原因で事故が起きたことが認定され，責任が認められたものである。

【159】 大阪地判平19・5・9判タ1251・283，交通民集40・3・608

「被告Y_1が管理していた生け垣について，竹木の栽植又は支持について瑕疵があるかについて検討する。

民法717条2項にいう竹木の栽植又は支持の『瑕疵』については，その竹木の置かれた環境とあわせて判断すべきものであるところ，とりわけ道路に沿って設置された竹木の管理者は，その竹木が交通の往来に危険を及ぼすおそれがあると認められる場合には，その危険を防止するため道路上に竹木がはみ出さないようにするなど必要な措置を講じなければならないというべきであり，そのような措置を講じることなく竹木を放置していた場合には，通常有すべき安全性を欠いており，民法717条2項にいう『瑕疵』があるといえる。

しかるに，前記のとおり，Y_1方の生け垣は本件歩道に張り出しており，本件歩道は，生け垣により，本件交差点北東角の本件歩道開始地点から門南端までの間で本来幅員約85cmのところが約65cm，門北端からY_1方北西角までの間で本来幅員約90cmのところが約25cmと狭められていた。また，南北道路を通行する自転車の多くはY_1方西側では本件歩道ではなく本件車道を通行していたのであって，本件車道の通行量も少なくないという状況下においては，生け垣が本件歩道の通行に危険を及ぼしていたことは明らかであって，『瑕疵』があるというべきである。そして，前記認定の事実関係からすると，それにより本件事故が発生したといえるのであるから，被告Y_1は，民法717条2項に基づく損害賠償責任を免れない。」

（2） 道路の物理的状況に関わるもの

①路面の凍結については，【160】最判昭和51年6月24日（交通民集9巻3号617頁）が責任を否定し（降雪のため薄く積雪した幹線道路の坂道で，路面凍結のため滑走したダンプカーが歩行者A（男，14歳）を死亡させた事故につき，コンクリート舗装を改装してアスファルト舗装にしていたこと，歩道が設置されていないこと，降雪による路上の凍結現象を道路の設置・管理の瑕疵とみることはできないとした原審を支持した，原審は，【160′】大阪高判昭和50・9・26交通民集9巻3号618頁），

Ⅳ　717条（国賠法2条1項）

②路上の放置車両を長時間放置しておいた場合につき，【161】最判昭和50年7月25日（民集29巻6号1136頁）が責任を肯定し（事故を起こした故障車である大型貨物自動車を，その運転者が道路端に駐車させておいたところ，約87時間後に，同車両の荷台右後部に原付自転車が衝突して同自転車運転者が死亡した事故につき，故障車が放置されていることさえ知らなかった管理者には，道路管理の瑕疵があるとした），

③信号機の設置場所が不適当であると争われた件については，【162】最判昭和48年2月16日（民集27巻1号99頁）が責任を肯定し（十字路交差点の中央に電車の軌道が付設されている等の複雑な構造の交差点において，車両の進行と横断歩道上の歩行者の歩行を規制するものとして設置された信号機が，歩行者からみて，横断歩道の歩行をも規制するものであることを容易に認識できないときは，歩行を規制するものとしては不適切な位置に設置されていたものというべきであり，その設置に瑕疵があるとした），

④ガードレールの設置を欠いたことを責められた件については，【163】最判昭和55年12月11日（判時991号76頁）が，責任を肯定した上で80％の過失相殺をした原審判決を破棄・差戻した（路面がいわゆるかまぼこ上の道路を制限速度で走行中の車両がカーブに気付いて急制動をかけたところ，激しい雨で滑りやすくなっていたため道路上で停止することができず，ガードレールも設置されていなかったために道路沿いの川に転落したした事故につき，原審が，事故は本件道路の設置ないし管理の瑕疵に基因するものと認めたのに対し，原審の認定した事実のみをもってしては，道路の設置ないし管理に瑕疵があるとすることは困難であるとした）。

なお，⑤トンネルの設置・管理に瑕疵があるとして日本道路公団の責任を認めたものとして【164】東京高判平成5年6月24日（判時1462号46頁）がある。

【160】　最判昭51・6・24　交通民集9・3・617

「原審が適法に確定した事実関係の下においては，本件道路の設置，管理に瑕疵がないとした原審の判断は，正当として是認することができ，原判決に所論の違法はない。論旨は，理由がない。」

【160′】　大阪高判昭50・9・26　訟月21・12・2622，交通民集9・3・618

「道路に於ける交通の安全は，これを確保しなければならないことは言うまでもないが，この安全を考える場合，道路自体の設置その構造及び管理の面からするものと，これを利用するものの通行方法，態度等通行者側に対するものとの両面からみなければならない。けだし，道路自体がその安全性につき，いかに細心の注意を以って設計され築造され，更に管理されていても，これを利用する通行者に於て，無謀な，或は通常予期しえない方法で通行するに於ては，その道路に於ける通行の安全が損われることは，説明するまでもないところであろう。

ところで，道路自体の面から，考えると，

第2章　民法上の責任

道路は，あらゆる交通上の危険に対処し，これを防止しうる絶対的安全性を具えていることが望ましいには違いない。しかし道路は所詮社会生活に欠かせない施設の一つに過ぎないのであるから，他の生活必需施設との関係や，これを設置し管理する主体の財政的，人的物的制約等を考慮すれば，これを利用するものの常識的秩序ある利用方法を期待した相対的安全性の具備を以つて足るものと考える。

（一）　三の坂がもとコンクリート舗装であつたのを改装しアスフアルト舗装としていたことが道路の設置，管理の瑕疵に当るものといえないことについては当裁判所の判断も原審のそれと同一であるから，原判決13頁12行目より14頁12行目まで及び21頁7行目より12行目までの記載を引用し，右13頁12行目より14頁12行目迄の事実は，『原審証人Aの証言によりこれを認めることができる。』を補充する。

（二）　三の坂に車道と区別した歩道を設け，ガードレールにより或は歩道車道に高低をつけていなかつたことについて。

本件事故当時三の坂に右のとおり高低差あるいはガードレールにより区別された歩道が設けられていなかつたことは，当事者間に争いがないところであつて，当時右歩道が設けられていて，被害者Bらがその歩道上を通行していたとすれば，控訴人Y₁の車が前記のとおり凍結した路上を運転の自由を失い滑走しても，あるいは追突するという本件事故は避けられたかも知れない。しかしながら前記のような道路の安全性にかんがみれば歩道を設けていないことが道路の設置又は管理の瑕疵に当るというためには，そのことによつてその道路の状況からみて車輌の運行者や歩行者が通常の注意を払つても車輌の運行者と歩行者との衝突等の危険を避けることができずその道路として期待される通常の安全性を欠いていると見られる程度に至つていることを要すると解されるところ，本件道路は前認定のとおり東行，西行各一車線の幅員7メートル余の道路で，かなり交通量の多い坂道であり，冬季には時に路面が積雪により凍結することもあることを考慮に容れても，通行者が通常の注意を払えば事故を避けることができるものと言え，その他過去の事故例等で本件各証拠上いまだ右歩道を設けていないことがこの道路の通常の安全性を欠いていると認むるほどのものはない。従つて歩道の設置のないことを道路の設置又は管理の瑕疵とすることはできない。

（三）　路面が凍結状態であつたこと。

積害が路面に凍結し滑りやすい状態となつていることは，道路そのものの欠陥とはいえないが，路上の交通にとつて極めて危険であるから，通行者は勿論，道路を常時良好な状態に保ち交通に支障を及ぼさないよう努力すべき行政上の責務を負う道路管理者（道路法第42条）にとつても無関心では済ませないところではある。

しかしながら，雨，風，雪等自然現象は人間を包摂して人間の生存様式を規定している基本的環境であつて，本質的には道路上の通行の安全を害すると定まつたものではない。しかし害する作用をする場合のあることも確かであるが，どのような程度において交通の安全を害する危険性を持つに至つたというべきかの判断，またそのような危険性を帯びた自然現象がいつ発生するかの日時の予知は困難であるのみならず，こ

Ⅳ 717条（国賠法2条1項）

れらの自然現象による危険状態は，例えば路上に崩土を生ずる場合の如く特定の場所に，それを排除するまで存続するというのではなく，通常広範囲な地域に一時に作用し，しかもある時間を過ぎれば消退するという一過性のものであることが多い。そしてそれに対処する方法として降雪の場合をとれば，道路自体に融雪機能を具えることは現代の科学技術の水準，財政事情よりみて一般に困難なことであり，可能なことは人為的に除雪するか，融雪剤を撒布する等の方法によることが考えられるに過ぎない。従って自然現象として右のとおり危険性及びその時期を察知し難く，その作用が一過的に広域に及び，しかも時たましか起らない降雪現象に対し，これが一般に積雪地帯と言われる地域の道路とか，最低速度制限のある高速道路とかの特殊の目的を持つ道路の場合のほか，一般普通の道路について，右程度の可能な方法によって除雪又は融雪する人的物的設備を常時ととのえて道路通行上の危険を即時排除し安全性を保持しなければならないとする道路管理上の義務を地方自治体である道路管理者に負わすことは，前示道路の安全性の性質にかんがみ適当でなく，むしろ，このような場合の道路通行の安全性は，これを利用する通行者側の利用態度にこれを負わすべきである。

本件に見られる降雪は，前記のとおり事故当日の午前7時30分頃から降り，三の坂では薄く積もる程度であり，〔証拠略〕によれば，原判決16頁9行目より17頁2行目までに記載の事実が認められ，（この部分を引用する），控訴人Y₂の甲土木工営所の職員が右降雪に対し早速融雪剤の撒布にかかり，事故発生時刻には事故現場近くまで至っていたが及ばなかったのである。

そして，〔証拠略〕によると，本件事故の発生した甲市乙地方は，昭和43年1，2月頃は前年に比し，降雪の日が多く，それもせいぜい数センチ位の積雪で，時に路面の一部が凍結する（前認定の通り本件事故当時三の坂は凍結していた）ことがあったが，それでも降雪が止むと，間もなく積雪凍結が消失し，積雪や凍結のため本件府道の交通が危険となって，通行止の処置が執られたことがなかったことが認められるから，当地方は特に積雪地帯ではなく，右府道が地方の幹線道路であるとは言え，右程度の積雪凍結状態である限り，これを管理する控訴人Y₂に，常時即時融雪剤撒布その他路面の凍結解消の措置を執り得る人的物的態勢をととのえて降雪に際して即時その措置を執ることを求めることは，住民に対するより良き奉仕要求としては許されるにしても道路管理義務の遂行としては，その範囲を超えるものと言うべきである。

かような際の危険の回避は，それに対面する個々人の注意に待つほかはない。積雪する路上を通行する運行者は路面の凍結状況に注意し，滑りによって運行の自由を失うことのないよう，万一滑りを生じても事故の発生を防止しうるよう，その地形に応じて速度を緩め運転操作に細心の注意を払い，危険の回避があやぶまれるときは車輌にチエンをとりつけるべきである。（成立に争いのない丙第3号証，Y₂道路交通規制には『積雪または凍結している道路において自動車を運転するときはタイヤ・チエンをとりつける等すべり止めの措置を講ずること』との定めがあることが認められる。）危険の回避があやぶまれるにかかわらず，チ

第 2 章　民法上の責任

エンをとりつけず事故を起した不注意な運行者がその不注意を問われず，道路が危険であつたとして道路の管理の瑕疵に事故責任を結びつけようとすることは当らない。

もつとも，〔証拠略〕によれば，昭和43年1，2月頃に甲地方で他に降雪による自動車の滑走事故が起つたことが窺えるが，このことがあつたからと言つて，前示認定をくつがえすことはできない。そして本件事故の場合，控訴人 Y_1 は路面の凍結していることを認識していたのであつて，認識していなかつたが故に本件事故を生じたのではないから，立札等により凍結に対する注意を喚起する方法が講じられていなかつたとしても，このことは本件事故と因果関係のないことである。

以上の次第で，本件の降雪による路上の凍結現象は道路の管理の瑕疵と見ることはできない。（残雪が日を経ても特定の道路上に残り，或は凍結して路上交通の危険を来している如き場合が管理の瑕疵に当るかは別個の問題で，それぞれの具体的事情により考慮すべきことである。）」

【161】　最判昭 50・7・25 民集 29・6・1136

「おもうに，道路管理者は，道路を常時良好な状態に保つように維持し，修繕し，もつて一般交通に支障を及ぼさないように努める義務を負うところ（道路法42条），前記事実関係に照らすと，同国道の本件事故現場付近は，幅員7.5メートルの道路中央線付近に故障した大型貨物自動車が87時間にわたつて放置され，道路の安全性を著しく欠如する状態であつたにもかかわらず，当時その管理事務を担当する甲土木出張所は，道路を常時巡視して応急の事態に対処しうる監視体制をとつていなかつたために，本件事故が発生するまで右故障車が道路上に長時間放置されていることすら知らず，まして故障車のあることを知らせるためバリケードを設けるとか，道路の片側部分を一時通行止めにするなど，道路の安全性を保持するために必要とされる措置を全く講じていなかつたことは明らかであるから，このような状況のもとにおいては，本件事故発生当時，同出張所の道路管理に瑕疵があつたというのほかなく，してみると，本件道路の管理費用を負担すべき上告人は，国家賠償法2条及び3条の規定に基づき，本件事故によつて被上告人らの被つた損害を賠償する責に任ずべきであり，上告人は，道路交通法上，警察官が道路における危険を防止し，その他交通の安全と円滑を図り，道路の交通に起因する障害の防止に資するために，違法駐車に対して駐車の方法の変更・場所の移動などの規制を行うべきものとされていること（道路交通法1条，51条）を理由に，前記損害賠償責任を免れることはできないものと解するのが，相当である。」

【162】　最判昭 48・2・16 民集 27・1・99

「右事実に徴すると，本件横断歩道の西端から斜め右方を注視すれば，本件信号機の存在およびその信号の表示を確認することができるのではあるが，右のような事実関係，

Ⅳ 717条（国賠法2条1項）

ことに歩行者が，本件横断歩道西端に至り東端に向かつて道路を横断しようとするにあたり，前方を見ても当然には本件信号機が見える位置にはなく，一旦横断を開始すれば一層見えにくくなる状況にあり，しかも，前記のように本件交差点が極めて複雑で特異な構造を有していたことなどを考慮すると，本件信号機は，その位置および機能をあらかじめ知つていない一般の歩行者にとつては，本件横断歩道の歩行をも兼ねて規制するためのものであることを容易に認識できる適切な位置に設置されてはいなかつたものといわなければならない。そうすると，本件信号機は，本件横断歩道との関連においてみるかぎり，その歩行者の歩行をも兼ねて規制する信号機としては，不適当な位置に設置されていたものと認めるのほかはなく，かかる意味において，本件横断歩道を歩行する者の通行の安全をも確保するため公の営造物として本来具備すべき安全機能を全うしえない状況にあつたものと解すべきであつて，本件信号機の設置に瑕疵があつたものとした原判決の判断は正当として是認することができ，原判決に所論の違法はない。」

【163】 最判昭55・12・11判時991・76

「しかしながら，本件事故は，本件道路と甲川との境を見誤って走行したため甲川に転落したというのではなく，訴外Aが進路前方のカーブに気づいて急制動の措置をとったところ，降雨中で路面が滑り易くなっており，かつ，路面が甲川に向って傾斜したかまぼこ状をなしていたため，滑行して右甲川に転落したというものであるから，原判示指摘の安全施設のうち視線誘導標識や夜間の照明設備の存否は，右事故の発生とはなんらの関係がなく，本件事故との関係で問題となりうる本件道路の瑕疵は，専ら甲川沿いの道路傍にガードレールの設置を欠いた点にこれを求めるほかはないと考えられる。ところで，本件道路の安全性のために右のようなガードレールの設置が必要とされるかどうかを考えるのに，薄暮時ないし夜間における降雨時に本件道路と甲川との境の見分けがつかないために走行する自動車が運転を誤る危険に対する安全の確保という点だけからは，前記のような視線誘導標識ないし夜間の照明設備の設置だけで足り，それに加えてガードレールの設置まで必要であるとは考えられないから，これが肯定されるためには，更に別段の事情が存在しなければならないというべきところ，原判決は，このような事情として，前記のように本件道路が甲川に向って大きく傾斜しているかまぼこ状をなし，降雨のため路面がぬれているような場合には走行自動車が路面を滑行して甲川に転落する危険性があったとの事情を挙げている。そうすると，本件における問題は，本件道路と甲川との境が不明確なため自動車の運転を誤った場合であると否とにかかわらず，降雨中に本件道路を走行する自動車につき生ずべき滑行事故による転落の危険にそなえてガードレールを設置する必要があったかどうかに帰着するものといわなければならない。

そこで，右の点について検討するのに，原審は，本件道路は路面がいわゆるかまぼこ

第2章　民法上の責任

型の構造をなし，特に甲川に沿った路肩への傾斜が大きいことを認定してはいるが，原判決が本件事故現場の模様の概略を示すものとして引用する第一審判決末尾添付図面（縮尺200分の1のもの）には，幅員4.5メートルの本件道路のほぼ中央から甲川沿いの路面の端までの高低差は0.096メートルと記載されており，右記載によればその平均勾配は約4.26パーセントであることが計算上明らかである。また，原審は，薄暮時ないし夜間における降雨時に本件道路を通行する車両が路面を滑行して甲川へ転落する危険性があり，以前にも本件と同様の転落事故が1，2件あったとも認定しているが，車両がどのような走行状態にあるときに路面を滑行する危険があるのか，薄暮時ないし夜間であることと路面が傾斜しているために生ずる滑行との間にどのような関係があるのか，以前に発生した同様の事故が道路と甲川との境を見誤って進路を誤ったことによるものか，あるいは路面の傾斜のために滑行したことによるものかなどの点についてはこれを明確にしていない。原審の認定した事実のみをもってしては，道路がかまぼこ型で甲川の側に傾斜していることから，ガードレールを設置しないことが道路として通常有すべき安全性を欠くことになり，道路の設置ないし管理の瑕疵にあたるとすることは困難であり，この点に関する原判決の理由説示には不備があるものといわなければならない。」

【164】　東京高判平5・6・24　判時1462・46，判夕825・75，訟月40・6・1107

「国賠法2条1項にいう営造物の設置又は管理の瑕疵とは，営造物が通常有すべき安全性を欠如していることをいうが，右の安全性の欠如とは，当該営造物を構成する物的施設自体に存する物理的，外形的欠陥ないし不備によって他人の生命，身体又は財産に対し危害を生じさせる危険性がある場合のみならず，その営造物の設置管理者の不適切な管理行為によって右の危害を生じさせる危険性がある場合も含むものと解すべきである。

そして，当該営造物が有料高速道路上のトンネルであり，そのトンネル内において車両の衝突事故等に起因して生じた火災が後続の車両に延焼した場合に，後続車両の損害との関係において右トンネルが安全性を欠如していたかどうかの判断は，トンネルの構造（長さ，幅員，内部構造等），右事故当時における当該トンネルの交通量，交通形態（一方交通か対面交通か），通行する車両の種類，その積載物の種類ことに易燃物等危険物の輸送の状況，過去の事故の態様・原因，長大トンネル一般における事故の発生の態様・原因等に照らし，右トンネル内において発生することが予見される危険に対処するための物的設備・人的配備及びこれらの運営体制，消防署及び警察署等他の機関に対する通知及びこれらの機関との協力体制並びに高速道路の利用者に対する当該危険が発生したことの通知・警告のための設備ないし方法等（以下，これらをまとめて『トンネルの安全体制』という。）が，右危険を回避するために合理的かつ妥当なものであったかどうかに基づいてするのが相当であると解すべきである。」

Ⅳ　717条（国賠法2条1項）

　このように，最高裁判決においては責任を否定するものも散見されたところ，近時は，下級審裁判例が中心ではあるが状況が変化してきているといえる。

　少し古いところからもみておくと，【165】福岡地裁小倉支判昭和51年12月3日（判時862号69頁）は，国道路側帯付近を自転車で走行していた12歳の男子が，路上に落ちていた拳大のレンガ片に乗り上げて車道内に転倒したところ，後方からきた普通乗用車に轢過され死亡した事案において，国に国賠法2条1項の責任を認め（ただし，その控訴審【165′】福岡高判昭和53・4・11下民集33巻1～4号261頁は，道路管理の瑕疵があったと断ずることはできないとしている），【166】仙台高判昭和60年4月24日（判タ567号195頁）は，Y_1（Y_2の被用者）運転のダンプカーが荷台を上げたまま進行したため，電話線を引掛けてY_3（電電公社）が所有管理する電話柱が根元から折れて県道上に30度の角度で傾斜する事故が起こり，その約1時間後，A運転の自動二輪車がその電話柱に衝突してAが死亡したという事案において，Y_1（709条），Y_2（715条），Y_3（717条）の責任をそれぞれ認めた一審の判断を維持し，【167】福岡高裁宮崎支判昭和60年10月31日（判タ597号70頁）は，先行車を追越そうとしたA運転のダンプカーが県道の側溝に落輪させ，これを脱出させようとして加速したため，ハンドルをとられて県道側端の縁石に激突し，それを乗り越えて国鉄線軌道敷内に転落しディーゼル急行列車に衝突して乗客多数を死傷させたという事案において，本件事故は，Aの過失行為，Y_1（県）の県道の管理瑕疵ならびにY_2（国鉄）の鉄道施設の管理瑕疵とが偶然互いに競合してその原因をなし惹起されたものと認め（ただし，その上告審【167′】最判平成2・11・8裁判集民事161号155頁は，本件事故はAの無謀な行動に起因するものであるとして，Y_1が道路管理者としての責任を負うべき理由はないとした），【168】東京地判平成8年9月19日（判時1585号54頁）が，駐車禁止の道路（Y_3が管理者）にA（Y_1の被用者）が駐車させたトレーラー（Y_2所有）の後部にB運転・C同乗の普通乗用車が衝突してB・Cが死亡した事案において，Y_1（715条），Y_2（自賠法3条），Y_3（東京都）（国賠法2条）の責任をそれぞれ認めている（その控訴審【168′】東京高判平成9・12・24判例地方自治179号102頁は，一審判決同様，Yらの責任を認めた上で，一審判決が認めていた過失相殺〔運転者Bについては30％，同乗者Cについては10％〕を認めなかった）。

　さらに近時のものに目を移すと，⑥道路の形状に起因するものとして，横浜地判平成20年10月15日（平成19年（ワ）第2504号）が，市道の轍ぼれによってバランスを崩した大型自動二輪車が道路脇のH鋼ガードレールに衝突した事故につき，轍ぼれの存在自体をもって道路の設置・管理に瑕疵があったということはできないが，バイクの走行に影響を与えるような轍ぼれは車両の走行に危険性を増大させるもので通常備えるべき安全性を欠いていた等として責任を肯定し，【169】名古屋地判平成21年10月23日（交通民集42巻5号1380頁）は，午前9時50分頃，片側2車線の第一車線を走行中の原付自転車がスリップ・転倒し，第二車線走行中の大型貨物車に衝突した事故につき，同道路では1週間前のパトロール時に5箇所の穴ぼこが見つかって補修工事が行われたが，アスファルト舗装で通常用いられる加熱合

第2章　民法上の責任

材ではなく，当時では耐久性に劣るとされた常温合材を用いて補修を行ったため，この間に降った豪雨で舗装が剝がれてしまい，元の穴ぼこ状態になると共に周囲に浮き砂利も現れ，これによりスリップ事故が生じたとし，道路管理者（県）の責任を認めた（過失相殺30％）。

　直接の形状に関わるものとはいえないが，道路側溝からの溢水に起因するものとして【170】東京高判平成23年12月21日（自保ジャ1868号166頁）は，溢水帯に進入した普通自動車がハンドルをとられてスリップし，岩に衝突した事故につき，本件事故と溢水との間には相当因果関係があるとして道路管理者の責任を認めた（過失相殺30％）。

　⑦道路沿いの水路や側溝に転落した事故については，【171】東京高判昭和55年3月19日（判時964号59頁）が，午後10時頃，国道を（飲酒し，無灯火の）自転車で走行中に同自転車運転者が転落防止設備のない水路に転落・死亡したと推認される事故につき，本件側溝を，設置・管理につき瑕疵ある営造物であるとし（過失相殺80％），【172】名古屋地判平成9年4月30日（交通民集30巻2号615頁）は，午後6時頃，道路脇の側溝に設置されていたコンクリート製の上蓋の穴が空いた部分に（対向車を避けようとした）自転車の前輪が転落し，転倒した事故につき，道路設置・管理の瑕疵を認め（過失相殺40％），【173】広島地裁福山支判平成17年2月23日（判時1895号82頁──未明，市道の歩道上を自転車で走行中に溝蓋が途切れた先の開渠になっていた水路に転落し死亡した事故，過失相殺40％），【174】大阪高判平成19年5月22日（判時1985号68頁──午後8時頃，町道の路側帯を歩行中に町道沿いの水路に転落し負傷した事故，過失相殺35％）も同様である。

　また，【175】大津地裁彦根支判平成20年9月18日（判時2024号100頁）は，午後5時42分頃，県道沿いの歩道を電動式足踏自転車で走行中の高齢者（女，69歳）が歩道右側の水路に転落して重傷を負い，その約2年9カ月後に死亡した事故につき，防護柵は無論，簡易なガードレール，開渠となった水路の存在を示す何らの表示板，路肩位置の標識もなく，発光ラインさえも設置されていなかったことから国賠法2条の責任を認め（過失相殺85％），【176】大阪地判平成21年2月19日（自保ジャ1791号18頁）は，深夜0時50分頃，酒に酔って市道を歩いていた女性が，誤って高さが50センチメートルしかない歩行者転落防止柵に膝を打ち付け，バランスを失い同柵を越えて約3メートル下の側道に頭から真っ逆さまに落ちて頸髄損傷の傷害を負い，四肢・体幹機能障害を後遺した事故につき，同柵は，駅前にある市道の歩行者転落防止用の防護柵として，通常想定される多様な歩行者の転落の危険性を十分に防止するに足りるものではなく，一方で柵が老朽化し壊れた部分の応急修理も繰り返され，安全性を欠いていることが明らかになっているのに長期間放置したことは，市道管理に瑕疵があったといえるとし，財政的・予算的な制約があることによっても放置が正当化されるものではないとした（過失相殺80％）。

　⑧警戒標識灯の欠如については，【177】東京高判平成16年9月30日（交通民集37巻5号1183頁）が，午後1時頃，普通自動二輪車が普通貨物自動車に接触，転倒した事故につき，

Ⅳ　717条（国賠法2条1項）

歩道工事（仮歩道）のため車道幅員が減少していたにも拘わらず，その幅員減少を認識できる措置（警戒標識等の設置）が講じられていなかったことにつき道路管理に瑕疵があるとして，道路管理者たる市に国家賠償法2条1項の，歩道工事のため道路を占有していた業者に民法717条1項の各責任を認め（道路管理者1，普通貨物自動車運転者4，普通自動二輪車運転者8の絶対的過失割合認定），【178】東京地判平成19年11月22日（交通民集40巻6号1508頁）は，【177】の事故により，普通貨物自動車につき任意自動車保険契約を締結していて裁判上の和解により相当額を支払った保険会社が商法662条に基づいて求償権を取得したとして，道路管理者たる市に求償した事案において，警戒標識等の設置について第一次的責任を負うのは道路管理者であるとして，その責任を認めた。

⑨ガードレールが設置されていないことによる管理瑕疵を認めたものとしては，【179】長崎地判平成18年10月19日（自保ジャ1822号185頁）が，国道の，下り坂・急カーブ出口から程近いところで，普通乗用車が歩道縁石を乗り越え，ガードパイプを突き破って5，6m下の川に転落して運転者が死亡した事故につき，本件事故現場付近では本件事故発生前の約1年5ヶ月ほどの間に19件の事故（路外逸脱，転落等）が発生していたことから，このように事故の発生頻度が高く，かつ事故が発生した場合の危険度が高い場所にガードレールが設置されていなかったことは，道路管理の瑕疵にあたるといわなければならないとした（過失相殺75％。前掲【163】参照・比較）。

【165】　福岡地裁小倉支判昭51・12・3判時862・69，交通民集9・6・1642

「本件交通事故発生の現場である国道10号線の管理責任者が被告国建設大臣であることは当事者間に争いがなく，一般国道の外側線周辺道路は，車道，路側帯を問わず，道路交通法第17条第1項，第17条の3，道路法第45条，道路標識，区画線及び道路標示に関する命令第7条等の趣旨から明らかなとおり，二輪自転車による通行が法律上認められ且つ通常予想される道路であるところ，外側線附近路上における拳大のセメントレンガの破片一個の存在が道路の瑕疵に当るか否かは，当該外側線路上周辺を含む本件事故現場附近の道路全般の具体的な道路事情と交通状況との関連において，それが自転車通行にとって通常予期される安全性を欠くものとして一般的に許容されないか否かによって決定されると解すべきである。けだし，道路開設者が道路を開設し之を一般通行の用に供するについては，安全且つ円滑な交通を確保するに足る維持整備に努むべきことはもとより当然であるが，その維持整備の程度は当該道路の具体的な諸条件に応じて一般の通行に支障を及ぼさない程度で足るのであって，必ずしも道路を常時ないし全ての道路ないし道路部分について完全無欠又は最も望ましい状態においかなければならないものではない。例えば田舎道路と都市道路，高速自動車道と自転車道，自転車道と歩道，更には歩道にあっても環境次第で，自ら維持整備の程度が異るべきは至極当然であり，結局は当該道路の具体的な諸条件次第であるべき維持整備

の程度が異って然るべきものということができる。殊に土砂，砂利，小石等道路上の小障害物にあっては，道路が道路である以上，ある程度の大きさ，分量の存在は避け難い場合が多くあるのであって，その存在が自転車一般の通行に支障を来さない程度として許容されるべきものか否かは，一に安全且つ円滑な交通確保という観点から当該道路の具体的条件に則して決定される外はないといわなければならない。

そこで進んで本件道路の具体的条件につき調べてみるに，〔証拠略〕を総合すれば，次の（イ）ないし（ニ）の事実が認められ，他にこの認定を左右する証拠はない。

（イ）　国道10号線は，甲市から乙市，丙，丁を結ぶ唯一の幹線道路であるところから自動車の交通量は極めて多く，昼夜をわかたず大型のダンプカー，トラック，バス等が頻繁に往来し，特に近年沿線に臨海工業地帯等が形成されたこともあって交通量が増大したが，車道拡巾工事，バイパス開設工事等はさしたる進展をみないため，一般的にみて国道10号線の自転車通行は交通事故の危険にさらされることが極めて多い状況にあった。

（ロ）　本件事故現場附近は，甲市方面から乙市方面へ向け極く緩やかに右カーブする見通しのよい非市街田園地帯の片側1車線道路であり，道路中央線と外側線の間の車道巾は，甲市方面から乙市方面へ向う下り車線についていえば，事故現場の手前（甲市寄り）5，60メートルの地点までは3.5メートル，事故現場附近は3.15メートル，下り外側線の左側路側帯の道巾は，同様事故現場の手前（甲市寄り）5，60メートルの地点までは2.5メートルあるが，同地点から事故現場の先までは急に狭くなり1.05メートル巾しかなく，道路全体が交通量の割には極めて狭隘であるため駐車追越禁止の規制区域とされていたこと，路面状況は車道路側帯共平坦で乾燥したアスファルト・コンクリート舗装であり，道路両側は落差のある田園地帯である関係上自然的要因による落石の危険性等は殆どなく，従ってまた道路上の障害物はその大小を問わず少ないのが常況であった。

（ハ）　本件事故現場附近は近在住民，学童等が多く自転車通行により之を利用したが，昭和48年4月当時1日平均2万4000ないし2万5000台の自動車交通量があり，狭隘な道路事情と相まって，昼間自転車により通行するときは路側帯周辺の走行以外は概ね考えられず，昼間の自転車通行にとって，外側線周辺部分の道路はいわば必要不可欠な道路部分であり，之と接続する車道は通常疾走する自動車との接触の可能性が極めて高い危険な道路部分であった。

（ニ）　アスファルトコンクリート舗装道における拳大のセメントレンガの破片（8×6×7センチメートル）の存在は，通常之が自動車のタイヤではねられて対向車輌の窓等を破損するおそれがあるのみならず，二輪自転車の走行に対しては，その速度，運転者（老若男女），運転技術，乗り上げる角度等とも微妙に関連はするが，概ね自転車をふらつかせたり転倒させたりして，自転車の安全な走行を妨げる充分の可能性を有し，現に本件事故現場を直接に道路管理するα地方建設局甲国道工事事務所乙維持出張所の道路管理係員は，道路巡回に当っては，右程度大の石ころが交通安全上障害となるところから之を撤去する必要を認め且つ発

Ⅳ　717条（国賠法2条1項）

見したときは撤去していた。

　右認定の事実関係からすれば、本件事故現場国道の外側線附近路上における拳大（8×6×7センチメートル）セメントレンガの破片の存在は、仮令その個数が一個であるにせよ、法律上認められ且つ通常予想される老若男女の自転車運転者の走行に対し、通常予期される安全性を欠くものとして一般的に許容される程度を超えており、道路の瑕疵ある場合に該ると認めるのが相当である。」

【165′】　福岡高判昭53・4・11 下民集33・1〜4・261，交通民集11・2・331

　「ところで、道路の管理に瑕疵があるとは、道路の維持、修繕或いは保管に不完全な点があつたことにより、道路が交通の安全かつ円滑を確保するため通常備えるべき性質を欠くに至つた状態を指称するものと解するのが相当であるが、その瑕疵の有無は当該道路及び交通の具体的諸状況を総合し、個別的・相対的にこれを判定すべきである。

　そこで本件事故現場道路に関する前記認定の諸事実を前提として、控訴人国の道路の管理の瑕疵の有無を考えるに、本件事故現場路側帯は歩行者及び自転車等軽車輛の通行の用に供せられるものであるところ、その幅員は1.05メートルにすぎなかつたが田園地帯を走り歩行者の交通の少ない所であつたから、自転車で同所を通行するに当つては、通常の自転車の運転能力のある者が進路前方に通常の注意を払つて進行して居れば、本件セメントレンガ片の如き8×6×7センチメートル大の障害物は容易にこれを回避することができるものであり、またその障害も何人でも極めて簡単にこれを除去できる性質のものであるから、本件セメントレンガ片の路側帯上の存在は道路の瑕疵に当るというべきではあるが、その瑕疵の程度は軽いものということができる。そして右の道路の瑕疵は、乙維持出張所の道路パトロールカーによる道路巡回の後約1時間20分以内の間に突然現出したものであるから、特段の事情のない本件においては、控訴人国の道路の維持、修繕、保管に不完全な点があつたことによるものであるとは言い難い。

　そうであれば、本件事故現場路側帯内に本件セメントレンガ片が存在していたことをもつて、直ちに控訴人国の道路の管理に瑕疵があつたものと断ずることはできない。」

【166】　仙台高判昭60・4・24 判タ567・195

　「前記認定の事実関係からすると、甲電報電話局の職員は第一事故発生後の午後6時、前記αZ営業所の職員から第一事故により電話線が折損して路上に傾斜し交通に支障が生じていることの通報を受けてその事実を知るに至つたのであるから、その時刻からすれば間もなく夜間にかかるうえ、同局職員が復旧作業のため現場に赴くにしても、準備及び現場到着までにかなりの時間を要するので、その間に交通事故の発生が虞れられる状況であることを認識したのであり、したがつて、同局職員は右通報を受けた後

第2章　民法上の責任

直ちに現場の最寄りの警察署に対して右通報の内容を告げて，速やかに現場付近の交通整理等の事故防止のための配備をするよう要請すべきものであり，その措置を講じていれば，第二事故の発生を未然に防止しえた可能性が高いと認められる（現に第二事故発生後同局職員の到着前に甲警察署の警察官が臨場していたのであり，警察官の迅速な臨場配備が可能であつたと考えられる。）。しかるに，同局の職員は，Y₂建材の代表者に対する電話により現場における誘導等を指示したのみで，所轄警察署に対して右の要請をしなかつたのであるから，控訴人にとつて，回避することのできない不可抗力により第二事故が生じたものとはとうてい言えないのであり，控訴人の電話柱の保存に瑕疵が存したことは否定できない。控訴人は，同局職員が第一事故の具体的状況の通報を受けていず，またその状況を把握できる立場になかつたとし，第二次事故の発生を予見することができなかつたと主張するのであるが，電話柱が折損して県道上に傾斜し，交通の支障が生じていることの通報があり，その事実と夜間にかかることの認識があれば，交通事故の二次災害の生じる危険は当然に予測されるところであり，同局職員はその危険を予測したからこそY₂建材の代表者に対してその防止のための指示を与えているのである。しかして，同局職員はこのような場合に事故防止のために迅速な対応をするだけの強力な機動力と組織を有しその職責を有する警察官署に対し警察官の出動を要請する方法があり，その方法によれば事故の発生が防止された可能性が高いのに拘らず，その機動力や組織力において遥かに劣弱な一私人に事故防止のための措置を依頼しただけでは適切にして十分な措置を講じたものとはとうていえないというべきである。また，控訴人は第一事故を起した原因者であるY₁に，道路交通法72条1項に基づく，警察官に対する事故報告の義務があるから，控訴人には警察官に対して同じ内容の通報をなすべき義務は存しないと主張するが，控訴人の通報義務は，道路交通法規に基づく事故報告の義務ではなく，電話柱という土地の工作物を設置保存する者がその工作物について生じた瑕疵により他人に危険を及ぼす緊急な事態が生じた場合に危険防止のための殆んど唯一の有効適切な手段として最寄りの警察署に対して警察官の出勤と対処を求めるにあるのであるから，この義務は，その危険を生じさせた第一事故の原因者であるY₁の道路交通法規に基づく事故報告義務とは別個に存在するものというべきである。本件においては，Y₁において，第一事故後，道路交通法の前記条項に基づく事故報告を遅滞なく行なつていれば第二事故が避けられた可能性は高いか，控訴人の同局職員からも前記の如き要請をしていれば，やはり第二事故が避けられた可能性も高いのであり，双方ともその措置を懈怠したために第二事故が発生したものといわざるをえない。」

【167】　福岡高裁宮崎支判昭60・10・31判タ597・70

「国賠法2条1項の道路等の営造物の設置または管理の瑕疵とは，右営造物が通常有すべき安全性を欠いている状態をいうのであるが，そこにいう安全性の欠如，すなわち，

IV　717条（国賠法2条1項）

他人に危害を及ぼす危険性のある状態とは，ひとり当該営造物を構成する物的施設自体に存する物理的，外形的な欠陥ないし不備によって一般的に右のような危害を生ぜしめる危険性がある場合のみならず，その営造物が供用目的に沿つて利用されることとの関連において危害を生ぜしめる危険性がある場合をも含み，また，その危害は，営造物の利用者に対してのみならず，利用者以外の第三者に対するそれをも含むものと解すべきである。従つて，右営造物の設置・管理者において，かかる危険性があるにもかかわらず，これにつき特段の措置を講ずることなく，また適切な制限を加えないまこれを利用に供し，その結果利用者または第三者に対して現実に危害を生ぜしめたときは，それが右設置・管理者の予測し得ない事由によるものでない限り，国賠法2条1項の規定による責任を免れることはできないものと解すべきである（最高裁昭和56年12月16日大法廷判決・民集35巻10号1369頁参照）。」

【167′】　最判平2・11・8裁判集民事161・155

「しかしながら，原審の右判断は是認することができない。その理由は，次のとおりである。

国家賠償法2条1項の営造物の設置又は管理の瑕疵とは，営造物が通常有すべき安全性を欠いていることをいい（最高裁昭和42年（オ）第921号同45年8月20日第一小法廷判決・民集24巻9号1268頁），右の通常有すべき安全性は，営造物の設置管理者において通常予測することのできる用法を前提として定めるべきものであって，この趣旨における安全性に欠けるところがない場合には，営造物の通常の用法に即しない行動の結果事故が生じたとしても，右事故が営造物の設置又は管理の瑕疵によるものであるということはできないと解するのが相当である（最高裁昭和53年（オ）第76号同年7月4日第三小法廷判決・民集32巻5号809頁参照）。これを本件についてみるに，原審の確定した前記事実関係によれば，幅員7.7メートルある本件県道の道路端には図面第二図のとおり幅約40センチメートル，深さ約15センチメートルのコンクリート製の無蓋側溝が設置されており，更に側溝の東側には図面第二図のとおり道路面から縁壁上端までの高さ約40センチメートル，幅約25センチメートルの石造の本件縁壁が設置されていたというのであり，本件縁壁の右材質，高さ，形状等の構造に加え，本件県道の幅員や見通し状況，側溝の存在等を考慮すると，本件縁壁は，通常予測することのできる用法を前提として生ずる事故によって車両等が路外へ転落することを防止する機能に欠けるところはなかったものというべきである。そして，前記認定事実によれば，本件事故は，Aが本件自動車を運転中，先行車を無理に追い越そうとして過って本件自動車の右前輪を本件県道東側の側溝に落とした際，減速あるいは停止の措置をとることなく，アクセル・ペタルを踏み込んで加速した勢いで側溝から脱出しようとし，かえって側溝にハンドルをとられ，右前輪のホイルナット付近を本件縁壁に激突させ，そのままの状態で本件自動車を約17.6メートルも進行させ，その間，約13.3メートルにわたって本件縁壁の上段の縁石を下

段の縁石から剥離，崩落させ，本件自動車を下段の縁石を乗り越えて路外に進出するに至らしめ，急遽制動措置をとったが時すでに遅く，本件自動車は制御を失い，本件軌道敷内に転落した結果発生したというのである。そうであれば，Aのとった措置は，本件自動車が大型車両で強い駆動力があることを過信して強引に側溝からの脱出を図ったもので，本件事故現場付近の前記地理的状況等にかんがみれば，極めて異常かつ無謀な運転行為であって，本件県道の管理者である上告人において通常予測することのできない行動であり，本件事故はこのようなAの無謀な行動に起因するものであったということができる。そうだとすれば，本件県道における車両等の転落防止施設としては前記側溝に接して設置された本件縁壁をもって十分なものであったというべきであるから，本件県道が通常有すべき安全性を欠いていたということはできず，Aのした通常予測することのできない無謀な行動に起因する本件事故について，上告人が道路管理者としての責任を負うべき理由はない。」

【168】　東京地判平 8・9・19 判時 1585・54，判タ 925・269，交通民集 29・5・1367

「訴外Aは，本件事故当時，被告 Y_1 の被用者として，被告 Y_1 が被告 Y_2 から請け負った業務を遂行するため，被告 Y_2 の指示に基づいて，本件トレーラーを本件道路に駐車したのであるから，訴外Aの右駐車行為は，被告 Y_1 の業務の執行としてなされたものと認められる。そして，本件道路は，終日駐車禁止の規制がされているのであるから，原則として駐車することは許されないうえ，駐車の方法はできる限り道路の左側端に沿い，他の交通の妨害とならないようにし，また，夜間の駐車であるから，車幅灯，尾灯その他の灯火をつけなければならないにもかかわらず（道路交通法 45 条 1 項，47 条 2 項，52 条 1 項参照．），訴外Aはこれらの義務を怠り，本件道路が駐車禁止の規制がされていることを知りながら，また，他の車両が本件トレーラーに追突する危険性があることを認識しながら，夜間，駐車灯，尾灯，非常点滅灯など，何らの灯火をつけることなく，片側五車線の車道の，センターラインから二車線目である第四車線に出来ていた駐車列の後尾に本件トレーラーを駐車させ，交通の危険を増大させたのであるから，訴外Aの駐車行為には右注意義務に反する過失があったというべきである。したがって，被告 Y_1 は，民法 715 条に基づき，本件事故によって生じた損害を賠償する責任を負う。

（四）　被告 Y_3 の責任

前記一の事実によれば，本件道路は道路法上の道路ではないものの，道路交通法の適用となる一般交通の用に供する場所であることからすれば，本件道路を管理する Y_3 開発局南部埋立地管理事務所は，道路を常時良好な状態に保つように維持し，修繕し，もって一般交通に支障を及ぼさないように努める義務を負うと解されるところ（道路法 42 条参照），前記一のとおり，本件道路は，幅 6 メートルの中央分離帯で分離され，片側幅員 16.8 メートルの片側五車線の，終日駐車禁止の規制がされた道路であって，本件事故当時は，その第四車線及び第五車線上に，コンテナを積み込んだトレーラーが，何らの灯火をつけることなく，特段の警告

Ⅳ　717条（国賠法2条1項）

措置を取ることなく，それぞれ40台以上もの駐車列を作って並んだまま，夜間，少なくとも2時間以上放置されていたのであり，本件道路が片側五車線の道路であって，なお三車線が走行可能であることを考慮しても，道路の中央寄りに二車線にわたってトレーラーが何らの灯火もなしに，数十台駐車されているという右駐車状況からするならば，本件事故当時，本件道路はその安全性を著しく欠如する状態であったといわざるをえない。そして，右のように，夜間，トレーラーが，駐車灯等を点灯しないままの状態で，本件道路の中央寄りの車線に数十台の駐車列を作って並んでいるという状況は，遅くとも，本件事故の約1年6カ月前である，昭和60年11月ころには既に発生し，その危険性が問題とされ，現に昭和62年3月には，夜間駐車されていたトレーラーへの追突事故が発生してその危険が現実化していたにもかかわらず，本件道路を管理していたY_3開発局南部埋立地管理事務所は，夜間の違法駐車数を訴外警備会社に調査させ，その数が500台を越えるというような異常な事態であることを把握し，その危険性について危惧しながらも，路上駐車の事態を解消するために，都有地を利用したシャーシープールの設置を計画し実施したほかは，α署の取締りに委ねるほかないとして，現実に違法駐車されたトレーラー等の排除又は一般車両に対する道路中央部分に障害物が存在することについての告知については，何らの措置も取らなかったのであるから，このような状況のもとにおいては，本件事故発生時，同事務所の道路管理に瑕疵があったというほかはない。したがって，被告Y_3は，国家賠償法2条に基づき，本件事故によって生じた損害を賠償すべき責任がある。

　この点に関し，被告Y_3は，本件トレーラーは，一定時間経過後には，運転者がその場所から移動させる意思を有しており，継続的に放置されていたものではないから，路上に放置された障害物のように，道路を管理する者において，これを移動除去すべき義務が生じるものではなく，また，本件道路は，安全に通行できる部分があり，かつ，安全に通行できる部分を識別することは，通常の速度で走行するかぎりは極めて容易であったから，本件道路には，通常備えるべき安全性を欠く点は存在しなかったと主張する。しかしながら，前記のように，本件道路には，コンテナを積み込んだトレーラーが，駐車灯等の灯火をつけることなく，また特段の警告措置を取ることなく，数十台以上もの駐車列を作って並んだまま，夜間，少なくとも2時間以上放置されていたのであり，かつ，前認定の事実によれば，翌朝コンテナバースに向けて発進するまでは，駐車を継続していることは明らかである以上，その駐車時間に鑑みれば，本件トレーラーの運転者が将来これを移動させる意思を有していたか否かを問わず，右事態は本件道路の安全性を著しく欠如する状態であったと言わざるをえない。

　（五）　以上によれば，本件事故は，被告Y_1，同Y_2トレーラー及び同Y_3が，それぞれ各自の独立した不法行為によって惹起させたものであり，かつ右各行為はそれぞれ客観的に相関連し，共同して事故を惹起したものと認められるから，被告Y_1，同Y_2トレーラー及び同Y_3は，共同不法行為者として原告らに対し，連帯して損害賠償責任を負う。」

第2章　民法上の責任

【168′】　東京高判平9・12・24 判例地方自治179・102

「なお，前示の事故態様からして，亡Bが第五車線に多数の駐車車両が並んでいるのを認識しながら本件事故地点まで進行したものであることは明らかであるが，亡Bは，本件事故地点まで第一車線に1，2台の駐車車両と第五車線の駐車車両を認識しながら走行したものと認められるところ〔証拠略〕，そのような状況下においては，違法駐車があっても第一車線と第五車線とにのみあると考えた可能性があり，その場合には，第五車線の駐車車両が駐車列を指定されて駐車しているということを知らない者にとっては，中央分離帯側の第四車線にも駐車列を指定されて二重駐車をする車両があることを予測するのは困難であったといえる。したがって，その点を特に考慮して過失相殺をするのは相当ではない。」

「また，本件事故直前のB車内における亡Bの運転状況及び亡Cの助手席での状況を認めるに足りる証拠はないところ，助手席に乗っている者が常に運転者の運転状況を注視しているとはいえないから，B車が夜間にしかも五車線ある道路を進行していたことからして，制限速度50キロメートルのところを70キロメートルを超えて走行したとしても，亡Cにおいて速度違反を確実に認識していたとまで認めることはできず，また，亡Bの前方不注視を知っていたとまで認めることはできない。したがって，亡Cに対し同乗者として本件事故を避けるための何らかの対応を期待できる状況にあったとすることはできない。そして，亡Cが亡Bと婚約していたという事実は，一審被告らとの関係において過失相殺の事由とすることはできないから，本件事故につき亡Cに過失相殺をすべき事由があるとすることはできない。」

【169】　名古屋地判平21・10・23 交通民集42・5・1380，自保ジャ1817・154

「以上のように，本件においては，5か所の穴ぼこについて，その補修方法を特に検討することもなく，特段の問題意識なく常温合材による補修が行われたものと認められ，また，そもそも，各パトロール員が個々の路面の性状や破損状況に見合った補修方法をパトロール時に適切に判断し得る体制や，パトロール時に応急措置として行われた補修方法の適否等を適時に判断して対応することのできる体制が十分に整えられていたともいい難いから，前記のとおり，5か所の穴ぼこを加熱合材で補修するとの対応をとることが道路管理者の管理行為として不可能であったとはいえないことを考え併せると，道路管理者としての管理義務が尽くされていたとは評価し難いといわざるを得ず，そうである以上，被告県において本件穴ぼこ及び本件浮き砂利の発生を回避する可能性がなかったとはいえないというべきである。なお，被告県は，前記のとおり，本件穴ぼこ及び本件浮き砂利は，平成18年5月7日の降雨により本件事故の前日に生じたものである旨主張しているが，仮に本件穴ぼこ等の発生が被告県の上記主張のとおりであるとしても，本件穴ぼこ等の発生後にこれらを補修することが可能であったか

Ⅳ 717条（国賠法2条1項）

否かは，本件において特段問題とならないから，被告県の上記主張は結論に影響しないというべきである。

よって，本件穴ぼこ及び本件浮き砂利の発生について回避可能性がない旨の被告県の前記主張は，採用できない。

以上のとおりであるから，本件穴ぼこ及び本件浮き砂利は，国賠法2条1項に定める営造物の設置又は管理の瑕疵にあたると認められ，被告県は，同条項に基づき，前記のとおり本件穴ぼこ及び本件浮き砂利の存在が原因となって生じたと認められる本件事故の損害を，原告らに対して賠償すべき責任を負う。」

【170】 東京高判平23・12・21自保ジャ1868・166

2 本件事故に関する損害賠償の責任原因について

道路法では，一般交通の用に供する道として設置された道路（道路と一体となってその効用を全うする施設又は工作物及び道路の附属物で当該道路に附属して設けられているものを含む。同法2条1項）について，安全かつ円滑な交通を確保するために，道路管理者に対し，道路を常時良好な状態に保つように維持し，修繕し，一般交通に支障を及ぼさないようにすべき義務を課している（同法42条1項）。本件道路の管理者である被控訴人Ｙは，本件道路に排水施設（同法30条1項7号）として設けられている側溝（本件側溝）を清掃して，落ち葉等の堆積物によって本件側溝が詰まらないように予防する等，本件側溝から本件道路への溢水を防止するために必要な措置を講ずべき義務があるにもかかわらず，これを放置して堆積物によって本件側溝を詰まらせ，本件側溝から本件道路に溢水させて，本件道路の一般交通に支障がある状態を現出させたものであるから，本件道路の管理上の瑕疵があると認められ，被控訴人もこの点について本件道路の管理上の瑕疵があったことは争わない。

3 本件事故と本件道路の溢水（管理上の瑕疵）との因果関係について

（1） 本件道路の溢水の状況について

前記の認定事実によれば，本件事故の発生当時，前夜からの降雨によって雨水が，本件側溝に設置された4箇所のグレーチングを設置した桝（原判決別紙2図面記載の「側溝Ａ」～「側溝Ｄ」の部分。以下，「本件側溝Ａ」などという。）に堆積物が溜まっていたために溢水して本件道路の路面に流出し，下り勾配に従ってｃ方面に流れていく状態にあり，その溢水の範囲（本件溢水帯）はおおむね原判決別紙2図面の黒色着色部分に及び，本件事故の発生から約2時間半が経過した午前10時ころには雨は止んでいたが，それから更に1時間半が経過した午前11時30分ころの時点でも，依然として，本件側溝Ａ～Ｄから溢水して本件道路のｃ方面への車線を流水が下っている状態が続いていた。控訴人Ｘは，本件事故の発生当時，溢水が本件道路脇の歩道の縁石と同じくらいの高さに達していたとして，縁石の高さを基準として水深が約21センチメートルであったと主張するが，これを客観的に裏付ける証拠はなく，本件車両の運転者α及び同乗者のβも，本件車両が本件溢水帯に進入した際に水しぶきが上がった等の状況は現認していないので，控訴人Ｘの主張はそ

第2章　民法上の責任

のまま認めることはできない。しかしながら、控訴人Xは、αから本件事故発生の知らせを受けて直ちに自宅を出発し、軽自動車を運転して本件現場付近に向かったが、本件溢水帯に進入した際に、車がタイヤで水を押すような形になって急に速度が低下し、フロントガラス全面に水を浴びる状態になった旨を述べており、その信用性を疑わせる事情はない（αの運転していた本件車両は車高が高いSUV車であったから、α及びβが本件車両の溢水帯への進入時に水しぶきが上がったり、水をかぶることに気がつかなかったとしても不自然ではなく、控訴人X本人の上記供述の信用性を否定する事情にはならない。）。また、α及びβも本件事故発生直後に本件車両を降り、本件現場付近を見たところ、本件側溝A～D付近から水が溢れて、本件道路を斜めに大量の水が川のように流れていた旨を証言していることからして、水深が約21センチメートルあったとは断定できないものの、本件事故の発生当時、本件現場付近には相当量の溢水があって、これが下り勾配に従って流れていたことが認められる。

（2）本件事故の発生状況について

本件事故の発生状況について、本件車両の運転者であるαは、大要、次のとおり供述する。

「本件事故の当日は、βをf駅に送るために、普段どおり、午前7時30分ころ、本件車両を運転して自宅を出発した。当時の天候は小雨で、霧などは出ておらず、視界は悪くなかった。自宅を出て坂道を上った後、本件道路に入って坂を下り始めた。その時の速度は、速度計を見ていないが、普段と同じくらいの速度で走行していたので、時速50キロメートルくらいだと思う。前方に本件溢水帯が広がっていることは事前に分からなかった。本件溢水帯に進入したときに初めて水が溢れていることに気がつくとともに、ハンドルが動いた感じが伝わったのでハンドルを取られたと思い、ハンドルを戻そうとした。それと、直ぐに速度を抑えようとブレーキを少し踏んだところ、本件車両が右に傾いて左に傾き、本件車両の制御ができなくなった。下り坂で路面も濡れていたので急ブレーキは危ないという思いがあったから、急ブレーキは掛けていない。その後、どのような措置を講じたか記憶に残っていないが、本件車両はサーフィンの様に滑走を続け、右手にガードレールが見えて次に駐車場が見えると、そのまま岩が見えて、その岩に衝突して停止した。」

また、同乗者のβは、大要、次のとおり供述する。「本件事故の当日は、αの運転する本件車両の助手席に乗り、いつもと同じくらいの時間に自宅を出発した。本件溢水帯の5～10メートル手前に至ったときに、本件側溝A～Dから水がもこもこ出て本件道路の路面に溢れていることに気がついた。本件溢水帯に進入して本件側溝D付近で、本件車両が急に右の方向を向いた。αに「ブレーキを踏んで。」と言うと、αが「ブレーキが効かない。」と応え、非常に焦ったように何度もブレーキを掛ける仕草をしたり、ハンドルを操作していたが、ブレーキが効いている様子はなかった。直ぐに進路右側にある民宿の看板とガードレールが目に入ると、次に進路左側にある壁が見え、再び進路右側のガードレールとその向こうにあるd湖が見えたので、今度は「湖に落ちるよ。」と叫んだが、焦った様子のαは無言だった。

そして、進路左側の駐車場の黄色のポールが見えるとそれを跳ねとばし、木の枝が目に入ったと思ったら岩に衝突して停止し、エアバッグが開いた。」

以上の本件事故状況に関する供述は具体的で迫真性に富み、臨場感のある内容であって、その信用性を疑わせる事情は見当たらない。これらの供述を総合すると、本件車両は、本件溢水帯に進入して直ぐ、本件段差を通過した直後くらいに、突然ハンドルを取られて右側を向き、αが即座に減速しようとブレーキを掛けたが効かず、減速しないまま進行し、αのハンドル操作によって左側に向いたり、右側に向いたりした（本件車両は、ハンドル操作に即座に反応して方向転換するような状態ではなかった。）後、本件道路から路外に逸出し、そのまま直進して駐車場内の岩に衝突してようやく停止したことが認められ、本件溢水帯に進入した後、本件車両は、ハンドルを取られて方向制御が困難になるとともにブレーキが効かなくなり、走行を制御することが著しく困難な事態に立ち至ったものというべきである。

（3）　本件事故の発生原因について

上記のような本件事故の発生状況に加えて、本件事故が発生してまもなく現場に急行してきた控訴人Xも、運転していた軽自動車が本件溢水帯に進入した際、タイヤで水を押すような形になって急に速度が低下したと述べていること、左右のタイヤの通る箇所に水深差がある場合、深い側のタイヤに大きな水圧抵抗が加わりハンドルを取られることがあることが認められるところ、本件現場付近の本件道路は谷側に向けて2度傾斜しており、溢水の水深が均一ではなかった可能性が高いこと、本件段差の通過時にピッチングが生ずるところ、この時にタイヤが一瞬浮く形になると考えられること、いわゆるSUV車は重心が高いために、車両の挙動が乱れた場合の修復がセダン等に比べて不利であること、本件証拠を総合しても、本件事故当時に本件車両の走行制御機関に故障が発生したことをうかがわせる事情は見当たらないことなど、以上の事情を総合して考慮すると、本件車両は、本件溢水帯に進入してタイヤに水圧抵抗が加わったことを契機として、上記のとおり、走行を制御することが著しく困難な事態が発生したものと認められ、本件事故と本件道路の溢水との間には相当因果関係があるというべきである。被控訴人Yは、①本件車両が本件溢水帯に進入した直後に滑走を開始したとしたら、その時点の速度の方向と遠心力による速度を合成した方向に向かうことになるから、本件現場付近の右カーブ（原判決別紙2図面参照。本件カーブ）を曲がりきれないはずであるし、本件車両の走行経路によると、本件カーブを抜けた地点で路外に逸脱しているが、同地点は本件溢水帯の終点であって、本件溢水帯はほとんど問題なく通過してきたことになり、αが供述する本件事故の状況は物理的に説明できない、②本件事故の前後に通過した他の車両に同様の交通事故や走行トラブルが生じたことの報告はない、③本件車両が滑走していることからすると、いわゆるハイドロプレーニング現象が起きた可能性があるが、この現象が起きやすくなるのは時速70〜80キロメートルで走行した場合であることから、αが時速70キロメートル以上の速度で下り勾配の本件道路を走行してきたこ

第2章　民法上の責任

とになり，極めて危険な運転であって，αが自ら重大な過失によって招いた事故である，などと主張し，本件事故と本件道路の溢水との因果関係を否定する。

　しかしながら，本件車両は，ハンドル操作に即座に反応して方向転換するような状態ではなかったが，一応の方向転換が可能な状態にあったことは前記のとおりであり，α及びβの証言は不自然，不合理なものとはいえない。また，本件車両が溢水帯に進入した際にタイヤが水圧抵抗を受けてハンドルを取られたことを契機に本件事故が発生したことは前記のとおりであり，このような走行トラブルは，当該車両の種類や特性，走行速度，タイヤの状態，溢水の状況，溢水への進入角度などの諸条件によって大きく異なってくるものであるから，他の車両に同様の交通事故や走行トラブルが発生したことの報告がないからといって，上記認定は左右されない（報告がないことは，事故が発生しなかったことをうかがわせるものではあっても，何らの走行トラブルもなかったことをうかがわせるものではない。）。そして，上記のとおり，本件車両は，完全に走行制御が不能な滑走状態にあったわけではなく，ハンドル操作による方向転換が不十分ながら可能な状態であったと認められるので，ハイドロプレーニング現象が生じていたとまでは認められない。被控訴人Yがその根拠とする解析報告書，反論書及び再反論書は，仮定の前提事実を含むものであり，その結果を直ちに採用することはできない。

4　過失相殺の可否とその割合について

　被控訴人Yは，仮に本件事故と本件道路の溢水との間に因果関係があるとした場合，①αは本件溢水帯を事前に発見して適切な回避措置を講じていない，②αは時速70キロメートル以上の速度で下り勾配の本件道路を走行していた重大な過失がある，仮に時速50キロメートルであったとしても，法定の制限速度を超過していたのであるから過失は大きい，③本件現場付近のように山間部の落葉樹の多い地域では，路面上の落葉を毎日の様に清掃することは不可能であり，降雨や落葉といった自然現象がもたらす道路上の様々な変化については，道路交通利用者による状況に応じた自主的な安全対策が求められる，などとして，控訴人X側の過失割合を7割として過失相殺すべきであると主張する。

　しかし，本件事故が発生した当時，前夜からの降雨は続いており，路面は浸潤した状態であって，大きな水溜まりであっても10～15メートル手前まで接近しないと発見が難しく，時速50キロメートルで走行していた場合，仮に10～15メートル手前で水溜まりを発見してブレーキを掛けても，停止するまで29.1～38.5メートルの制動距離を要することから，本件溢水帯を事前に発見して適切な回避措置を講ずることは事実上困難というべきである。そして，前記のとおり，本件事故は，ハイドロプレーニング現象によるものとは認められず，αが時速70キロメートル以上の速度で走行していたことを認めるに足りる証拠もない。また，一般に道路交通利用者には，時々の道路状況に応じた自主的な安全対策が求められることは否定できないが，それが直ちに本件事故についてのαの落ち度につながるものでもない。

　もっとも，本件事故は，本件車両が本件

Ⅳ　717条（国賠法2条1項）

溢水帯に進入した際にタイヤに水圧抵抗が加わり，ハンドルを取られて車両の挙動を乱したことを契機とするものであるから，進入時の走行速度もその一因となると考えられるところ，αは，本件道路を普段と同じく，制限速度を約10キロメートル上回る時速約50キロメートルの速度（下り勾配であるから，更に若干の加速が生じていた可能性がある。）で走行していたものと推認され，これが本件事故の発生に寄与していることは否定できない。そして，αは，ハンドルを取られて，直ぐにハンドルを戻そうとするとともに，ブレーキを掛けたと述べているが，βの証言によっても，予想外の事態に直面して慌てて対応した様子がうかがわれ，本件車両のハンドル操作が一応可能であり，本件車両はハンドル操作に即座に反応しないまでも，方向転換ができる状態にあったことを考慮すると，本件事故の発生には，制限速度の超過とともにハンドル操作の不手際というαの落ち度も寄与していたものと認めるのが相当であり（もっとも，予想外の事態に直面した場合にハンドル操作の不手際をあまり重く考えることは相当でない。），このようなαの落ち度を控訴人X側の過失として，3割の過失相殺をするのが相当である。

【171】　東京高判昭55・3・19判時964・59，交通民集18・2・329

「本件道路は通称甲バイパスと呼ばれる国道で，昼夜の別なく交通量の激しい道路である。そして片側二車線で設置されたが，本件事故現場附近より東に向う上り車線は約300メートルの間は北側が拡張されアスファルト舗装をした車線が設けられ三車線となっている。上り車線の外側の第三車線は約200メートルの距離にわたって立入禁止の標示によって第二車線と区画されて東に延び，北方に通ずる農道に連続しているが，その間さらにその外側には幅員2.5メートルの自転車通行を認められた本件歩道が車道路面より0.2メートル高く設置され，さらにその北側は有蓋の側溝となっている。本件歩道は本件事故現場の手前約15.6メートルで終り，歩道すりつけ部分をもって本件農道（未舗装で幅員6メートル位）が第三車線に取付けられる部分に接続するが，右有蓋側溝は本件歩道の終るところから左斜方向に向い本件側溝に通ずるコンクリート函渠となり車道路面とは平になっている。本件側溝は長さ約13メートル無蓋となる側溝で，両岸は車道の路面より0.75メートル低く，その深さは0.95メートルあり，第三車線を西方に延長した線上に位置する。そして本件側溝は本件道路第二車線から2.1メートル隔たってこれに沿って西に延び，南側にはガードレールが設置されている。本件事故当時右ガードレールの北側の本件側溝の両岸には葦が繁茂し，本件側溝はこれに覆われるような状況にあった。なお本件側溝の第三車線に接するところには転落防止の設備はなく，かつ照明施設もなかった。

第三車線は，従来あった農道の一部を第二車線の外側歩道のさらに外側につけ替えるという当初の計画を，甲市乙地区，同市丙町地区地元民の要望により変更して設置されたもので，中断されることになる農道を本件歩道及び第三車線をもって連続させる構造・機能をもち，従って第三車線は自

転車や農耕用機械等の通行も認められているが，交通規制の上では上り方向に向ってのみの一方通行とされ本件歩道上の自転車通行についても同様であった。しかし本件事故現場の西方丁町411番地先で本件国道と交差する道路があり，これは本件農道と連続しているけれども，本件歩道から右交差点方向に至るためには，本件農道はかなりの迂回路となるうえ整備されておらず，夜間には照明施設もないところから，昼夜を問わず自転車も歩行者も第三車線から本件側溝の南のガードレールと第二車線との間の舗装されない路肩部分（幅約50センチメートル）を通行し，また前記交差点附近から西方に向うためにも右路肩部分が同様に利用されてきた。なお本件国道は附近に信号機のある交差点はなかった。

Aは昭和50年9月23日午後3時50分頃から乙751番地のB方（本件事故現場の東方に所在する）で同人らと午後8時半過ぎまで飲酒し，自転車で前記交差点よりさらに西方にある自宅に向ったのであるが，本件側溝の水路に頭を西にしてうつ伏せになって水中に沈み，その上に自転車が乗りかかった状態で翌日午後発見されたが，右自転車のダイナモは作動していなかった。

以上のとおり認められ〔証拠判断略〕右認定事実からすれば，Aは前記ガードレールわきの路肩部分を通って帰宅すべく，自転車で本件歩道か第三車線かは明らかではないが西進走行してきたところ，夜間無燈火のうえ酔っていたため附近に照明施設のない本件側溝に接近し過ぎ，操作を誤って転落防止設備のない水路に転落したものと推認すべきであり，右認定を左右するに足る証拠はない。そして本件側溝は前認定の位置・形状・構造からすれば，自転車で通行するものがこれに接近するときは転落し，生命を失いかねない危険のあることが当然予想されなければならないところであるから，本件側溝は設置・管理につき瑕疵ある営造物であり，これがため本件事故が発生したものといわざるを得ない。」

【172】 名古屋地判平9・4・30交通民集30・2・615

「1　本件事故現場の状況としては，原告車が東から西に向けて走行していた本件道路は，その幅員は約2.6メートルであり，アスファルト舗装の平坦でほぼ直線的な道路であること，本件道路の両側には，本件道路に沿って幅員約40センチメートルの本件側溝が敷設されていること，本件側溝の両側には，本件道路に沿って家屋等が隣接し，家屋等の出入口部分を中心にして本件側溝にはコンクリート製の上蓋が設置されていたこと，右の上蓋は，本件側溝の全部分に設置されていたものではないが，後記認定のとおりの原告の自転車が落下した本件事故現場は，その前後には上蓋があり，右落下部分のみ幅約50センチメートル，長さ約60センチメートルの空間（穴があく形）となっていたこと，さらに，本件事故現場付近における本件道路の見通しについては，良好であったこと，また，本件事故当時の現場付近の照明としては，付近には街路灯（防犯灯）や商店の駐車場の灯があって，暗くて本件事故現場付近の道路状況等を確認できないという状況にはなかったこと，

本件道路は，本件側溝の部分をも含めて

Ⅳ 717条（国賠法2条1項）

市道甲線と呼ばれている道路であり，被告においてこれを設置し，維持管理していること，

2 本件事故の態様としては，

原告は，従前から本件道路を月に1，2回は通行していたものであるが，原告車を運転して本件道路を東から西に向けて走行していたところ，西の方向から対向して来る自動車との接触を避けようとして，すれちがう直前に本件道路の進行方向の左側部分に避けて，本件側溝の上蓋のある部分に原告車を進め，右の自動車をやり過ごした（この際原告は右自動車と軽く接触した。）後にさらに進んだところ，前記認定のとおり本件側溝の上蓋のないところがあり，その穴（溝）の部分に原告車の前輪が転落し，原告は原告車もろとも転倒したものであること，

3 そこで，本件事故についての原告の過失を検討するに，

原告は，本件事故現場付近は，その見通しは良好であつたのであるから，対向車との接触を回避するに際しては，まずもつてその避けた本件道路左側部分の本件側溝の上蓋のある部分に原告車を一旦停止させて，右の対向車をやり過ごすか，あるいは，右の対向車をやり過ごした後にただちに本件道路部分に戻るか，さらには，前方を注視していれば，本件側溝の上蓋のない前記の穴（溝）の部分の手前のところで停止するなどの措置をとれば，本件事故の発生は未然に防止できたのに，これを怠つたという自転車の安全走行の注意義務違反の過失があること，

以上の各事実が認められ，右認定に反する原告本人の供述は，前掲の各証拠に照らして採用できない。

4 被告の責任原因

前記三で認定判断のとおり，被告は本件道路を設置管理するものであり，本件道路の本件側溝には前記認定のような自転車の車輪が落下するような無蓋部分が存在したのであるから，これは道路として通常有すべき安全性を欠いていたものと評価せざるをえず，結局のところ，被告には，本件道路（本件側溝部分を含む。）の設置または管理に瑕疵があつたものといわざるをえない。」

【173】 広島地裁福山支判平17・2・23判時1895・82

「前記認定の本件歩道及び水路の状況からすると，本件歩道を北西から南東に向かって進行する場合，本件歩道のバス停留所設置により削られた部分は，バス停溝蓋を除く本来の歩道部分に限っていえば，幅員が最も狭い箇所で約0.9メートルと非常に狭くなっている上，電柱が設置されている部分においては，本来の歩道部分は電柱の車道側に約0.5メートルを残すのみであり，自転車等は当該箇所において本来の歩道部分を通行することはできず，それを避けてバス停溝蓋部分を通行せざるを得ない。そして，当該箇所を通過後の本件歩道及び水路の形状も，本件歩道は車道へと低く傾斜し，しかも車道との間には縁石や段差もないことから，自転車運転者等において，車道側に降りないようにとの意識から，傾斜のある本件歩道に進路を戻すことなく，バス停溝蓋部分をそのまま直進し，その結果，本件溝蓋部分を進行することが十分予想される構造になっている。

そして，本件事故現場付近には街灯等の

第2章　民法上の責任

照明設備はなく，前記照度調査結果によれば，本件事故現場手前の街灯や門灯，蛍光灯の直下では5ないし10ルクスの照度があったものの，本件歩道からバス停溝蓋部分へと進路を変える上記電柱付近や本件転落地点では計測不能であってほとんど照度がなかったもので，自転車の前照灯を使用してもその照度不足を十分に補うことはできない。また，本件事故現場先の自動販売機も，設置付近の歩道でも5ルクスしかなく，この明かりのために約23メートル手前の転落地点付近の構造を認識することが可能になったとは考え難い。コンビニエンスストアに至っては転落地点から110メートル以上も離れており，証人Ｉが証言するように，その明かりによって本件事故現場付近の視認性が確保されていたとは直ちに認め難い（乙6号証添付の写真は全てフラッシュをたいて撮影されているため，実際よりも明るく写っていると考えられる。）。本件市道を挟んで反対側のパチンコ店の明かりについては，原告Ａ本人の供述によれば，午前0時ころには消灯していたものと認められる。また，本件事故が発生した深夜においては，本件市道を通過する自動車はまばらで，本件歩道を通行する自転車等が本件歩道や水路の構造を認識するのに役立つものとは認められない。さらに，付近の信号機によって，本件事故現場の視認性が有意に向上するとは考えられない。そうすれば，本件事故現場付近の明るさは，上記のとおりの本件歩道及び水路の構造と本件溝蓋部分が途切れた先が開渠の本件水路となっていることを，夜間に通行する自転車等に認識させるには不十分であったといわざるを得ない。

これに対して，被告の前記視認調査に立ち会った証人Ｉは，本件事故後に設置されたポストコーンを黒いビニール袋で覆って実験を行った結果，同ビニール袋が本件溝蓋の端にかかっている状態でも，同ビニール袋の上から本件水路部分と本件溝蓋部分の違いが認識できたと証言するが，乙6号証の報告書においては，あくまでも「ガードパイプが確認できた」と表現されていること，水路の何が見えたのかという問いに対して，同人は当初「水路の方向」が見えたと述べていたことなどに照らせば，上記実験において，当時の状況下で本件溝蓋と本件水路もしくは水面との境目を認識できるかという点を意識的に調査できていたのか疑問が残る。よって，視認状況についての同証言及び上記報告書の内容をそのまま信用することはできない。以上の照明状況に照らせば，本件転落地点付近の視認状況は不良であったと認められる。

このように，本件事故現場においては，夜間，肉眼では本件溝蓋の途切れるところと，本件水路の開渠部分の境目を識別しにくく，そのまま本件溝蓋部分を進行して本件水路に転落しかねない危険性を有している。そして，そのような場合には，本件水路の深さが約1メートルで側溝及び底面の材質がコンクリート製であることからすれば，転落した自転車運転者等が生命を失いかねない危険があることは当然予想されることである。この点，被告は，仮に転落しても途中で引っ掛かって止まり，底部まで直下することはないと主張するが，最も狭い底部においても幅員は約0.5メートルであるところ，本件自転車の幅は約0.54メートル（乙1）であり，容易に底面に到達するし，運転者においてはなおさらである。そして，当

Ⅳ　717条（国賠法2条1項）

事者双方の実験時においては，本件歩道を利用した歩行者及び自転車はほとんどなかったものの，本件市道は，深夜でもまばらとはいえ自動車の通行がある道路であることからしても，深夜における本件歩道の自転車等の通行可能性は相応にあるものと推認される。

したがって，これらの事情を総合すれば，本件歩道及び水路は，深夜本件歩道及び水路上の溝蓋を進行してきた自転車等が，本件溝蓋部分を経て本件水路に転落する危険性を有しており，本件溝蓋の付近等には，夜間の通行者が誤って本件水路に転落することのないように危険性を知らせる標識や転落防止措置を設けたり，照明設備を設置するなどの事故防止措置をとることが必要であったというべきである。

しかしながら，本件事故当時，そのような措置は何らとられていなかったものであるから，本件歩道及び水路は，営造物が通常有すべき安全性を欠いていたものというべきであり，その設置管理に瑕疵があったと認めるのが相当である。」

【174】　大阪高判平19・5・22判時1985・68

「本件町道は，一審被告の設置管理する公の営造物であるというべきところ，国家賠償法2条1項の『公の営造物の設置又は管理の瑕疵』とは，その営造物が通常有すべき安全性を欠く状態をいい，このような瑕疵があったとみられるか否かは，当該営造物の構造，用法，場所的環境及び利用状況等諸般の事情を総合考慮して具体的，個別的に判断すべきものである。

また，当該事故が，営造物の設置管理者において通常予測することのできない被害者の行動に起因するものであるときには，営造物の通常の用法に即しない行動の結果事故が生じたものといえ，営造物として本来有すべき安全性に欠けるところはないから，その事故は営造物の設置又は管理上の瑕疵によるものとはいえない。

ア　これを本件についてみると，本件町道は片側一車線の二車線道路であり，町立小学校や幼稚園等も面する町内の主要道路のひとつとして，道路状況を熟知した地元住民のみならず，一般公衆が広く通行に利用することが想定される道路であること，他方，本件水路は，一旦転落事故が発生した場合には一審原告のように相当の重傷を負う可能性が高く，場合によっては生命に危険を及ぼす事態も想定され，一審被告においても，本件事故発生当時，本件水路の開渠部分に接する本件町道のうち本件事故現場の約1.7メートル以外の箇所にはすべてガードレールを設置していたことなどが認められる。

また，本件事故は夜間に発生しているところ，上記（1）オ記載の本件事故現場付近の照明の程度では，同ウ記載の本件事故現場手前の状況に照らして，本件町道の歩行者に本件水路が接していることや本件事故現場の開渠部分の存在を認識させるには十分なものではなかったと認められる。

イ　次に，本件事故が一審被告において通常予測することのできない一審原告の行動に起因するものとして，営造物の通常の用法に即しない行動の結果事故が生じたものといえるか否か，一審被告の主張に即し

て検討する。

（ア）まず，一審被告は，本件町道北側には歩道があった上，南側にも幅約1.7メートルの路側帯があり，後方から車両が接近してきたとしても，これを避けるために路外に避譲する必要はない旨主張する。しかしながら，道路交通法10条1項によれば，歩行者は，歩道又は歩行者の通行に十分な幅員を有する路側帯と車道の区別のない道路においては，原則として道路の右側端に寄って通行しなければならないところ，本件町道の南側路側帯は，白実線をもって表示され，歩行者の通行に十分な幅員を有しているから，一審原告は道路の進行方向右（北）寄りを通行する道路交通法上の義務を負うものではない。したがって，一審原告が本件町道北側の歩道ではなく南側の路側帯を歩行していたことをもって営造物の通常の用法に即しない行動ということができないことは明らかである。また，歩行者が車道と工作物によって区画されていない路側帯を歩行するにあたり，走行車両からなるべく離れた路側帯の外側寄りを歩行することは，道路の設置管理者にとって予測可能な通行態様といえる。そして，路側帯を歩行している者が，たとい自動車が車道内を走行し，物理的には衝突する可能性がほとんどない場合であっても，接近する自動車に対して不安や懸念を感じて避譲しようとすることは通常あり得る事態であって，その場合に歩行者が思わず路外へ出てしまい，側溝や水路等へ転落することは，道路の設置管理者として通常想定すべき転落事故の範囲内であるといえ，しかもその場合には，いわば反射的・本能的にとっさに待避しようとした際に発生する事態であるから，そ

れを前提に安全措置を講じることが要求される。

（イ）次に，一審被告は，一審原告が本件水路の存在を認識していなかった旨供述している点を捉えて，通常人であれば，本件事故現場の前後にはガードレールが設置されており，夜間でも照明は十分であったから，本件水路の存在を容易に認識できたものであり，一審原告がこれを認識していなかったとすれば，歩行者が通常払うべき注意を怠ったものであると主張する。

しかしながら，一審原告は本件事故現場手前の本件ガードレール（長さ約4.7メートル）の存在を認識していたとはいうものの，同ガードレールと本件転落現場の開渠との間には長さ約3.22メートルの暗渠が存在していた上，本件ガードレールから約23.54メートル先（西寄り）までの本件水路は本件事故現場の約1.7メートル以外すべて暗渠となっており，しかも暗渠部分にもかかわらず二箇所にガードレールが設置されていたことなど本件事故現場の状況等に照らせば，本件町道を通り慣れておらず，その道路状況を充分把握していなかった一審原告が，夜間，上記（1）オ記載の認定に係る程度の照明の下で本件水路の存在を認識できなかったとしても不自然ではないし，また，歩行者が通常払うべき注意を怠ったということもできない。

なお，仮に本件ガードレールの存在に気づいた一審原告が，進んで同ガードレールで保護された開渠部分の水路の存在を認識し，あるいは認識することが可能であったとしても，上記（1）ウで認定したとおり，同開渠部分は，本件町道と交差するように南東から北西へ延びる水路と本件水路との

Ⅳ 717条（国賠法2条1項）

分岐点に位置し，しかも，本件分岐から西方へ延びる本件水路は直ちに約3.22メートルの暗渠に続いていることなどからすれば，上記程度の照明の下では，南東から来た水路が本件町道の下を通ってそのまま北上していると思うのが自然であるともいえ，上記開渠部分で本件水路が西方へ分岐して本件町道に沿って延びているものと認識するのが通常であるとはいえない。

　（ウ）　そして，一審被告は，一審原告の左目の見えにくさが本件事故の要因である旨指摘するが，本件事故の原因は本件事故現場付近の上記状況にあると考えられ，一審原告の左目の見えにくさが本件事故の要因であることを認めるに足りる証拠はない。また，道路の設置管理者において，すべての道路につき，道路の利用者として，およそ想定可能なあらゆる特性の歩行者が通行することを前提として安全措置を講じるべきであるとまでいうことはできないものの，他方で，何らハンディキャップのない歩行者のみを想定すれば足りるということもできないのであって，町内の主要道路としての本件町道の利用形態や周辺環境等本件において認められる事実関係の下では，仮に本件において一審原告の視力が低いことが事故発生に影響を与えているとしても，一審被告は少なくとも一審原告程度の視力の人物が夜間に通行することを想定して安全措置を講じるべきであったから，一審被告の主張は理由がない。

（3）　一審被告は，転落防止設備を設置していなかった理由について，水利組合による利用の便宜を図るためであったと主張しているところ，確かに，〔証拠略〕によれば，本件開渠部分には水利組合による井堰が存することが認められるものの，他方，同証拠によると水利組合は路側帯とは逆の方（丁原方敷地側）から本件開渠部分に出入りしていたことが認められるから，一審被告の主張は路側帯側にガードレール等を設けなかった根拠とはなり得ない。また，設置費用の面からみても，一審被告が本件事故現場に転落防止装置を設置することが不可能ないし著しく困難であったと認めるに足りる事情はないことも考え併せると，一審被告のその他の指摘する点を考慮しても，一審被告は，道路の設置管理者として，本件水路の存在や本件事故現場が開渠となっていることをあらかじめ知らない歩行者であっても，夜間，通常の注意をもってすれば安全に路側帯を通行できるように，歩行者が車道を走行する車両をとっさに避けようと行動する可能性を想定して，本件事故現場に接する本件町道南端に，周辺の他の開渠箇所と同様にガードレールを設置するか，あるいは十分な照明設備を設けた上で危険を知らせる標識等を設置するなどの転落防止措置を講じるべきであったと認めるのが相当であって，一審被告には道路の安全に対する基本的な視点が欠落していたものというべきであり，本件町道の本件事故現場付近は道路が通常有すべき安全性を欠いていたというべきである。

　よって，その余の点について検討するまでもなく，公の営造物たる本件町道の設置又は管理に瑕疵があったものというべきであり，一審被告は国家賠償法2条2項の規定に基づく損害賠償責任を負う。

　なお，本件事故後，一審被告によって本件事故現場にガードレールが設置されているが，だからといって一審被告が危険性を

第2章　民法上の責任

自認したものとは認められない（事故後に改善策を講じた事実を管理者に不利益な間接事実とすることは，管理者がより安全な方策を事故後に講じることを抑止するおそれがあるから，慎重でなければならない。）。また，一審原告主張に係る本件事故現場ないし一審被告町内で発生したという側溝等への転落事故は，これらが本件事故と事案を一にしていることを認めるに足りる証拠はないから，歩行者が道路脇の側溝等に転落する一般的危険性があることを裏付ける事情に止まるというべきである。」

【175】　大津地裁彦根支判平20・9・18判時2024・100

「本件においては，本件県道及び歩道は，地域住民及び一般公衆が広く通行に利用することが想定される道路であるにもかかわらず，防護柵は無論，簡易なガードレールさえなく，開渠となった当該水路の存在を示す何らの表示板，路肩位置の標識もないばかりか，発光ラインさえも講じられていない。本件水路部分は周辺照明施設の間接照明により，それなりの明度があったようであるが，本件水路の存在を直接照らすべき照明装置があったともいえない。そうすると，上記の開渠となった水路の高度の危険性に照らしてみるとき，この狭隘な幅員の歩道において最低限度の注意喚起措置も講じられていない本件事故現場付近の歩道及びその周辺は，全体として通常具有すべき安全性は確保されていなかったといわざるを得ない。」

【176】　大阪地判平21・2・19自保ジャ1791・18，裁判所ウェブサイト

「昭和3年のa駅開設当初に設置された本件柵は，高さが50cmしかなく，駅前にある市道の歩行者転落防止用の防護柵として通常想定される駅前の多様な歩行者の転落の危険性を十分に防止するに足りるものではない。その後の通達等により，安全性を考慮して，新たに設置する歩行者転落防止用の防護柵の高さの標準を110cmとすることが示され，一方で柵が老朽化し壊れた部分の応急修理も繰り返されていたのに，本件柵は長期間そのまま放置された。したがって，安全性を欠いていることが明らかになっているのに長期間本件柵を放置したことは，本件市道の管理の瑕疵があったといえる。」

【177】　東京高判平16・9・30交通民集37・5・1183

「以上によれば，本件道路は，本件歩道工事現場付近で仮歩道のため幅員が減少し，車両幅員が2.4メートル以上の車両は必然的にセンターラインを越えて走行せざるを得ない状況にあったにもかかわらず，道路標識令で定める幅員減少を示す警戒標識等の設置がなく，控訴人車両走行車線上を進行する車両の運転者に対し，本件歩道工事による車道の幅員の減少があることを認識できる措置が講じられていたものということはできないから，道路の管理に瑕疵があったというべきである。」

Ⅳ　717条（国賠法2条1項）

【178】　東京地判平 19・11・22 交通民集 40・6・1508

「本件における道路管理の瑕疵の内容は，前記第二の二（3）イのとおりであるところ，道路標識令で定める幅員減少を示す警戒標識等の設置をすべき義務を負うのは，道路法45条1項により，道路管理者の被告であることが文言上明らかであり，その設置義務が，道路管理者自らが工事を行う場合に限定されると解すべき理由はない。よって，本件工事をA開発ないしB舗道が施行していたとしても，警戒標識等の設置について第一次的な責任を負うのは，道路管理者である被告であるというべきである。」

【179】　長崎地判平 18・10・19 自保ジャ1822・185, 裁判所ウェブサイト

「以上認定したところによれば，本件事故現場は，勾配約5度の下り坂の急カーブから勾配約3度の地点を過ぎカーブ出口から約19メートル進んだ地点であり，このようなカーブ内及び出口付近は車両の路外逸脱事故の危険度が高い場所である上，事故現場道路の東側歩道下は，ほぼ垂直のコンクリート壁となっており，その下には幅3.05メートル，水深5センチメートルの通称a川が流れ，歩道から川面までは約5ないし6メートルの高さがあるから，このような場所で車両の路外逸脱，転落事故が発生すれば，運転者の生命，身体に重大な損害を及ぼす危険性があることは容易に予測されるところである。また，平成16年から平成17年にかけて本件事故現場付近の道路において本件事故を含め19件の接触，路外逸脱，転落等の事故が発生していたことは前記のとおりであり，特に雨の日にはブレーキ及びハンドル操縦のミスなどにより事故が多発する可能性が否定できないのであるから，被告は，本件事故現場付近道路の危険性を容易に予測できたことは明らかである。このように事故の発生頻度が高く，かつ，事故が発生した場合の危険度が高い場所においては，ガードレール等の防護柵を設置することが事故防止の見地からはもとより，後記のように道路構造令からも要請されているのであり，その危険性を予測し得たのにもかかわらず，漫然と放置し，ガードレールの設置がなかったことは，道路管理の瑕疵にあたるといわなければならない。」

（3）　動物の飛び出しに関わるもの

　札幌高判平成20年4月18日（自保ジャ1739号2頁，同1819号6頁）は，甲の乙市郊外の高速道路でキツネとの衝突を避けようとして急ハンドル操作を行い，横滑り状態となって中央分離帯に衝突した後停止した乗用車（A車）にY車が衝突してAが死亡した事故につき，動物侵入対策が十分でなく，自動車の高速運転を危険に晒すことになるキツネがかなりの頻度で本線上に現れることは，「それ自体で，本件道路が営造物として通常有すべき安全性を欠いていることを意味」し，本件事故はその危険が現実化したものであり，同時に，人工公物たる道路については当初から通常予測される危険に対応した安全性を備えたものとして設

第 2 章　民法上の責任

置・管理されるべきものであって，予算上の制約は，原則として責任を免れさせる事情とはなり得ないとして国賠法 2 条 1 項の責任を認めた。

しかし，その上告審判決（【180】最判平成 22・3・2 判時 2076 号 44 頁）は，①キツネ等の小動物が道路に侵入したとしても走行中の自動車と接触することによって自動車の運転者が死傷するような事故が発生する危険性は高くなく，通常は，運転者の適切な運転操作により事故回避を期待できること，②そのことは，本件事故以前に，道路に侵入したキツネが走行中の自動車に接触して死ぬ事故が年間数十件発生していながら，その事故に起因して運転者等が死傷するような事故が発生していたことはうかがわれないこと，③甲の J 自動車道 H 線の全体を通じても，道路に侵入したキツネとの衝突を避けようとしたことに起因する死亡事故は平成 6 年に 1 件あったにとどまること，④キツネ等の小動物の侵入を防止するための対策が全国や甲内の高速道路において広く採られていたという事情はうかがわれないこと，⑤そのような対策を講ずるためには多額の費用を要すること，⑥本件道路には，動物注意の標識が設置されていて運転者に対する適切な注意喚起がなされていたこと等から，本件道路には設置または管理の瑕疵はなかったとした。

> 【180】　最判平 22・3・2 判時 2076・44，判タ 1321・74，裁時 1503・2
>
> 「国家賠償法 2 条 1 項にいう営造物の設置又は管理の瑕疵とは，営造物が通常有すべき安全性を欠いていることをいい，当該営造物の使用に関連して事故が発生し，被害が生じた場合において，当該営造物の設置又は管理に瑕疵があったとみられるかどうかは，その事故当時における当該営造物の構造，用法，場所的環境，利用状況等諸般の事情を総合考慮して具体的個別的に判断すべきである（最高裁昭和 42 年（オ）第 921 号同 45 年 8 月 20 日第一小法廷判決・民集 24 巻 9 号 1268 頁，同昭和 53 年（オ）第 76 号同年 7 月 4 日第三小法廷判決・民集 32 巻 5 号 809 頁参照）。
>
> 前記事実関係によれば，本件道路には有刺鉄線の柵と金網の柵が設置されているものの，有刺鉄線の柵には鉄線相互間に 20 cm の間隔があり，金網の柵と地面との間には約 10 cm の透き間があったため，このような柵を通り抜けることができるキツネ等の小動物が本件道路に侵入することを防止することはできなかったものということができる。しかし，キツネ等の小動物が本件道路に侵入したとしても，走行中の自動車がキツネ等の小動物と接触すること自体により自動車の運転者等が死傷するような事故が発生する危険性は高いものではなく，通常は，自動車の運転者が適切な運転操作を行うことにより死傷事故を回避することを期待することができるものというべきである。このことは，本件事故以前に，本件区間においては，道路に侵入したキツネが走行中の自動車に接触して死ぬ事故が年間数十件も発生していながら，その事故に起因して自動車の運転者等が死傷するような事故が発生していたことはうかがわれず，甲縦貫自動車道丙丁線の全体を通じても，道路に侵入したキツネとの衝突を避けようとしたこ

V　718条――動物の占有者等の責任

であって，自動車の運転者に対しては，道路に侵入した動物についての適切な注意喚起がされていたということができる。

とに起因する死亡事故は平成6年に1件あったにとどまることからも明らかである。

これに対し，本件資料に示されていたような対策が全国や甲内の高速道路において広く採られていたという事情はうかがわれないし，そのような対策を講ずるためには多額の費用を要することは明らかであり，加えて，前記事実関係によれば，本件道路には，動物注意の標識が設置されていたというの

これらの事情を総合すると，上記のような対策が講じられていなかったからといって，本件道路が通常有すべき安全性を欠いていたということはできず，本件道路に設置又は管理の瑕疵があったとみることはできない。」

V　718条――動物の占有者等の責任

　動物が他人に損害を与えた場合には，その占有者または占有者に代わって管理する者がその損害を賠償する責任を負う。ただし，動物の種類，性質に従って相当の注意を払った場合は免責される。これは，いわゆる中間責任である。

　従来は，一般社会生活の中において動物による危険がそれほど大きなものではないところから，本条が機能する場面も限定的であったとみることができるが，今日におけるペットブームの到来・定着は，ペットが思わぬ動きをしたことに起因する事故をも招来し，本条に基づく損害賠償請求を増加させてきているようである。

　【181】最判昭和40年9月24日（民集19巻6号1668頁）は，手綱によって移送中の裸馬が暴れ，難を避けて単車を停車させていた同車運転者が同裸馬の後ろ脚で蹴られて傷害を受けた事例〔ただし，上告審は，動物の種類および性質に従って相当の注意を以てその保管者を選任・監督した占有者の責任を否定するという判断をしたもの〕，【182】最判昭和56年11月5日（判時1024号49頁）は，県道を走行中，シェパードに接触，転倒した原付自転車の運転者が受傷した事例（過失相殺4割），【183】最判昭和58年4月1日（判時1083号83頁）は，7歳の男児の乗った自転車が，首輪を外されて道路に走り出したダックスフントを避けようとしてハンドル操作を誤り，道路沿いの川に自転車もろとも転落して顔面を負傷し，同人が左眼を失明した事案につき，「7歳の児童にはどのような種類の犬であってもこれを怖がる者があり，犬が買主の手を離れれば本件のような事故を発生することは予測できないことではないとして」718条の責任を認めた原審の判断を是認した（ただし，ペダルに足が届かず，乗りなれない自転車に乗っていたことで90％の過失相殺，原審は，【183′】福岡高判昭和57・5・27交通民集15巻3号597頁）。

　また，近時の裁判例として，【184】京都地判平成19年8月9日（平成19年（ワ）第649号〔裁判所ウエブサイト〕――鎖につながれた犬が路上に面した勝手口から飛び出したことに驚いてバランスを崩した普通自動二輪車が，その犬を避けようとして道路脇のガードレールおよび電柱に衝突した事故につき，

第2章　民法上の責任

犬の飼い主に718条1項および709条に基づく損害賠償責任を認めた）がある。こうした飼犬が事故の原因となった場合につき，同条1項ただし書による飼い主の免責を認めた例はないようであり，事実上無過失責任に近い取扱がなされている。

【181】　最判昭40・9・24民集19・6・1668

「上告人は，原審において，上告人は被用者たるAの選任およびその事業の監督につき相当の注意をしたものであるから，上告人に本件損害賠償の義務はない，と主張していること，原判決事実摘示に照らし明らかである。しかるに，原判決は，運送人たるAは占有者たる上告人に代つて本件馬を保管するものに該当すべきことは当然である，としながら，本件事故はAの過失によつて発生した以上，上告人は民法718条1項の規定により本件損害賠償の義務を免れない，と判断し，前記上告人の主張については，なんら判断を示していないのである。

しかし，民法718条1，2項を比較対照すれば，動物の占有者と保管者とが併存する場合には，両者の責任は重複して発生しうるが，占有者が，自己に代りて動物を保管する者を選任して，これに保管をさせた場合には，占有者は『動物ノ種類及ヒ性質ニ従ヒ相当ノ注意ヲ以テ其保管』者を選任・監督したことを挙証しうれば，その責任を負わないものと解するのが相当である。従つて，Aの選任監督について上告人に過失があつたかどうかが上告人の責任の有無を決定するものであるに拘らず，この点に関する上告人の主張について判断を加えてない原判決は，民法の解釈を誤つたか，または審理不尽の違法があるといわなければならない。論旨は理由があり，原判決を破棄し，右の点を審理させるため原審に差し戻すべきものとする。」

【182】　最判昭56・11・5判時1024・49

「所論の点に関する原審の事実認定は，原判決挙示の証拠関係に照らし肯認することができ，右事実関係のもとにおいて，原審が上告人に民法718条による損害賠償責任を認めたことは正当であり，また，上告人の過失を6割，被上告人の過失を4割として過失相殺した原審の判断を違法とすべき理由もない。論旨は，いずれも採用することができない。」

【183】　最判昭58・4・1判時1083・83，交通民集16・2・279

「所論の点に関する原審の事実認定は，原判決挙示の証拠関係に照らして首肯するに足り，右事実関係のもとにおいて，7歳の児童にはどのような種類の犬であつてもこれを怖がる者があり，犬が飼主の手を離れれば本件のような事故の発生することは予測できないことではないとして，上告人に民法718条所定の損害賠償責任があるものとした原審の判断は，正当として是認することができる。」

V　718条──動物の占有者等の責任

【183′】福岡高判昭57・5・27判タ473・151，交通民集15・3・597

「右認定事実によれば，本件犬は大型犬ではなく，格別吠えたわけでもなく，歩いて控訴人の方に約2メートル近付いたにすぎなかつたのであるから，犬の側を通り抜けることは不可能ではなかつたとしても，飼主の手を放れた犬が控訴人に近付いたことと，普段から犬嫌いであつた控訴人が近付いて来る犬に一瞬ひるんだことが，控訴人が身体に比してやや大きすぎる自転車の操縦に充分慣れていなかつたことと相俟つて本件事故発生の原因をなしたものと認めるのが相当である。

ところで，本件犬は大型ではない愛玩犬であつて，一般的には人に危害を加えたり畏怖感を与えるおそれはないものということができるが，しかし子供にはどのような種類のものであれ，犬を怖れる者があり，犬が飼主の手を離れれば本件のような事故の発生することは予測できないことではないから，犬を飼う者は鎖でつないでおくなど常に自己の支配下においておく義務があるものというべく，本件事故時運動させるため鎖を外した被控訴人は犬を飼う者としての右注意義務を欠いたものであつて，民法718条による責任を免れることはできない。」

【184】京都地判平19・8・9平成19(ワ)649，裁判所ウェブサイト

「原告Ｘは，原告車両を運転して本件事故現場付近の道路を進行し，被告宅前付近に差し掛かったところ，被告宅の勝手口から鎖をつけたαが突然道路に飛び出してきたため，原告Ｘは，驚いてバランスを崩し，上記道路の左脇のガードレールに原告車両の側部を，また，電柱に原告車両の前部を，それぞれ衝突させ，その結果，原告Ｘは原告車両もろとも転倒した。

なお，原告Ｘは，αが原告車両に衝突した（甲2）あるいは接触した（甲16，原告Ｘ本人）と説明するが，原告Ｘから事故の発生報告を受けた警察は，原告Ｘから「犬の飛び出しによりバランスを崩して転倒した」という内容の事故報告を受けたとしていること（調査嘱託の結果）のほか，αが本件事故により傷害を負っていないこと（弁論の全趣旨）に照らし，にわかに採用することができない。また，原告らは，αが道路中央付近まで飛び出したと主張し，これに沿う証拠（甲2〔原告Ｘ作成の事故発生状況報告書〕，甲16〔原告Ｘ作成の陳述書〕，原告Ｘ本人）があるが，前判示のとおり，原告車両がαと衝突又は接触したとは認め難いことに照らし，にわかに採用することができず，他に上記主張を認めるに足りる証拠はない。

前記認定の事実関係によれば，被告は，動物の占有者として，民法718条1項に基づく損害賠償責任を負うとともに，αの飼主としてαが被告宅前の道路を走行する車両の運転者を驚かせるなどしてその進行を妨げないようにするための配慮（被告宅の勝手口を閉めておくなど）を欠いた過失が認められるから，民法709条に基づく損害賠償責任を負うものというべきである。」

第2章　民法上の責任

Ⅵ　719条

1　719条1項の意義

　719条1項は，数人が「共同の不法行為」によって他人に損害を加えたときは「各自が連帯して」賠償責任を負うとし，共同行為者のうちのいずれの者がその損害を加えたかを知ることができない場合も同様であるとしている。

　「各自が連帯して」損害賠償責任を負うとしてはいるものの，その損害賠償責任が発生するのはどのような場合であるかについては，「数人が共同の不法行為によって他人に損害を加えたとき」としているのみであり，したがって，同条1項の内容を検討する際の出発点となるのは，その「共同」の意義を如何に把握するかというところにある。すなわち，共同不法行為者として損害全部の賠償責任を負わされるのは，当該行為に関与した者が主観的な意思の連絡（共謀，通謀，共同の認識）のもとに損害を発生せしめた場合に限るのか，あるいは関与者のそれぞれの行為が，いわば偶然に競合して（しかし，客観的に関連共同して）損害を発生せしめた場合をも含めるのかという，いわゆる関連共同性の内容を明らかにすることである。

　判例は，【185】大判大正2年4月26日（民録19輯281頁）等以来，客観的共同説に立っていたが，その姿勢は戦後になって，共同行為者各自の行為が客観的に関連し，共同して違法に損害を加えた場合において，それらの行為がそれぞれ独立に不法行為の要件を備えるときは，共同行為者各自が，その違法な行為と相当因果関係にある損害を賠償しなければならないとした【186】最判昭和43年4月23日（民集22巻4号964頁）で確認された。ただし，同判決の事案自体は共同不法行為が問題となるものではなく（709条の問題であった），これをリーディングケースとするのは適切ではないが，（上告理由に応えた）判決理由冒頭の叙述に着目してそのように扱われてきたのは事実である。

　すなわち，客観的関連共同性が認められれば719条1項が適用されるとするのであるが，ただ，不法行為責任を明確にするために，その客観的関連共同性は，社会通念上全体として一個の行為と認められる程度の一体性があるものに限定されると解してきている。

　さらに近時は，客観的共同説と主観的共同説との融合を目指し，関連共同性を強い関連共同性と弱い関連共同性とに分けて処理しようとする考え方が有力に主張されている。すなわち，同条1項前段が適用される場合には，共同行為者各自が，個別的因果関係の程度（＝寄与度）を超えた分についても責任を負わなければならないとするところに特徴が存するところ，その寄与度を超える分についても責任を負わせる根拠を強い関連共同性に求めることとする。そして，強い関連共同性があれば各行為と結果との間に因果関係があるとの擬制をな

し，それゆえ減免責を認めないという帰結を導く。

他方，同条1項後段が適用されるためには弱い関連共同性で足り，この場合には因果関係が推定されるとし，その推定を覆すことにより減免責を認めるということになる。

これは，主として，大型の大気汚染公害訴訟判決（津地裁四日市支判昭和47・7・24判時672号30頁を嚆矢とする）を通じて確立されてきた考え方であるが，交通事故が対象となる場合にも基本的には参照されてよい。

【185】 大判大2・4・26民録19・281

「然レトモ民法第719条第1項前段ハ共同行為者ノ各自カ損害ノ原因タル不法行為ニ加ハルコト換言スレハ客観的ニ共同ノ不法行為ニ因リ其損害ヲ生シタルコトヲ要スルニ止マリ共謀其他主観的共同ノ原因ニ由リ其損害ヲ生シタルコトヲ要スルコトナシ蓋シ此場合ニハ損害ハ一ニシテ之カ賠償ノ責ニ任スヘキ者ハ数人アリ如何ナル範囲ニ於テ其賠償ヲ為スヘキモノナリヤヲ明ニスル必要アリ其責任ノ連帯ナルコトヲ定ムル為メ規定ヲ設ケタルモノニシテ意思ノ共通ヲ要スルコトヲ定ムル為メ規定ヲ設ケタルモノニアラサルナリ故ニ共同行為者ノ各自ノ間ニ意思ノ共通アルコトヲ要セサルモノナレハ故意ニ因ル行為者ト過失ニ因ル行為者トカ共同不法行為者トシテ損害賠償ノ責ニ任スルヲ妨クルコトナキコト亦明ナルヲ以テ本論旨ハ理由ナシ」

【186】 最判昭43・4・23民集22・4・964

「共同行為者各自の行為が客観的に関連し共同して違法に損害を加えた場合において，各自の行為がそれぞれ独立に不法行為の要件を備えるときは，各自が右違法な加害行為と相当因果関係にある損害についてその賠償の責に任ずべきであり，この理は，本件のごとき流水汚染により惹起された損害の賠償についても，同様であると解するのが相当である。これを本件についていえば，原判示の本件工場廃水をa川に放出した上告人は，右廃水放出により惹起された損害のうち，右廃水放出と相当因果関係の範囲内にある全損害について，その賠償の責に任ずべきである。ところで，原審の確定するところによれば，a川には自然の湧水も流入し水がとだえたことはなく，昭和33年の旱害対策として多くの井戸が掘られたが，a川の流域においてはその数が極めて少ないことが認められるから，上告人の放出した本件工場廃水がなくてもa川から灌漑用水をとることができなかったわけではないというのであり，また，a川の流水が本件廃水のみならず所論の都市下水等によっても汚染されていたことは推測されるが，原判示の曝気槽設備のなかつた昭和33年までは，a川の流水により稀釈される直前の本件工場廃水は，右流水の約15倍の全窒素を含有していたと推測され，a川の流水は右廃水のために水稲耕作の最大許容量をはるかに超過する窒素濃度を帯びていたというのである。そして，原審は，右の事実および原審認定の本件における事実関係のもとにおいては，

本件工場廃水のa川への放出がなければ，原判示の減収（損害）は発生しなかつた筈であり，右減収の直接の原因は本件廃水の放出にあるとして，右廃水放出と損害発生との間に相当因果関係が存する旨判断しているのであつて，原審の挙示する証拠によれば，原審の右認定および判断は，これを是認することができる。」

（1） 1項前段

共同不法行為ないし共同不法行為者間に強い関連共同性が認められる場合には，719条1項前段を適用し，各共同不法行為者の責任の減免を認めない。

（ア） 単一事故（同時事故）の場合

単一事故もしくは同時事故で加害者が複数人存する場合は共同不法行為が成立する典型例とされる。

【187】最判昭和41年11月18日（民集20巻9号1886頁）は，X_1運転のタクシー（X_2所有）とY運転の普通乗用車が衝突してタクシーの乗客Aが受傷し，そのAの損害を賠償したX_2がYに求償し，X_1がYに損害賠償請求した事案において，X_1，X_2，Yの共同不法行為責任を認めた（原審は，【187′】東京高判昭和40・10・14民集20巻9号1894頁）。

【188】東京地判平成23年2月14日（自保ジャ1854・79）は，道路左端に駐車していたA運転のトラック（Y_2会社所有）を避けようとして第一車線から第二車線に車線変更したB運転のタクシー（Y_1会社所有）に第二車線を走行してきたX運転のベンツが衝突し，その後，B車がA車に衝突した事故につき，この事故を複数の加害者と被害者の各過失とが競合する一つの交通事故であって，1車両に対し，その余の車両の共同不法行為が成立するとし，トラック，ベンツ，タクシーの各過失割合を1：5：14と認めた。

物損事故についても同様にみておいてよい。【189】名古屋地判平成19年3月16日（自保ジャ1706号8頁）は，信号機のあるT字路交差点において，A車が転回をしようとしたところ（転回禁止場所ではない），対向第二車線を進行してきたB車がブレーキをかけると共に左にハンドルを切ったため，第一車線を走行してきた後続のC車とB車の側面同士が衝突し，その後C車がガードレールおよびA車と衝突した事故につき，「本件事故は3台の車が関係する事故であり，時間的，場所的に近接しており，社会観念上も一体として捉えるのが相当であり，それぞれ他の2名が他の1名に対し，共同不法行為になるものと解するのが相当である」とした上で，事故形態およびそれぞれの過失の内容から，A：B：Cの過失割合を8：1：1と認めた。

【187】 最判昭41・11・18民集20・9・1886，判時473・30，判タ202・103

「原審が確定した事実によれば『昭和34年1月29日午後10時頃，本件事故現場に

おいて，被上告会社 X_2 の被用者（タクシー運転手）である被上告人 X_1 の運転する自動車（タクシー）と上告人Yの運転する自動車とが衝突事故を起した。右事故は，被上告人 X_1 と上告人Yの過失によつて惹起されたものであり，これにより右タクシーの乗客Aは胸部，頭部打撲傷等の傷害を受けた。被上告会社 X_2 は，Aに対し，右事故による損害を賠償した。』というのである。

右事実関係のもとにおいては，被上告会社 X_2 と上告人Y及び被上告人 X_1 らは，Aに対して，各自，Aが蒙つた全損害を賠償する義務を負うものというべきであり，また，右債務の弁済をした被上告会社 X_2 は，上告人Yに対し，上告人Yと被上告人 X_1 との過失の割合にしたがつて定められるべき上告人Yの負担部分について求償権を行使することができるものと解するのが相当である。したがつて，この点に関する原審の判断は結論において正当であり，原判決に所論の違法はない。」

【187′】　東京高判昭 40・10・14 民集 20・9・1894

「被控訴車に乗客として同乗していたAは，本件事故による損害のため治療費金 59,600 円，附添看護料金 13,930 円，入院中の布団使用料金 3,960 円，欠勤届のため必要として診断書 2 通の手数料金 200 円，以上合計金 77,690 円の財産的損害を受けたほか，金 23,960 円を下らない精神的損害を受けたこと，被控訴会社 X_2 は右財産的損害をすべて支払つたほか，見舞金名義で精神的損害金 23,960 円を支払つたことが認められる。

被控訴会社 X_2 は，右損害金を控訴人Yのために立替え支払つたから，その損害の支払を求める旨主張し，右主張は事務管理に基づく費用償還請求の主張のように解せられるが，前記認定のように，本件事故は控訴人Yおよび被控訴人 X_1 の共同過失によつて惹起されたものであるから，被控訴人 X_1 の使用者である被控訴会社 X_2 も，控訴人Yとともにいわゆる共同不法行為者として被害者であるAに対しその損害を賠償すべき立場にあるものといわなければならない。従つて，被控訴会社 X_2 のAに対する上記の支払は，控訴人Yのための支払と解するよりは，自己のAに対する賠償義務の支払であると解するを相当とするから，被控訴会社 X_2 は控訴人Yに対し事務管理に基づく費用償還請求権を取得することはありえない。よつて，被控訴会社 X_2 の右請求は，理由がないから，棄却すべきである。被控訴会社 X_2 は，予備的請求として上記金員につき共同不法行為者の 1 人である控訴人Yに対し求償権を行使する旨主張するので判断するに，本件事故が控訴人Yおよび被控訴人 X_1 の共同不法行為によつて生じたものであり，しかも被控訴人 X_1 の過失は控訴人Yの過失を 8 とすれば，2 と認めるのが相当であることは，上段で判示したとおりであるから，これを考慮すれば，上記金員のうち，控訴人Yの負担部分は金 81,320 円と認めるのが相当である。従つて，控訴人Yは，右金 81,320 円の限度で被控訴会社 X_2 に対してその支払をなすべき義務があるものといわなければならない。」

第 2 章　民法上の責任

【188】　東京地判平 23・2・14 自保ジャ1854・79

「1　当事車両の責任の有無等について
(1)　認定事実
括弧内に掲記する証拠及び弁論の全趣旨によれば，次の事実が認められる。

ア　本件道路は，片側二車線の都道 c 号線（d 通り）の，e 方面から f 方面へ向かう側の車道であり，指定最高速度が時速 50 キロメートルで，終日駐車禁止の交通規制がされている。左側の第一車線（以下，単に「第一車線」という。）の幅員は 4.0 メートル（道路左端から白色破線までの幅 1.2 メートルを含む。），右側の第二車線（以下，単に「第二車線」という。）の幅員は 3.2 メートルである。本件事故当時の本件道路の交通状況は閑散であった。

イ　本件トラック（長さ 645 センチメートル，幅 214 センチメートル，高さ 299 センチメートル）は，平成 20 年 10 月 9 日午前 4 時 30 分ころ，本件事故現場付近にあるスーパーマーケットに品物を納入するため，本件事故現場付近の第一車線の左端に寄って駐車した。本件トラックはハザードランプを点滅させていなかったが，本件トラックの駐車した場所は街灯のほぼ真下であり，原告 Y₂ 会社の従業員であるトラック運転手の A がスーパーマーケットに品物を搬送している間，本件トラックの保冷庫は，室内灯を点灯したまま開閉式の後面扉が開け放しにもなっていた。

ウ　本件タクシー（長さ 469 センチメートル，幅 169 センチメートル，高さ 144 センチメートル）は，若干下りとなっている第一車線を時速 50 キロメートル以上の速度で直進進行していたところ，本件事故現場付近の別紙現場見取図（以下，単に「見取図」という。）②地点に至って，第一車線上に駐車する本件トラックを認め，これを回避するため，右折合図を出すのとほぼ同時に第二車線に進路変更を開始した（被告 B 本人。なお，被告 B 本人は，本件タクシーの速度は時速 40 キロメートルくらいだった旨供述するが，本件タクシーに搭載されていたタコメーターによれば，本件事故直前のタクシーの速度は上記認定のとおりと認められる。）。

エ　一方，本件ベンツは，第二車線を直進進行していたところ，見取図ア地点において，第二車線に進路変更を開始する本件タクシーを認めたが，ブレーキをかけたかかけないうちに，自車の左前部と本件タクシーの右後部とが衝突する事故が起きた（以下，この衝突を「第一衝突」という。）。本件ベンツが，本件タクシーを認めてから第一衝突に遭うまでに 15.6 メートル（見取図ア地点〜同イ地点）進行したところ，本件タクシーは，この間，10.6 メートル（見取図③地点〜同④地点）進行した。

オ　本件タクシーの運転手である被告 B は，第一衝突によって気を失ったこと等から，本件タクシーは制動を失い，前方に駐車していた本件トラックの右後部に衝突し（以下，この衝突を「第二衝突」という。），その衝撃で，本件トラックは前方に押し出され……た。

(2)　検討
ア　第一衝突について見ると，第一車線を時速 50 キロメートル以上の速度で進行していた本件タクシーは，おおむね 20 メート

ル先（見取図②地点〜同③地点の距離3.9メートル＋同③地点〜同④地点の距離10.6メートル＋同④地点〜同×2地点の距離6.9メートルの合計21.4メートルよりも，第2衝突による本件トラックの移動距離の分，短くなる。）に駐車中の本件トラックを認めるや，右折合図を出すとほぼ同時に進路変更を開始し（(1)ウ），進路変更開始直後に第一衝突を起こしている。このような事情に照らすと，第一衝突は主に，本件タクシーの後方確認の懈怠や右折合図の遅れといった過失に起因するというべきである。他方，後車である本件ベンツも，本件事故当時，指定最高速度を20キロメートル以上超過する時速73.5キロメートル以上の速度（時速50キロメートル以上の速度で進行する本件タクシーが10.6メートル進む間に本件ベンツは15.6メートル進んだから〔(1)エ〕，時速50キロメートル×15.6／10.6≒時速73.5キロメートルとなる。）で第二車線を進行していたと認められる（本件ベンツが上記程度の速度で進行していたことは，①本件タクシー後部の破損状況や本件ベンツのエアバッグが作動したことから，第一衝突の衝撃自体かなり大きかったと推認されること，②本件タクシーは，本件ベンツとの第一衝突の後，第二衝突直前には，時速80キロメートルに達しており，第一衝突直前の速度よりもかなり速度が上がっていることといった事実からも裏付けられる。上記認定と異なる実況見分調書の記載は採用できない。）。したがって，本件ベンツにも，速度違反等の過失があり，相応の責任があると認められる。

イ　さらに，本件トラックの責任について見る。比較的車幅のある本件トラックのような車両が本件道路端に駐車していたことが（(1)イ），第一衝突の主因となった本件タクシーの進路変更のきっかけとなったことは明らかであるが，本件ではそれに止まらない。深夜，ハザードランプも点滅させずに，本件道路のような幹線道路において，終日駐車禁止の交通規制のされている場所で違法に駐車した本件トラックにも，本件タクシーが後方確認等を怠って進路変更をするのを誘発した一定の責任があるというべきである（なお，被告Bは，本件トラックは第一車線をほぼ塞ぐ形で駐車していた旨供述するが，本件トラックの車幅は214センチメートルで，本件トラックが駐車していた第一車線の全幅員は4.0メートルあったから，被告Bの上記供述をそのまま採用することはできない。）。他方で，本件トラックの駐車場所は街灯の真下で，保冷庫の室内灯も外部から視認できたと考えられる上（(1)イ），本件事故後の実況見分においても本件道路の見とおしは良いとされていたところ，実際，本件タクシーは，本件トラックの存在を認めてから進路変更をするまで特に慌てることなく，急ハンドルを切る必要もなく回避行動を取れたというのだから，第一衝突が発生したことにつき，本件トラックの違法駐車の寄与の程度は小さいというのが相当である（なお，第二衝突は，第一衝突によって制御不能となった本件タクシーと駐車中の本件トラックとが衝突したものであり，第一衝突の因果の流れの中で生じたというべきであるから，第一衝突についての当事車両の各過失を考えれば足り，第二衝突固有の過失を観念する必要はない。）。

ウ　以上の諸事情を総合すれば，本件事

故は，複数の加害者及び被害者の各過失が競合する1つの交通事故であり，一方の当事車両に対し，その余の当事車両が共同不法行為となるという関係にあり，また，原告Y₂会社及び被告Y₁会社の各事業の執行についてその被用者により生じたものといえ（したがって，被告X及び被告B・被告Y₁会社は，原告Y₂会社に対し，原告Y₂会社及び被告B・被告Y₁会社は，被告Xに対し，原告Y₂会社及び被告Xは，被告Y₁会社に対し，それぞれ連帯して損害賠償責任を負うことになる。なお，本件タクシーの保有者でもある被告Y₁会社〔争いがない〕は，被告Xの人損につき自賠法3条の損害賠償責任も負う。），当事車両の各過失割合は，本件トラック：本件ベンツ：本件タクシー＝1：5：14というのが相当である。この場合，いわゆる絶対的過失割合に基づく過失相殺をすることになる。」

【189】 名古屋地判平19・3・16自保ジャ1706・8

「本件事故は3台の車が関係する事故であり，時間的，場所的に接近しており，社会観念上も一体として捉えるのが相当であり，それぞれ他の2名が他の1名に対し，共同不法行為になるものと解するのが相当である。C車は，B車，ガードレール，A車と衝突しているが，一連の流れであり，C車は全損であることから，これら前記各衝突を区別せずに，総合して評価するのが相当である。また，A車とB車は非接触であるが，B車はC車と衝突し，C車とA車との衝突の原因を与えているから，非接触はA車に対する原告Cと被告Bとの共同不法行為と捉えることを否定するものとはいえない。

イ　まず，被告Aは本件交差点で転回するにあたり，対向車線を注視し，対向車の妨げにならないようにすべきであるにもかかわらず，これを怠った過失があり，この過失は重大である。

ウ　次に，被告Bにつき検討するに，被告BはC車と衝突した点につき，正当防衛を主張する。しかし，B車はA車と衝突することなく，停止している。また，被告Bは，48.4メートル手前でA車を発見しているのであり，A車の動向を注視して速度を調整して進行することが可能であったものであって，他に適切な回避手段があったものであり，衝突がやむことを得ないと言うことはできず，したがって，正当防衛と認めることはできない。そして，被告Bは，前方を注視し，速度を調整して進行することを怠った過失があり，本件事故の損害を賠償する責任がある。

エ　さらに，原告Cは，B車の後方から追いつき，衝突しており，また，A車の動向を注視することなく，進行しており，前方不注視の過失があったものであり，本件事故の損害を賠償する責任がある。そして，直進車であることを考慮しても，前方不注視の点，A車と衝突している点に照らすと，被告Bの過失と同程度とするのが相当である。

オ　そうすると，前記認定の事情を考慮して，過失割合は，被告A，被告B，原告Cとで，8対1対1と認めるのが相当である。」

（イ）　異時事故の場合

　複数の事故が競合する場合であるが，単一事故とは捉えがたい複数の事故が競合し，かつ被害者は同一人という場合はどのように考えるべきか。

　このような事故の場合，通常，複数加害者間に主観的関連があるとは考えられないから，主観的共同説に拠ったのでは，共同不法行為が成立することはない。やはり，客観的共同説に立って共同不法行為の成立を認めるべきであろう。

　【190】岡山地判平成6年2月28日（交通民集27巻1号276頁）は，因果関係の点も含めて明確な説示を施している。

　信号機のある交差点において，Y_1運転の右折車（先行加害車）が，横断歩道を歩行横断中のA（被害者）に衝突して傷害を負わせた（第一事故）ものの，救護義務を怠り放置しておいたところ，その約3分後，Y_2運転の直進車（後続加害車）がAを轢過して死亡させた（第二事故）という事案につき，第一事故によっては比較的軽度の外傷を受けたに過ぎないAを，Y_2が致命傷を与えて死亡させるに至ったものであるから，「結果に対する直接的原因力の観点からみて」Y_2が損害全部を賠償すべき合理的根拠がある一方，Y_1は，比較的軽度の外傷を与えたにすぎなかったものであるとしても，第二事故は，第一事故の必然的結果ともいうべきものである以上，Y_1は，第一事故後，二次的事故が発生するおそれがあることを認識しながら救護義務を怠ったことが認められるから，Y_1についてもA死亡による全損害を賠償すべき合理的根拠があるとした。そして，そのうえで，「第一事故と第二事故とが社会通念上は連続受傷による一個の死亡交通事故と評価し得ることを併せ考慮するならば」，Y_1・Y_2につき，いわゆる客観的共同による719条1項前段の共同不法行為の成立を認めることができるとした。

　物損事故についても同様に解してよいであろう。**【191】**大阪地判平成6年9月20日（交通民集27巻5号1284頁）は，高速道路の追越車線上でスピンしたY_1車が切返しのため走行車線に後退したので，同走行車線の後続X車（被害車）が急停車したところ，さらに後続するY_2車がX車に追突したという事案につき，Y_1・Y_2両車各運転者の過失は，「時間的，場所的に近接しており，両者があいまって本件事故による一個不可分の結果が発生したと認められるから，社会通念上，客観的関連共同性を有するというべきであり」719条1項前段の共同不法行為に当たるとした。

　その後の裁判例の動向をみても，ほぼ同様の思考基盤に立っているといってよい（二重事故につき，大阪地判平成8・12・4交通民集29巻6号1773頁，大阪地判平成9・7・25交通民集30巻4号1034頁——物損事故，大阪地判平成10・6・18交通民集31巻3号877頁，東京地判平成10・7・3交通民集31巻4号1000頁，車両同士の衝突により，車外の第三者が被害者となった事故につき，東京地判平成7・1・10交通民集28巻1号23頁，大阪地判平成9・2・7交通民集30巻1号192頁，A運転，B（Aの娘）同乗の普通乗用車が高速道路走行中，Y_1運転の大型貨物自動車（Y_2会社所有）に追突されて横転したところ，

第2章　民法上の責任

その9分後にY₃運転の大型貨物自動車（Y₄所有）に衝突されて、A、Bが死亡した事故につき、【192】大阪地判平成23・2・23自保ジャ1855・28等）。

　裁判例においては、客観的関連共同性の認定に際し、時間的、場所的近接性を基本的な基準とした上でかなり緩やかな判断が行なわれているとみることができる。

　なお、【193】神戸地判平成8年3月8日（交通民集29巻2号363頁）は、4名の小学4年生が塾の玄関前の路上で鬼ごっこ中に、男児が女児の背中を押したはずみで女児が路上にうつぶせに倒れ、折から発進してきた塾の送迎用バスに轢過されて死亡したという事故につき、同バス運転者・同人の使用者・男児の両親の各責任を認めた上で、「数人の過失が競合して他人に損害が発生した場合には、民法719条により、不法行為責任を負うべき者は連帯して右損害を賠償する責任を負い、……」としている。

【190】　岡山地判平6・2・28交通民集27・1・276

「先ず、民法719条1項前段の共同不法行為は、加害者ないし加害行為間に一定の関連がある場合に、各加害者の個別的寄与度を問うことなく、生じた損害全部について各加害者に連帯賠償責任を負わせる制度であるから、その成立を認めるためには、各加害者につき損害全部を負担させるのを相当とすべき事情が存在することを要する。

　そこで、これを本件についてみるに、被告Y₂については、前記のとおり、本件第一事故によっては適切な医療措置を受けることで容易に治癒するであろうと推測され、その意味で比較的軽度の外傷を受けたに過ぎない被害者に対し、同被告が致命傷を与えて死亡するに至らせたものであるから、結果に対する直接的な原因力の観点からみて、これによる損害全部を賠償すべき合理的根拠がある。一方、被告Y₁については、確かに同被告の行為自体によつて被害者に与えた傷害は右の程度であつたとしても、前記第二の四に記載した事情からすれば、本件第二事故は、本件第一事故の必然的結果ともいうべきである上に、甲18号証、5号証の33第3項によれば、同被告は、本件第一事故後、二次的事故が発生するおそれがあることを認識しながら救護義務を怠つたことが認められるのであるから、同被告についてもまた被害者死亡による損害全部を賠償すべき合理的根拠があるというべきである。

　そして、これに加えて、本件第一事故と第二事故とが社会通念上は連続受傷による一個の死亡交通事故と評価し得ることを併せ考慮するならば、被告らの各行為につき、いわゆる客観的共同による同条項所定の共同不法行為の成立を認めることができる。」

【191】　大阪地判平6・9・20交通民集27・5・1284

「前記認定事実に基づき、被告らの過失の有無、過失相殺について検討すると、被告Y₁は、追越車線から走行車線へ後退し、切替えしを行う場合、走行車線を走行する車両の有無、動静を十分に確認する義務があつたにもかかわらず、後方確認を十分に行

わないまま，切替えしのため，Y_1車を後退させ，走行車線と追越車線とを区切る白線から約1メートル弱，自車後部を走行車線に進出させた過失がある。また，同Y_2は，降雨のため，制限速度が時速50キロメートルに規制されていたにもかかわらず，約70ないし80キロメートルの速度で原告X車に追従し，かつ，約70ないし80メートルの車間距離しかとらずに走行した過失がある。

両者の過失は，時間的・場所的に近接しており，両者があいまって本件事故による一個不可分の結果が発生したと認められるから，社会観念上，客観的関連共同性を有するというべきであり，民法719条1項前段の共同不法行為に当たると解される。」

【192】 大阪地判平23・2・23自保ジャ1855・28

「(1) 第一事故の態様

被告Y_1は，Y_1車を運転し，本件道路の第一車線を走行するに当たり，携帯電話に接続したイヤホンのコードを引き寄せることに気を取られ，前方不注視のまま，時速約100キロメートルで進行したところ，前方を進行するA車を発見し，急制動の措置を取るとともに右転把をしたが間に合わず，自車左前部をA車右後部に衝突させ，その衝撃により同車を本件法面に衝突させて第一車線上に横転させた。

(2) 第一事故後の状況等

ア　A車は，車底部を第一車線の後続車両の方に向け，前部を中央分離帯の方に向け，助手席の側面を下にして停止した。A車は，第一事故後，ヘッドライトやテールランプが消えていた。

イ　被告Y_1は，第一事故後，ブレーキを掛けつつライトとハザードランプを点灯させてY_1車をA車前方の本件道路の左側に停止させ，110番通報をした。

その後，被告Y_1は，降車してA車の方へ向かい，同車の約2メートル手前で，同車に向かって「おーい，大丈夫か。」と大きな声で1回呼び掛けたが，反応がなかった。しかしながら，被告Y_1は，A車の乗員がひどいけがでもしていたらと思い怖かったことから，同車内の様子までは確かめなかった。

ウ　第一事故後，本件事故現場を後続車が通過していった。被告Y_1は，A車に後続車両が衝突してはならないと考え，2，3台のトラックが通過する間は，危険を知らせようと左手で手を振った。

ところが，4台目のトラックは，A車に衝突しそうになり，被告Y_1の目の前を通過するなどした。

エ　被告Y_1は，このままでは他の車がA車に衝突し，自分もそれに巻き込まれるかもしれないと思い，発煙筒を出そうと考え，いったんY_1車に戻って発煙筒を探したが，見付からなかった。次に，被告Y_1は，三角表示板を出そうと考えたが，保管場所が分からず見付けられなかった。そこで，被告Y_1は，Y_1車の荷台後方の観音扉を開け，荷台の室内灯を点灯すれば，照明が点灯して明るくなると考え，同扉の前に立って，同扉を開けようとした。

オ　そうしたところ，Y_1車の後方で「どーん」と大きな音がしたので，被告Y_1が振り返ると，本件前提事実記載のとおり，第二事故が発生していた。

(3) 第二事故の状況

本件事故現場は，第一事故が発生したため，最高速度が時速50キロメートルに制限されていた。

被告Y₃は，Y₃車を運転して第一車線を時速約90キロメートルで走行していたが，左前方でY₁車がハザードランプを点滅させているのに気を取られたため，本件事故現場において，第一事故により横転していたA車の発見が遅れ，同車に気付いて急制動を講じたが間に合わず，同車の底部にY₃車前部を衝突させた。

2 被告らの責任

（1） 前記認定の第一事故の態様に照らせば，被告Y₁は，Y₁車を運転するに当たり，法定速度（毎時80キロメートル）を遵守して前方を注視し，進路の安全を確認しながら進行すべき注意義務があるのに，これを怠り，前方注視を欠いたまま，同速度を超過する時速約100キロメートルで進行した過失があることが認められる。そして，被告Y₁の過失と亡Aらの死亡との相当因果関係が認められることは，後記争点1のとおりである。したがって，被告Y₁は，原告らに対し，民法709条に基づき，後記争点3の損害を賠償すべき責任がある。

（2） 本件前提事実記載のとおり，被告Y₁は，本件各事故当時被告Y₂会社の従業員として，同被告Y₂所有のY₁車を運転していたのであるから，同被告Y₂は，原告らに対し，自賠法3条に基づき，後記争点3の損害を賠償すべき責任がある。

（3） 前記認定の第二事故の態様に照らせば，被告Y₃は，Y₃車を運転するに当たり，本件事故現場は，第一事故が発生したために，最高速度が時速50キロメートルに制限されていたのであるから，道路標識に留意してその最高速度を遵守し，前方左右を注視し進路の安全を確認しながら進行すべき注意義務があるのに，これを怠り，道路標識を看過してその最高速度を遵守せず，かつ，Y₁車のハザードランプに気を取られ，前方注視を欠いたまま，時速約90キロメートルで進行した過失がある。被告Y₃は，その結果第一事故によって横転していたA車を前方に認め，急制動の措置を講じたが間に合わず，同車車底部にY₃車前部を衝突させ，前記のとおり，亡Aらを死亡させたものであるから，原告らに生じた損害を賠償する責任がある。

（4） 被告Y₄会社は，自己のためにY₃車を運行の用に供するものであるから，原告らの損害を賠償する責任がある（争いがない。）。

（5） なお，被告Y₃らは，上記責任を争わないものの，証拠（略）中には，第一事故後，第二事故前に本件事故現場で最高速度規制が，時速80キロメートルから同50キロメートルに切り替わっていたかどうか疑問があり，規制の変更を警告するような目立つ表示はなく，被告Y₃が標識に気付かないほど脇見をしていたこともないとの供述ないし記載がある。

しかしながら，証拠（略）によれば，本件道路においては，第一事故後，第二事故前に本件事故現場周辺の最高速度規制が切り替わって，時速50キロメートルの最高速度規制となり，かつ，これを表示する道路標識が1.3ないし1.5キロメートルの間に4か所あったにもかかわらず，被告Y₃はこれを看過していたこと及びこのことが，同被告の不注意である旨，上記刑事事件の判決で指摘されていることが認められる。以上によれば，上記証拠は，にわかに信用でき

ない。

3 争点1（被告Y_1の過失と亡Ａらの死亡との相当因果関係）について

（1） 被告Y_1らは，第一事故における被告Y_1の過失と亡Ａらとの死亡との間には，相当因果関係がない旨主張する。

（2） 亡Ａらは，本件各事故により，いずれも多数の著しい傷害を負って死亡したものであるが，本件全証拠によっても，両名の各傷害について，第一事故によるものと，第二事故によるものとを明確に区別することはできない。

もっとも，前記のとおり，第一事故は，高速道路を走行しており，したがって，少なくとも時速80キロメートル程度で走行していたと解されるＡ車が，時速約100キロメートルで走行していたY_1車に右後方から衝突され，本件法面に衝突した後，助手席側の側面を下にして横転した状態となったというものであり，第二事故は，このように車底部を後続車両の方に向けて横転した状態になっていたＡ車の車底部に，時速約90キロメートルで走行していたY_3車が衝突したというものである。そうすると，Ａ車に乗っていた亡Ａらが受けた衝撃は，どちらの事故の際も非常に大きかったものと解され，第一事故の際の衝撃が，第二事故の際のそれと比べて小さかったとは，容易にいい難い。

上記のような第一事故での衝撃の大きさに照らせば，亡Ａらは，第一事故によって致命傷を負い，第二事故がなくてもいずれは死亡したであろうが，第二事故での受傷により，死亡の時期が早まったという可能性は，十分にあったといえる。

（3） 仮に，第一事故による傷害が，それ自体では亡Ａらを死に至らしめる程度のものではなく，第二事故による傷害が亡Ａらの直接の死因であったとしても，①本件事故現場は高速道路上であり，本件各事故当時は，通行車両が多く，夜間であったこと，②第一事故により，Ａ車が第一車線の上で後続車の方に車底部を向けて横転した状態になっていたこと，③亡Ａらが，自力ではＡ車から脱出できない状態になっていたこと，④被告Y_1が三角表示板を設置するなどの事故回避措置をとらなかったことなどに照らせば，第一事故により，横転したＡ車に後続車が衝突するという二次的な事故が発生する危険性が高い状態が，作出されていたというべきである。そうすると，本件は，第一事故が第二事故を引き起こす原因を作出し，同事故によって，亡Ａらが死亡するに至ったものということができる。

（4） したがって，いずれにしても，被告Y_1の過失と亡Ａらの死亡との間には，相当因果関係を認めることができるから，被告Y_1らの上記主張は，採用できない。

4 争点2（被告Y_1と同Y_3の共同不法行為の成否）について

（1） 本件前提事実及び認定事実によれば，第二事故は，第一事故の約9分後に発生し，両事故の発生現場は，ほぼ同じ場所であることが認められる。また，争点1で認定判断したとおり，第一事故における被告Y_1の過失と亡Ａらの死亡との間には，相当因果関係が認められる。そして，亡Ａらは，いずれも第二事故の後に死亡したものであるところ，前記のとおり，①同人らが第一事故で致命傷となる傷害を負っていた場合には，第二事故は，その死期を早めたという意味で，同人らの死亡に寄与したといえるし，②そうでない場合には，第二事故が

同人らに直接の死因となる傷害を負わせたといえるから、いずれにしても、第二事故における被告Y₃の過失と同人らの死亡との間には、相当因果関係が認められる。

以上に照らせば、第一事故と第二事故とは、時間的、場所的接着性が認められる上、両事故が相まって亡Aらの死亡という結果が発生したと認められるから、被告Y₁の過失による不法行為と、被告Y₃の過失による不法行為とは、社会通念上、客観的な関連共同性を有し、共同不法行為に当たると認められる。

（2）これに対し、被告Y₁らは、第一事故と第二事故との間に約9分間の間隔があることや、両事故の交通事故証明書が別個に作成されていることから、共同不法行為が成立しない旨主張する。そして、両事故の間に約9分間の間隔があることは、前記認定のとおりであるうえ、証拠(略)によれば、第一事故と第二事故の交通事故証明書が、別個に作成されていることが認められる。

しかしながら、両事故間の約9分間という時間は、その間に、被告Y₁が、二次的な事故である第二事故を回避することができなかったことや、警察官や救急車の臨場等が間に合わず、亡AらがA車の車内から脱出することもできなかったこと等に照らせば、短時間ということができる上、前記認定にかかる第一事故後から第二事故までの状況等も、共同不法行為性を肯定する1つの根拠として理解することができる。また、両事故の交通事故証明書が別個に作成されていることは、第一事故と第二事故が、同時に発生した事故ではなく、その発生時刻や、関係車両、態様等から、各別に把握することが可能であることを反映させたものであると解されるから、これらの間の共同不法行為性を否定する理由とはならないことは明らかである。

したがって、被告Y₁らの上記主張は採用できない。」

【193】 神戸地判平8・3・8交通民集29・2・363

「そして、数人の過失が競合して他人に損害が発生した場合には、民法719条により、不法行為責任を負うべき者は連帯して右損害を賠償する責任を負い、右数人の過失の内容、程度は、実際に被害者に対する損害賠償責任が果たされた後に、内部的な求償関係の問題として発生するにとどまるというべきである。」

（ウ）　医療過誤との競合

交通事故の被害者が、その後の医療行為に過誤が伴ったことにより症状が悪化した、障害を後遺することとなった、あるいは死亡したということになった場合の、交通事故加害者の責任と医療関係者（医師、病院等）の責任との関係も、主として、共同不法行為の成否が問題とされる。ただ、理論的整合性と具体的事案の妥当な解決という要請から、その判断は容易でない。

従前は、交通事故とその後の医療行為とは社会的事実として一体性を認めることができる

という観点から、両者の関係を共同不法行為と捉えるのが一般的な立場であった。これに対して、近時、交通事故と医療行為とでは、その行為の類型（行為の目的・性質）が全く異なり、時系列においても、その異時性が明らかであるとして、共同不法行為の成立を否定する見解が有力に主張されており、さらに、共同不法行為が成立するとしても寄与度に応じて減責されるという考え方も現れている。こうした学説上の対立に呼応するかのように、裁判例の姿勢も一様とはいえず、以下のように多彩な立場が示されている。

① 共同不法行為責任を認め、双方に全損害の賠償責任を認めるもの

【194】静岡地裁沼津支判昭和52年3月31日（交通民集10巻2号511頁）は、交通事故（加害者Y_1）により右下腿開放骨折等の傷害を受けたXが、Y_2が経営する病院の医師Aの過失によってガス壊疽に罹患し、右大腿部を切断せざるを得なくなった事案につき、ガス壊疽病原菌が主として土壌中に存在し、土砂の付着によって感染するものであるところ、本件交通事故現場の衝突地点には明確に認識される泥の落下があり、付近一帯に砂塵が存在するのであるから、Y_1においても、Xがガス壊疽に罹患するかもしれないことを通常予見することができたとし、Xの右大腿部切断という結果についてはAの治療上の過誤がより直接的な原因をなすものではあるが、Y_1はA（Y_2）と並んでXが右大腿部切断によって被った損害のすべてを賠償しなければならないとした（内部的負担割合としての寄与度はY_1：A＝1：3と認めた）（控訴審〔【194′】東京高判昭和57・2・17交通民集15巻1号64頁〕は、原審を是認した上で、Xの損害額拡張請求を認容した）。

【195】東京地判昭和60年5月31日（判時1174号90頁）は、道路に駆け出したためY_1運転の自動車（Y_2所有）に衝突され、右足骨折の傷害を受けたX（8歳の男児）が、Y_3の経営する病院の医師Aの過失により、患部が壊死状態となり右足切断のやむなきに至ったという事案につき、「共同行為者各自の行為が客観的に関連し共同して違法に損害を加えた場合において、各自の行為がそれぞれ独立に不法行為の要件を備えるときは、各自が違法な加害行為と相当因果関係にある全損害についてその賠償の責に任ずべきであるというべきところ……」、この理は、本件のような場合にも妥当すると解するのが相当であり、これを本件についてみるに「……交通事故と医療過誤は客観的に密接に関連共同しており、両者はいわゆる共同不法行為の関係にあるものというべく、Y_1、Y_2及びY_3は民法719条に基づきXの右大腿部切断によりXらが被った全損害を賠償すべき責任がある」とした。

これらの裁判例と同様に解するものとして、横浜地判平成3年3月19日（判タ761号231頁——左下腿開放骨折等の傷害を受けた後、ガス壊疽のため左大腿切断に至った事案）、大阪地判平成7年6月22日（交通民集28巻3号926頁——本判決は、特に理由を述べることなく連帯責任を負うとする）、岡山地判平成11年3月15日（交通民集32巻2号501頁——左脛骨近位端骨折等の傷害を受けた後、左膝関節切断に至った事案）、浦和地判平成12年2月21日（判タ1053号188頁——右腓骨骨折等の傷

害を受けた後，入院中に発症した肺梗塞により死亡した事案）等がある。

> **【194】　静岡地判昭 52・3・31 交通民集 10・2・511**

「ガスえそ病原菌が主として土壌中に存在するものであり，従つて土砂の付着によつて感染するものであること，本件交通事故現場には衝突地点に明確に認識される泥の落下があり，附近一帯には砂塵が存在することはすでに説示したとおりであるから，交通事故の加害者たる被告Y₁においても原告がガスえそに罹患することあるべきは通常予見し得べきことであると考えられる。従つて，原告の右大腿切断という結果についてはA医師の治療上の過誤がより直接的な原因をなすものではあるけれども，被告Y₁とA医師との行為は客観的に関連共同しており，両者はいわゆる共同不法行為の関係にあるものというべく，被告Y₁はA医師（被告Y₂）と並んで原告が本件右大腿切断によつて蒙つた損害のすべてを賠償すべき責任があるものといわなければならない。

なお，A医師の治療上の過誤がなければ，原告は通常の骨折の程度にとどまり右大腿部は勿論のこと右足を失うに至ることもなかつたであろうことは前示のとおりであるから，原告が右大腿を切断するに至つた結果に対する被告Y₁とA医師との寄与の度合は被告Y₁のそれを1，A医師のそれを3と認めるのが相当である。」

> **【194′】　東京高判昭 57・2・17 判時 1038・295，交通民集 15・1・64**

「控訴人Y₂は，仮にA医師の治療に過失を認めるとしても，その責任の範囲は，受傷時に被控訴人の被った損害を増大ないし増悪せしめた範囲に限定されるべきである旨主張する。しかし，前叙のとおり前記認定の事実関係のもとでは，控訴人Y₁の行為とA医師の行為とは客観的に関連共同しているものであるから，両者は共同不法行為の関係にあり，控訴人Y₂は，被控訴人が本件右大腿切断によって被った損害のすべてを賠償すべき責任がある。」

> **【195】　東京地判昭 60・5・31 判時 1174・90，判タ 559・88，交通民集 18・3・827**

「共同行為者各自の行為が客観的に関連し共同して違法に損害を加えた場合において，各自の行為がそれぞれ独立に不法行為の要件を備えるときは，各自が違法な加害行為と相当因果関係にある全損害についてその賠償の責に任ずべきであるというべきであるところ（最高裁昭和43・4・23第三小法廷判決民集22巻4号964頁参照），この理は，本件のように交通事故により足の骨折の傷害を受けた被害者が，治療を担当した医師の過失により足を切断せざるをえなくなったことにより惹起された損害についても何ら異ならないものと解するのが相当である。これを本件についてみるに，前記三4（三）に認定したところによれば，原告Xは，本件事故により右下肢膝窩動脈に対して損傷を受け，この損傷ないし腫脹による圧迫によって右動脈が閉塞され，これが右下肢の

壊死の一因となつたとみられるほか，被告Y₃ないしその被用者であるA医師の不適切な牽引という治療上の過誤もその原因となつているというべきであるから，右交通事故と医療過誤は客観的に密接に関連共同しており，両者はいわゆる共同不法行為の関係にあるものというべく，被告Y₁，被告会社Y₂及び被告Y₃は，民法719条に基づき原告Xの右大腿部切断により原告らが被つた全損害を賠償すべき責任があるものというべきである。」

② 共同不法行為責任を認めた上で寄与度を認定するもの

【196】岡山地裁津山支判昭和55年4月1日（交通民集13巻2号453頁）は，助手席同乗中にY₁運転の車に追突され，いわゆるむち打ち症となったXが，Y₂経営の病院に入院して治療を受けた際，医師Aの過失により，頸部に刺された電気ノイロメーターの針が折れて，針の先端部分が頸部に残存する結果となり，頭痛，頸部痛などに悩まされたうえ，残存針摘出のための手術等の措置を受けなければならなくなった（その手術は不成功）という事案につき，自動車事故とその後の医療過誤とが競合して損害が生じたような場合には，自動車事故がなければ診療事故も生じなかったはずであるから，原則として加害者全員が共同して被害者の全損害を賠償すべき義務を負い，加害者において共同不法行為への寄与部分を明確に立証した場合にのみ，寄与部分に応じた範囲での賠償義務を負担すると解すべきところ，本件ではいまだ右寄与部分について明確な立証がなされたとは認められないので，診療事故後の各損害についてはY₁，Y₂が共同して賠償義務を負担することになるとし，原則として，共同不法行為となるが，加害者が自己の寄与度を明確に立証したときは，その寄与度の範囲についてのみ賠償義務を負うという立場を明らかにしている。

【197】横浜地判昭和57年11月2日（判時1077号111頁）は，交通事故（加害車両運転者Y₁，同所有者Y₂）により右下腿複雑骨折等の傷害を受けたXが，Y₃病院で入院手術を受けたが，ガス壊疽が発生したため，結局，右大腿部切断手術を受けなければならなくなった（なお，Y₁：Xの過失割合は6：4，Y₃：Xの過失割合は10：0）という事案につき，交通事故を発生させたY₁の過失と医療過誤を発生させたY₃の担当医師A・Bの過失とにつき，その各過失行為は，もとより相互に何ら意思連絡等のないものであって，時間的，場所的にも隔たりがあり，行為類型の点においても別異のものであることが明らかであるが，交通事故による損害と医療事故による損害とは，その大部分において重なり合い，混り合っているから，その損害を交通事故によるものと医療過誤によるものとに明確に分別し，その損害額をそれぞれ別個に算定することは困難であって，結局，これは被害者らにとって渾然一体となった一個の損害とみるのが相当であるところ，この一個の損害とY₁の過失行為及びY₃のA・B両医師の過失行為との間には，いずれも事実的因果関係を首肯しうるから，Y₁・A・Bの各不法行為は，損害が同一である点において719条にいう共同不法行為の一つとみて差支えなく，したがって，その損害は，原則としてY₁らにおいて連帯して賠償すべき関係にあるというべきであるが，

第 2 章　民法上の責任

交通事故と医療過誤とはそれぞれ別異の過失行為によって発生したものであるから，被害者らの損害額につき，Y_1 の過失行為が寄与した分と Y_3（A・B）の過失行為が寄与した分とを割合的に判定，評価することが可能であれば，損害賠償の公平な分担の見地からみて，その割合（寄与率）を考慮して，損害賠償責任の減責，各負担部分の評定がなされるべきであるとし，Y_1 の寄与率は被害者らの損害全体の 5 割，A・B の寄与率は同 8 割（したがって損害の 3 割については Y_1 及び A・B の双方の過失が共同して寄与している）と認めた（なお，控訴審〔東京高判昭和 60・5・14 交通民集 18 巻 3 号 637 頁〕は，医療過誤はなかったとして債務不履行責任を否定した）。

なお，【198】浦和地裁川越支判昭和 60 年 1 月 17 日（判時 1147 号 125 頁）は，交通事故により右足距骨複雑骨折の傷害を受けた X に対する Y 医師の治療が必ずしも適切ではなかったことから，X に障害が後遺したことにつき，その後遺障害は交通事故と Y の診療上の過失との両者によって生じたものとみるべきであるが，（共同不法行為には触れず）Y の寄与度は 2 割と解するのが相当であるとしている（被告は Y のみ）。これに対して，前掲大阪地判平成 7 年 6 月 22 日（①）は，交通事故加害者と医療過誤をした医師とは被害者に対して連帯責任を負うと解されるので，医療過誤による寄与度に応じた損害額の限定をすることはできないとしている。

【196】　岡山地判昭 55・4・1 交通民集 13・2・453

「ところで，本件のように自動車事故とその後の治療経過中に生じた医療過誤とが競合して損害が生じたような場合には，本件自動車事故がなければ，本件診療事故も生じなかつたはずであるから，原則として加害者全員が共同して被害者の全損害を賠償すべき義務を負い，加害者において共同不法行為への寄与部分を明確に立証した場合にのみ，寄与部分に応じた範囲での賠償義務を負担すると解すべきところ，本件ではいまだ右寄与部分について明確な立証がなされたとは認められないので，前記診療事故後の後記各損害については，被告 Y_1，同 Y_2 が共同して賠償義務を負担することになる。」

【197】　横浜地判昭 57・11・2 判時 1077・111，判タ 495・167，交通民集 18・3・640

「すでに認定説示したとおり，被告 Y_2，同 Y_1 は，本件交通事故から生じた原告らの損害につきそれぞれ自賠法 3 条本文の責任があり（なお，これらは不真正連帯の関係にある。），被告 Y_3 は，本件医療過誤から生じた原告ら損害につき民法 715 条の責任があることになる。

そして，本件交通事故を発生させた被告 Y_1 の過失と本件医療過誤を発生させた被告 Y_3 の担当医師 A，B の過失とにつき，これらの過失ある行為の点に着目するとき，右各過失行為は，もとより相互に何ら意思連絡等のないものであり，時間的，場所的にも隔りがあり，行為類型の点においても別

異のものであることが明らかである。

しかしながら、原告らの蒙った損害の点に着目すると、本件交通事故による損害と、本件医療過誤による損害とは、その大部分において重り合い、混り合っているから、これらの損害を本件交通事故による損害と本件医療過誤による損害とに明確に分別し、その損害を各個、別々に算定することは困難であり、結局、これは各原告にとって渾然一体となった一個の損害とみるのが相当である。そしてこの一個の損害と被告Y_1の過失行為及び被告Y_3のA、B両医師の過失行為との間には、いずれも事実的因果関係を首肯しうる。

右のとおり、被告Y_1の本件不法行為と右両医師の不法行為とは、損害が同一である点において、民法719条にいう共同不法行為の一つとみて差支えなく、したがって、右損害は、原則として被告らにおいて連帯して賠償すべき関係にあるというべきである。

しかしながら、本件交通事故と本件医療過誤とがそれぞれ別異の過失行為によって発生したものであることはさきに検討したとおりであるから、まず、各原告につき、前記一個の損害の総額を認定したうえ、右損害額につき、本件交通事故における加害者の過失行為が寄与した分と本件医療過誤における加害者の過失行為が寄与した分とを割合的に判定、評価することが可能であれば、損害賠償の公平な分担の見地からみて、右の割合（以下、寄与率という。）を考慮して、各被告らの損害賠償責任の減責、各負担部分の評定がなされるべきである。本件におけるこの寄与率については後期説示のとおりである。」

【198】 浦和地裁川越支判昭60・1・17判時1147・125、交通民集18・1・51

「しかして、〔証拠略〕によると、距骨骨折は稀に生ずる骨折で、一般に距骨各関節面の不適合による変形性関節症と骨体部の無腐的壊死に因り足の荷重による疼痛や足関節可動性制限等の機能障害の残りやすい傷害であることが認められる（他に右認定を左右する証拠はない。）から、原告の前記後遺障害は、交通事故と被告の前記診療上の過失ないし注意義務違反との両者によって生じたものとみるべきであり、ただ叙上の諸事実を総合考慮するならば、原告の右後遺障害につき被告が責めを負うべき範囲すなわち寄与度は右のうち2割と解するのが相当である。」

③ 共同不法行為責任を認めたうえで、交通事故加害者側に全損害、医療側に医療過誤以後の損害の賠償責任を認めたもの

【199】高知地判昭和60年5月9日（判時1162号151頁）は、Y_1運転のタクシー（Y_2所有）にはねられて左下腿皮下骨折等の傷害を受けたXが、Y_3病院に入院中に受けた観血的整復手術の際の細菌感染により骨髄炎に罹患し、結局、転医したA病院で左下腿部切断を余儀なくされたという事案において、交通事故による責任と診療契約上の債務不履行責任とは相互に競合していることが明らかであり、しかも、XのA病院入院後における治療は、専ら骨髄炎のそれに終始していたものであることから、Y_1・Y_2に全損害、Y_3に医療過誤（債務不履行）

第2章　民法上の責任

以後の損害について賠償責任を認めた（したがって，A病院入院後における損害をY_1～Y_3が連帯して賠償すべき義務を負う）。

> 【199】　高知地判昭60・5・9判時1162・151，判タ562・167，交通民集18・3・660

「被告Y_3は，前記の理由により，債務不履行責任を負うが，Xは，被告Y_3の本件手術の際の感染により骨髄炎に罹患し，これが原因となって，左下腿部切断を余儀なくされた（なお，右切断を実施したのはA市民病院の訴外B医師であるが，前記二3（一）ないし（三）の各認定事実に照らすならば，同切断については何ら不当な点はない。）のであるから，同被告Y_3は，債務不履行後に生じたXの損害を賠償する責任がある。

被告2名

（1）　前記のとおり，被告Y_1は民法709条により，被告Y_2会社は自賠法3条本文により，それぞれ責任を負い，被告2名がXに対して負担する右債務は，連帯（不真正連帯）債務の関係にある。

（2）　ところで，被告2名は，Xの骨髄炎罹患は，被告Y_3の医療過誤によって発生したものであり，これと本件事故との間には相当因果関係がないから，Xの右感染後における損害を賠償する責任がない旨主張する。なるほど，右感染につき，被告Y_3に本件診療契約上の債務の不履行があったことは，前記認定のとおりである。

しかしながら，前記認定の事実並びに〔証拠略〕によれば次の事実が認められ，この認定を左右するに足りる証拠はない。

（イ）　Xの骨折は，左下腿部の脛骨及び腓骨の骨折であり，しかも，右骨折部分には第三骨片が存在していた皮下粉砕骨折であることを考慮にいれれば，その整復は必ずしも容易ではなく，観血的な手術を要す

ることがありうること。

（ロ）　手術を行った場合には，前記のように，万全を期し，また，現代医学水準をもってしても，感染を完全に防止することはできないこと。

（ハ）　術後感染があれば，その後の感染の推移いかんによっては，切断手術もありうること。特に，第三骨片が存在する部位が汚染された場合には，右骨片が異物として感染を助長し，それ自体腐骨化して排除されることがありうること。

右(イ)ないし(ハ)からすると，Xの骨折発生当時にも，治療の通常の経過において，術後感染が発生し，もしこれが治癒しなければ，左下腿部の切断もありうることは，予見可能であったというべきであるから，本件事故と術後感染並びにその後の左下腿部切断との間には相当因果関係が存在するものというべく，その間に被告Y_3の本件診療契約上の債務不履行が介在しても，右因果関係の存否に消長を及ぼすものではない。

従って，被告2名の右主張は理由がない。

（3）　よって，被告2名は，右感染後に生じたXの損害についても，これを賠償する責任がある。

被告ら相互の関係

前記認定の事実関係によると，Xが骨髄炎に罹患したのは，本件事故による傷害の治療中における比較的初期の段階で，その治療行為に起因して生じているのであるから，被告2名の不法行為による傷害と被告

Y₃の本件診療契約上の債務不履行とは相互に競合していることが明らかであり、しかも、XのA市民病院入院後における治療は、専ら骨髄炎の治療に終始していたものであることに鑑みると、XのA市民病院入院後における損害は、原告ら主張のように、被告らにおいて連帯してこれを賠償すべき義務があるというべきである。」

④　競合的不法行為であるとして共同不法行為の成立を否定し、割合的認定をしたもの

【200】名古屋地判平成4年12月21日（判タ834号181頁）は、自転車搭乗中にB運転の大型トラックに腹部を轢過されたAが、救急搬送されたY₁病院の医師Y₂の過失により約9時間後に死亡したという事案において、医療行為における医師の注意義務は、交通事故における運転者の注意義務のように一義的に定まるものではないから、「交通事故とこれを契機とする医療行為との間には、意思の連絡やその共同を認めることができないのはもとより、行為類型も全く異なる」から、「このような、時点を異にする複数の不法行為が接続した事例は、端的に独立した不法行為が競合している事例であると理解すべきである」としつつ、被害者にとっては、交通事故のみによる損害と医療過誤のみによる損害とを正確に区別することは困難であって、むしろ渾然一体となった一個の損害と考えるのが通常であるところから、「競合した各不法行為によって生じた損害への各不法行為の寄与程度を過失の態様や程度、診療経過時から判定することが可能であれば、……各不法行為とそれぞれに対応する各損害との間に個別の因果関係を認めるのを相当と解すべで」あるとして、共同不法行為を否定した上で、Yらの責任を、損害額の1割にとどめた（90％の責任を負う交通事故加害者側とは既に示談が成立している）。

【200】　名古屋地判平4・12・21判タ834・181

「交通事故の発生を契機とする医療行為は、交通事故の発生の後に行われ、交通事故によって生じた結果の除去の目的で必然的になされるものであること、医療行為において医師の負担すべき注意義務は、交通事故における運転者が負担すべき注意義務のように一義的に定まるものではないことからすると、交通事故とこれを契機とする医療行為との間には、意思の連絡やその共同を認めることができないのはもとより、行為類型も全く異なるものといわなければならず、このような、時点を異にする複数の不法行為が接続した事例は、端的に独立した不法行為が競合している事例であると理解すべきである。

しかしながら、被害者の被った損害に着目するときには、交通事故のみによる損害と医療過誤のみによる損害とを正確に区別することは、多くの場合、被害者に困難であり、被害者にとっては、むしろ渾然一体となった一個の損害と考えているのが通常であろう。そこで、かかる独立した不法行為の競合の事例においては、競合した各不法行為によって生じた損害への各不法行為の寄与程度を過失の態様や程度、診療経過時から判定することが可能であれば、損害

第2章　民法上の責任

賠償の公平の分担の見地から，各不法行為とそれぞれに対応する各損害との間に個別の因果関係を認めるのを相当と解すべきであろう。

ところで，本件においても，医療過誤を交通事故とは別個独立の不法行為と見ることが相当であるから，次の損害額の検討に際して，原告らの被った損害につき被告らの寄与の程度を認定することの可否について検討を加えることとする。」

⑤　最高裁判決の登場

このような状況において，最高裁判決が現れた。【201】最判平成13年3月13日（民集55巻2号328頁）である。

自転車搭乗中，タクシーとの接触事故により受傷してY医療法人に搬入され，レントゲン撮影等の結果，頭部・顔面挫傷と診断され帰宅を許されたA（6歳の男児）が，帰宅後，嘔吐・傾眠傾向を示し，いびき・よだれを伴う睡眠，痙攣等の症状が現れたことから，事故の約10時間半後に救急車を要請したが，そのときには脈が触れず，呼吸も停止している状態で，B病院に搬入された直後死亡が確認された（死亡原因は，頭蓋外面線状骨折による硬膜動脈損傷を原因とする硬膜外血腫）という事案であり，被害者側（Aの両親Xら）は，Yのみを相手に訴えを提起した。

一審は，Aの死亡は交通事故と医療過誤とが競合した結果発生したものであり，交通事故における運転者の行為と医療過誤における医師の行為とは共同不法行為を構成するとして，Yに全損害の賠償責任を負わせた。

これに対し，原審は，Aの死亡は，交通事故と医療事故とが競合した結果発生したものであるが，「その原因競合の寄与度を特定して主張立証することに困難が伴うこともあるから，被害者保護の見地から，」交通事故加害者の過失行為と医療事故における医師の過失行為は共同不法行為になるとして，「被害者は，各不法行為に基づく損害賠償請求も分別することなく，全額の賠償請求をすることもできる」としつつ，「自動車事故と医療過誤のように個々の不法行為が当該事故の全体の一部を時間的前後関係において構成し，しかもその行為類型が異なり，行為の本質や過失構造が異なり，かつ，共同不法行為とされる各不法行為につき，その一方又は双方に被害者側の過失相殺事由が存する場合は，各不法行為者の各不法行為の損害発生に対する寄与度の分別を主張，立証でき，個別的に過失相殺の主張をできるものと解すべきであ」り，そして，そのような場合には，「裁判所は，被害者の全損害を算定し，当該事故における個々の不法行為の寄与度を定め，そのうえで個々の不法行為についての過失相殺をしたうえで，各不法行為者が責任を負うべき損害賠償額を分別して認定するのが相当である」とし，交通事故と医療過誤の各寄与度を各5割とし，その上で，Yとの関係における被害者側の過失（1割）につき過失相殺をした。

しかし，本判決は原審判決を変更した。

Ⅵ　719条

　Aは，交通事故により放置すれば死亡するに至る傷害を負ったものの，事故後搬入されたY病院において通常期待されるべき適切な治療が施されていれば，高度の蓋然性をもってAを救命できたということができるから，交通事故と医療事故とのいずれもがAの死亡という不可分一個の結果を招来し，Aの死亡につき相当因果関係を有する関係にある。したがって，交通事故における運転行為と医療事故における医療行為とは719条の共同不法行為に当たるから，各不法行為者は被害者の被った全損害について連帯して責任を負うべきものであって，そのことは，本件のようにそれぞれ独立して成立する複数の不法行為が順次競合した共同不法行為においても別異に解する理由はない。そして，被害者との関係においては，各不法行為者の結果発生に対する寄与の割合をもって損害額を按分し，責任を負うべき損害額を限定することは許されない。なぜならば，共同不法行為に基づく被害者の損害は，各不法行為者の行為のいずれとの関係でも相当因果関係に立つものとして，各不法行為者はその全額を負担すべきものであって，各不法行為者が賠償すべき損害額を按分，限定することは，連帯関係を免除することとなって，共同不法行為者のいずれからも全額賠償を受けることができるとする719条の明文に反し，被害者保護をはかる同条の趣旨を没却することとなって，公平の理念にも反することとなるからである。

【201】　最判平13・3・13民集55・2・328，裁時1288・11

　「原審の確定した事実関係によれば，本件交通事故により，Aは放置すれば死亡するに至る傷害を負ったものの，事故後搬入された被上告人Y病院において，Aに対し通常期待されるべき適切な経過観察がされるなどして脳内出血が早期に発見され適切な治療が施されていれば，高度の蓋然性をもってAを救命できたということができるから，本件交通事故と本件医療事故とのいずれもが，Aの死亡という不可分の一個の結果を招来し，この結果について相当因果関係を有する関係にある。したがって，本件交通事故における運転行為と本件医療事故における医療行為とは民法719条所定の共同不法行為に当たるから，各不法行為者は被害者の被った損害の全額について連帯して責任を負うべきものである。本件のようにそれぞれ独立して成立する複数の不法行為が順次競合した共同不法行為においても別異に解する理由はないから，被害者との関係においては，各不法行為者の結果発生に対する寄与の割合をもって被害者の被った損害の額を案分し，各不法行為者において責任を負うべき損害額を限定することは許されないと解するのが相当である。けだし，共同不法行為によって被害者の被った損害は，各不法行為者の行為のいずれとの関係でも相当因果関係に立つものとして，各不法行為者はその全額を負担すべきものであり，各不法行為者が賠償すべき損害額を案分，限定することは連帯関係を免除することとなり，共同不法行為者のいずれからも全額の損害賠償を受けられるとしている民法719条の明文に反し，これにより被害者保護を図る同条の趣旨を没却することとなり，損害の負担について公平の理念に反すること

なるからである。

したがって原審の判断には，法令の解釈適用を誤った違法があり，この違法は原判決の結論に影響を及ぼすことが明らかである。論旨は理由がある。

本件は，本件交通事故と本件医療事故という加害者及び侵害行為を異にする二つの不法行為が順次競合した共同不法行為であり，各不法行為については加害者及び被害者の過失の内容も別異の性質を有するものである。ところで，過失相殺は不法行為により生じた損害について加害者と被害者との間においてそれぞれの過失の割合を基準にして相対的な負担の公平を図る制度であるから，本件のような共同不法行為においても，過失相殺は各不法行為の加害者と被害者との間の過失の割合に応じてすべきものであり，他の不法行為者と被害者との間における過失の割合をしん酌して過失相殺をすることは許されない。」

⑥　交通事故と医療過誤との共同不法行為性

前掲【201】最判平成13年3月13日が現れたことにより，交通事故と医療過誤が競合する場合にも共同不法行為が成立するという，およその方向性が示されたとみておいてよいが，その際，719条1項の前段を適用するのか後段を適用するのかについての判例の立場は依然として判然としない。この点を如何に解すべきか。ここでも，同条1項前段は因果関係のみなし規定（減免責を許さないから強い関連共同性を必要とする），同後段は因果関係の推定規定（推定を覆すことによる減免責を認めるから弱い関連共同性が認められればよい）と解するという基本的な解釈姿勢が関わってくる。

同じく交通事故と医療過誤とが競合して渾然一体となった一個の損害を惹起させる場合といえども，そこには極めて多様なケースが混在しているのであり，たとえば被害者が死亡に至ったという場合において，一方の関与がきわめて微弱であるときであっても共同不法行為の成立を認め両者に（被害者死亡による）全損害の賠償責任を認めることにするという帰結には少なからず躊躇を覚える。そこで，つぎのような解釈姿勢が望ましいといえよう。

交通事故加害行為と医療過誤加害行為とは，たしかに行為類型，時系列さらには行為の本質，過失の構造を異にするものではあるが，この場合の医療行為は交通事故の存在を前提とするものであり，しかも医療行為の向けられる対象が，交通事故に起因する傷害に関わるものであることは疑いを容れないから，その両行為が競合（合体）して渾然一体をなす一個の損害と目すべき結果を惹起したのであれば，時間的・場所的近接性，社会通念上の一体性という観点から，両行為が客観的に関連共同していることを認めるべきである。

そして，その関連共同性は，そもそもの傷害をもたらした交通事故の態様(a)とその後の医療過誤の態様(b)ならびに結果としてもたらされた損害(c)の三者に着目して，それらが極めて密接な関係にあると認められる（a，bのいずれが欠けてもcという結果はもたらされない）ときは，そこに強い関連共同性があるとみることができ，したがって，この場合には719条1項前段の共同不法行為が成立すると解する。医療過誤加害者は，その医療過誤こそが損害の直接の

契機となっているがゆえに，交通事故加害者は，交通事故に起因する傷害の治療に際して施されることが当然に予定される医療行為に過誤が存在し，そのことによってもたらされた損害であるがゆえに，その損害の賠償責任を負わなければならない。すなわち，減免責は認められない。

これに対して，前述のような極めて密接な関係が認められないときは，719条1項後段の共同不法行為が成立すると解する。この場合には，密接な関係が認められないという点を始めとして，損害に対するそれぞれの寄与度に関する各加害者側の主張・立証をまって，減免責を認めることになる。医療側からは，医師の過失の内容が結果たる損害に直接的に結びつけがたいような場合，交通事故加害者側からは，事故による受傷がきわめて軽微であるにもかかわらず，医療過誤の結果甚大な損害が発生してしまったというような場合に，密接な関係の不存在とともに寄与度の主張・立証が試みられることになろう。

こうして，基本的に719条1項前段を適用することによって損害全額についての連帯責任という719条の法意を忠実に具現化することを第一義とし，ついで，交通事故加害者側であれ，医療側であれ，損害への寄与の程度がきわめて軽微であることが明白である場合にも全損害の賠償責任を課すことへの違和感を払拭するために719条1項後段適用の余地を認めるのである。

しかし，この点（719条1項前段を適用するのか同条同項後段を適用するのか）をめぐっては，近時の裁判例においても必ずしも明確に意識されていないようである（あるいは，あえて明確な姿勢を示さないというべきか）。

なお，前掲【201】最判平成13年3月13日後においても，交通事故と医療事故との共同不法行為を認めないものもある（【202】東京地判平成19・9・27交通民集40巻5号1271頁は，交通事故で併合5級の障害を後遺した被害者につき事故の2年9ヵ月後の医療過誤（左足関節固定後の抜釘術で神経を刺激ないし損傷し痛みの症状が発生した）を認めたが，事故と医療過誤とは，時間と場所とを著しく異にし，交通事故加害者の行為および過失の態様と，抜釘術における医師のそれとは全く異質なものであって，交通事故による損害と抜釘術による損害とは区別して捉えることができるとして共同不法行為を認めず，【203】名古屋地判平成20・8・22交通民集41巻4号1003頁は，交通事故で外傷性くも膜下出血，脳室内出血等の傷害を負った被害者が，搬送先病院の酸素供給チューブ接続ミスを直接的原因として死亡したことにつき，交通事故により侵害された身体的部位（頭部，脳，左撓骨，右手指）は，医療事故により侵害された部位（呼吸器）とは全く異なっていて，交通事故による受傷内容とは全く別の原因で死亡したこと，交通事故と被害者死亡との間には事実的因果関係は認められるものの，交通事故から医療事故による死亡という結果を生じることが社会通念に照らして通常生じる事態と解することはできず，加害車運転者においてもかかる事態は予想し得ないものであって，交通事故と被害者死亡との間に相当因果関係を認めることはできないこと等から，交通事故と医療事故との間に客観的関連共同性があるものとは認められないとした）。

第2章　民法上の責任

【202】　東京地判平19・9・27 交通民集40・5・1271，自保ジャ1719・16

「ア　民法719条1項前段の共同不法行為が成立するためには，原則として，各共同不法行為者の行為が独立して不法行為の要件を備え，かつ，各行為に客観的な関連共同性があることを要し，それをもって足りるものと解すべきであるところ，本件抜釘術は，本件交通事故に伴う原告の傷害に対する治療の一環として行われたものであるから，その限りにおいて，本件交通事故と本件抜釘術との関連性がないとはいえない。

しかしながら，本件抜釘術は，本件交通事故から約2年9か月もの期間が経過した後に行われ，その間，原告は，被告病院以外の医療機関（A総合病院及びB病院）を含む入院及び外来通院を経て被告病院へ再入院しており，本件交通事故と時間及び場所を著しく異にするものであるほか，本件交通事故における被告Y_1の行為及び過失の態様と，本件抜釘術における医師のそれとは全く異質な行為である。また，前記（1）のとおり，本件交通事故による損害と本件抜釘術による損害とは区別してとらえることが可能であるところ，精神的苦痛による損害のほかは，本件抜釘術により本件交通事故による損害がさらに拡大したとは認め難い関係にある。

イ　このように，本件においては，本件交通事故と本件抜釘術とでは，時間的・場所的近接性がなく，行為及び過失の態様が異質であり，被侵害利益が別個であると解されるから，両者の間に客観的関連共同性を認めることはできないものというほかはなく，被告Y_2らと被告Y_3との間に共同不法行為の関係は成立しないものと解するのが相当である。」

【203】　名古屋地判平20・8・22 交通民集41・4・1003

「以上の事実によれば，亡Aは，本件交通事故による受傷内容自体とは全く別に，被告Yによる医療器具の取扱の過誤という本件医療事故によって呼吸不能となったことを直接的原因として死亡したものである。

そうすると，本件交通事故と亡Aの死亡との間には事実的因果関係は認められるものの，本件交通事故から本件医療事故による死亡という結果が生じることが社会通念に照らして通常生じる事態とは解することができず，Bにおいてもかかる事態は予想し得ないものであって，本件交通事故と亡Aの死亡との間には，相当因果関係を認めることはできないというべきである。

加えて，亡Aが本件交通事故により侵害された身体的部位（頭部，脳，左撓骨，右手指）は，本件医療事故により侵害された部位（呼吸器）とは全く異なっていること，本件医療事故における被告Yの行為は直接的に亡Aの死をもたらしたものであることに鑑みると，本件交通事故と本件医療事故との間に，共同不法行為成立のための客観的関連共同性があるものと認めることはできないというべきである。

したがって，本件交通事故と本件医療事故との間には共同不法行為は成立しないものである。」

（2） 1項後段

1項後段の成立要件は，共同行為者のうちの誰かによって損害が加えられ，各共同行為者に，因果関係以外の一般的不法行為の要件が備わっていることである。

ここでは，主として，以下の類型を対象とすることが考えられる。

① 交通事故（運転者の過失）と道路の設置・管理瑕疵との競合

交通事故加害行為と道路の設置・管理瑕疵（国賠法2条1項）とが競合する場合においても共同不法行為の成否が問題となる。

数は多くないものの，共同不法行為の成立を認めたものがある。

前掲【165】福岡地裁小倉支判昭和51年12月3日は，国道路側帯付近を自転車で走行していたA（12歳，男子）が，路上に落ちていた拳大のレンガ片に乗り上げて車道内に転倒したところ，後方からきたB運転の普通乗用車（Y_1保有）に轢過され，死亡した事案において，Y_1（運行供用者責任）とY_2（国）（国賠法2条1項）の共同不法行為と認め（過失相殺として8分の5控除），前掲【166】仙台高判昭和60年4月24日は，Y_1（Y_2の被用者）運転のダンプカーが荷台を上げたまま進行したため，電話線を引掛けてY_3（電電公社）が所有管理する電話柱が根元から折れて県道上に30度の角度で傾斜する事故が起こり，その約1時間後，A運転の自動二輪車がその電話柱に衝突してAが死亡したという事案において，Y_1（民法709条），Y_2（同715条），Y_3（同717条）の責任をそれぞれ認めた一審の判断を維持して，Yらは共同不法行為責任を負うとし，前掲【167】福岡高裁宮崎支判昭和60年10月31日は，先行車を追越そうとしたA運転のダンプカーが県道の側溝に落輪させ，これを脱出させようとして加速したため，ハンドルをとられて県道側端の縁石に激突し，それを乗り越えて国鉄線軌道敷内に転落しディーゼル急行列車に衝突して乗客多数を死傷させたという事案において，本件事故は，Aの過失行為，Y_1（県）の県道の管理瑕疵ならびにY_2（国鉄）の鉄道施設の管理瑕疵とが偶然互いに競合してその原因をなし惹起されたものと認め，「いわゆる競合共同不法行為に準じた関係にあるから，……三者の行為ないし瑕疵は部分的因果関係（因果関係の寄与度）があるにすぎず，本来，各行為は損害の一部原因であるともいえるが，これらの因果関係上の寄与度は……明確に認定することができないところであるから，……三者は……719条1項後段に従いそれぞれ自己自身の部分的因果関係に相当する責任部分と他人の責任の担保的性質を有する残余部分との全責任を各自連帯して…賠償の責に任ずる……」とした。

また，前掲【168】東京地判平成8年9月19日は，駐車禁止の道路（Y_3が管理者）にA（Y_1の被用者）が駐車させたトレーラー（Y_2所有）の後部にB運転・C同乗の普通乗用車が衝突してB・Cが死亡した事案において，Y_1（民法715条），Y_2（自賠法3条），Y_3（東京都）（国賠法2条）の責任をそれぞれ認め，本件事故は，Y_1，Y_2およびY_3が，「それぞれ各自の独立した不法行為によって惹起させたものであり，かつ右各行為はそれぞれ客観的に相関連し，共同して

第 2 章　民法上の責任

事故を惹起したものと認められるから」，Y らは共同不法行為者として，連帯して損害賠償責任を負うとした。

次いで，前掲【177】東京高判平成 16 年 9 月 30 日は，時速約 40 キロメートルでカーブしている道路のセンターラインを約 50 センチメートルはみ出して走行した A 車（普通貨物自動車）とセンターラインよりにふくらんで走行した X 車（普通自動二輪車）とが接触し，X 車運転者が負傷した事故につき，A には対向車線側に約 50 センチメートルはみ出して走行し，対向してくる X 車に気づきながら，その動静に十分な注意を払い徐行する等の措置を採らなかった過失，X には制限速度を時速約 20 キロメートル超える時速約 60 キロメートルで走行したことに加え，著しい前方注意義務違反という過失がそれぞれあり，また，歩道工事により，同工事現場付近で仮歩道のため幅員が減少し，車両幅員が 2.4 メートル以上の車は必然的にセンターラインを超えて走行せざるを得ない状況であったにも拘わらず，道路標識令で定める幅員減少を示す警戒標識等を設置して幅員減少を認識できる措置を講じていなかった Y_1（道路管理者）と Y_2（工事により道路を占有していた業者）にも過失があったとして，A・Y_1（国賠法 2 条 1 項）・Y_2（717 条 1 項）の共同不法行為を認め（ただし，A は訴外），まず，A：X の過失割合を 1：2 と認め，道路の管理瑕疵と X との過失割合を 1：8 と認めた上で，A：X：Y ら＝ 4：8：1 の絶対的過失割合を認め，前掲【178】東京地判平成 19 年 11 月 22 日は，道路隣接マンションの新築工事に伴う歩道工事で片側車線幅員が減少していたため，必然的にセンターラインを越えて走行せざるを得なかった A 運転の普通貨物自動車と B 運転の対向自動二輪車とが接触して B が負傷した事故について，A（制限速度超過，前方不注視等の過失）と Y（道路管理者，道路法 45 条 1 項，2 項〔および道路標識令〕で設置が義務付けられている幅員減少を示す警戒標識〔幅員減少始点の 50 〜 200 メートル手前に設置しなければならない〕等を設置していなかったことに道路管理の瑕疵がある）との共同不法行為を認めた。

交通事故加害者と道路管理者との間に意思の共同などあろうはずもないから，主観的共同説に立つ場合には，やはり共同不法行為の成立は否定されることになる。したがって，ここでも客観的共同説に拠り，いずれの加害者に対しても全損害の賠償を請求することができると解すべきである。

前掲【166】仙台高判昭和 60 年 4 月 24 日のように，道路の設置・管理瑕疵自体が加害行為たる交通事故（Y_1 の惹起した事故）の原因となっていない場合でも，両者の間に時間的・場所的近接性が認められ，かつ，損害分別の可否という観点をも踏まえて社会通念上の一体性が認められるのであれば，客観的関連共同性を肯定してよい。また，前掲【177】東京高判平成 16 年 9 月 30 日の如く，工事等に従事する業者（道路占有者）が関連共同性の輪の中に組み込まれることも首肯されよう。

道路の設置・管理瑕疵と交通事故加害行為とはそれぞれ別個に存在するものであるから，それがたまたま競合して損害を惹起したというときは，客観的関連共同性が肯定されるとし

ても，そこには弱い関連共同性しか認められないとみるべきであり，したがって，719条1項後段が適用されることになり，道路管理者側，交通事故加害者側ともに，損害に対する自己の寄与度を主張・立証しての減免責が認められることになる。ただ，ここでの主張・立証は，異時事故の場合，交通事故と医療過誤が競合する場合に劣らぬ困難が伴うであろう。

② 交通事故と土地工作物責任との競合

交通事故と工作物責任との共同不法行為を認めることもできる。

前掲【159】大阪地判平成19年5月9日は，信号機のある交差点において，隣接する歩道上を走行していたA（女，7歳，小学1年生）搭乗の自転車が，生垣のある歩道（歩道0.9メートルに対し，生垣の突出部分が0.65メートル）に右折進入したところ，Y_2（Y_3の被用者）運転の普通貨物自動車（Y_3所有）が信号待ちで停止していた車道上に転倒し，青信号で発車した同車に轢過されてAが死亡した事故において，Y_1（生垣の所有者・管理者）の717条2項，Y_2の709条，Y_3の自賠法3条の各責任につき，共同不法行為の成立を認めた。ここでも，基本的に719条1項後段に拠ることになろう。

（3） 719条2項

行為者を教唆した者および幇助した者は共同行為者とみなされ，719条2項が適用される。

他人が不法行為をすることを唆した者あるいはこれを幇助した者については，直接，損害との結びつきがあるとは認められない。しかし，規範的には，その損害について責任があるといえる。また，被害者側においては，教唆・幇助行為を独自の不法行為として成立させるための因果関係の立証や，損害の個別的算定が困難という事情が存する。そこで，この場合も719条1項と同様の規制に服させることが適切とされる。

交通事故の場合には，教唆が問題となることは稀であって，専ら幇助が問題とされることになる。

① 共同暴走行為

【204】東京高判平成10年5月12日（交通民集31巻3号633頁）は，多数のオートバイ，四輪車（一審では，単車20ないし30台および多数の四輪車とされていた）が道路いっぱいに広がり，爆音を立てて蛇行運転，信号無視等しながら暴走行為をしていた際，B車を先頭とする先頭グループが赤信号を無視して交差点に進入したところ，対面青信号で交差道路から交差点に進入してきたA運転の自動二輪車が，B車との衝突を避けようとして転倒・滑走し交差点中心付近でB車と衝突して，Aが死亡したという事故で，Aの父母が，先頭グループでB車の後方にいたC車・D車（ともに自動二輪車）につき自賠責保険契約を締結していた保険会社に自賠法16条1項に基づき保険金を請求した事案である（なお，A車とC車・D車とは衝突

第2章　民法上の責任

ないし接触はしていない)。

一審判決は，Aの父母の請求を認めたが，本判決は，C車・D車の運行とA死亡との間には相当因果関係が認められない，すなわち自賠法3条にいう「運行によって」の要件を満たさないから，自賠法3条の責任を前提とする保険金請求は理由がないとして，これを斥けた。

本件は，719条2項が直接的に問題とされたものではないが，判決理由の中で「幇助」に関わる判断がなされており，そこでは，719条2項にいうところの幇助があったとしても，当該幇助行為たる運行とA死亡との間の相当因果関係が認められない以上，その幇助行為者の自賠法3条の責任は認められないとしているのであり，参考になろう。

【204】東京高判平10・5・12交通民集31・3・633

「ところで，自賠法3条による運行供用者の損害賠償責任が認められるのは，自動車の『運行によって』他人の生命，身体を害したといえる場合であり，自動車の運行と被害者の死亡等との間に相当因果関係の認められることが必要であるところ，右引用に係る事実によれば，本件事故は，衝突の危険を感じたAが急制動等衝突を回避するための措置をとり安全を失って転倒，滑走し，B車と衝突したもので，C車及びD車とAとが衝突ないし接触していないことは明らかであるが，自動車の運行と死亡等との間の相当因果関係を肯定するためには，必ずしも当該自動車と被害者とが衝突ないし接触することが必要とされるわけではなく，例えば，被害者が特定の車両の暴走行為を現実に目撃したため衝突の危険を感じあるいは驚愕するなどして，急制動や転把するなどの衝突を回避する措置をとり，あるいは運転操作を誤り，転倒，滑走したことによって被害を受けた場合はもとより，被害者が特定の車両の個々の暴走行為を現実に視認していなくても，それらの車両を含む暴走車両の先頭グループの一団の車両群を視認し，そのうちのどれか不特定の車両との衝突の危険を感じたりするなどして，急制動等の衝突回避の措置をとることを余儀なくされて転倒，滑走したことにより被害を受けた場合にも，被害者に衝突の危険を感じさせた車両が被害者の車両等に接触しなくても，衝突の危険を感じさせた車両の運行と被害との間に相当因果関係があると解するべきである。

そこで，本件について検討するに，前記認定のとおり，C車及びD車は本件事故現場の交差点に進入する際，先頭で走行していたB車の後方に続く暴走集団の先頭グループに属していたと認めることはできるが，その状況は，次に述べるとおり，C車及びD車がその先頭グループのどの位置にいたかまでを的確に確定できる証拠はない。

1　C及びDは，警察官等に対する供述調書において，本件事故現場に差し掛かる直前の走行状況につき，B車に続く先頭グループにいたことを肯定する供述をしているが，その具体的な位置については，Cは，B車の5～6メートル後にE達がおり，自分はそれより少し遅れて，Fに続いて走っていた

旨供述し（甲第79号証），Dは，B車の4〜5台後を走行しており，先頭グループには，C車のほか，E，G，H運転の各オートバイがいたが，B車に続く者は蛇行運転を繰り返し走行位置が一定しているわけではないため，各人の位置は覚えていない旨供述し（甲第73号証），また，Bは，本件事故現場に差し掛かった際，自分が先頭で，その後方をC車，さらにその後ろに仲間のオートバイ，四輪車が連なっていた旨供述している（甲第66号証・司法警察員に対する供述調書）が，走行中の出来事であり，自己の後方の車両の位置を的確に把握していたとは考えにくい。

2　甲第73号証（Dの司法警察員に対する供述調書）によれば，Dは，自分達が暴走行為をして交差点を通過するときは，赤信号であっても，まず先頭の車両が速度を落とし爆音を立てて交差点に突入して交差道路の車両を威嚇し，それに続いて後続の暴走集団が進入していくというやり方を用いており，本件事故直前も，先頭のオートバイ（B車）が急に速度を落とし爆音を立てていた旨供述しており，これによると，B車の本件交差点への進入と後続の先頭グループの車両の進入との間には多少の時間的間隔があったことが窺われる。

3　本件事故当時，東西道路を東進し交差点直前で停車していたIは，検察官に対する供述調書において，暴走集団のうち2台のオートバイがゆっくりとした速度で蛇行運転をしながら交差点内に進入し，そのうち中央寄りを走っていたオートバイとA運転のオートバイとが衝突した旨供述し（甲第37号証），また，同じく本件事故当時自動車を運転して本件事故現場に差し掛かったJも，実況見分に際し，暴走族のオートバイ2台が交差点内に進入したとき，A運転の車両が転倒するところを見たと述べており（甲第41号証），右目撃者の供述からすると，事故直前，東から西に2台のオートバイが並進する形で交差点内に進入したということになるが，B車でないもう1台のオートバイが何者であったかは明らかでないものの，少なくともそれがB車の後方を走行していたC車やD車であるとは考えられない（なお，Bは，司法警察員に対し，本件交差点では甲の暴走族の400ccの単車が並進していたと供述している。（甲第63号証）。

4　右1ないし3のほか，前記認定のとおり，C及びDは，交差点中央にAが倒れているのを左側に見ながら交差点を通過しており（この点は警察での取調べ段階から一貫している。），本件事故が発生した後に交差点内に進入したものとみられることを考えると，B車が交差点に進入し，Aがそれとの衝突の危険を感じて転倒，滑走するに至った時点では，C車及びD車はB車の後方で蛇行運転をしながら未だ交差点入口にまで至っていなかった可能性もある。そして，交差点の東南角に建物があってA方向から暴走族進行方向の見通しが良くなかったことなども総合してみると，AがC車やD車の暴走行為を現実に目撃して衝突の危険を感じたり驚愕するなどして衝突を回避するための措置をとったものと認めることはできない。また，両車両が暴走族の先頭グループの中にいたとしても，CやDがいうところの先頭グループは相当に長く大きい雑然として隊列状態であったものと推認されるため，現実にAが衝突の危険を感じこれを回避しようとした相手は爆音を立てて威嚇し

ながら交差点に進入してきたＢ車ともう１台のオートバイであったと推認するのが自然である。そうすると、Ｃ車及びＤ車の『運行』がＡに転倒、滑走を生じさせるような何らかの影響を及ぼした疑いはあっても、本件証拠上これを認めることは困難であるといわざるを得ない。

　　三　被控訴人らは、Ａの死亡事故はＣ車及びＤ車を含む暴走集団ないしその先頭グループの運行によって発生したとみるべきである旨主張するが、自賠法３条は、個々の自動車の『運行によって』生じた死亡等による損害について、当該自動車の運行供用者にその賠償責任を認めたものであり、前記のとおり、右賠償責任が認められるためには、個々の自動車の運行と死亡等との間に相当因果関係が存在することが必要なのであって、被控訴人らが主張するような暴走集団全体ないしその先頭グループ全体をとらえてそれらの走行と死亡等との因果関係の有無を論ずることは相当でなく、被控訴人らの右主張は失当である。

　　また、被控訴人らは、Ｃ車やＤ車の運転行為はＢ車の暴走行為を幇助するものであるから、その運転行為とＡの死亡との間には自賠法３条の因果関係があるとも主張する。確かに、Ｃ及びＤを含む暴走集団の一団となった暴走行為が、Ｂの赤信号を無視した交差点への突入を援助、助長したということはできるが、本件においては、その援助、助長なるものは、Ｃ車及びＤ車の運行によってＢ車の走行車線が確保されるなど物理的にＢ車の交差点突入を容易ならしめたというものではなく、いわば集団での暴走行為によりＢに対し心理的な支援を与えるというものであるから、Ｃ車及びＤ車の運行が具体的、事実的な面でＡの死亡に直接の原因を与えたということはできないのであって、Ｃ車及びＤ車の運転行為がＢ車の暴走行為を幇助したといえるからといって、本件事故が自賠法３条にいうＣ車及びＤ車の『運行によって』生じたということはできないというべきである。

　　四　以上のとおりであり、Ｃ車及びＤ車の運行とＡの死亡との間には相当因果関係が認められないから、Ｃ及びＤについて自賠法３条による損害賠償責任が認められることを前提とする被控訴人らの本件保険金請求は理由がなく、棄却すべきである。」

② 　飲酒行為・飲酒提供と事故との共同性

　飲酒運転に起因する事故は古くからあったが、近時は、飲酒運転をした本人の責任を問うにとどまらず、その飲酒運転をさせる経緯に関与した者の共同不法行為責任の成否が問題とされるようになってきた。ここでは、単に酒類を提供したにとどまる者、ともに飲酒したが、その後事故車両に同乗したわけではない者、ともに飲酒し、事故車両にも同乗した者という類型を考えることができよう。

（ⅰ）　酒類提供者の責任

　飲酒自体を事故の原因と断定することはできないとして、酒を提供したバーテンダーの不法責任を否定した【205】東京高判平成16年2月26日（交通民集37巻1号1頁）があるが、

道路交通法65条3項＊の改正に鑑みれば，現在では共同不法行為責任が肯定される場合が少なくないといえよう。

> ＊　道路交通法65条
> 「何人も，酒気を帯びて車両等を運転してはならない。
> ②　何人も，酒気を帯びている者で，前項の規定に違反して車両等を運転することとなるおそれがある者に対し，車両等を提供してはならない。
> ③　何人も，第1項の規定に違反して車両等を運転することとなるおそれがある者に対し，酒類を提供し，又は飲酒をすすめてはならない。
> ④　何人も，車両……の運転者が酒気を帯びていることを知りながら，当該運転者に対し，当該車両を運転して自己を運送することを要求し，又は依頼して，当該運転者が第1項の規定に違反して運転する車両に同乗してはならない。」

【205】　東京高判平16・2・26交通民集37・1・1

「しかし，原判決掲記の各証拠によれば，Y_1の飲酒の経過及び飲酒量並びに本件事故に至った経過については，前記引用の原判決の認定した各事実（前記訂正部分を含む。）を認めることができ，これによれば，Y_1は，午前零時ころに仕事が終わった後明け方まで飲酒をした後運転を行い，自ら眠くなって前方注視が困難なことを認識しながら運転を続けた過失により本件事故を引き起こしたものであって，本件事故の直接の原因が，Y_1において，眠くなって前方注視が困難であることを認識しながら，運転を止めて仮眠等をしなかったことにあることは否定できないところであって，飲酒自体が直接の原因ということは困難といわざるを得ない。そして，被控訴人Y_2は，Y_1について，飲酒運転による事故発生の一般的危険性を予見できたとはいい得るけれども，前記認定事実によれば，本件事故の発生自体を具体的に予見することができたとはいい難く，被控訴人Y_2がY_1に酒類を提供したことと本件事故の発生との間に相当因果関係があるとはいえないから，本件事故発生について，被控訴人Y_2に不法行為責任を認めることは困難である。」

(ⅱ)　共同飲酒者の責任

この場合は，さらに単に飲酒を共にしたのみの（飲酒後，車に同乗していない）場合と飲酒後同乗もしている場合とに分けられる。

(ア) 単に飲酒を共にしたのみの者の責任

ここには，肯定・否定両例がある。

【206】東京地判平成18年2月22日（交通民集39巻1号245頁）は，Y_2運転・Y_3同乗の普通自動二輪車とY_1運転・A同乗の普通自動二輪車とが，カラオケ店からの帰途，Y_2車を追越したY_1車が減速したことにより，Y_2車の前輪がY_1車の後輪に接触し，バランスを崩

第2章　民法上の責任

したY₁車がブロック塀に激突して路上に投げ出されたAが，硬膜下血腫，脳挫傷等で死亡した事故において，カラオケ店で一緒に飲酒していたY₃は，Y₁・Y₂が飲酒していたことを知っていたのであるから，AにY₁ら車両への同乗を制止すべき注意義務があるのにこれを怠った過失があり（709条），またY₁らが運転することを制止すべき注意義務があったのにこれを怠った過失がある（719条2項）として責任を問われた事案である。

　本判決は，Y₃は，カラオケ店に行くことに積極的ではなく，Y₁に飲酒を勧めてもいないこと，AにY₁車への乗車を勧めた証拠もなく，Y₁にAのアパートまで送るよう頼んでもいないことから，AにY₁車への乗車を勧めることを差し控え，これを制止すべき注意義務があったとまではいえないとして709条の責任を認めず，また，Y₁・Y₂が運転することを制止すべき法的な注意義務があったとまではいえないとして719条2項の責任も否定した。

　これに対し，【207】東京地判平成18年7月28日（交通民集39巻4号1099頁）は，正常な運転ができない程度に酩酊していたY₁運転の普通貨物自動車（Y₂所有）が歩行者をはねて死亡させた事故につき，本件事故前に長時間Y₁と飲酒を共にしていたY₃と，本件事故前にY₁から「一杯飲んでくるから遅くなる」との連絡を受けていたY₄（Y₁の妻）の責任も問われた事案において，Y₃については，道路交通法65条を踏まえると，飲酒後に車両を運転するおそれのある者に飲酒をすすめた者は，その者が飲酒後に運転することを制止すべき義務を負うと解すべきであり，長時間にわたって飲酒を共にする行為は飲酒をすすめたことと同視し得るとし，Y₃には，Y₁の運転を制止すべき注意義務があったにもかかわらず，早く家に帰って休みたかったばかりに，共に飲酒していた他の者に代行運転を頼むことを促すにとどまり，自らタクシーや代行運転を呼ぶことなく，Y₁を駐車場に残したまま，一緒に飲酒した他の者の車で帰宅したのであるから，Y₁の飲酒運転を幇助したものとして719条2項の責任を認めることができるとしたが，Y₄については，本件事故が勤務を終えた後の帰宅途中に生じていることから，Y₄には，Y₁の運転を制止し，本件事故を回避する直接的，現実的な方策があったとまでは認められず，Y₁の本件飲酒運転を制止しなかったことについてY₄に不法行為責任を問うべき注意義務違反があったとか，教唆，幇助行為があったとまでは認めることができないとした。

【206】東京地判平18・2・22 交通民集39・1・245

「(6)　同カ（被告Y₃）について
　ア　同(ア)（民法709条）について
　同(ア)のうち，被告Y₃が，被告Y₁及び被告Y₂と同じアルバイト先で勤務していた仕事仲間であり，Aの友人であったことは，原告らと被告Y₁，被告Y₄，被告Y₅，被告Y₆及び被告Y₃との間では争いがなく，被告Y₃が，本件事故に先立ち，Aが被告Y₁及び被告Y₂から被告Y₁車両又は被告Y₂車両に同乗するよう誘われた際，前記被告両名が飲酒をしたことを知っていたことは，原告らと被告Y₃との間では争いがない。

原告らは、「被告Y_3は、被告Y_1及び被告Y_2と同じアルバイト先で勤務していた仕事仲間であり、Aの友人であったところ、本件事故に先立ち、Aが被告Y_1及び被告Y_2から被告Y_1車両又は被告Y_2車両に同乗するよう誘われた際、前記被告両名が飲酒をしたことを知っていたのであるから、Aに前記車両への乗車を勧めることを差し控え、これを制止すべき注意義務があるのにこれを怠り、漫然とAに前記車両への乗車を勧めた過失がある」などと主張し、前示のとおり、被告Y_3は、被告Y_1及び被告Y_2と同じアルバイト先で勤務していた仕事仲間であり、Aの友人であった（本件事故の当時、被告Y_3はAのアパートで同居していた。）こと、被告Y_1及び被告Y_2が飲酒していることを知っていたことが認められる。

しかしながら、本件事故に先立ち、被告Y_3がAに被告Y_1車両への乗車を勧めたことを認めるに足りる証拠はなく（前示のとおり、カラオケ店から出たときは、じゃんけんをして後部に乗車する者を決めることはしておらず、Aより先にカラオケ店から出た被告Y_3は、被告Y_2が既に被告Y_2車両に乗っているのを見て、黙ってそのまま被告Y_2車両の後部に座ったことから、Aは、空いている被告Y_1車両の後部に乗ることとなったにすぎない。）。前示のとおり、Aは、本件事故の当時、既に成年に達し、被告Y_3の1歳年少であるにすぎないこと、被告Y_3は、カラオケ店に行くことに積極的ではなく、カラオケ店においても被告Y_1に飲酒を勧めていないこと、被告Y_1は、カラオケ店から出る際、足元がふらつくほどではなく、酔った歩き方ではなかったこと、被告Y_3は、カラオケ店から出た際、被告Y_1車両及び被告Y_2車両でAのアパートまで送るよう頼んでいないことをも考慮すると、被告Y_3は、Aに被告Y_1車両への乗車を勧めることを差し控え、これを制止すべき法的な注意義務があったとまではいえないというべきである。

以上によると、原告らの前示主張は、その前提を欠いており、理由がない。

イ　同（イ）（民法719条2項）について

同（イ）のうち、被告Y_3が、被告Y_1及び被告Y_2とともにカラオケ店において飲酒したことは、原告らと被告Y_3との間では争いがない。

原告らは、「被告Y_3は、被告Y_1及び被告Y_2とともにカラオケ店において飲酒し、その席上前記被告両名に酒を勧めた上、カラオケ店を離れる際、酒に酔い正常な運転ができない状態にあった前記被告両名があえて自動二輪車を運転しようとしたのであるから、前記被告両名が運転することを制止すべき注意義務があるのにこれを怠り、その運転を容認した点に過失がある」などと主張し、前示のとおり、被告Y_3は、被告Y_1及び被告Y_2とともにカラオケ店において飲酒したことが認められる。

しかしながら、被告Y_3が、カラオケ店において、被告Y_1及び被告Y_2に飲酒を勧めたことを認めるに足りる証拠はなく、前示のとおり、被告Y_1及び被告Y_2は、被告Y_3の2歳年少であるにすぎず、本件事故の当時、成年に近い年齢に達していたこと、被告Y_3は、カラオケ店に行くことに積極的ではなく、カラオケ店から出た際、被告Y_1車両及び被告Y_2車両でAのアパートまで送るよう頼んでいないこと、カラオケ店を出る際、被告Y_1も被告Y_2も、足元がふらつくほどではなく、酔った歩き方ではなかったことをも

考慮すると，被告Y₃は，被告Y₁及び被告Y₂が運転することを制止すべき法的な注意義務があったとまではいえないというべきである。

以上によると，原告らの前示主張は，その前提を欠いており，理由がない。」

【207】　東京地判平18・7・28 判時2026・46，交通民集39・4・1099

「以上に検討したところによると，被告Y₃は，前記のとおり，被告Y₁と長時間にわたって飲酒を共にし，その結果，被告Y₁が正常な運転ができない程度の酩酊状態にありながら，本件車両を運転して帰宅することを認識できたのであるから，被告Y₃には被告Y₁の運転を制止すべき注意義務があったというべきである。ところが，被告Y₃は，早く家に帰って休みたかったばかりに，Bを介して代行運転を頼むことを促すにとどまり，自らタクシーや代行運転を呼ぶことなく，被告Y₁を駐車場に残したまま，一緒に飲酒したCの運転する車両に同乗して帰宅したのであるから，被告Y₃には被告Y₁の飲酒運転を幇助したものとして，民法719条2項の責任を認めるのが相当である。なお，被告Y₃は，被告Y₁が年長であったことなどから注意できる立場になかったなどと主張するが，Bらと一緒にいたことなどに照らすと，被告Y₁の運転を制止することができなかったとは到底認められない。また，被告Y₃は，原告らの請求は懲罰目的の請求であり，被害者救済を目的とする民法719条の予定するところではないと主張するが，原告らの請求が専ら懲罰目的であって，不当な請求であるとまでいうことはできない。

原告らは，被告Y₄は，被告Y₁と日常生活を共にする者として，被告Y₁の飲酒運転が重大事故を引き起こすことの危惧感を抱いてしかるべきであり，また，唯一，被告Y₁の日常的な飲酒運転を止めさせることのできる地位にあったなどとして，被告Y₁の飲酒運転を止めさせる義務があったにもかかわらず，これを怠った旨主張する。

確かに，被告Y₄は，前記認定事実のように，被告Y₁が，勤務先からの帰宅途中に飲酒した後，本件車両を運転して帰ってくることが度々あったことを認識しており，本件事故の前日も，被告Y₁が退社後に飲酒することを認識していたのであるから，被告Y₁が飲酒後に車を運転して帰ってくることを予想できたものと認められる。

しかしながら，本件事故が出勤途中に生じたのであればともかく，勤務を終えた後の帰宅途中に生じているのであるから，被告Y₃の場合と異なり，被告Y₄には，被告Y₁の運転を制止させ，本件事故を回避する直接的，現実的な方策があったとまでは認められない。また，前記認定事実のとおり，被告Y₄は，被告Y₁の日常的ともいえる飲酒運転の事実を認識していたのであるが，被告Y₁に対して注意をしてこなかったわけではないのである。

したがって，被告Y₄の日ごろの被告Y₁の飲酒運転への対応は不十分であったというべき余地のあることを否定できないが，被告Y₁の本件の飲酒運転を制止しなかったことについて，被告Y₄に不法行為責任を問うべき注意義務違反があったとか，教唆，幇助行為があったものとまでは認めることはできない。

よって，被告Y₄に対する本件請求は理由

がない。」

（イ）　飲酒を共にした後，車にも同乗している者の責任

この場合については，古く，【208】最判昭和43年4月26日（判時520号47頁）が，①飲酒直後に自動車を運転することになるのを知悉しながら，②その者に酒を提供して飲ませ，③飲酒運転を制止せず，④飲酒運転の車に同乗したという場合について責任を肯定した原審（【208′】福岡高判昭和42・8・17判時520号48頁）を維持していた。その後，責任を否定した裁判例も存する（京都地判昭和61・1・30交通民集19巻1号140頁，千葉地判昭和62・7・31交通民集20巻4号1004頁）が，肯定するものが多い（【209】福岡高判昭和54・10・25判タ412号130頁——自動二輪車の例，【210】大阪地判平成12・11・21交通民集33巻6号1933頁——単に共同不法行為責任を負うというにとどまる，【211】東京地裁八王子支判平成15・5・8判時1825号92頁，【212】山形地裁米沢支判平成18・11・24判時1977号136頁，【213】仙台地判平成19・10・31判タ1258号267頁，【214】東京地判平成20・9・4交通民集41巻5号1202頁）。【215】千葉地判平成23年7月11日（自保ジャ1855号1頁）は，交差点付近を歩行横断中のAがY₁運転の普通乗用車にはねられて死亡した事故につき，Y₁と共に飲酒・飲食した後，Y₁の指示に従い，往復10分弱掛けて自宅まで自動車の鍵を取りに行き，それをY₁に渡して自己の子供と一緒にY₁車に乗ったY₂に，Y₁が呼気1リットルあたり0.55ミリグラム以上になるほどの飲酒をしている場に居た者として，Y₁が安全に運転することができない可能性を十分に認識していたにも拘わらず，Y₁の指示に基づき，Y₁車の鍵を取りに自宅まで行き，これをY₁に渡した上，同車に同乗していることに照らせば，719条に基づき，Y₁と連帯して責任を負うものとした。

【208】　最判昭43・4・26判時520・47

「本件記録を検討すると，所論の点に関する原審の証拠の取捨判断，事実の認定は，正当として是認できるし，説示判断の過程にも違法は認められない。原判決に所論の違法はなく，論旨は，原審の認定にそわない事実を主張し，独自の見解に立って，適法になされた原審の証拠の取捨判断，事実の認定を非難するに帰し，採ることができない。」

【208′】　福岡高判昭42・8・17判時520・48

「二　控訴代理人は，被控訴人ら両名が前記8月9日，Aと共に被控訴人B方及び前記C方で飲酒した際，Aが飲酒後本件自動車の運転に従事する者であることを知り，又は知り得べき状況の許において，あえて同人に酒をすゝめて飲酒酩酊せしめたうえ，その運転行為に従事するのを制止しなかったので共同不法行為上の責任があると主張するので判断するに，およそ自動車の運転者は，飲酒酩酊して運転するときは注意力が鈍化

して操縦を誤り，しばしば事故の発生につながる虞れがあるため，法律もこれを禁止し，その違反行為を犯罪として刑罰を定めているものであるところ（道交法65条，117条の2参照），飲酒直後には自動車の運転に従事する運転者となるものであることを知悉しながらこの者に酒を提供して飲ませ，この運転者が酩酊した状態で他人の自動車を運転するのをあえて制止せず，自らもこの自動車に同乗して運行の利益を受け，よって右運転者が酩酊のため自動車の操縦を誤り，これを転覆破壊したときには，右酒を提供して飲酒をすゝめた者は直接にその運転行為には関与していなくても右運転者の酩酊運転による自動車損壊の権利侵害に対し客観的共同原因を与え，右飲酒をすゝめた行為と自動車損壊との間には相当因果関係があるものというべく，共同不法行為者としての責任を免れないものと解するのが相当である。」

【209】福岡高判昭54・10・25判時958・75，判タ412・130

「(一) 被控訴人と加害車の運転者Aとは中学時代からの同級生で本件事故当時両名とも16歳の未成年者であったが，互いに近隣に居住していて，ときどき一緒に飲酒するなど親しい間柄であったこと，(二) 被控訴人は，本件事故当日の午後8時30分頃，右Aから甲市乙町所在のα寿司店に呼び出され，同店で共にビール数本を飲んだが，更に同人から同所から7キロメートル位離れている同市の中心部に遊びに行くことを誘われ，同人が酒に酔っていることを知りながら，同人の運転する自動二輪車の後部座席に同乗して，同市中心部のダンスホールに行って遊び，次いでスタンドバーで同人と共にウィスキーの水割等を数はい飲み，更に焼鳥屋でビールを飲むなど，翌日午前1時頃まで同人と一緒に飲み歩いたこと，(三) その結果，右Aは酒に酔い正常な運転ができない状態となっていたが，なおも自動二輪車を運転して乙町の自宅まで帰ろうとしたところ，被控訴人は，Aが右のように酒に酔い正常な運転ができない状態にあることを知りながら，同人の右運転を制止しなかったばかりか，同自動車の後部座席に同乗し，同人の右運転を容認して運転を開始させ，かつ，時速50キロメートル位で進行中の同人に後部から話しかけるなどして，同人の前方注視をおろそかにさせたこと，(四) 運転者Aは，右帰途，右のように酒に酔い，かつ，被控訴人と話をするなどして前方注視を怠ったため，道路上のマンホールで作業中の亡Bに約7メートルの至近距離に至るまで気付かず，同人に自動二輪車を衝突させて本件事故を発生させたこと，以上の事実が認められる。

　右認定の事実からすると，被控訴人が，前記のようにAと長時間一緒に酒を飲み歩いた末，酒に酔い正常な運転ができない状態にあるAが自動二輪車を運転することを制止せず，これを認容して自らその後部座席に同乗し，運転中のAに後部から話しかけるなどしたことは，右Aの惹起した本件事故に関し，民法第719条2項の幇助者として責任があるものと認定するに十分である。」

【210】 大阪地判平12・11・21 判タ1059・165，交通民集33・6・1933

「被告Y₂は，被告Y₁の元上司であり，年齢も20歳も被告Y₁より上である。このように被告Y₂は立場上，被告Y₁の飲酒運転を戒めるべき立場にあるにもかかわらず，かえって飲酒するためにスナックに行くことが分かっていながら，被告Y₁に自宅までY₁車で迎えに来させ，さらに帰路も被告Y₁が相当飲酒していることを承知しながら，安易に被告Y₁にY₁車を運転させて自宅まで送らせている。そもそも，被告Y₂はタクシー代すら所持せずに飲みに出かけており，飲酒後も被告Y₁に飲酒運転をさせて送らせることを予定していたとも考えられる。

そして，被告Y₁が運転中気分が悪くなり「しんどい」と言っているのに，「大丈夫か，わしタクシー拾って帰るから」と言っただけで結局被告Y₁に運転を続けさせ，本件事故を惹起させた。

さらに，本件事故発生後も，被告Y₂は被告Y₁が事故現場から逃走することを止めず，かえって被告Y₁が「警察に行くわ」と言っているのを引き留めるような言動を取り，被告Y₁が再び飲酒運転をして帰路に着くことを制止してもいない。本来であれば，被告Y₁は被告Y₂を自宅に送る途中で本件事故を惹起したのであるから，被告Y₁が事故後動揺していたのであれば，被告Y₂が救急車を呼んだり，警察に通報したりするべきであるともいえるのに，被告Y₂は全くこれに反した行動をとっている。被告Y₂は被告Y₁が帰った後，そのまま就寝しており，責任感の欠如は著しい。

被告Y₂は，かつて運転免許を有しており，飲酒運転が違法であることや交通事故を起こした場合運転者には被害者の救護義務や警察に対する報告義務が課せられていることは当然承知していたと考えられる。なお，これらのことは運転免許を有していない者にとっても，常識の範疇である。

以上のとおり，被告Y₂の行動は，常識のある社会人に期待される範囲を著しく逸脱しているといわざるを得ない。

特に，被告Y₂が，被告Y₁が飲酒していることを承知しながら，元上司という立場を利用して同被告にY₁車を運転させて自宅まで送らせようとしたために，本件事故が発生したものと評価することができる。

よって，被告Y₂の行為は，Aに対する不法行為に該当し，被告Y₂は被告Y₁と共同不法行為責任を負うと認められる。」

【211】 東京地裁八王子支判平15・5・8 判時1825・92，判タ1164・188，交通民集36・3・671

「上記事実を前提に検討すると，被告Y₂及び被告Y₃は，本件事故当日の前にも，被告Y₁が，甲での夕食後，被告車両を運転して外出し，外出先で飲酒をした後に，被告車両を運転して甲に帰ることに同行していたので，本件事故当日も，被告Y₁が，外出先で飲酒した後に被告車両を運転して甲に帰ることを予想しており，被告Y₁の運転する被告車両に同乗して運行の利益を受けることを予定した上で，被告Y₁と一緒に飲みに行くことに合意し，被告Y₁が，二軒の店で酩酊状態になるまで飲酒をすることを制止することなく，共に飲酒をしているのであり，さらに，被告Y₁が，二軒目の店を出

た後，ふらついて倒れかかり，被告車両の運転席に乗り込んだ後も，容易にエンジンキーを鍵穴に差し込めない状態であり，何とかエンジンキーを挿入して被告車両を発進させたものの，駐車場の料金投入口に料金を投入できずに，被告Y₃に代わって投入してもらうといった，甚だしい酩酊状態にあったにもかかわらず，被告Y₂において，二回ほど，被告Y₁に対して運転を代わろうという申出をしたのみで，結局は，被告Y₁の運転する被告車両に同乗して出発しているのであり，その結果，被告Y₁が，アルコールの影響によって前方注視及び運転操作が困難な状態で被告車両を運転して本件事故を発生させるに至っているのであるから，被告Y₂及び被告Y₃には，被告Y₁の酒酔い運転によるAへの加害行為を助長・援助したものとして，少なくとも民法719条2項の幇助者の責任が認められるというべきである。」

【212】　山形地裁米沢支判平18・11・24 判時1977・136，判タ1241・152，交通民集39・6・1665

「前記認定事実のとおり，被告Y₂及び被告Y₃は，既に知人宅で飲酒してきた被告Y₁と平成16年10月23日午前1時半過ぎごろからA園に向かうまで被告Y₃宅で2時間近く共に飲酒をしていたこと，これまで被告らは被告Y₃宅で飲酒後，被告Y₁又は被告Y₂の飲酒運転する自動車でA園に行ったことが何度かあったところ，その日も空腹を満たすためにA園に行くことになり，被告Y₁が加害車両を飲酒運転してA園に向かったが，被告Y₂及び被告Y₃は，被告Y₁が相当量の飲酒をしていることを認識しうる状況にありながら，被告Y₁の飲酒運転を制止するどころかこれに同乗していたこと，そして，被告Y₁が，警察による飲酒運転の発覚を恐れ，制限速度を時速40キロメートルも超過する速度で走行し，かつ，赤信号を無視するという危険運転行為をしたことにより本件事故を惹起しており，被告Y₁がこのような行為に及んだのは飲酒による判断能力の低下に起因するところが大きいといわなければならないが，こうした事態になり得ることについても被告Y₂及び被告Y₃において予見可能であったといえることに鑑みれば，被告Y₂及び被告Y₃は，被告Y₁の飲酒運転及び危険運転行為を幇助した者として民法719条2項に基づく責任を負うというべきである。」

【213】　仙台地判平19・10・31 判タ1258・267，裁判所ウェブサイト

「争いがない事実のほか，関係証拠（甲3，8）によると，被告Y₁と被告Y₂は，加害車両で乗り付けて，平成17年5月21日午後9時ころから午後10時ころまで，甲市内にある居酒屋で飲酒した後，やはり加害車両を乗り付けて，同月22日午前3時30分ころまで乙市丙区内にあるパブ，クラブで飲酒していた。被告Y₂は，このクラブを出るときに『頼むから。』と告げている。これまでも，ふたりで飲酒した後，被告Y₁が運転する車両で，自宅に送ってもらうことが何回かあった。この日，被告Y₂は，甲市内から乙市内に移動してから，最後に飲んでいたクラブを出るまでの間，加害車両をどうするのか，どうやって帰宅するかについて，はっきりと確

認もしていない。そうすると，はっきりとしたやり取りまではなかったが，被告Y_2は，最後は飲酒した被告Y_1に加害車両で送ってもらうつもりで，加害車両に同乗して居酒屋などに行き，ふたりで飲酒し，実際に，自宅に送ってもらうよう頼んで，運転をさせたとみるのが相当である。

そして，被告Y_2は，この間，被告Y_1に対し，飲酒をすることや運転をすることを制止していない。もっとも，この間，被告Y_1が泥酔したり，眠そうにしている様子とは感じていなかった。しかし，自分より被告Y_1は酒に強いと思っていたが，吐いたり，眠り込んでいる自分と同じペースで飲んでいたと感じていた。それまで，ふたりで飲酒していたとき，この日のように6時間以上も飲み続けてから運転を始めたこともなかった。

このように，被告Y_2は，被告Y_1が飲酒運転する加害車両に同乗して運行の利益を受けるつもりで，その運転や飲酒を制止することなく，6時間以上もふたりで飲酒を続け，最後に飲んでいたクラブを出た時点で，相当量の飲酒をしていることを分かっていながら，運転を制止するどころか，自宅に送ってもらうよう頼んで，被告Y_1に加害車両の運転をさせた。その結果，被告Y_1は，アルコールの影響により正常な運転が困難な状態で，加害車両を運転し，本件事故を引き起こした。

そうすると，被告Y_2は，少なくとも，被告Y_1が引き起こした本件事故によるA，Bに対する加害行為を援助，助長したことは明らかである。被告Y_2には，自分でも認めているとおり，原告らに対し，民法709条，719条2項に基づいて，被告Y_1と連帯して，本件事故により生じた損害を賠償する責任がある。」

【214】 東京地判平20・9・4交通民集41・5・1202

「上記事実のように，被告Y_1は，前方を十分に注視することなく，指定最高速度が時速60kmであったところ，これを約90kmも超過する時速約150kmで走行した注意義務違反により，前方を走行していた原告車両に衝突したのであって，本件事故前日から本件事故直前までの飲酒の状況や，本件事故から約1時間後の飲酒検知において，呼気1リットルにつき0.5ミリグラムのアルコールが検出されたこと（なお，道路交通法117条の4第3号，65条1項，同法施行令44条の3は，酒気帯び運転について，呼気1リットルにつき0.15ミリグラム以上のアルコールを身体に保有する状態であったことを刑罰の対象としている。）からすると，同被告が上記の注意義務違反に至った原因として，同被告が本件事故前日の平成18年7月19日午後7時30分ころから翌20日午前1時ころまで，飲酒していたことが影響しているものと推認することができる。

被告Y_2は，被告Y_1が上記のとおり飲酒した際，同被告と共に飲酒していた。そして，被告Y_2は，被告Y_1と本件事故の10年くらい前から交際しており，同被告は，普段から，飲酒した後に車を運転して帰ることがあり，被告Y_2と飲酒したときも，被告Y_1が自ら車を運転して被告Y_2を自宅まで送ったことがあった上，本件事故前日に被告Y_1と飲酒する際にも，同被告が車で来ていることを認識していたのであるから，飲酒後，同被

告が運転する車で自宅まで送ってもらうことを容易に予見することができたと認められる。また、被告Y1が上記のとおり飲酒した際、同被告と行動を共にしていたのであるから、同被告のおおよその飲酒状況を認識していたことが認められる。このような事情にかんがみれば、被告Y2は、被告Y1が被告Y2を自宅まで送るために被告車両を運転しようとした際、被告Y1に運転をさせない措置を講ずる注意義務があったというべきである。

しかしながら、被告Y2は、被告Y1が被告車両を運転しようとした際に、『大丈夫ですか。』と尋ねるにとどまり、自宅まで送ってもらうべく、飲酒運転であることを認容して自ら被告車両に乗車しているのであって、同被告の運転開始後も、被告車両が車線変更を繰り返しつつ、時速140kmくらいで走行していると感じ、本件事故直前にも、被告車両がA運転の車両と衝突したにもかかわらず、被告Y2が、被告Y1に対し、運転の中止、停止を積極的に求めた形跡は認められないのである。

したがって、被告Y2が被告Y1に対して積極的に飲酒に勧誘したわけでもなく、飲酒後に運転することを要求したわけでもないことを考慮したとしても、同被告の上記注意義務違反の原因となった飲酒運転を助長、黙認したといわざるを得ないから、被告Y2には民法719条2項に基づく責任が認められる。」

【215】 千葉地判平23・7・11自保ジャ1858・1

「(2) 被告Y1による運転が行われるまでの経緯

被告Y1は、本件事故の直前、被告Y2及びその子供と共に、自宅近くの焼肉店で飲酒・飲食をし、その飲酒量は、呼気1リットルあたり0.55ミリグラム以上もの極めて高いアルコール濃度が検出されるまでに及ぶものであった。

被告Y1と被告Y2は、飲酒・飲食後に子供を連れてカラオケ店に行くこととし、被告Y2は、被告Y1の指示により、往復約10分弱かけて自宅に置いてあった自動車の鍵を取りに行き、これを被告Y1に渡して、子供を連れてカラオケ店に行くために、親子3人で、被告Y1の運転に係る加害車両に同乗した。

(3) 本件事故の発生態様

被告Y1は、時速40キロメートル毎時で加害車両を運行していた。

そして、本件道路を進路前方右方から横断歩行してきた亡Aに気づかず、急ブレーキ等により減速することなく、亡Aに加害車両の前部を衝突させたものである。

2 被告らの責任について（争点1関係）

(1) 被告Y1の責任

ア 被告Y1は、加害車両を保有し、これを使用に供していた者であるから、自動車損害賠償保障法3条本文に基づき、損害賠償責任を負うことになる。

イ また、本件事故は、被告Y1が、前方左右を注視して、進路の安全を確認しながら進行すべき注意義務を怠り、道路を横断中の歩行者である亡Aに加害車両を衝突させたものであるから、民法709条に基づき、不法行為責任としての損害賠償責任を負うことになるところ、当該注意義務違反につ

いては，前記認定事実に照らせば，被告Y₁において，飲酒によって多量に摂取したアルコールによる運動機能の低下，動体視力の低下，認知能力・判断能力の低下が相当程度寄与していたためと考えられる。

（ア）この点について，被告らは，亡Aが，渋滞中の反対車線上に停止していた車の間を歩行してきたために，被告Y₁には亡Aの姿が見えなかったと主張する。

しかしながら，この点については，①被告Y₁自身も，反対車線が実際に渋滞していたかどうかについて明確な供述をしていないこと，②本件事故の目撃者であるBは，『a方面に向かう車線に渋滞などはなく，私からその車線の先の駐輪場や神社が見えていました。』と述べていること，③高齢者である亡Aにおいて，停車中であるが，いつ動き出すかわからない車の間をぬって，交通量の多い道路を横断したと考えることは，不自然であること等の事情に照らせば，被告らの上記主張は，採用することができない。

（イ）また，被告らは，被告Y₁が視線を前方左側に向けていたため亡Aを発見できなかったと主張している。

しかしながら，そもそも反対車線走行中の車の前照灯を避けるために前方を全く見ないで運転することは，前方左右を注視して進路の安全を確認しながら進行すべき注意義務を怠ることに当たる上，安全に前方確認しながら運転できる状況を確保するための対向車両の前照灯を直視しない程度の視線の向け方であれば，俊敏に動くことが難しい75歳の高齢者が加害車両の中央部分付近まで進行するのを見落とすことは，通常の認知能力・判断能力の下では，想定し難い。

そうすると，被告らが指摘する事情も，本件事故が発生した主たる原因に当たるものとは考えられず，前述のとおり，被告Y₁がアルコールの影響によって，運動機能の低下，動体視力の低下，認知能力・判断能力の低下を来していたと解することを何ら妨げるものではないことになる。

（2）被告Y₂の責任

前記1の認定事実によれば，被告Y₂は，本件事故直前の飲酒・飲食に同席しており，被告Y₁が，呼気1リットルあたり0.55ミリグラム以上になるほどの飲酒をしている場に居た者として，被告Y₁が安全な運転をすることができない可能性を十分に認識していたにもかかわらず，被告Y₁の指示に基づき，加害車両の鍵を取りに自宅まで往復し，これを被告Y₁に渡した上，加害車両に同乗していることに照らせば，被告Y₁の酒気帯び運転及びこれにより惹き起こされた本件事故につき，相当程度の積極的な加功をしているものと解するのが相当であって，被告Y₂も，民法719条に基づき，被告Y₁と連帯して，本件事故に基づく損害を賠償する責任を負うものと解される。

（ア）この点，被告らは，被告Y₂において，被告Y₁の飲酒量を把握しておらず，被告Y₁が多量の飲酒を行ったのかどうかについて，被告Y₁の外見からは判断不能であったと主張し，被告Y₂は，被告Y₁が運転開始時に酩酊状態又は飲酒により正常な運転ができない状態であることを，認識しておらず，又は認識することはできなかったと主張している。しかし，被告Y₂は被告Y₁と共に飲酒飲食を行っており，たとえ子供の世話をしていたとしても，被告Y₂において被告Y₁が相当程度の飲酒をしていることについ

て何ら覚知していないと考えることは，不自然かつ不合理である。

　また，被告らは，被告Y₂において被告Y₁が正常な運転をすることができない状態であることを認識できなかったからこそ，車に子供を同乗させたとも主張する。しかしながら，飲酒の影響によって正常な状態と同様の運転をすることができないからといって，直ちに，同乗者の生命・身体に危害が加わるような結果が生ずるわけではないから，被告Y₂が子供と共に被告Y₁の運転する加害車両に同乗したとの一事をもって，被告Y₂が被告Y₁による飲酒の状態についての認識を欠いていたと推認することはできないものである。

　（イ）　さらに，被告らは，本件事故当時，被告Y₁の日頃からの高圧的な態度のため，被告Y₁に対して意見を言うことができない状態にあったので，被告Y₂は被告Y₁の飲酒運転を制止することはできなかったと主張する。

　しかしながら，本件全証拠によっても，被告Y₂が被告Y₁に対して何ら意見を言うことができないような状況にあったと認めるに足りる証拠はなく，むしろ，家族で一緒に外食をしたり，被告Y₁が，子供の面倒を見ている被告Y₂のための飲物の世話をしていること等の事情に照らせば，被告らの上記主張も，たやすく採用することができない。」

（ウ）　飲酒を共にし，車に同乗もしたが，事故時には同乗していなかった者の責任

【216】福島地判昭和51年2月6日（交通民集9巻1号176頁）は，6名がY₂の居室で一緒に飲酒した後，2台の車に分乗してバーに出かけ，そこでも少し飲酒した後，さらに別のバーに出かけ，酩酊したY₁が帰るといって1人でY₁車に乗って運転中，センターラインを超えて対向車と正面衝突した事故につき，Y₂らは，「Y₁が飲酒後Y₁車を運転することを知ってあえて酒をすすめたとはいえず，」バーから帰る等する際にY₁の運転を知って，あえて飲酒をすすめたものとまではいえないにしても，「Y₁が相当飲酒して酩酊状態にあることを知りかつ，」Y₁がY₁車を運転することは，Y₁の酩酊度とその性格等から容易に知り得べき状況にあり，飲酒酩酊者が自動車を運転すれば事故が発生しやすいことはたやすく分かる道理であるのに車で外出し，Y₁が運転するのを制止せずして許容し，自らもこれに同乗ないし他車で追随し，本件事故の惹起をみたのであるから，かかる場合には，Y₁の飲酒および車の運転についての「かかわり合いにつき濃淡の差こそあれ，Y₂らは，Y₁の過失によるXらに対するに加害行為について客観的な共同原因を与えたものというべく，またY₂らの一連の行為と本件事故発生との間には相当因果関係を否定しえ」ないとして，719条1項の，少なくとも同条2項の責任は到底免れ得ないとした。

　このように，ここでは主に719条2項が問題となるのであり，裁判例は，飲酒後同乗していない場合と同乗している場合のいずれについても肯定・否定例が存在しているが，それらの共同不法行為の成否については，やはり客観的関連共同性説に立ったうえで，具体的に，

飲酒行為と当該事故との間の因果関係の存否は勿論のこと，飲酒の事実以外に（飲酒が始まるまでの経緯，飲酒中の状況，飲酒を終えてから運転行為が開始されるまでの間の）どのような要素が（運転者以外の者の）責任を導く注意義務の内容を形成するのかが問われる。そして，その責任は 719 条 2 項のみならず，飲酒とその後の運転行為とを一連のもの＝社会通念上，全体として一個の行為と捉えることができるような事情が認められるときは同条 1 項の適用も肯定されよう。

【216】 福島地判昭 51・2・6 判時 829・83，交通民集 9・1・176

「以上の認定事実によると，本件事故の直接の原因は，飲酒により被告 Y_1 は相当程度酩酊し，よって加害車の操縦を誤った過失によること明らかであるから，被告 Y_1 は民法 709 条によりその責任は免れず，後記本件事故によって生じた原告らの損害を賠償する義務がある。

そして，被告 Y_2 らが，右被告 Y_2 方二階居室で被告 Y_1 とともに飲酒した際，被告 Y_1 が飲酒後本件加害車を運転することを知ってあえて酒をすすめたとはいえず，また前記バー「α」および「β」において各同所から帰宅等に向う際に右同様被告 Y_1 の運転を知り，あえて飲酒をすすめたものとまではいえないにしても，被告 Y_1 が相当飲酒して酩酊状態にあることを知りかつ，ボーリングに行くなど一同が外出するときは被告 Y_1 が加害車を運転することは同人の酩酊度と飲酒時の性格等から容易に知り得べき状況にあり，飲酒酩酊者が自動車を運転するときは注意力が極度に鈍化し操縦を誤り，他易すく事故の発生をみるに至ることは現今幼児にもわかる道理であるのに自動車を利用して外出し，案の定被告 Y_1 が酩酊した状態で加害車を運転するに至ったのにあえて制止せずして許容し，自らもこれに同乗ないし他車で追随し，以後ほぼ同様のことをバー「α」で，同所からバー「β」までの間そして「β」に行ってから順次繰り返えし，そのため被告 Y_1 が前認定のごとく酩酊のため加害車の操縦を誤り，本件事故の惹起をみるに至ったこと明らかであり，かかる場合には，被告 Y_1 の飲酒，および車の運転についてのかかわり合いにつき濃淡の差こそあれ，被告 Y_2 らは被告 Y_1 の過失による原告らに対する加害行為について客観的な共同原因を与えたものというべく，また被告 Y_2 らの一連の行為と本件事故発生との間には相当因果関係は否定しえず，被告 Y_2 らは，民法 719 条 1 項の共同不法行為者として，また少なくとも被告 Y_1 の違法行為を容易ならしめる補助的役割を果した同条 2 項の幇助者としての責任は到底免れることはできないものと考えるのが相当である。」

2 求　償

共同不法行為者の 1 人が，被害者に対して賠償義務を履行したときは，他の共同不法行為者に対して求償することができる。共同不法行為者の債務を連帯債務とみる説によれば，当然に，負担部分を超えた部分の求償ができることになるが，これを不真正連帯債務である

しても，実質的な考慮から負担部分を認めてよいとすれば，やはり求償は可能となる。

　求償権を認める根拠を理論的にどのように構成するかについては必ずしも統一されているわけではないが，その結論自体については異論をみないといってよい。

　前掲【187】最判昭和41年11月18日は，X_1（X_2の被用者）運転のタクシーがY運転の普通乗用車と衝突し，これにより受傷したタクシーの乗客Aの損害を賠償したX_2が，Yに対して求償した事案につき，X_1，X_2，Yは，Aに対して，各自，Aの全損害を賠償する義務を負い，その債務を弁済したX_2は，Yに対し，X_1とYの過失割合に従って定められるべきYの負担部分について求償権を行使することができるとした。本判決は，被用者と第三者とによる共同不法行為につき，被害者に対して賠償義務を履行した使用者が，その第三者に対して求償していくことができるかどうかについて初めて判断したものである。

　その後，最判昭和57年3月4日（判時1042号87頁）は，共同不法行為者が負担する損害賠償債務は不真正連帯債務であると明示した（株の買い付けをめぐる委任契約に関する事案において，共同不法行為者の債務は連帯債務ではないから，434条〔履行請求の絶対的効力〕は適用されないとした）。

　ここでは，使用者責任が関連する場合が少なくないが，前掲【187】最判昭和41年11月18日とは逆に，損害賠償義務を履行した一方の共同不法行為者（第三者）が，他方共同不法行為者（被用者）の使用者に対して求償した場合につき，【217】最判昭和63年7月1日（民集42巻6号451頁）は，X運転の乗用車とY_1運転のタクシー（Y_2所有）とが衝突した際，C運転の原付自転車がこれに巻き込まれて受傷したところ，Xは，Cの被った損害の全部を賠償したので，Y_2に対し，Y_1の過失割合は100％であるとして求償した事案において，原審が，Xの過失割合は20％，Y_1の過失割合は80％だが，Y_2の過失割合は0であるから，Xは，Y_2に対して求償し得ないとしたのに対し，使用者責任の趣旨（報償責任）から，使用者と被用者とを一体をなすものとみて，第三者（共同不法行為者）に対する関係においても，使用者は被用者と同じ内容の責任を負うべきであるとして，「第三者が自己と被用者との過失割合に従って定められるべき自己の負担部分を超えて被害者に損害を賠償したときは，右第三者は，被用者の負担部分について使用者に対し求償することができる」とし，Xは，Y_1の負担部分（過失割合）につき，Y_2に対して求償しうるとした。

　次いで，一方の共同不法行為者の使用者が，他方共同不法行為者の使用者に対して求償した事案については，【218】最判平成3年10月25日（民集45巻7号1173頁）が，クレーン車から鋼管が落下した事故につき，その求償の前提となる各使用者の責任割合は，それぞれが指揮監督する各加害者（被用者）の過失割合に従って定めるべきものとし，同時に，1人の不法行為者に複数の使用者がいる場合の各使用者の責任割合は，被用者（加害者）の加害行為の態様および各使用者の事業の執行との関連性の程度，加害者に対する各使用者の指揮監督の強弱等を考慮して定めるべきものとした。

【217】 最判昭63・7・1民集42・6・451,判時1287・59

「被用者がその使用者の事業の執行につき第三者との共同の不法行為により他人に損害を加えた場合において，右第三者が自己と被用者との過失割合に従って定められるべき自己の負担部分を超えて被害者に損害を賠償したときは，右第三者は，被用者の負担部分について使用者に対し求償することができるものと解するのが相当である。けだし，使用者の損害賠償責任を定める民法715条1項の規定は，主として，使用者が被用者の活動によって利益をあげる関係にあることに着目し，利益の存するところに損失をも帰せしめるとの見地から，被用者が使用者の事業活動を行うにつき他人に損害を加えた場合には，使用者も被用者と同じ内容の責任を負うべきものとしたものであって，このような規定の趣旨に照らせば，被用者が使用者の事業の執行につき第三者との共同の不法行為により他人に損害を加えた場合には，使用者と被用者とは一体をなすものとみて，右第三者との関係においても，使用者は被用者と同じ内容の責任を負うべきものと解すべきであるからである。」

【218】 最判平3・10・25民集45・7・1173,裁時1061・1

「しかしながら，被上告人Xの上告人Yに対する本件請求は，本件事故の加害者であるAの使用者及びAが運転していた本件車両の運行供用者として損害賠償義務を負う被上告人Xが，被害者の損害を賠償したことを原因として，同じくAの使用者及び本件車両の運行供用者として，かつ，Aと共同して本件事故を引き起こしたBの使用者として損害賠償義務を負う上告人Yに求償するものであって，このような場合において，A，B，上告人Y，被上告人X及びB工業の負担部分をその全員について個別的に定めた上，自己の負担部分を超えて損害を賠償した被上告人Xは，上告人Yに対し，その負担部分の限度で求償し得るものとした原審の前記判断は是認することができない。その理由は次のとおりである。

1 複数の加害者の共同不法行為につき，各加害者を指揮監督する使用者がそれぞれ損害賠償責任を負う場合においては，一方の加害者の使用者と他方の加害者の使用者との間の責任の内部的な分担の公平を図るため，求償が認められるべきであるが，その求償の前提となる各使用者の責任の割合は，それぞれが指揮監督する各加害者の過失割合に従って定めるべきものであって，一方の加害者の使用者は，当該加害者の過失割合に従って定められる自己の負担部分を超えて損害を賠償したときは，その超える部分につき，他方の加害者の使用者に対し，当該加害者の過失割合に従って定められる負担部分の限度で，右の全額を求償することができるものと解するのが相当である。けだし，使用者は，その指揮監督する被用者と一体をなすものとして，被用者と同じ内容の責任を負うべきところ（最高裁昭和60年（オ）第1145号同63年7月1日第二小法廷判決・民集40に巻6号451頁参照），この理は，右の使用者相互間の求償についても妥当するからである。

第 2 章　民法上の責任

2　また、一方の加害者を指揮監督する複数の使用者がそれぞれ損害賠償責任を負う場合においても、各使用者間の責任の内部的な分担の公平を図るため、求償が認められるべきであるが、その求償の前提となる各使用者の責任の割合は、被用者である加害者の加害行為の態様及びこれと各使用者の事業の執行との関連性の程度、加害者に対する各使用者の指揮監督の強弱などを考慮して定めるべきものであって、使用者の一方は、当該加害者の前記過失割合に従って定められる負担部分のうち、右の責任の割合に従って定められる自己の負担部分を超えて損害を賠償したときは、その超える部分につき、使用者の他方に対して右の責任の割合に従って定められる負担部分の限度で求償することができるものと解するのが相当である。この場合において、使用者は、被用者に求償することも可能であるが、その求償し得る部分の有無・割合は使用者と被用者との間の内部関係によって決せられるべきものであるから（最高裁昭和49年(オ)第1073号同51年7月8日第一小法廷判決・民集30巻7号689頁参照）、使用者の一方から他方に対する求償に当たって、これを考慮すべきものではない。

3　また、複数の者が同一の事故車両の運行供用者としてそれぞれ自賠法3条による損害賠償責任を負う場合においても、右と同様に解し得るものであって、当該事故の態様、各運行供用者の事故車両に対する運行支配、運行利益の程度などを考慮して、運行供用者相互間における責任の割合を定めるのが相当である。

4　これを本件についてみるに、被上告人Xの上告人Yに対する請求の当否を判断するに当たっては、まず、AとBとの過失割合に従って両者の負担部分を定め、Bの使用者としての上告人Yの負担部分を確定し、次いで、Aの加害行為の態様及びこれと上告人Y及び被上告人Xの各事業の執行との関連性の程度、Aに対する上告人Y及び被上告人Xの指揮監督の強弱、本件車両に対する上告人Y及び被上告人Xの運行支配、運行利益の程度などを考慮して、Aの負担部分につき、その使用者及び本件車両の運行供用者としての上告人Y及び被上告人Xの負担部分を確定する必要があったものというべきである。」

3　1人についての免除

【219】最判昭和48年2月16日（前掲【162】）は、軌道の敷設された信号機のある交差点を歩行横断中のAがB（Y_1の従業員）運転の路面電車に接触されて転倒、受傷した事故につき、Aが、Y_1とY_2（信号機設置者）を共同不法行為者として損害賠償を請求した（Aは訴訟中に死亡し、妻子であるXらが継承）が、その訴訟の進行中にXらとY_1との間で訴訟上の和解（Y_1には15万円の支払義務があり、Xらはその余の請求を放棄し、XらとY_1との間には以後一切の債権債務がないとする）を成立させたものの、Y_2との間では訴訟が維持されたので、XらがY_2に対して全損害を請求したところ、Y_2は、Y_1に対する免除の効力はY_2にも及ぶとしてこれを拒絶したという事案に関する。

一審，原審とも，Y_1 の債務と Y_2 の債務とは不真性連帯の関係にあり，和解による免除（一部放棄）は民法437条の適用を受けないとして X らの請求を認めたので，Y_2 が，この判断は判例（大判大正 3・10・29 民録 10 輯 834 頁——共同不法行為者間の債務は連帯債務であり，その 1 人に対する免除の効力は他の共同不法行為者に及ぶとした）に反するとして上告。

本判決は，X らは，Y_1 との関係においてのみ相対的に一部免除する旨の約定をなしたにすぎず，Y_2 に対する関係では請求を維持する意思であったといえ，しかも Y_1 の損害賠償債務と国賠法 3 条 1 項，2 条 1 項による Y_2 の損害賠償債務とは連帯債務の関係にあるとは解されず，訴訟上の和解による債務の免除は，Y_2 の賠償義務を消滅させるものではないとした。

なお，その後，非交通事故事案ではあるが，最判平成 10 年 9 月 10 日（民集 52 巻 6 号 1494 頁）は，被害者 A が共同不法行為者の 1 人 X と訴訟上の和解を行い，X に対する残債務を免除したと解し得るときでも 437 条は適用されず，他の共同不法行為者 Y に対して当然に免除の効力が及ぶものではないが，A が，Y の残債務を免除する意思を有していると認められるときは，Y に対しても免除の効力が及ぶとしている。

【219】 最判昭 48・2・16 民集 27・1・99，下民集 33・1～4・825

「A および被上告人 X_1，同 X_2 は，当初上告人 Y_2 と Y_1 電鉄とを共同被告として，ともに本件事故につき賠償責任ありとして本訴を提起していたところ，第一審係属中の昭和 41 年 3 月 3 日第 11 回口頭弁論期日において，Y_1 電鉄との間で，『（一）被告 Y_1 電鉄は，原告 3 名に対し本件交通事故による損害賠償として金 15 万円の支払義務あることを認め，右金員を昭和 41 年 3 月 23 日限り原告代理人 C 事務所に持参又は送付して支払う。（二）原告らは，その余の請求を放棄する。（三）原，被告ら間には本件交通事故につき本和解条項の他何らの債権債務が存在しないことを当事者相互に確認する。（四）訴訟費用は各自弁とする。』との内容の訴訟上の和解が成立したこと，しかし上告人 Y_2 との関係では，その後も本訴がそのまま維持されて現在に至つていることが明らかである。この事実関係のもとでは，被上告人 X らは，右訴訟上の和解によつて Y_1 電鉄との関係についてのみ相対的にその余の損害賠償債務の支払を求めない趣旨の約定を結んだものにすぎず，上告人 Y_2 に対する関係では，本訴請求をそのまま維持する意思であつたというべく，しかも，Y_1 電鉄の被上告人 X らに対する損害賠償債務と，国家賠償法 3 条 1 項，2 条 1 項により責に任ずべき上告人 Y_2 の損害賠償債務とは，連帯債務の関係にあるとは解されないから，右訴訟上の和解による債務の免除は，上告人 Y_2 の右賠償義務を消滅させるものではない。したがって，原判決に所論の違法はなく，論旨は，採用することができない。」

4　1人についての混同

前掲【18】最判昭和48年1月30日は，共同運行供用者の一部（父母）とその子が死傷（夫婦と子1人が死亡，子1人が受傷）した場合において，共同運行供用者の債務は不真性連帯債務の関係に立ち，その一方の債務が被害者との混同（相続による混同）によって消滅しても，他方の債務には何らの影響も及ぼさないとした。

5　共同不法行為と過失相殺

共同不法行為が成立する場合に，過失相殺をどのように行なうかも一個の問題となる。

共同不法行為者をY_1・Y_2，被害者をX，損害を100としてみよう。

この場合，①Xに全く過失相殺事由がない，②Y_1に対する関係においては過失相殺事由があるが，Y_2に対する関係においてはそれがない，③Y_1・Y_2双方に対する関係において過失相殺事由があり，その過失割合が同じ，④Y_1・Y_2双方に対する関係において過失相殺事由があり，その過失割合が異なるという4つのパターンが想定される。

①については問題の生ずる余地がないといえ，③についても，過失割合の相乗効果のようなことを考えるのでなければ，割合が同じという限りにおいて問題は生じないように思われる。これに対し，②については，Y_1に対する過失割合をY_2との関係においても斟酌するのかどうか，斟酌するとして，Y_1・Y_2に共通の割合で過失相殺することにするのかどうか，④については，X：Y_1，X：Y_2とストレートに別個に過失相殺をするのか，あるいはそこに何らかの操作を加えるのか等の問題が出てくる余地がある。

（1）　相対的過失相殺

前掲【201】最判平成13年3月13日は，共同不法行為の各不法行為については加害者および被害者の過失の内容も別異の性質を有するものであるところ，「過失相殺は不法行為により生じた損害について加害者と被害者との間においてそれぞれの過失の割合を基準にして相対的な負担の公平を図る制度であるから」，「共同不法行為においても，過失相殺は各不法行為の加害者と被害者との間の過失の割合に応じてすべきものであり，他の不法行為者と被害者との間における過失の割合をしん酌して過失相殺をすることは許されない」とし，いわゆる相対的過失相殺の手法を採った。

しかし，これによると，求償の場面で困難に遭遇することが容易に想像される。719条1項前段が適用されるという前提で，単純な例で考えてみよう。

損害（100）に対する寄与度（内部的負担割合）がY_1：Y_2＝5：5，過失割合がX：Y_1＝1：9，X：Y_2＝3：7として，Y_1が90賠償した場合，内部的負担割合は5：5であるから，Y_1としては，自己の負担すべき部分は90×5/10＝45と考え，90－45＝45を求償することが

考えられる。しかし，同じことを Y_2 の側からしてみると，70 賠償した Y_2 が求償し得るのは $70 \times 5/10 = 35$ であり，したがって，Y_2 自身が負担すべき部分も 35 ということになるから，Y_2 としては，自己の負担部分である 35 までしか求償に応じないのではないかと考えられる。求償の場面でこうした問題が生ずることが自明であるとすると，その前提たる賠償の場面で被害者たる X が十分な救済を得られない可能性が出てくる。これをどのように処理すればよいか。前掲【201】最判平成 13 年 3 月 13 日は，もちろん，このような疑問に答えることはなかった。

（2） 絶対的過失相殺（加算的過失相殺）

しかし，その後，この求償の問題を生じない解決を導く判決が現れた。【220】最判平成 15 年 7 月 11 日（民集 57 巻 7 号 815 頁）は，A（Y の被用者）が，駐車禁止規制のある片側一車線の道路上に普通貨物自動車（Y 車）を路側帯から車道にはみ出すような状態で非常点滅表示灯を点灯させることなく駐車させていたところ，B（X_1 の被用者）運転の普通貨物自動車（X_1 車）が，Y 車の後方からその右側を通過しようとして中央線をはみ出して通行したため，C 運転の対向普通乗用車（C 車）と衝突し，その反動で X_1 車の左後部と Y 車の右前部が衝突し，X_1・C 間では示談が成立したので，X_1 が，Y に対し自賠法 3 条または民法 715 条に基づいて損害賠償を請求し，X_2（X_1 と自動車共済契約を締結し，X_1 に代わって C に損害金を支払った共済協同組合）が，Y に対し求償したという事案である。

本判決は，A には非常点滅表示灯等を点灯させることなく駐車禁止の車道にはみ出して駐車させた過失，B には X_1 車を対向車線にはみ出して進行させた過失，C には速度違反，安全運転義務違反の過失がそれぞれあるとして，A：B：C の各過失割合は 1：4：1 であるとし，過失相殺については，「複数の加害者の過失及び被害者の過失が競合する一つの交通事故において，その交通事故の原因となったすべての過失割合（以下「絶対的過失割合」という。）を認定することができるときには，絶対的過失割合に基づく被害者の過失による過失相殺をした損害賠償額について，加害者らは連帯して共同不法行為に基づく賠償責任を負うものと解すべきである。これに反し，各加害者と被害者との関係ごとにその間の過失の割合に応じて相対的に過失相殺をすることは，被害者が共同不法行為者のいずれからも全額の損害賠償を受けられるとすることによって被害者保護を図ろうとする民法 719 条の趣旨に反することになる」と述べて，絶対的過失相殺の手法によることとした。すなわち，A（Y）と B（X_1）とは，C に対しては C の過失割合である 1/6 による過失相殺をした後の 5/6 の限度で不真正連帯責任を負い，そのうち A（Y）の負担部分は 1/5，B（X_1）の負担部分は 4/5 であるとしたのである。

この後，絶対的過失相殺の手法を採った裁判例として次のようなものがある。

【221】さいたま地判平成 16 年 8 月 6 日（判時 1876 号 114 頁——駐車禁止道路を車庫のように使用

第2章　民法上の責任

して駐車していた2トンダンプカー〔Y_1車〕を避けて対向車線側にバランスを崩して進出したA（女，8歳）運転の自転車が対向フォークリフト〔Y_2車〕に衝突されて死亡した事故につき，Y_1とY_2の共同不法行為を認め，Y_1：A：Y_2の過失割合を3：4：3と認めた），前掲【177】東京高判平成16年9月30日（A車〔普通貨物自動車〕と対向X車〔普通自動二輪車〕とが接触してXが負傷した事故につき，道路管理にも瑕疵があったところ〔Y_1：道路管理者，Y_2：業者〕，A：X：Yら＝4：8：1と認めた），【222】横浜地判平成19年1月23日（自保ジャ1690号21頁――夜間，駐車禁止の幹線道路〔片側二車線〕に駐車中の大型トレーラーZに，Y運転の軽四輪乗用車が衝突し，Y車助手席同乗のAが死亡した事案で，駐車灯・尾灯等を点灯していなかったZ車に責任を認め，Yは相当量の飲酒をして運転し，Z車に気付かず転把措置も減速もしないまま衝突させているところ，Y車助手席は原型を留めないほど大破していることから，Aのシートベルト不着用を不問とし，Aは，Yと一緒に飲酒していたことから，Y，Z，Aの過失割合は，8：1：1と認めた），【223】大阪地判平成19年2月21日（交通民集40巻1号243頁――X車とY車が衝突後，X車が，導流帯内に駐車していたB車に衝突した事故につき，X：Y：B＝20：75：5の過失割合を認めた），【224】名古屋地判平成19年3月16日（自保ジャ1706号8頁――転回A車と対向B車は非接触，B，C車〔B車の後続車〕衝突後にA，C車が衝突した事故は，時間的・場所的に近接しているとして，A，Cに共同不法行為責任を認め，過失割合をA：B：C＝8：1：1とした），【225】千葉地判平成21年6月18日（交通民集42巻3号734頁――夜間，幹線道路の第二車線を走行中のA運転のタクシー（X所有）が，左方路外自宅駐車場から右折進入してきたY_2運転の普通乗用車を認めて急停車したところ，後続のY_1運転の普通乗用車に追突され，A(X)車・Y_1車が損壊した事案において，右方をよく確認せず路外駐車場から進入してきたY_2車の過失，先行車と約9メートルしか車間距離を空けず先行車の急停車によって追突したY_1車の過失，Y_2車を発見して警笛・減速措置をとらなかったA(X)車の過失がそれぞれ事故の発生に寄与したとして，A(X)：Y_1：Y_2＝5：75：20とした），【226】大阪地判平成22年3月15日（交通民集43巻2号346頁――深夜，歩行横断禁止の全五車線幹線道路において，Y_1〔酒に酔った状態の交際相手〕に強引に手を引かれて横断歩行中のX_1がY_2〔0.1mg/l の酒気を帯びていた〕運転の普通乗用車にはねられて1級の障害を後遺することとなった事案において，Y_1〔周囲の安全確認を怠り，X_1の意に反して道路を横断させた過失〕・Y_2〔酒気を帯び，前方の安全確認不十分〕の共同不法行為を認め，X_1も身体の自由を全く奪われていたわけではなく，事故発生につき一定の過失があるとして，Y_1：Y_2：X_1＝30：55：15とした）等がある。

　一般に，前掲【201】最判平成13年3月13日の採る手法を相対的過失相殺，同【220】平成15年7月11日の採るそれを絶対的過失相殺と呼んでおり，（原則として）いずれの手法によるべきかが問われるが，具体的事案に即して，絶対的過失割合を認定し得るときは絶対的過失相殺の手法によるべきであり，絶対的過失割合を認定することができないときに相対的過失割合の手法によると理解しておくことが妥当である。

【220】　最判平15・7・11民集57・7・815，裁時1343・4

「(1) 複数の加害者の過失及び被害者の過失が競合する一つの交通事故において，その交通事故の原因となったすべての過失の割合（以下「絶対的過失割合」という。）を認定することができるときには，絶対的過失割合に基づく被害者の過失による過失相殺をした損害賠償額について，加害者らは連帯して共同不法行為に基づく賠償責任を負うものと解すべきである。これに反し，各加害者と被害者との関係ごとにその間の過失の割合に応じて相対的に過失相殺をすることは，被害者が共同不法行為者のいずれからも全額の損害賠償を受けられるとすることによって被害者保護を図ろうとする民法719条の趣旨に反することになる。

(2) 以上説示したところによれば，被上告会社X₁及び上告人Yは，Cの損害581万1400円につきCの絶対的過失割合である6分の1による過失相殺をした後の484万2833円（円未満切捨て。以下同じ。）の限度で不真正連帯責任を負担する。このうち，被上告会社X₁の負担部分は5分の4に当たる387万4266円であり，上告人Yの負担部分は5分の1に当たる96万8566円である。被上告会社X₁に代わりCに対し損害賠償として474万7654円を支払った被上告組合X₂は，上告人Yに対し，被上告会社X₁の負担部分を超える87万3388円の求償権を代位取得したというべきである。

なお，自賠責保険金は，被保険者の損害賠償債務の負担による損害をてん補するものであるから，共同不法行為者間の求償関係においては，被保険者の負担部分に充当されるべきである。したがって，自賠責保険金120万円は，被上告組合X₂が支払った被上告会社X₁の負担部分に充当される。」

【221】 さいたま地判平16・8・6判時1876・114

「上記一の事実関係及び上記三の過失によれば，本件事故発生についてのA，被告Y₂及び被告Y₁の過失割合は，4対3対3と認めるのが相当である。

被告らの責任について

本件事故は，被告Y₂の前方不注視の過失と被告Y₁の違法駐車により交通事故発生の危険性を生じさせた過失が一体となって発生したものであるから，被告らの行為は共同不法行為（民法719条1項前段）に当たる。

そして，本件のように複数の加害者の過失及び被害者の過失が競合する一つの交通事故において，その交通事故の原因となったすべての過失の割合を認定することができる場合には，その過失割合に基づく被害者の過失による過失相殺をした損害賠償額について，加害者らは連帯して共同不法行為に基づく賠償責任を負うと解すべきである（最高裁判所平成15年7月11日第二小法廷判決・民集57巻7号815頁）から，被告らは，Aに生じた損害額の10分の6の金額につき，連帯して賠償責任を負うというべきである。」

【222】 横浜地判平19・1・23自保ジャ1690・21

「上記1認定事実によれば，Yは相当量の飲酒をしてY車両を運転し，本件事故現場

が見通しのよい直線道路であったにもかかわらず，前方に駐車中のＺ車両の存在に気付かず，危険回避のための転把措置も減速もしないまま，同車両に自車を衝突させているのであるから，著しい前方不注視の過失があると認められる。またＺも，上記２のとおり，後続車両がＺ車両に追突する可能性が高い状況にあるにもかかわらず何らの警告措置なく，Ｚ車両を駐車した過失があると認められる。他方，上記１認定事実によれば，Ａも，Ｙが相当量の飲酒をし，そのような状態で運転すれば酒気帯び運転になることを知りながら，Ｙの飲酒運転を制止することなくＹ車両の助手席に乗車し，本件事故に遭遇しているのであるから，この事情を過失相殺の事由として考慮するのが相当である。

Ｚ，Ｚ社及び甲は，Ａにはシートベルト不装着の過失があると主張するが，証拠（略）によれば，本件事故後のＹ車両の助手席部分は原型を止めない状態までに大破していることが認められ，仮にＡがシートベルトを装着していたとしても，Ａが致命傷を受けていたであろうことは容易に推認できるから，Ａのシートベルト不装着が損害の拡大に寄与したとは認められない。したがって，上記Ｚ社らの主張は採用できない。

そして，上記認定判断によれば，Ｙ，Ｚ，Ａの各過失割合は，いわゆる絶対的過失割合として，それぞれ８割，１割，１割と認めるのが相当である。

（２）　原告らは，仮にＡに考慮されるべき過失があるとしても，加害者ごとに相対的に過失相殺を考慮すべきであると主張する。

しかしながら，共同不法行為の事例においては，原則として絶対的過失相殺の方法によるのが相当であり，行為者ごとに相対的に過失を考慮できるのは，共同不法行為者の一部についてのみ過失相殺が認められる場合や，加害者及び侵害行為を異にする二つの不法行為が順次競合した場合等の例外的な場合に限られると解するのが相当である。

本件事故については，Ｙ及びＺ双方の過失が損害発生の原因となっており，損害の発生に寄与していると認められる上に，ＡがＹと身分上生活関係上一体にあってＡとＹとの関係でＡの過失を考慮し得ないというような特別な事情はなく，共同不法行為者の責任を個別に考慮する必要はないから，原則どおり絶対的過失相殺の方法によるべきである。」

【**223**】　大阪地判平19・2・21交通民集40・1・243

「原告Ｘは，第三車線から第二車線に進入しようとしていたのであるから，原告車両の左後方から接近してくる車両の状況を十分に確認した上で進路変更を行うべき注意義務を負っていたところ，進路変更をしても大丈夫であるという趣旨のＡの発言を聞いて間もなく，原告Ｘは，自らは左後方を十分に確認せずに進路変更を開始し，Ａは左後方の状況を十分に確認することなく前記の発言をしたものであり，Ａの前記の確認不履行は，原告Ｘの注意義務違反として評価するのが相当であるから，このことは原告Ｘの過失相殺事由になると解される。もっとも，前記のとおり，原告車両は，被

告車両の前方において，被告車両より先に第二車線への進路変更をほぼ終了させ，かつ，原告車両は被告車両の前方を走行していたのであるから，被告Yが原告車両の動静を確認することは容易であったといえる。これに本件事故当時，被告Yが酒気帯びの状態にあったことを考慮するならば，原告Xの過失に比べ，被告Yの過失の割合は相当に大きいというべきである。

　なお，被告補助参加人は，本件事故現場付近の道路の形状からすると，側道（第一車線）から本線（第二車線）に向かって車線変更してくる車両が存在することは容易に予想できるのであり，合流地点の手前や合流終了後の地点において車線変更することが極めて容易であるにもかかわらず，合流地点で車線変更を開始したのは不適切な判断であり，同乗者であるAのアドバイスを軽信して漫然と進路変更を開始した注意義務違反の程度は軽微とはいえない旨主張する。

　確かに，本件事故現場付近においては，車線の離合の形態からして，第一車線から第二車線に進入してくる車両が多いものとは考えられるが，そのことは，第三車線から第二車線に進入しようとする車両の運転者に対し，通常の場合と比べ，特に高度の左後方確認義務を課するものであるとまではいえない。したがって，被告補助参加人の前記主張は採用できない。

　本件においては，Bが違法にB車両を導流帯に駐車していたことも，損害発生及び拡大に寄与しており，本件事故態様からするならば，被告Y，原告X，Bの過失割合を定めた上で過失相殺をするのが相当であるから，Bの過失についても検討する。

　Bは，正当な理由がないにもかかわらず，標識により駐車禁止の場所として指定されている導流帯に，B車両を駐車させた過失があり，原告車両とB車両が衝突したことにより原告Xの損害が発生し，また，拡大したものと認められる。もっとも，原告Xの損害発生については，被告Yの過失が主たる原因となっており，Bの過失は限定的に影響を与えたにとどまるというべきである。

　以上の被告Y，原告X，Bのそれぞれの過失の内容を考慮するならば，本件事故の発生につき，被告にY75％，原告Xに20％，Bに5％の過失があると認めるのが相当である。」

【224】　名古屋地判平19・3・16自保ジャ1706・8

「本件事故は3台の車が関係する事故であり，時間的，場所的に接近しており，社会観念上も一体として捉えるのが相当であり，それぞれ他の2名が他の1名に対し，共同不法行為になるものと解するのが相当である。C車は，B車，ガードレール，A車と衝突しているが，一連の流れであり，C車は全損であることから，これら前記各衝突を区別せずに，総合して評価するのが相当である。また，A車とB車は非接触であるが，B車はC車と衝突し，C車とA車との衝突の原因を与えているから，非接触はA車に対する原告Cと被告Bとの共同不法行為と捉えることを否定するものとはいえない。

　イ　まず，被告Aは本件交差点で転回するにあたり，対向車線を注視し，対向車の

妨げにならないようにすべきであるにもかかわらず、これを怠った過失があり、この過失は重大である。

ウ 次に、被告Bにつき検討するに、被告BはC車と衝突した点につき、正当防衛を主張する。しかし、B車はA車と衝突することなく、停止している。また、被告Bは、48.4メートル手前でA車を発見しているのであり、A車の動向を注視して速度を調整して進行することが可能であったものであって、他に適切な回避手段があったものであり、衝突がやむを得ないと言うことはできず、したがって、正当防衛と認めることはできない。そして、被告Bは、前方を注視し、速度を調整して進行することを怠った過失があり、本件事故の損害を賠償する責任がある。

エ さらに、原告Cは、B車の後方から追いつき、衝突しており、また、A車の動向を注視することなく、進行しており、前方不注視の過失があったものであり、本件事故の損害を賠償する責任がある。そして、直進車であることを考慮しても、前方不注視の点、A車と衝突している点に照らすと、被告Bの過失と同程度とするのが相当である。

オ そうすると、前記認定の事情を考慮して、過失割合は、被告A、被告B、原告Cとで、8対1対1と認めるのが相当である。」

【225】 千葉地判平21・6・18交通民集42・3・734、自保ジャ1817・87

「民法722条2項の規定による過失相殺については、賠償義務者から過失相殺の主張がなくとも、裁判所は訴訟にあらわれた資料に基づき被害者側に過失があると認めるべき場合には、損害賠償額を定めるに当たり、職権をもってこれを斟酌することができる（最高裁判所昭和41年6月21日第三小法廷判決・民集20巻5号1078頁等参照）。

本件では、A（X）車及びY₁車に係る各損害の賠償が請求されているところ、認定事実によれば、本件事故はA（X）、被告Y₂及び同Y₁の各過失が競合して発生したものであって、かつ、本件事故の原因となったすべての過失の割合を認定することができるというべきであるから、三者間の絶対的過失割合を認定し、これに基づき被害者側の過失による過失相殺をした損害賠償額について、加害者らが連帯して共同不法行為に基づく賠償責任を負うものと解すべきである（最高裁判所平成15年7月11日第二小法廷判決・民集57巻7号815頁参照）。

そして、認定事実並びに前記（1）ないし（3）の検討結果に照らせば、本件事故発生について、被告Y₁の過失割合は75パーセント、被告Y₂の過失割合は20パーセント、A（X）の過失割合は5パーセントであると認めるのが相当である。」

【226】 大阪地判平22・3・15交通民集43・2・346

「ア 前項までに認定、判断したところによれば、本件事故は、時間的・場所的に近接した被告Y₂、被告Y₁及び原告X₁の過失が競合して、本件事故という一つの交通事故の発生及びこれに基づく原告X₁の受傷という結果を生じさせたものということがで

Ⅶ 民事上の責任（過失）と刑事上の責任（過失）

きる。

したがって，本件事故は，複数の加害者の過失及び被害者の過失が競合する一つの交通事故において，その交通事故の原因となったすべての過失の割合を認定することができるときに当たるものであり，被告らは，絶対的過失割合に基づく原告X_1の過失による過失相殺をした損害賠償額につき，連帯して共同不法行為責任を負うものと解するべきであって，相対的に過失相殺を行うことは，被害者保護を目的とする民法719条の趣旨に反することになる（最二小判平成15年7月11日民集57巻7号815頁参照）

といわなければならない。

これに反する被告Y_2の主張は，いずれも採用できない。

イ　そして，前記第三の一(3)に述べたとおりの被告Y_2，被告Y_1及び原告X_1の各過失内容等を総合考慮すれば，被告Y_2，被告Y_1及び原告X_1の過失割合は，被告Y_2 55パーセント，被告Y_1 30パーセント，原告X_1 15パーセントと認めることが相当である。

ウ　そうすると，被告らは，原告X_1の過失割合に相当する15パーセントの過失相殺分を控除した限度で，原告らに対して共同不法行為責任を負うものと認められる。」

Ⅶ 民事上の責任（過失）と刑事上の責任（過失）

民法上の過失も刑法上の過失も結果予見義務あるいは結果回避義務に着目するところは共通しているといえるが，その過失の有無に関する判断は異なることがある。

【227】最判昭和34年11月26日（民集13巻12号1573頁）は，8歳の少年が貨物自動車にはねられて死亡した事故につき，加害車運転者は，業務上過失致死被告事件第二審判決において刑事上の過失はないとして無罪を言い渡され，同判決が確定していたものであるところ，一審判決において，刑事と民事とではその責任を問う目的が異なり，刑事においてはどの程度の注意義務違反があった場合に犯罪として処罰すべきかということを考えて判断するのに対し，民事においては発生した損害をいずれに負担させるのを妥当とするかという観点から考えるので，刑事上過失がないと認定されたことをもって民事上過失があると認定することを妨げるものでないとした判断を支持している。その後，【228】東京高判昭和55年7月24日（交通民集13巻4号827頁）は，X運転の大型貨物自動車とY運転の対向ダンプカーが衝突した事故につき，業務上過失傷害および道路交通法違反で起訴されたYが業務上過失については無罪が言い渡され，これが確定していたが，民事損害賠償においてはX対Yの過失割合が5対5であるとした。

このような相違が出ることは夙に承認されているところであるが，そこには大きく2つの理由があるように思われる。1つは，立証責任の問題である。周知のように，刑事手続は国家権力（検察官）によって進められるのであり，被告人の犯罪行為については検察官が全面的に立証責任を負い，その証明の程度も裁判官に確信を抱かせるべく高度のものが要求される。これに対し，民事損害賠償手続の，とりわけ自賠法3条では立証責任が転換されており，

被害者が加害者の過失を立証しなければならないという構造にはなっておらず，しかも，加害者側が自らの無過失を立証することは極めて困難であるという状況が存する。2つには，民事損害賠償には過失相殺の制度が存することである。これにより，被害者側の過失が極めて大きな場合であっても，ひとまず加害者側の過失を認定し，その上で被害者側の過失を斟酌するという手法を容易に採り得る。これに対し，刑事手続においては，基本的には加害者の過失のみが審理の対象とされ，被害者の過失は量刑の資料とされるにとどまる。

【227】 最判昭34・11・26 民集13・12・1573，判時206・14，裁判集民事38・441

原判決の引用した第一審判決は，その挙示の証拠により上告人Yは本件トラックを運転し，本件事故発生の地点にさしかかつた際，A（当時8歳）が進路左側から右側に向け進路前方を横断しようとして進出したのに気付かず，約8メートルに接近して初めてAを発見し急遽急停車の措置をとつたが，間に合わず，右トラックをAに激突させたものと認定した上（Aが上告人Yにおいて何ら応急の処置もとり得ない予測し難い地点から突然飛出して来たとは認定していない），以上のような事実関係であるから，本件事故は上告人Yの前方注視の義務を怠つた過失に起因するものであると判断しているのであって，前示証拠に照合すれば右のような事実認定も首肯できないことはなく，そして右事実に基づき上告人Yに前方を注視する義務を怠つた過失あるを免れないものとした判断もこれを正当と認めざるを得ない。所論る述の要旨は右認定事実と異る事実関係を想定して上告人Yの無過失を論証せんとするものであって，結局原審の専権に属する事実認定の非難に帰する。なお，所論は本件事故に関する刑事判決を云為するが右判決の内容が如何ようにもあれ，原審としてこれに一致する判断をしなければならない筋合はなく，また右判決と一致しない事実認定をするについて第一審判決の説明以上の場面を付け加えなければならないわけもない。されば原判決には所論の違法ありというを得ず，所論は採用できない。

【228】 東京高判昭55・7・24 交通民集13・4・827

「当裁判所は，本件事故については控訴人に過失があるが被控訴人Yにも過失があり，その過失割合は各5割であると判断する。」

Ⅷ 信頼の原則

日常の社会生活において，歩行者としてであれ車両等運転者としてであれ，およそ交通に関わる者は須らく交通ルールを遵守するという前提で行動しなければ事故の発生は避けられない。そこで，交通事故を惹起し，他者（被害者）に損害を与えた者であっても，他者が交通ルールに従った適切な行動をとるものと信頼するのが相当であり，その事故が被害者の不

Ⅷ　信頼の原則

適切な行動に起因するものである場合には責任を免れることができる，あるいは過失相殺においてもその事実が斟酌されるという考え方が現れることとなった。いわゆる「信頼の原則」である。当初，刑事責任の領域で提唱され，判例においても承認された（最判昭和41・12・20刑集20巻10号1212頁）。その後，民事責任の領域においても同様にこれが承認されていくこととなった。学説上は，若干の反対説がみられるものの，判例の態度は確立したものといって差支えないであろう。

【229】最判昭和43年7月25日（判時530号37頁――右折合図をすることなく右折を開始した対向A車と衝突した直進Y車につき自賠法3条ただし書の免責を認めた，その原審は【229′】名古屋高判昭和43・3・7判時530号38頁――ここで，信頼の原則に基づき，Y車の運転者Bに過失はないとされた）以降，「信頼の原則」に拠った判例は少なからず存する（最判昭和43・9・24判時539号40頁――交差点内で突然進路変更をしたA原付自転車と同車を追い抜く態勢に入っていた並進B車とが接触した事故につき，B車運転者の過失を否定した，最判昭和45・1・22民集24巻1号40頁――車両の往来が頻繁な道路に飛び出した歩行者をはねた自動車の運転者の過失を否定した，最判昭和45・1・27民集24巻1号56頁――交通整理の行われていない交差点において，優先道路を通行するA車と非優先道路から進行してきたB車とが衝突した事故につき，A車の過失を否定した，最判昭和52・2・18交通民集10巻1号1頁――青信号に従って交差点を直進するA車と赤信号を無視して交差点に進入したB車とが出合頭に衝突した事故につき，A車の過失を否定した，【230】最判平成3・11・19交通民集24巻6号1352頁――信号機のある交差点において，青信号に従って直進しようとしたA車と右折のため交差点内で停止していたB車の左横を通過して右折しようとしたC車とが接触した事故につき，A車の過失を否定した等）。

この「信頼の原則」が，どのような場面で，どのように適用されるのかについては個別の事故につき具体的にみていく必要があるが，一般的な適用要件としては，①信頼の存在（被害者または他の交通関与者が交通ルールに従った行動をとることへの信頼が存在すること），②信頼の相当性（その信頼が相当であること），③信頼者の無過失（信頼した者に交通ルール違反が認められないこと）が挙げられている。

【229】　最判昭43・7・25　判時530・37

「原判決挙示の証拠によれば，原判決の認定した事実を肯認することができ，右認定した事実に徴すれば，被上告人の運転者Yには本件事故について過失がなく，結局，被上告人は本件事故に関し自己および運転者が自動車の運行について注意を怠らなかったこと，第三者に過失があったこと，ならびに被上告人保有の自動車に構造上の欠陥または機能の障害のなかったことを証明したものであるとして，上告人に対し被上告人は自動車損害賠償保障法第3条本文の規定による損害賠償義務を負わないとした原審の判断は当審も正当としてこれを是認することができる。」

第2章　民法上の責任

【229′】　名古屋高判昭43・3・7判時530・38，交通民集1・1・233

「(一) 本件事故の際，Bは甲市電乙線軌道敷の存する道路を西進し，時速約45キロメートルで甲市丙区丁町7丁目18番地先の右道路から南へ分岐する道路との，交通整理の行われていない交差点にさしかかつたが，右交差点に進入する直前において右前方約37.8メートルの地点の東行車道からゆるやかに斜め右に進路を変えて道路中央の軌道に乗入れ，右折の合図をすることなく進行して来るA運転の自動車を発見した。
(二) しかしBは，Aの自動車は軌道上で停止するものと信じ，そのまま交差点に乗入れたところ，Aは停止することなく軌道を斜めに横切つてBの進路上に進入して来たので，Bは直ちに交差点東端から約7.1メートル西へ進行した地点において急制動の措置をとつたため，Bの自動車は更に約7.5メートルスリップしながら僅かに左寄りつゝ直進して停止したが，その瞬間，その左前照灯附近に，その前方を斜めに左へ走り抜けようとしたAの自動車の左側部が接触して，本件事故となつた。

〔証拠略〕中右の認定に反する部分は当審証人Bの証言に比して措信し難く，他に右の認定を左右すべき証拠はない。右事実によれば，Aが市電軌道に乗入れた時点において，BとしてはAの右の行動が何を目的としてとられたものであるか判断し得ないのが当然であつて，そのまま運転を継続して交差点内に進入した行為に過失があるということはできない。けだし自動車運転者は異常事態の発生しない限り他の車両が交通法規に従つて運転されることを信頼するのでなければ自車の運転をなしえないのであつて，右の場合Bに対し，Aの自動車が交差点の遥か手前においてゆるやかに右折し市電軌道に乗入れたことを発見した際に，Aが道路交通法所定の右折方法に違反して右折を開始したものと判断して，これに対応する処置をとることを期待することは全く不可能であるのみならず，自己が直進している以上，仮にAの車両が右折するにしても同法第34条第2項ないし第35条第1項に従い徐行ないし一時停止をすることを信頼して運転すれば足りるのであつて，Aが敢て交通法規に違反し自車の前面を突破するものと予測して徐行ないし停止をなし，もつて事故の発生を未然に防止すべき注意義務はないものと解すべきであるからである（最高裁判所昭和41年12月20日判決，最高裁刑事判例集20巻10号1212頁参照）。

また前記認定事実によれば，Aがそのまゝ減速もせず軌道を斜めに横断して西行車道に突入したときに初めて事故発生を客観的に予測しうべき状況に立ち至つたというべきであり，Bは右の時点において直ちに急制動をしたのであるから，Bの右の行為にも過失を認めることはできない。けだしAの右の車道突入は自殺行為に等しく，居眠り運転でなければ酩酊運転としか考えられないのであるから，AがBの車両を目前にして正気に還つたならば急拠左に転進して衝突を避けようとしたかも知れないのであつて，このように危険が目前にせまつて，なお相手の行動を予測しえない場合には，Bの負う注意義務は進路を変えず急停車すること以外にはあり得ないからである。なお，前記認定のとおりBの運転する自動車は急停車

するに際し僅かに左に進路を変えたのであるが、〔証拠略〕によれば、Ｂの自動車が完全に直進して停車したとしてもＡの自動車の左側後部と接触することを免れ得なかつたものと認められるから、Ｂの右の僅かな進路変更が本件事故の原因となつたものと解することを得ない。

そして〔証拠略〕によれば、本件事故はＡが道路交通法第34条第2項の規定に違反し、交差点内に進入することなく、その遥か手前から右折を開始した挙句、交差点上を直進する車両があるときは右折車の運転者としてこれを通過させてから進行すべく徐行もしくは一時停止し、もつて事故を未然に防止すべき注意義務を負うにもかかわらずこれを怠り、Ｂの自動車の前面を安全に通過しうるものと軽信して進行を継続した過失のみに基いて発生したものと認められ、また〔証拠略〕によれば、Ｂの運転した自動車はトヨペットクラウン39年式普通乗用自動車であつて、本件事故当時は4日ほど前にブレーキの調整をしたばかりであり、他にも全く故障箇所がなかつたことを認めることができる。

以上認定したところを総合すれば、控訴人Ｙは本件事故に関し自己および運転者が自動車の運行につき注意を怠らなかつたこと、第三者に過失があつたこと、ならびに控訴人Ｙ保有の自動車に構造上の欠陥または機能の障害がなかつたことを証明したものというべきであるから、控訴人Ｙは自動車損害賠償保障法第3条本文の規定による損害賠償義務を負わないことが明らかである。」

【230】 最判平3・11・19交通民集24・6・1352, 金判894・16

「道路交通法37条は、交差点で右折する車両等は、当該交差点において直進しようとする車両等の進行妨害をしてはならない旨を規定しており、車両の運転者は、他の車両の運転者も右規定の趣旨に従つて行動するものと想定して自車を運転するのが通常であるから、右折しようとする車両が交差点内で停止している場合に、当該右折車の後続車の運転者が右停止車両の側方から前方に出て右折進行を続けるという違法かつ危険な運転行為をすることなど、車両の運転者にとつて通常予想することができないところである。前記事実関係によれば、上告人Ｙは、青色信号に従つて交差点を直進しようとしたのであり、右折車である郵便車が交差点内に停止して上告人車の通過を待つていたというのであるから、上告人Ｙには、他に特別の事情のない限り、郵便車の後続車がその側方を通過して自車の進路前方に進入して来ることまでも予想して、そのような後続車の有無、動静に注意して交差点を進行すべき注意義務はなかつたものといわなければならない。そして、前記確定事実によれば、本件においては、何ら右特別の事情の存在することをうかがわせるものはないのであるから、上告人Ｙには本件事故について過失はないものというべきである。」

第3章 国賠法上の責任

Ⅰ 1条

　交通違反車両がパトカーないし白バイに追跡され，その途中で，追跡されていた交通違反車両が事故を惹起する例も散見される。その際の被害者は，被追跡車の運転者ないし同乗者である場合と第三者である場合とがある。こうした事故において，被害者側が国賠法1条1項の責任を追及していくときは，パトカーないし白バイによる追跡行為の違法性の有無および過失の存否が重要な争点になる。

　【231】最判昭和61年2月27日（民集40巻1号124頁）は，Y県の巡査Aら3名が乗車勤務するパトカーが，制限速度違反のB車を発見して追尾を開始したところ，B車が逃走，停止，逃走行為を繰返し，赤信号を無視して交差点に進入したところ，青信号に従って走行中のC車と出合頭に衝突し，C車がX車（Xら3名乗車）に衝突してXらが受傷したので，XらがYに対して国賠法1条1項の責任を追及したものである。

　本判決は，警察官の職責（警察法2条・65条，警察官職務執行法2条1項）に鑑み，交通違反車両を追跡するパトカーの追跡行為が違法であるというためには，その追跡行為が当該職務目的を遂行する上で不必要であるか，または逃走車両の逃走の態様および道路交通状況等から予測される被害発生の具体的危険性の有無および内容に照らし，追跡の開始・継続もしくはその方法が不相当であることを要するとし，パトカーの追跡行為が違法であるとするための判断基準を示した。

【231】 最判昭61・2・27 民集40・1・124，交通民集19・1・1

　「しかしながら，およそ警察官は，異常な挙動その他周囲の事情から合理的に判断してなんらかの犯罪を犯したと疑うに足りる相当な理由のある者を停止させて質問し，また，現行犯人を現認した場合には速やかにその検挙又は逮捕に当たる職責を負うものであつて（警察法2条，65条，警察官職務執行法2条1項），右職責を遂行する目的のために被疑者を追跡することはもとよりなしうるところであるから，警察官がかかる目的のために交通法規等に違反して車両で逃走する者をパトカーで追跡する職務の執行中に，逃走車両の走行により第三者が損害を被つた場合において，右追跡行為が違法であるというためには，右追跡が当該職務目的を遂行する上で不必要であるか，又は逃走車両の逃走の態様及び道路交通状況等から予測される被害発生の具体的危険性

の有無及び内容に照らし，追跡の開始・継続若しくは追跡の方法が不相当であることを要するものと解すべきである。

以上の見地に立つて本件をみると，原審の確定した前記事実によれば，(一) Bは，速度違反行為を犯したのみならず，警察官の指示により一たん停止しながら，突如として高速度で逃走を企てたものであつて，いわゆる挙動不審者として速度違反行為のほかに他のなんらかの犯罪に関係があるものと判断しうる状況にあつたのであるから，本件パトカーに乗務する警察官は，Bを現行犯人として検挙ないし逮捕するほか挙動不審者に対する職務質問をする必要もあつたということができるところ，右警察官は逃走車両の車両番号は確認したうえ，県内各署に加害車両の車両番号，特徴，逃走方向等の無線手配を行い，追跡途中で「交通機動隊が検問開始」との無線交信を傍受したが，同車両の運転者の氏名等は確認できておらず，無線手配や検問があつても，逃走する車両に対しては究極的には追跡が必要になることを否定することができないから，当時本件パトカーが加害車両を追跡する必要があつたものというべきであり，(二) また，本件パトカーが加害車両を追跡していた道路は，その両側に商店や民家が立ち並んでいるうえ，交差する道路も多いものの，その他に格別危険な道路交通状況はなく，甲交差点から乙町交差点までは四車線，その後は二車線で歩道を含めた道路の幅員が約12メートル程度の市道であり，事故発生の時刻が午後11時頃であつたというのであるから，逃走車両の運転の前示の態様等に照らしても，本件パトカーの乗務員において当時追跡による第三者の被害発生の蓋然性のある具体的な危険性を予測しえたものということはできず，(三) 更に，本件パトカーの前記追跡方法自体にも特に危険を伴うものはなかつたということができるから，右追跡行為が違法であるとすることはできないものというべきである。」

II　2条

第2章IV（717条〔国賠法2条1項〕）を参照のこと。

判例索引

大審院
大判大2・4・26民録19・281 ……………【185】223
大判昭7・9・12民集11・1765 ……………【148】177

最高裁判所
最判昭30・12・22民集9・14・2047 ………【149】177
最判昭32・4・30民集11・4・646 …………【154】180
最判昭34・4・23民集13・4・532 …………【150】178
最判昭34・11・26民集13・12・1573,
　　判時206・14, 裁判集民事38・441 ……【227】278
最判昭36・1・24民集15・1・35 ……………【155】182
最判昭37・11・8民集16・11・2255 ………【151】178
最判昭37・12・14民集16・12・2407,
　　判時327・36 ……………………………【75】88
最判昭39・2・4民集18・2・252 ……………【152】179
最判昭39・2・11民集18・2・315, 判時363・22 …【2】7
最判昭39・12・4民集18・10・2043,
　　判時394・57 ……………………………【42】47
最判昭39・12・4民集18・10・2043, 判時394・57,
　　判タ169・219 ……………………………【4】9
最判昭40・9・24集民19・6・1668 …………【181】220
最判昭41・11・18民集20・9・1886,
　　判時473・30, 判タ202・103 …………【187】224
最判昭42・5・30民集21・4・961 …………【156】183
最判昭42・9・29判時497・41, 判タ211・152 …【77】88
最判昭43・4・23民集22・4・964 …………【186】223
最判昭43・4・26判時520・47 ……………【208】257
最判昭43・7・25判時530・37 ……………【229】279
最判昭43・9・24判時539・40, 判タ228・112 …【5】9
最判昭43・10・8民集22・10・2125,
　　判時537・45 ……………………………【112】130
最判昭43・10・18判時540・36, 判タ228・115 …【7】11
最判昭44・1・31判時553・45,
　　裁判集民事94・155 ……………………【6】10
最判昭44・9・12民集23・9・1654, 判時572・27 …【9】12
最判昭44・9・18民集23・9・1699, 判時572・29 …【8】11
最判昭45・1・22民集24・1・40, 裁時538・1 …【131】153
最判昭45・7・16判時600・89, 交通民集3・4・1003,
　　裁判集民事100・197 …………………【10】13
最判昭45・8・20民集24・9・1268 ………【158】187
最判昭46・1・26民集25・1・102,
　　交通民集4・1・1, 裁時621・32 ………【13】15
最判昭46・1・26民集25・1・126, 判時621・34 …【65】76

最判昭46・7・1民集25・5・727, 判時641・61,
　　交通民集4・4・989 ……………………【14】16
最判昭46・11・9民集25・8・1160, 裁時582・1 …【15】16
最判昭46・11・19民集25・8・1236,
　　判時649・16 ……………………………【132】154
最判昭46・12・7判時657・46, 交通民集4・6・1645,
　　裁判集民事104・583 …………………【62】73
最判昭46・12・7判時657・50, 交通民集4・6・1660,
　　裁判集民事104・595 …………………【64】75
最判昭47・5・30民集26・4・898, 裁時595・2 …【78】93
最判昭47・5・30民集26・4・939, 判時668・48,
　　判タ278・145, 交通民集5・3・631 ……【115】133
最判昭47・10・5民集26・8・1367, 判時686・31 …【11】14
最判昭48・1・30判時695・64, 交通民集6・1・1,
　　裁判集民事108・119 …………………【18】22
最判昭48・2・16民集27・1・99,
　　下民集33・1～4・825 …………………【219】269
最判昭48・2・16民集27・1・99 ……………【162】192
最判昭48・12・20民集27・11・1611,
　　裁時634・1 ……………………………【12】15
最判昭49・3・22民集28・2・347 …………【134】164
最判昭49・7・16民集28・5・732, 判時754・50,
　　交通民集7・4・953 ……………………【20】23
最判昭49・11・12交通民集7・6・1541,
　　裁判集民事113・169 …………………【19】23
最判昭50・5・29判時783・107,
　　交通民集8・3・595 ……………………【16】17
最判昭50・7・25民集29・6・1136 …………【161】192
最判昭50・9・11判時797・100,
　　交通民集8・5・1207 …………………【63】74
最判昭50・11・4民集29・10・1501,
　　判時796・39 ……………………………【82】96
最判昭50・11・28民集29・10・1818,
　　判時800・50, 交通民集8・6・1595 …【21】23
最判昭51・6・24交通民集9・3・617 ………【160】189
最判昭51・7・8民集30・7・689 ……………【157】185
最判昭52・4・14交通民集11・索引・解説・322
　　……………………………………………【83】97
最判昭52・5・2交通民集10・3・639,
　　裁判集民事120・567 …………………【84】98
最判昭52・9・22民集31・5・767 …………【153】180
最判昭52・9・22交通民集10・5・1255,
　　裁判集民事121・289 …………………【85】98

最判昭52・11・24民集31・6・918, 裁時728・3
　　　　……………………………………………【113】131
最判昭52・12・22判時878・60,
　　裁判集民事122・565 ………………【22】24
最判昭53・2・14交通民集11・索引・解説・326,
　　自動車保険金請求訴訟事件判決集3・94
　　　　……………………………………………【88】100
最判昭53・8・29交通民集11・4・941
　　　　………………………………【49】,【87】59, 99
最判昭54・7・24判時952・54, 判タ406・91,
　　交通民集12・4・907 …………………【114】132
最判昭55・6・10判タ424・82,
　　交通民集13・3・557 …………………【89】102
最判昭55・12・11判時991・76 …………【163】193
最判昭56・11・5判時1024・49 …………【182】220
最判昭56・11・13判時1026・87, 判タ457・82,
　　交通民集14・6・1255 …………………【118】138
最判昭56・11・27民集35・8・1271 ……【147】175
最判昭57・1・19民集36・1・1, 裁時831・1 ……【119】139
最判昭57・4・2判時1042・93, 判タ470・118,
　　交通民集15・2・295 …………【26】,【86】26, 98
最判昭57・4・27判時1046・38, 判タ471・99
　　　　……………………………………………【96】114
最判昭57・4・27判時1046・38, 判タ471・99,
　　交通民集15・2・299 …………………【76】88
最判昭57・11・26民集36・11・2318,
　　裁時851・2 ……………………………【90】103
最判昭58・4・1判時1083・83,
　　交通民集16・2・279 …………………【183】220
最判昭61・2・27民集40・1・124,
　　交通民集19・1・1 ……………………【231】283
最判昭63・6・16判時1298・113,
　　判タ685・151 …………………………【121】141
最判昭63・6・16民集42・5・414,
　　裁時985・1 ……………………………【120】141
最判昭63・7・1民集42・6・451,
　　判時1287・59 …………………………【217】267
最判平1・6・6交通民集22・3・551,
　　労経速1385・9 ………………………【66】77
最判平2・11・8裁判集民事161・155 ……【167′】201
最判平3・2・5交通民集24・1・1 …………【80】94
最判平3・10・25民集45・7・1173,
　　裁時1061・1 …………………………【218】267
最判平3・11・19交通民集24・6・1352,
　　金判894・16 …………………………【230】281
最判平4・4・10交通民集25・2・279 ……【129】150
最判平4・4・24交通民集25・2・283 ……【92】106

最判平6・11・22判時1515・76, 判タ867・169,
　　交通民集27・6・1541 …………………【81】94
最判平7・5・30交通民集28・3・701 ……【95】110
最判平7・9・28交通民集28・5・1255 ……【97】115
最判平8・12・19交通民集29・6・1615 ……【122】142
最判平9・10・31民集51・9・3962,
　　裁時1206・4 …………………………【74】86
最判平9・11・27判時1626・65,
　　交通民集30・6・1559, 裁時1208・2 ……【27】26
最判平11・4・22判時1681・102,
　　交通民集32・2・375, 裁時1242・1 ……【130】151
最判平11・7・16判時1687・81,
　　交通民集32・4・983, 裁時1248・1 ……【107】120
最判平13・3・13民集55・2・328,
　　裁時1288・11 …………………………【201】243
最判平15・7・11民集57・7・815,
　　裁時1343・4 …………………………【220】272
最判平20・9・12判時2021・38, 判タ1280・110,
　　交通民集41・5・1085, 裁時1467・9 ……【53】63
最判平22・3・2判時2076・44,
　　判タ1321・74, 裁時1503・2 ……………【180】218

高等裁判所
福岡高判32・7・18民集集13・4・542 ……【150′】178
東京高判40・10・14民集20・9・1894 ……【187′】225
福岡高判42・8・17判時520・48 …………【208′】257
名古屋高判昭43・3・7判時530・38,
　　交通民集1・1・233 ……………………【229′】280
東京高判昭46・1・29高民集24・1・13, 判時618・7,
　　判タ257・103, 交通民集4・1・35 ……【79】93
高松高判昭48・4・10民集28・5・739,
　　判時711・100, 交通民集7・4・958 ……【20′】23
大阪高判昭50・8・27判タ332・259,
　　交通民集8・4・977 ……………………【58】69
東京高判昭50・9・9民集30・10・1001,
　　判時788・22, 交通民集8・5・1299 ……【132′】155
大阪高判昭50・9・26訟月21・12・2622,
　　交通民集9・3・618 ……………………【160′】189
東京高判昭52・3・15交通民集10・2・323 ……【135】164
札幌高判昭52・7・20判タ360・191,
　　交通民集10・4・937 …………………【109】124
大阪高判昭52・10・27判時883・41,
　　交通民集10・5・1295 …………………【72】84
福岡高判昭53・1・18交通民集11・4・953 ……【87′】99
福岡高判昭53・4・11下民集33・1～4・261,
　　交通民集11・2・331 …………………【165′】199
広島高裁松江支判昭53・11・22

| 交通民集12・4・918 ……………………………【114′】132
| 仙台高判昭54・9・7交通民集12・5・1184……【98】115
| 福岡高判昭54・10・25判時958・75，
|　　判タ412・130 ………………………………【209】258
| 札幌高判昭54・10・30判タ955・78，
|　　判タ401・126，交通民集12・5・1247 ……【89′】102
| 東京高判昭55・3・17交通民集13・2・322……【61】71
| 東京高判昭55・3・19判時964・59，
|　　交通民集18・2・329 ………………………【171】209
| 東京高判昭55・7・24交通民集13・4・827 …【228】278
| 大阪高判昭55・12・23交通民集14・6・1261，
|　　自動車保険金請求訴訟事件判決集5・60
|　　……………………………………………【118′】139
| 東京高判昭57・2・17判時1038・295，
|　　交通民集15・1・64 …………………………【194′】236
| 福岡高判昭57・5・27判タ473・151，
|　　交通民集15・3・597 …………………………【183′】221
| 東京高判昭59・5・9判時1113・77，
|　　東高民時35・4=5・98 ………………………【73】85
| 大阪高判昭59・6・26判時1127・108 ………【70】81
| 仙台高判昭60・4・24判タ567・195 ………【166】199
| 福岡高裁宮崎支判昭60・10・31判タ597・70
|　　……………………………………………………【167】200
| 高松高判昭61・9・30交通民集22・3・564 …【66′】77
| 東京高判昭63・11・30金判814・27 ………【51】60
| 高松高判平2・7・20判時1414・61，
|　　判タ746・186 ………………………………【110】126
| 大阪高判平2・7・20交通民集23・4・827 …【80′】94
| 名古屋高判平2・10・30訟月37・3・586，
|　　金判925・9 ……………………………………【71′】82
| 名古屋高判平3・9・26交通民集25・2・286 …【92′】106
| 高松高判平3・9・30交通民集25・2・281 …【129】151
| 大阪高判平4・4・15交通民集25・2・289 …【55】67
| 札幌高判平4・11・26交通民集29・6・1621
|　　……………………………………………………【122′】142
| 東京高判平5・6・24判時1462・46, 判タ825・75，
|　　訟月40・6・1107 ……………………………【164】194
| 大阪高判平6・3・30交通民集28・3・714 …【95′】111
| 広島高判平6・12・15交通民集27・6・1569 …【97′】115
| 東京高判平9・12・24判例地方自治179・102
|　　……………………………………………………【168′】204
| 東京高判平10・5・12交通民集31・3・633 …【204】250
| 仙台高判平14・1・24判時1778・86，交通民集
|　　35・6・1732 …………………………………【124】143
| 名古屋高判平14・12・25交通民集35・6・1506，
|　　裁判所ウェブサイト ……………………………【93】109
| 東京高判平16・2・26交通民集37・1・1 ……【205】253

大阪高判平16・9・16交通民集37・5・1171 …【108】121
東京高判平16・9・30交通民集37・5・1183 …【177】216
大阪高判平19・5・22判時1985・68 ………【174】213
東京高判平20・11・20自保ジャ1764・2 ……【127】148
名古屋高判平21・3・19交通民集41・5・1097 …【54】63
東京高判平23・12・21自保ジャ1868・166 …【170】205

地方裁判所

神戸地判昭34・4・18下民集10・4・781，
　　判時188・30，判タ90・78 …………………【111】129
東京地判昭34・9・30下民集10・9・2057，
　　判時204・27 ……………………………………【1】6
東京地判昭36・9・4交通下民集昭36年度394頁
　　……………………………………………………【3】8
東京地判昭40・12・20判時438・41，
　　判タ185・168 …………………………………【17】19
札幌地判昭43・6・12下民19・5・6・356，
　　判時531・60 …………………………………【105】118
広島地判昭45・5・8判タ249・202，
　　交通民集3・3・675 …………………………【117】134
東京地判昭46・9・30判タ271・348，
　　交通民集4・5・1454 ………………………【116】134
大阪地裁堺支判昭48・7・30交通民集6・4・1246
　　……………………………………………………【103】117
金沢地判昭50・11・20交通民集8・6・1667 …【106】119
水戸地判昭50・12・9交通民集8・6・1735 …【43】48
福島地判昭51・2・6判時829・83，
　　交通民集9・1・176 …………………………【216】265
福岡地裁小倉支判昭51・12・3判時862・69，
　　交通民集9・6・1642 …………………………【165】197
長崎地裁大村支判昭52・3・10交通民集10・2・369
　　……………………………………………………【100】116
静岡地判昭52・3・31交通民集10・2・511 …【194】236
大阪地判昭52・10・28民集36・1・10，
　　交通民集15・1・9 ……………………………【119′】139
福井地判昭53・10・16交通民集11・5・1435 …【102】117
東京地判昭54・3・12交通民集13・2・323 …【61′】71
東京地判昭54・12・6判時959・97, 判タ415・179，
　　交通民集13・6・477 …………………………【59】70
札幌地判昭55・2・5判タ419・144，
　　交通民集13・1・186 …………………………【23】24
大阪地判昭55・3・31判タ419・137，
　　交通民集13・2・447 …………………………【101】117
岡山地判昭55・4・1交通民集13・2・453 …【196】238
仙台地判昭55・9・22下民集33・9〜12・1546，
　　交通民集13・5・1184 ………………………【139】169
秋田地判昭55・12・24交通民集13・6・1669

……………………………………【140】	170	大阪地判平10・4・14交通民集31・2・560……【133】	163
岡山地判昭56・9・3交通民集14・5・1040 …【69】	80	神戸地判平11・4・21交通民集32・2・659……【36】	41
京都地判昭56・9・7交通民集14・5・1051……【24】	25	横浜地判平12・6・20自保ジャ1364…………【91】	104
横浜地判昭57・11・2判時1077・111,		大阪地判平12・11・21判タ1059・165,	
判タ495・167, 交通民集18・3・640 …【197】	238	交通民集33・6・1933………………【210】	259
浦和地裁川越支判昭60・1・17判時1147・125,		大阪地判平13・1・19交通民集34・1・31 ……【32】	38
交通民集18・1・51 ………………………【198】	239	千葉地判平13・1・26判時1761・91,	
大阪地判昭60・4・30判時1168・91,		判タ1058・220 ………………………【125】	144
判タ560・263 ………………………【56】	69	東京地判平14・6・24交通民集35・3・867,	
高知地判昭60・5・9判時1162・151,		自保ジャ1461・2 ………………………【126】	147
判タ562・167, 交通民集18・3・660 ……【199】	240	青森地判平14・7・31交通民集35・4・1052 ……【136】	164
東京地判昭60・5・31判時1174・90, 判タ559・88,		東京地判平14・10・24判時1805・96,	
交通民集18・3・827 ………………………【195】	236	交通民集35・5・1393 ………………【52】	61
大阪地判昭61・3・27交通民集19・2・426 ……【25】	25	東京地判平15・2・5交通民集36・1・199 ……【28】	28
岡山地裁倉敷支判昭61・8・25交通民集		東京地裁八王子支判平15・5・8判時1825・92,	
19・4・1139 ……………………………【37】	41	判タ1164・188, 交通民集36・3・671 ……【211】	259
東京地判昭62・4・17交通民集20・2・497 ……【50】	59	東京地判平16・3・24交通民集37・2・397 ……【68】	78
東京地判昭62・5・22交通民集20・3・679 ……【34】	40	東京地判平16・6・29交通民集37・3・838 ……【94】	110
大阪地判昭62・5・29判タ660・203,		さいたま地判平16・8・6判時1876・114 ……【221】	273
交通民集20・3・767…………………………【45】	52	東京地判平16・10・18交通民集37・5・1384 ……【29】	29
名古屋地判昭63・1・29交通民集21・1・156 ……【60】	71	広島地裁福山支判平17・2・23判時1895・82	
名古屋地判昭63・6・10判時1317・110,		……………………………………【173】	211
判タ682・191, 交通民集21・3・589 ………【71】	81	大阪地判平18・2・14交通民集39・1・165 ……【137】	166
東京地判平1・4・7交通民集22・2・459……【57】	69	東京地判平18・2・22交通民集39・1・245 ……【206】	254
甲府地判平3・1・22判タ754・195,		東京地判平18・5・16交通民集39・3・647 ……【128】	149
交通民集24・1・65 ………【99】,【123】	116, 143	大阪地判平18・7・26交通民集39・4・1057 ……【138】	167
大阪地裁堺支判平3・5・8交通民集24・6・1628		東京地判平18・7・28判時2026・46,	
……………………………………【38】	42	交通民集39・4・1099 ………………【207】	256
神戸地判平3・9・4判タ791・209,		長崎地判平18・10・19自保ジャ1822・185,	
交通民集24・5・1021 ………………【41】	44	裁判所ウェブサイト ……………………【179】	217
名古屋地判平4・2・7交通民集25・1・149……【67】	77	山形地裁米沢支判平18・11・24判時1977・136,	
山口地裁宇部支判平4・12・10交通民集		判タ1241・152, 交通民集39・6・1665 ……【212】	260
25・6・1440 ……………………………【35】	41	横浜地判平19・1・23自保ジャ1690・21 ……【222】	273
名古屋地判平4・12・21判タ834・181 ……【200】	241	大阪地判平19・2・21交通民集40・1・243……【223】	274
神戸地判平5・2・10交通民集26・1・193 ……【141】	171	名古屋地判平19・3・16自保ジャ1706・8	
宇都宮地判平5・4・12判タ848・282,		………………………【189】,【224】	228, 275
交通民集26・2・470………………………【142】	171	大阪地判平19・5・9判タ1251・283,	
岡山地判平6・2・28交通民集27・1・276 ……【190】	230	交通民集40・3・608 ………………【159】	188
京都地判平6・3・29交通民集27・2・457 ……【33】	40	東京地判平19・5・15交通民集40・3・644 ……【144】	172
大阪地判平6・9・20交通民集27・5・1284 ……【191】	230	東京地判平19・7・5判時1999・83,	
東京地判平7・9・19交通民集28・5・1365 ……【39】	42	交通民集40・4・849…………………【30】,【47】	29, 53
京都地判平7・10・3交通民集28・5・1464 ……【104】	118	大阪地判平19・7・10交通民集40・4・866 ……【146】	174
東京地判平7・11・22交通民集28・6・1605 ……【143】	172	京都地判平19・8・9平成19(ワ)649,	
神戸地判平8・3・8交通民集29・2・363 ……【193】	234	裁判所ウェブサイト ……………………【184】	221
東京地判平8・9・19判時1585・54,		東京地判平19・9・27交通民集40・5・1271,	
判タ925・269, 交通民集29・5・1367 ……【168】	202	自保ジャ1719・16 ………………………【202】	246
名古屋地判平9・4・30交通民集30・2・615 ……【172】	210	名古屋地判平19・10・16判タ1283・190,	

交通民集40・5・1338 ……………【46】 53
仙台地判平19・10・31判タ1258・267,
　裁判所ウェブサイト ………………【213】 260
東京地判平19・11・22交通民集40・6・1508
　………………………………………【178】 217
東京地判平20・1・30交通民集41・1・132 ……【40】 43
仙台地判平20・5・13自保ジャ1768・16,
　裁判所ウェブサイト ……………【31】,【48】 30, 54
名古屋地判平20・8・22交通民集41・4・1003
　………………………………………【203】 246
東京地判平20・9・4交通民集41・5・1202 …【214】 261
大津地裁彦根支判平20・9・18判時2024・100
　………………………………………【175】 216

大阪地判平21・2・19自保ジャ1791・18,
　裁判所ウェブサイト ………………【176】 216
千葉地判平21・6・18交通民集42・3・734,
　自保ジャ1817・87 …………………【225】 276
名古屋地判平21・10・23交通民集42・5・1380,
　自保ジャ1817・154 …………………【169】 204
大阪地判平22・3・15交通民集43・2・346 …【226】 276
東京地判平22・9・14交通民集43・5・1198,
　自保ジャ1836・55 …………………【145】 173
東京地判平23・2・14自保ジャ1854・79 ……【188】 226
大阪地判平23・2・23自保ジャ1855・28 ……【192】 231
大阪地判平23・3・28自保ジャ1858・164 …【44】 49
千葉地判平23・7・11自保ジャ1858・1 ……【215】 262

〔著者紹介〕

藤 村 和 夫（ふじむら　かずお）

略　歴　1951年生まれ
　　　　1974年　早稲田大学法学部卒業
　　　　　　　　同大学院法学研究科博士課程修了
　　　現　在　筑波大学法科大学院教授　［博士（法学）］

主な著書
『交通事故損害賠償の判例と考え方』（全4冊，1冊は共著，保険毎日新聞社，1988〜1994年）
『新訂　プラクティス民法』（日本評論社，1992年）
『現代語訳民法　総則編』（住宅新報社，1996年）
『詳解　後遺障害逸失利益』（共著，ぎょうせい，1996年）
『交通事故賠償理論の新展開』（日本評論社，1998年）
『検証　むち打ち損傷　医・工・法学の総合研究』（共著，ぎょうせい，1999年）
『民法総則講義　第2版　補訂版』（成文堂，2001年）
『契約法講義』（成文堂，2002年）
『新版　概説　交通事故賠償法』（共著，日本評論社，2003年）
『民法を学ぼう　ようこそ民法ワールドへ』（法学書院，2008年）
『実務家のための交通事故の責任と損害賠償』（共編著，三協法規，2011年）
『演習ノート債権総論・各論（第5版）』（共編，法学書院，2012年）他

判例総合解説

交通事故Ⅰ　責任論

2012（平成24）年11月30日　第1版第1刷発行
5649:P304　¥3200E-015：013-002

著　者　藤　村　和　夫
発行者　今井貴　稲葉文子
発行所　株式会社　信山社
　　　　編集第2部
〒113-0033　東京都文京区本郷6-2-9-102
Tel 03-3818-1019　Fax 03-3818-0344
info@shinzansha.co.jp
東北支店　〒981-0944　宮城県仙台市青葉区子平町11番1号
笠間才木支店　〒309-1611　茨城県笠間市笠間515-3
Tel 0296-71-9081　Fax 0296-71-9082
笠間来栖支店　〒309-1625　茨城県笠間市来栖2345-1
Tel 0296-71-0215　Fax 0296-72-5410
出版契約2012-5649-9-01011 Printed in Japan

Ⓒ藤村和夫, 2012　　印刷・製本／東洋印刷・渋谷文泉閣
ISBN978-4-7972-5649-9 C3332　分類324.550-d001 民法・交通法

JCOPY　〈㈳出版者著作権管理機構　委託出版物〉
本書の無断複写は著作権法上での例外を除き禁じられています。複写される場合は，
そのつど事前に，（社）出版者著作権管理機構（電話03-3513-6969, FAX 03-3513-6979,
e-mail: info@jcopy.or.jp）の許諾を得てください。

判例総合解説

分野別判例解説書の新定番　　　　　実務家必携のシリーズ

実務に役立つ理論の創造

緻密な判例の分析と理論根拠を探る

権利能力なき社団・財団の判例総合解説　河内　宏 著　定価：2,520円
新たの視点からの定義の再検討と判例分析　ISBN978-4-7972-5655-0 C3332

錯誤の判例総合解説　小林 一俊 著　定価：2,520円
錯誤の実質的な判断基準を総合的に分析　ISBN978-4-7972-5647-5 C3332

即時取得の判例総合解説　生熊 長幸 著　定価：2,310円
即時取得の判例分析と理論根拠を探る　ISBN978-4-7972-5642-0 C3332

入会権の判例総合解説　中尾 英俊 著　定価：3,360円
複雑な入会権紛争の実態を整理・検証　ISBN978-4-7972-5660-4 C3332

不動産附合の判例総合解説　平田 健治 著　定価：2,310円
附合制度を具体的紛争毎に整理、詳述　ISBN978-4-7972-5672-7 C3332

債権者取消権の判例総合解説　下森　定 著　定価：2,730円
成立要件・行使・効果に区分し分り易く整理　ISBN978-4-7972-5668-0 C3332

保証人保護の判例総合解説〔第2版〕　平野 裕之 著　定価：3,360円
保証人の責任制限をめぐる判例の分析　ISBN978-4-7972-5662-8 C3332

間接被害者の判例総合解説　平野 裕之 著　定価：2,940円
間接被害者の損害賠償判例を分析整理　ISBN978-4-7972-5658-1 C3332

危険負担の判例総合解説　小野 秀誠 著　定価：3,045円
危険負担論の新たな進路を示す研究書　ISBN978-4-7972-5657-4 C3332

同時履行の抗弁権の判例総合解説　清水　元 著　定価：2,415円
判例理論の現状を整理し批判的に分析　ISBN978-4-7972-5656-7 C3332

リース契約の判例総合解説　手塚 宣夫 著　定価：2,310円
契約関係の責任の所在を見直し再検討　ISBN978-4-7972-5661-1 C3332

権利金・更新料の判例総合解説　石外 克喜 著　定価：3,045円
判例分析を通じてその理論根拠を探る　ISBN978-4-7972-5641-3 C3332

借家法と正当事由の判例総合解説　本田 純一 著　定価：3,045円
借家の明渡し紛争に予測可能な解決指針を与える　ISBN978-4-7972-5648-2 C3332

不当利得の判例総合解説　土田 哲也 著　定価：2,520円
事実関係の要旨付きで実務判断に便利　ISBN978-4-7972-5643-7 C3332

事実婚の判例総合解説　二宮 周平 著　定価：2,940円
内縁の今日的法的な問題解決への指針　ISBN978-4-7972-5653-6 C3332

婚姻無効の判例総合解説　右近 健男 著　定価：2,310円
婚姻無効に関わる判例を総合的に整理・分析　ISBN978-4-7972-5645-1 C3332

親権の判例総合解説　佐藤 隆夫 著　定価：2,310円
親権の学説動向を分析し親子法を展望　ISBN978-4-7972-5654-3 C3332

相続・贈与と税の判例総合解説　三木 義一 著　定価：3,045円
相続・贈与の税法と民法の関係を聴取　ISBN978-4-7972-5659-8 C3332

価格は税込価格（本体＋税）

労働法判例総合解説シリーズ

分野別判例解説書の決定版　　　　　　　　　実務家必携のシリーズ

実務に役立つ理論の創造

労働者性・使用者性 5751-9	皆川宏之	年次有給休暇 5772-4	浜村　彰
労働基本権 5752-6	大内伸哉	労働条件変更 5773-1	毛塚勝利
労働者の人格権 5753-3	石田　眞	懲戒 5774-8	鈴木　隆
就業規則 5754-0	唐津　博	個人情報・プライバシー・内部告発 5775-5	竹地　潔
労使慣行 5755-7	野田　進	辞職・希望退職・早期優遇退職 5776-2	根本　到
雇用差別 5756-4	笹沼朋子	解雇権濫用の判断基準 5777-9	藤原稔弘
女性労働 5757-1	相澤美智子	整理解雇 5778-6	中村和夫
職場のハラスメント 5758-8	山田省三	有期労働契約 5779-3	奥田香子
労働契約締結過程 5759-5	小宮文人	派遣・紹介・業務委託・アウトソーシング 5780-9	鎌田耕一
使用者の付随義務 5760-1	有田謙司	企業組織変動 5781-6	本久洋一
労働者の付随義務 5761-8	和田　肇	倒産労働法 5782-3	山川隆一・小西康之
競業避止義務・秘密保持義務 5762-5	**石橋　洋**	労災認定 5783-0	小西啓文
職務発明・職務著作 5763-2	永野秀雄	過労死・過労自殺 5784-7	三柴丈典
配転・出向・転籍 5764-9	川口美貴	労災の民事責任 5785-4	小畑史子
昇進・昇格・降職・降格 5765-6	三井正信	組合活動 5786-1	米津孝司
賃金の発生要件 5766-3	石井保雄	**団体交渉・労使協議制** 5787-8	**野川　忍**
賃金支払の方法と形態 5767-0	中窪裕也	労働協約 5788-5	諏訪康雄
賞与・退職金・企業年金 5768-7	古川陽二	**不当労働行為の成立要件** 5789-2	**道幸哲也**
労働時間の概念・算定 5769-4	盛　誠吾	不当労働行為の救済 5790-8	盛　誠吾
休憩・休日・変形労働時間制 5770-0	**柳屋孝安**	争議行為 5791-5	竹内　寿
時間外・休日労働・割増賃金 5771-7	青野　覚	公務労働 5792-2	清水　敏

各巻 2,200 円～ 3,200 円（税別）　※予価

法律学の森シリーズ
変化の激しい時代に向けた独創的体系書

新　正幸	憲法訴訟論〔第2版〕	8,800円
大村敦志	フランス民法	3,800円
潮見佳男	債権総論Ⅰ〔第2版〕	4,800円
潮見佳男	債権総論Ⅱ〔第3版〕	4,800円
潮見佳男	契約各論Ⅰ	4,200円
潮見佳男	契約各論Ⅱ	（続刊）
潮見佳男	不法行為法Ⅰ〔第2版〕	4,000円
潮見佳男	不法行為法Ⅱ	4,600円
潮見佳男	不法行為法Ⅲ	（続刊）
藤原正則	不当利得法	4,500円
青竹正一	新会社法〔第3版〕	6,500円
泉田栄一	会社法論	6,880円
小宮文人	イギリス労働法	3,800円
高　翔龍	韓国法〔第2版〕	6,000円

信山社

価格は税別